国家社科基金项目"人口老龄化对储蓄、消费和社
（项目编号：11BRK007）成果

Research on the Impact of Population Aging on
Economic Development in China

人口老龄化
对我国经济发展的
影响探索

黄润龙◎著

科学出版社
北京

内 容 简 介

  人口老龄化对经济发展的影响是当今最热门的话题之一。人口老龄化影响着社会劳动力的供给、人口就业，同时深刻影响着我国居民消费、储蓄、社会投资、社会保障和社会生产等诸多方面。

  本书紧扣时代脉搏，通过国内外大量统计数据进行实证分析，以发达国家为背景、使用简单的数学模型从时间和空间两个层面出发，研究人口老龄化对我国经济发展（GDP）、消费、储蓄、社会养老保障、医疗保障等各方面的影响。

  本书对人口老年学、人口学研究人员，对经济学、管理学研究人员有重要的参考价值，同时也适合做高校老年学、人口学、统计学和管理学等学科的基础教材或教学参考书。

图书在版编目(CIP)数据

人口老龄化对我国经济发展的影响探索 / 黄润龙著. —北京：科学出版社，2015.12

  ISBN 978-7-03-046671-6

  Ⅰ. ①人… Ⅱ. ①黄… Ⅲ. ①人口老龄化–影响–中国经济–经济发展–探索 Ⅳ. ①C924.24 ②F124

中国版本图书馆 CIP 数据核字（2015）第 306537 号

责任编辑：朱丽娜 孙文影 高丽丽 / 责任校对：张怡君
责任印制：张 倩 / 整体设计：楠竹文化

编辑部电话：010-64033934
E-mail：fuyan@mail.sciencep.com

科学出版社 出版
北京东黄城根北街 16 号
邮政编码：100717
http://www.sciencep.com

北京通州皇家印刷厂 印刷
科学出版社发行 各地新华书店经销

*

2015 年 12 月第 一 版 开本：720 × 1000 1/16
2015 年 12 月第一次印刷 印张：21 3/4
字数：415 000
定价：80.00元
（如有印装质量问题，我社负责调换）

序
Prologe

　　人口老龄化是人类社会发展到一定阶段出现的一种社会现象，它综合反映了人类的健康水平和文明程度。当前我国人口老龄化已经进入了一个快速发展阶段，呈现出老年人口持续较快增长、高龄老人不断增多、家庭人口逐步减少等特点。科学地分析人口老龄化对经济社会发展的影响，以及如何积极应对人口老龄化，是我国经济社会可持续发展中必将面临的一个重大课题。当前，我国人口老龄化加速与经济转轨社会转型并存，利益格局的调整和社会保障制度的完善并进，应对人口老龄化的工作需要面对许多重大问题，涉及经济、政治、文化和社会的各个领域，关系到国计民生和国家的长治久安。尽管各个地区经济社会发展有所差异，进入老龄化社会的程度和时间也不尽相同，但一旦进入老龄化社会，人口老龄化对经济社会的影响就会逐步显现出来。老年人口基数加大，年平均增长率高，老年人多了，老年需求扩张，使养老消费对经济总需求的影响加大，拉动社会总的消费倾向上升；老年人口快速增长，养老、医疗等基本保障费用支出增加，加上抚养比攀高，造成劳动年龄人口养老负担加重；区域经济发展不平衡，地区之间的经济社会发展水平差距较大，各地养老保障水平不一样，增加了老年群体之间公平享受经济社会发展成果的难度；随着城乡一体化的推进，家庭小型化和消费多元化的趋势日益明显，老年人在物质生活需求进一步提高的情况下，文化和精神的慰藉需求急剧增长，给养老服务事业发展提出了新的、更高的要求，也将对传统的养老模式提出更严峻的挑战。另外，人口老龄化使社会经济发展孕育着越来越大的老年消费市场。在劳动适龄人口减少的情况下，从另一个层面倒逼经济发展方式转变到提高技术水平、调整产业结构、发展新技术、大幅度地提高劳动生产率上来。同时，由于高新技术产业的发展，要求劳动者提高素质。全员劳动素质提高反过来又促进了经济的技术型发展，加快了经济发展方式的转变。

　　在认识人口老龄化对经济社会影响这个问题上，我们要看到，我国各级政府都非常重视人口老龄化问题，许多地区政府已经把老龄事业的发展纳入当地经济社会发展大局中去统筹和谋划，积极探索有中国特色的养老制度和公共服务体系，在发展居家养老服务、建设多种形式的养老服务机构、推进养老服务规范化建设和重视老年人精神关爱等方面，制定了明确的政策和落实措施。政府这种行政作为，对制约负面影响和提升正面影响起了很大的作用。同时，有些潜在影响要变为现实，将和各地的实际情况紧密联系。比如，关于人口老龄化是否会导致社会劳动力不足的问题，要做具体分析。在西欧和北美一些国家，由于人口总量小，人口老龄化不断加深，出现了劳动力不足的问题。有许多发展中国家还未进入老龄化社会，劳动力不足的问题尚未显现。我国虽已开始步入老龄化社会，但全国有13亿多人口，人口规模大，即使老年人口增加，在当前和今后一段时间内，我国劳动力总体上供大于求的基本格局还不至于改变。劳动力供求关系从供过于求到供不应求转变的拐点还未到来。虽然近几年我国新成长的劳动力增速开始下降，但还在增长，增速即使减小，绝对量还很大。我国提出就业优先的理念，正是基于对这种形势的判断。

《人口老龄化对我国经济发展的影响探索》一书是由南京师范大学黄润龙教授带领的研究团队，多年来广泛收集国内外人口老龄化的经济社会数据，通过深入细致的调查研究和分析比较，潜心研究的成果。该书的出版必将给人们深入认识人口老龄化和研究如何积极应对人口老龄化以许多启示。同时，也能为在人口老龄化背景下的经济社会可持续发展策略的研究，提供很大的帮助。

王荣炳

江苏省老年学会会长、江苏省原副省长

2014年8月7日

前 言

Preface

　　人类在不断进化，人的智力在不断地被开发，经济不断发展，社会也在不断进步。土地、淡水、石油等自然资源是有限的，但是人力资源、人的思维是无限的。"乐天派"认为，**办法总比困难多，人是活的、困难是死的，社会是发展的**。而经济发展是由经济发展本身的规律、发展政策和发展类型所决定的，人口老龄化仅是影响因素之一。中国目前的经济增长方式由粗放型向集约型转变，尤其是进入知识经济时代，高度重视教育——人力资源的开发和利用，经济的发展将主要依靠科学技术的进步，以提高技术装备水平和劳动生产率作为支撑，这意味着老龄化程度对经济发展的影响虽不可完全控制，但可以适当推迟和减缓。

　　本书的研究表明，老龄化对经济的影响类似于**"电费单价增长"**对家庭经济的影响。假如电费单价增长40%，虽然造成家庭支出的上升，但对各家庭的影响是不一样的。各家使用电器数量不一，使用大功率电器多的家庭（构成比高），受其影响较大；有些家庭经济发展快（经济发展掩盖了电价增长），受电价的影响小；有些家庭换成节能电器，一次性投入大（基本建设投资），每年受电价的影响小。从理论上分析，电价对各家庭确实有影响，但影响程度不一。人口老龄化对经济发展的影响也一样。**目前，我国经济仍处于高速发展期，老龄化影响被掩盖；我国老年社会保障占GDP的比例小，对老龄化发展的影响相对小[①]；同时，我国养老设施一次性投入大，减轻了老龄化后期的影响。**但是，我国经济发展趋势稳中趋缓，社会保障占GDP的比例正在不断提高，老龄化对经济的影响不断增长。本书主要做了如下工作。

1. 人口老龄化对经济发展影响的性质

　　老龄化对经济发展有无影响？答案是肯定的。但是，老龄化对各地经济发

---

　　① 以2011年为例，在国家公共财政中，我国社会养老保险、社会医疗保障、社会救助、老年社会福利的支出分别为2271亿元、3145.78亿元、1992.97亿元、50.36亿元。其中，社会医疗保障、社会救助是针对全体人群的，而非老年人。由此可见，2011年我国老年社会保障支出低于7460亿元，其占当年国家财政支出的6.83%，或占当年GDP的1.63%（详见本书第五、六、七章）。

展的影响程度、影响大小、影响范围等情况都不一样。首先，人口老龄化对经济的最大影响是老龄化的**持续性**，不是1年、2年或者8年、10年的影响，无论中国人口老龄化还是国际人口老龄化都是方兴未艾，考虑到全世界人口出生率的下降、电子信息发展对于劳动力需求的持续减少，以及医学科学发展和人们生活水平提高导致的出生预期寿命进一步延长，现在的老龄化仅是序幕，今后对我国的影响至少30年。其次是老龄化影响的**刚性和不可逆性**，老龄化通过社会保障和社会劳动力对经济发展产生不可逆的影响，不因整个国内经济环境的恶化而减弱。再次是**间接性和叠加性**，老龄化对经济的影响是间接的，通过老年消费减少、社会保障水平提高、储蓄水平的下降，对经济产生间接和叠加的影响，老龄化对经济发展的影响不是单独的，而是与其他变量有叠加效应。最后是**多元性**，老龄化对经济的影响是多元的，老龄化影响社会管理、经济发展、社会劳动力、人口国际迁移、经济发展速度。老龄化是人类发展的必然阶段，其对经济发展的影响可以减缓或推迟，但难以避免。

2. 老龄化对经济影响的阈（临界）值

人口老龄化又是一把"双刃剑"，早期老龄化或初级老龄化有利于经济发展，后期的老龄化不利于经济发展，其间阈(临界)值究竟为多少，本书认为在14%~20%，我国老龄化大致出现在2025~2035年。早期老龄化阶段，经济发展快，政府容易给出较高的社会保障许诺，忽视了其刚性和不可逆性，以至于很快步入翻转进入老龄化阶段，从而使经济形势恶化。若在老龄化早期阶段，经济发展稳定（如德国、法国）的国家，则老龄化对经济发展的影响也相对稳定。

3. 老龄化对经济影响存在着大量"耦合"效应

未来的老龄化影响，绝不仅仅是一个经济学的问题，而是经济与社会、政治紧密相连、犬牙交错的问题。**不同社会制度、不同经济发展政策、不同生育率、不同社会保障程度、不同的国际背景、不同政治体制决定着不同的社会分配，导致老龄化对经济影响的阈值不一，影响大小不一**，不能一概而论。老龄化对经济发展存在大量的"耦合"效应，我们要研究发达国家应对老龄化的经验和规律，这样才能"沉舟侧畔千帆过，病树前头万木春"。按照日本的经验，先是股市见顶、人口总量静止、房地产泡沫破裂、GDP总量停滞、本国货币大幅度升值、商品出口形势恶化、社会消费和居民储蓄双双下降，然后社会保障开支增加，老龄化水平持续升高……其出现顺序及出现时间或许无一定的规律，但一步紧扣一步，发展很快。

4. 从经济增长到经济衰退，翻转速度非常迅速

从盈利到亏本，从GDP增长到GDP递减……翻转速度往往是意外得快。1929

年9月，美国财政部长信誓旦旦地向公众保证，股市和经济发展繁荣的景象还将继续下去。但仅一个月，10月24日美国金融界崩溃，股票一夜之间从顶峰跌落到深渊，由此导致了持续4年的经济大萧条，86 000家企业破产，5500家银行倒闭，整体经济发展水平回到16年前的水平，史称美国最闻名的"黑色星期四"。1995年2月26日，新加坡巴林公司日经225期货经理尼克·里森投资股指期货失利，一天之内导致巴林银行遭受14亿美元的巨额损失，最终该银行宣布破产。经济形势发展并非平稳的，经济的恶化和个人患病类似——**病来如山倒，病去如抽丝**。经济形势的好转是几代人几十年的艰苦奋斗的结果，而经济形势的恶化如急风暴雨、多米诺骨牌连锁反应般难以抵挡。俄罗斯的经济发展同样说明了该问题。[①]

5. 对未来经济影响最大的乃是经济发展本身的规律

对我国未来经济发展影响最大、最直接的因素乃是经济发展本身，即经济发展政策（城市化政策、外汇、税收、投资、消费政策），经济发展基础（劳动力、资金供求），经济发展宏观国际环境、微观环境（家庭、个人的收入、消费），人力资源开发程度（劳动力的质量、城市化水平），科技创新程度，市场开放程度，居民消费能力（购买力），社会福利（医疗、住房、养老和教育）的实现程度等，人口老龄化通过社会保障、劳动力供给、社会消费等对经济发展产生潜在、持久的影响，未来经济绝不是简单地由人口数量、劳动力数量、人口年龄构成或老年人口（劳动力人口）比例多寡所决定的。诸如，中等收入陷阱、社会消费不足、投资过剩、房地产泡沫、过低的生育率、人口红利、过高的出生性别比，房地产泡沫、居民储蓄率过高、股票市场成为投机市场而长期不振，这些因素似乎和人口老龄化有关，但实际上往往是我国经济社会发展中长期积累沉淀下来的问题，会对未来中国经济发展产生深远的影响，必须从更高的层次如政策层面、战略层面、社会层面等进行综合考虑。

---

① 若以 2008 年不变价格计算，俄罗斯的 GDP 1991～1998 年几乎都是呈现负增长，1998 年年增长率为 –5.3%，而 1999 年就上升为 6.4%；2006 年恢复到1990 年的水平以后，2008 年 GDP 年增长率为 5.2%，2009 年受国际金融风暴的影响，出现 –7.8% 的负增长，2010 年年增长率反弹为 4.3%。而同期俄罗斯人口在 1993～2009 年出现了持续 17 年的负增长，一直到 2010 年才逐渐恢复为正增长（http://tieba.baidu.com/p/1405968648）。

目　录

Contents

图目录

表目录

第一章

绪　论

人口老龄化和社会经济是相辅相成的，老龄化影响经济社会发展，社会经济变革也影响人口老龄化进程。人口老龄化表面上是人类出生、死亡和迁移作用的综合结果，从深层次分析，人口老龄化与城市化、工业化和信息化等社会发展互为因果。

从根本上讲，人口老龄化是人类社会发展到高级阶段出现的一种社会现象，客观上反映了人类健康水平和人类文明程度的提高，同时也反映了社会的进步和富裕程度。老龄化的实现，对医学、社会、经济、文化有极高的要求，首先要求医学发展到可以使人活得更长寿、更健康，社会可以使老年人活得更有尊严，经济发展到可以满足更多的老年人的物质需求，而文化使老年人可以替代年轻人，承担更多的社会责任和义务。老龄化对社会经济的影响有利有弊。就目前阶段而言，无论是进入老龄化时间很长的法国，还是快速老龄化的日本，老龄化的负面影响都比较有限，仍以正面影响为主。然而，老龄化将给社会投资、生产、流通、分配、就业、储蓄，以及经济结构、产业结构、消费结构等多方面带来直接或间接的影响，尤其是可能会对社会保障制度、医疗制度改革、投资结构调整和分配制度改革等产生根本的影响。

第一节　研究目的和意义

深入研究我国人口老龄化对经济发展和社会稳定的影响，分析其作用机制，并采取相应的措施构建健康老龄化和积极老龄化社会，以适应当前人口老龄化快速发展的客观形势，实现我国人口、社会、经济资源、环境的可持续发展，构建和谐社会，对制定国家和地区经济发展战略和实现人口、社会、经济资源、环境可持续发展都具有十分重要的意义。

一、和谐社会建设的需要

和谐社会要求社会要诚信友爱、融洽相处、秩序良好、安定团结、人民安居乐业。随着经济的发展，人口老龄化以后可能会呈现出许多新矛盾，如老年人推迟退休年龄就有可能与年轻人就业发生矛盾；社会养老金的"不足"可能会造成年轻人养老金的大量"空账"；对体弱老年人的照料和贫困老年人的赡养，可能会影响年轻人的工作和生活；老年人分享社会发展的利益过多，可能会影响年轻人的经济收入和企业发展后劲及竞争优势。**随着人口老龄化，在职劳动者与退休老人在利益分配上的矛盾越来越突出，如何通过改革让年轻人与老年人能"共享"改革开放的成果等是我们面临的问题。**研究我国人口老龄化对经济发展的影响，是构建和谐社会的重要内容。

二、制定国家经济发展战略的需要

人口老龄化对社会生产、分配、保障、交换、消费等经济过程产生影响，在制定未来的产业政策、消费政策、社会保障政策和财富分配政策时，都必须要考虑未来我国人口老龄化的客观事实，只有这样才能使我国的社会经济全面、协调、稳定地发展。弄清人口老龄化对经济发展的影响，对于制定我国的经济社会发展战略具有非常重要的意义。

三、实现人口、社会、经济资源、环境可持续发展的需要

人口老龄化是社会发展的必然趋势，这是不以人的意志为转移的。随着医学科学的进步和经济的发展，人们的寿命越来越长，如何正视人口老龄化所带来的问题，如何实现健康老龄化，是人口、社会、经济资源、环境可持续发展的需要。国外的研究表明，近年来希腊、西班牙和葡萄牙等西欧国家的债务危机，表

面上是金融危机的影响，实际上与人口老龄化息息相关，过高的社会保障水平和社会福利，以及少量的就业人口难以承担大量的退休老年人，政府不得不持续举债，最后使政府财政不堪重负走向破产。

发达国家人口老龄化已经有100多年的历史了，发达国家人口老龄化是如何影响经济社会的呢？实际上，发达国家人口老龄化进展缓慢，大量的移民不时地冲淡着人口老龄化的程度，老龄化对英国、美国、法国等发达国家经济社会的影响一直不是十分明显。真正认识到老龄化的影响仅是近10年的事，日本、韩国、新加坡等国家快速老龄化，加上2008年"世界金融风暴"，引起了人们对"老龄化对经济发展影响"的高度重视。

第二节　国内外研究现状

老龄化对储蓄、消费和社会保障的影响，本质上是人口老龄化对经济发展的影响，经济发展影响储蓄、消费和社会保障。基于该设想，本章首先讨论老龄化对经济发展影响的研究现状，其次在各章节中分别讨论老龄化对储蓄、消费和社会保障影响的国内外研究现状。

1956年，联合国组织有关专家研究了发达国家人口老龄化的过程及其对社会经济的影响，探讨了人口抚养比、就业、劳动年龄人口老龄化等问题。但这些大多是从理论上探讨的，缺乏有说服力的实证。[1] 1988年联合国专家对人口老龄化的影响问题做了阐述，从劳动力供给、经济活动人口的老龄化、储蓄和投资、公共支出和养老金计划等方面研究了人口老龄化的影响，也从家庭和老年妇女问题方面研究了这一问题，提供了某些量化分析的方法和思路，但这些大部分是针对发达国家人口老龄化现象的。专家**提出**了老龄化对社会和家庭的影响，**讨论**了老龄化对储蓄、劳动生产率、投资、技术进步和生产增长等的影响，**研究**了老龄化对生产、流通、分配、消费、积累的影响，**探讨**了老龄化对劳动力供给、储蓄和投资、公共支出及养老金计划等的影响。但这些理论大都是针对早期老龄化的发达国家，且缺乏有说服力的实证。诺贝尔经济学奖得主 Modigliani 提出"生命周期"假设，解释了储蓄和寿命的关系。

随着老年人口数量及比例的增加，20世纪80年代我国学术界开始重视人口

---

① 姜向群．2001．对人口老龄化社会经济影响问题研究的回顾与分析．南京人口管理干部学院学报，（2）：18-22.

老龄化对社会经济的影响问题。1988 年，武元晋和徐勤研究认为[1]，劳动力老龄化给生产带来的消极影响主要表现在如下三个方面：劳动生产率随劳动力年龄的增长而减弱；劳动力老龄化使劳动力职业变动少、对新岗位的适应力差，不利于新技术革命；劳动力老龄化容易导致心理上保守和创新能力的下降，不利于生产技术的创新。研究者进一步认为，人口老龄化导致社会总抚养比上升，对社会经济产生压力，表现为老年人生活费用或退休金及医疗费需求的快速增长。1995 年，于学军认为[2]，从长期趋势看，我国的人口老龄化给社会经济发展带来的消极影响多于积极影响。分阶段看，在 2020～2025 年之前，人口老龄化将为我国经济发展提供有利的人口条件，利大于弊。而后由于人口老龄化速度加快，程度加深，其不利影响将占主要地位。也有学者认为人口老龄化有利于社会经济的发展，理由是人口老龄化伴随人的寿命延长、健康水平提高、儿童抚养比下降，少儿抚养比下降速度快于老年抚养比的提高，从而会出现人口负担减轻，能节约社会抚养费用，有利于经济发展，等等。1999 年，邬沧萍对人口老龄化的社会经济影响问题做了全面的分析后认为[3]，人口老龄化的社会经济影响是多方面的，表现在经济、政治、科学文化，以及家庭、代际关系等诸多方面。经济方面的影响表现在经济发展速度、劳动生产率、消费、储蓄等方面，但这种程度和影响的正、负面方向目前尚难得到定论，主要是因为缺乏有说服力的实证研究。**明显的负面影响**表现在人口老龄化对老年社会保障和老年医疗保健的影响，即人口老龄化加大了社会保障和医疗保健的支出，这些都得到了统计数据的证明。人口老龄化对社会政治、科学文化，以及代际关系等的影响需要做具体分析，不能一概而论。随着社会经济和科学技术的发展，人口老龄化的影响会有所变化，如果老年人的社会价值随着社会的发展而提高，那么人口老龄化的不利影响则会减少。这就构成了"乐观老龄化"的理论基础。2000 年，有人结合我国市场经济发展、科技进步、劳动生产率、国民收入分配和经济结构调整，以及市场体系、社会保障、人居环境等现实问题，对人口老龄化的社会经济影响问题作出了有意义的探索。[4] 2002 年，熊必俊辩证地分析了人口老龄化与可持续性发展的关系[5]，人口老龄化既给社会经济带来了负面影响又给社会经济带来了正面影响。2009 年，

---

①　武元晋，徐勤 . 1988. 中国人口老龄化对社会经济发展和家庭的影响 . 见：老龄问题国际讨论会文集 . 北京：劳动人事出版社：24-42.

②　于学军 . 1995. 中国人口老龄化的经济学研究 . 北京：中国人口出版社 .

③　邬沧萍 . 1999. 社会老年学 . 北京：中国人民大学出版社 .

④　萧振禹 . 2000. 人口老龄化对社会其他领域的影响 . 见：21 世纪上半叶中国老龄问题对策研究 . 北京：华龄出版社 .

⑤　熊必俊 . 2002. 人口老龄化与可持续性发展的关系 . 北京：中国大百科全书出版社：35-38.

袁蓓等的研究认为[①]，**人口老龄化对经济的影响是一个十分复杂的过程，人口老龄化通过消费、储蓄、劳动生产率、人力资本形成和养老保障制度这 5 条途径，对经济增长产生不可低估的影响。**这些特征主要表现在如下 3 个方面：①人口老龄化影响经济增长的途径不是单一的，而是 5 条途径的相互交织，有时可同时产生几个不同方面的影响，结果取决于其综合力；②各种研究中人口老龄化与经济增长相关变量间的关系缺乏一致性结论——研究所使用的模型、所包含的变量、变量间关系的假设、参数值的大小，以及对引发人口老龄化因素的设定，都可能会导致不同的结论；③我国经济发展水平、经济结构和制度环境与发达国家存在巨大差异，将理论模型运用于我国，其假设前提的适用性应慎重。2010 年 10 月，张恺梯、郭平主编了《中国人口老龄化与老年人状况蓝皮书》。2013 年，田雪原 47 万字的专著《人口老龄化与"中等收入陷阱"》，系统探索了延迟退休年龄、社会养老保障等人们热议的话题。

一、老龄化对经济发展的消极影响

随着老年人口数量及比例的增加，我国学术界开始重视老龄化对社会经济的影响。

一些学者认为，人口老龄化对经济、社会产生了消极的影响，主要观点有：①人口老龄化对社会抚养系数产生影响，老龄化导致抚养系数呈现上升，总的抚养系数上升，使经济发展背上了沉重的包袱；②**人口老龄化对国家财政产生影响，必然导致社会的负担加重，在社会保险、社会救济、社会医疗卫生等社会福利方面的支出增加，导致这些费用占 GDP 的比重提高；**③对劳动生产力产生影响，老龄化引起劳动力不足，劳动人口老龄化的问题，抑制经济发展；④对家庭结构和传统的养老方式也产生了影响。

从发达国家现有的经验来看，**较高的老年人口赡养比，不仅使国家养老金迅速膨胀，也会使国家医疗卫生费用的支出大大增加，一个过度老龄化的人口年龄结构会严重地影响国家的经济发展后劲，极大地影响经济的可持续发展。**[②]

人口老龄化对经济发展的不利影响主要表现为：使劳动力的年龄结构不断老龄化，导致老年人口的负担系数上升，加重国家的财政负担，使得有储蓄能力的人口比例不断降低，影响资本的积累，影响国民经济的持续健康发展。[③]

对美国人口老龄化问题的分析表明：人口老龄化对美国社会经济乃至政治产生了巨大影响。**政府开支的剧增使社会福利制度面临挑战。随着人口老龄化的**

① 袁蓓，郭熙保.2009.人口老龄化对经济增长影响研究评述.经济学动态,（11）：114-119.
② 李建新.2005.国际比较中的中国人口老龄化变动特征.学海,（6）：15-19.
③ 陈世林.2005.人口老龄化与老年人口问题.九江学院学报,（2）：85-88.

发展，老龄人口增加，而适龄劳动人口则相对减少，这势必影响经济增长率。劳动适龄人口比例将大幅降低，势必会影响到美国经济将来的生产率增长。同时，社会福利开支的剧增也会带来沉重的财政负担，影响经济运行。①

二、老龄化对经济发展的积极影响

有学者认为，人口老龄化对经济、社会也有积极的影响，他们的观点主要有：①老年群体特殊需求的扩大，是社会经济发展的一种动力，庞大的老年人群可以形成可观的消费市场，老龄产业的兴起和发展极有可能成为国民经济中一个新的、充满活力的经济增长点；②人口老龄化遏制了人口的过快增长，又反过来促进了人口出生率的进一步下降，这对人口规模已经过大的中国来说是有利的因素；③人口老龄化有利于人口素质的提高，人口老龄化是同低出生率相关的，少儿比重下降为提高人口素质提供了契机。② 如果能够充分重视老年人的特殊需要，大力发展"银发经济"，便可以达到扩大内需、拉动经济增长的目的。**可以乐观地认为，老龄产业的兴起和发展极有可能成为国民经济中一个新的、充满活力的经济增长点**。研究"银发经济"并使其付诸实践，可以使"人口老龄化"对社会经济的消极影响降至最低，在活跃我国市场经济的同时，能减轻政府、社会对人口老龄化的经济负担，变不利为有利，加快我国"全面建设小康社会"的步伐，加快推进现代化建设。③

人口老龄化，即老年人口的增多对经济、社会必然有着重大影响，大多数学者认为人口老龄化对经济、社会有着一些消极的影响，也有学者认为人口老龄化对经济、社会的影响也有积极的一面，还有学者是一分为二地看待这个问题的，既看到了它对经济、社会的正面影响，也看到了它的负面影响。

第三节　研究假设

一、老年人晚年收入、社会保障状态与年轻时的状态有关

老年人口收入、消费、储蓄和社会保障的关系十分复杂。老年人口收入与

---

① 陈奕平 . 2003. 美国老年人口变动特征及其影响分析 . 人口学刊，（3）：29-35.
② 迟宇晶，马晓君 . 2002. 浅谈人口老龄化 . 水利天地，（10）：46.
③ 李承惠 . 2004. 老年人的特殊需求与银发经济开发 . 北京统计，（3）：21-23.

消费、社会保障是密切相关的，其中心是社会保障。社会保障缴费水平决定着老年人口经济收入和老年人口晚年的社会保障程度，而老年人口经济收入决定着老年人口的消费水平（图1-1）。而更重要的是，老年人口的社会保障缴费水平取决于年轻时的职业、就业时间和经济收入，而后者取决于年轻时的受教育程度。这就是近几年人们认为"不能输在起跑线上"，千军万马挤独木桥——考大学、考公务员，增加"人力资本"的根本原因。但是，无论是人们的受教育程度、职业生涯，还是社会保障政策、老年消费政策等，都受国家政策的影响。国家政策通过政府资金有形和无形的投入，也通过政策法令、政府号召等影响人们的决策和行为。而影响国家政策的是国家经济社会状态——社会投资、生产、流通、分配、就业、储蓄，影响了社会经济构成、产业结构、消费结构等，直接或间接地影响了国家政策。国家政策通过教育制度、就业制度、社会保障制度、医疗制度、分配制度等直接影响老年人口的经济社会状态。

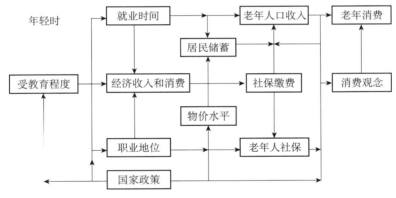

图 1-1　经济收入、消费、居民储蓄和社会保障的微观关系略图

二、老年人是一种异质总体，老年生活充满多样性

老年人本身的多样性，造成了晚年生活的多样性，这些多样性有如下表现。

1）**老年人本身的素质。** 老年人身体素质差异大，剩余寿命差异大。老年人的受教育程度不一，个人经历不一，生活来源不一，晚年经济收入差异大。

2）**老年人的经济基础和社会基础。** 退休前生活地点、有无正式工作、工作单位性质，这些将决定老年人退休后的经济收入。老年人婚姻的多样性和多变性，子女数量、培养质量等，对其晚年生活的影响也很大。

3）**生活环境。** 老年人所处社区环境和老友活动圈子不同。

第四节　研究方法和内容

一、研究方法

鉴于人口老龄化对储蓄、消费和社会保障影响的复杂性，在资料允许的情况下，我们在后续研究中力争用实证的方法，从不同空间状态（维度）、不同时间状态（维度）、不同体制状态（维度）等3个侧面（维度），深入探索人口老龄化对储蓄、消费和社会保障的影响，最后进行理性分析，并用朴素的统计模型进行归纳。简单的模型往往可以更有力地说明人口老龄化对国家经济发展影响的事实。

二、研究内容

本书首先讨论中国人口老龄化的现状、特点及趋势。其次，讨论我国人口老龄化与消费水平及消费构成的宏观关系。再次，探讨人口老龄化与储蓄的关系。考虑到老龄化对社会保障影响的复杂程度，将社会保障细分为社会养老保险、社会医疗保险、社会福利和社会救助4个部分，分别讨论人口老龄化对社会保障（社会养老保险、社会医疗保险、社会救助、社会福利）的影响事实和影响机制。最后，分析了老龄化对消费、储蓄和社会保障的综合影响。本书的主要内容如下。

第一章：绪论。

第二章：我国老龄化发展方兴未艾。

第三章：人口老龄化与储蓄。

第四章：人口老龄化与消费。

第五章：人口老龄化与社会养老保险。

第六章：人口老龄化与社会医疗保险。

第七章：人口老龄化与社会救助、社会福利。

第八章：人口老龄化与产业结构调整。

第九章：人口老龄化与城市化、失业率。

第十章：老年人口消费、储蓄和社会保险的实地调查。

第十一章：主要研究结论。

第五节　研究的困难

人口预期寿命延长被誉为 20 世纪最重大的成就之一，21 世纪又是人类长寿的时代，人们既为长寿而庆幸，又为老龄化而担忧[①]：社会是否有足够的财力、物力和人力来应对人口老龄化？长寿是老龄社会经济发展的重要资源，医疗保健是缓解老龄化不利影响的积极因素；同时，医疗保健又进一步加深了人口老龄化，延长了卧床不起的时间，医疗保健和老龄化又成为一种矛盾现象。从根本上讲，老龄化是人类社会发展到高级阶段的一种社会现象，它客观上反映了人类健康水平和社会文明的提高，综合反映了社会的进步和富裕程度。然而，人口老龄化影响了社会投资、生产、流通、分配、就业、储蓄，并给社会经济构成、产业结构、消费结构等多方面都带来直接或间接的影响，还对社会保障制度、医疗制度改革、分配制度的改革等产生了根本性的影响。

一、广义老龄化的影响还是狭义老龄化的影响

人口老龄化有人口金字塔的顶端老龄化和低端老龄化。顶端老龄化是指老年人口数量多、比例高，也称传统老龄化或绝对老龄化；低端老龄化是指少年儿童人口少、占总人口的比例低，又称少子化或相对老龄化。老龄化对经济社会的影响同样有狭义的影响和广义的影响。

狭义的老龄化是指单纯的理想中人口老龄化的影响，而广义的老龄化是指伴随着社会进步的复合人口老龄化社会。狭义的老龄化是一种想象中的老龄化，如果社会老年人口占 40% 及以上，再考虑同时社会有 20% 的青少年，即使每个人都有工作，那么每个成人要同时养活 1 个老人和 0.5 个青少年，个人负担十分沉重。再如，预期寿命延长，缴 15 年的社会保险却要享受 30 年（55～85 岁），每年交付社会保险的金额低于今后享受的社会保险，社会保险基金难以增值保值，容易造成社会保险破产，形成社会负担。但是，这种负面影响在当今社会都没有出现，目前大多数国家都处于老龄化初级阶段，真正处于高级阶段——超高龄社会的国家仅 4 个，其中一个是人口不足 4 万人的小国（摩纳哥），很多经济问题远没有暴露出来。

广义的老龄化是一种乐观老龄化，它认为社会是发展的，老龄化本身是可选择的（通过增加或减少出生、人口迁移、医疗保健等各种途径实现）。人口老

[①]　熊必俊. 2004. 中国养老基金缺口及对策研究. 上海城市管理职业技术学院学报,（6）: 25-27.

龄化不是偶然的也不是孤立的，而是整个社会发展、社会进步的一个重要环节，同样也是人类进化的必然阶段。也就是说，老龄化社会离不开社会发展，离不开工业化、城市化和信息化，没有一个民族、一个国家会出现没有城市化、信息化支撑的单纯的人口老龄化。非洲没有出现人口老龄化，20世纪初我国西部也很少出现人口老龄化，这是因为社会发展条件，即社会的物质层面、资金层面、医疗护理层面、政府管理层面等不能支持那些地区的人口老龄化，大部分人未到年老时就已经过世。另外，人类社会是一个理智社会，人类可以通过各种手段来调整其消费，促进社会发展。当出生人口急剧增加时，没有用战争或灾难、瘟疫来解决人口问题，而是用避孕、节育的方法降低出生率；当某地劳动力过剩、就业出现问题时，或者通过劳动力的迁移，或者通过币值在国际市场的贬值，增加出口组织生产从而减少失业。人类的智力是无穷的，当木料燃烧完了以后，人们找到了煤炭，当煤炭燃烧完了以后，人们发现了石油，发现了植物油料、原子能和太阳能等替代品。老龄化社会不是孤立和突发的，而是一个缓慢、可调节和经济、文化、医疗协调发展的社会。老龄化社会是人类理智的选择，也是社会发展的必然，老龄化揭示了社会财富和社会医疗的可承载能力。当社会医学可减缓老年疾病、延长老年人寿命时，社会护理能解决对失能老年人的日常生活照料问题，社会经济能承受老年生活、医疗及护理开支，社会产业结构能够适应老龄化社会的需求——老年人能逐渐取代年轻人完成社会生产和管理职能。人们经过分析发现，伴随着老龄化社会的发展，人均GDP都在5000美元以上，这5000美元并非银行汇率可兑换的绝对货币值，而可能是按照购买力计算的相对值。

由此可见，单独、理想中的人口老龄化对社会经济的影响，是整个社会充斥着老年人口，社会生产力低下，社会负担沉重。但是考虑老龄化对社会经济的影响，则信息化、高速发展的经济、协调的社会发展将冲淡人口老龄化带来的不良影响。人口老龄化是社会发展的一个过程，老龄化和社会发展是相互影响的。人类是高度理智、智慧的，通过生育率、社会保障和移民政策的调整，可适当调整老龄化进程，减小老龄化的负面影响。

二、科学技术发展能否冲淡老龄化所带来的影响

自然资源是有限的，但人的思维、创造力是无限的，人对于自然界的探索是无限的。自从打印机发明了以后，社会对纸张的需求更大了，计算机发明了以后，将人从烦琐的计算和重复劳动中解放出来，一方面对高科技就业需求量更大，另一方面对简单劳动力的需求下降，劳动力结构性需求矛盾大。据美国商务

部统计，5 年内信息技术为美国创造了 1500 万个就业机会，美国电子计算机使用 1 年所完成的工作相当于过去 4000 亿脑力劳动者 1 年的工作量。[①] 计算机引发了自工业革命以后的"第三次浪潮"，并迅速渗透、扩展到制造业、信息产业和医药等领域，引起整个第二、第三产业的革命和进步。医学科学和生物工程进步，又给老年人带来了福音，给社会经济带来了更大的发展空间。由此可见，与老龄化相伴随的科学技术促进了社会经济的快速发展，冲淡了人口老龄化所带来的影响。

三、老龄化对经济的影响是一个新的研究课题

首先，人口老龄化在我国出现的时间短，其对社会经济的影响还没有完全显露出来。即使在法国和西欧等老龄化出现较早的国家和地区，由于当时存在大量的欠发达国家迁入人口，减缓了这些国家人口老龄化的进程。而现在我们面临的是全世界的人口老龄化，迁移年轻人将不足以减缓人口老龄化。同时，各个老龄化阶段对经济社会影响的大小和方向也是不一样的。在人口老龄化早期阶段，70 岁（甚至 65 岁）以下老年人增多，社会就业率提高，旅游、健康消费增加，被称为人口红利的"第二期"；而在人口老龄化严重（80 岁以上老年人大幅增长）时期，出生率持续下降、社会保险亏空透支、社会消费萎缩、储蓄和财政税收减少、社会劳动力不足，外来劳工导致的社会问题增加，国家债务增加。

其次，**人口老龄化不是单独出现的，而是伴随着低生育率、少子，与当地社会经济环境有着非常密切的关系，人口老龄化既是人口社会经济环境发展的结果，又是进一步影响人口社会经济文化的原因。**尤其是在全球化时代的蝴蝶效应[②]，某地区微不足道的小事件，也会导致其周边的经济社会系统产生一系列的偶发反应，而这些反应的产生又会引起其他地区经济社会系统进行相应的调整，由此引起一连串的连锁反应，最终导致国家经济的变化，成为"压垮骆驼的最后一根稻草"。2008 年 9 月，美国房地产次级贷款危机引发虚拟经济资产泡沫破灭，冲垮了实体经济，导致美国、中国、日本等多国实施货币扩张政策，欧洲主权债务危机，失业率上升、通货膨胀、世界经济停滞不前，最后爆发了持续多年的世界金融危机，5 年以后才略有转机。老龄化对于社会经济的影响是相互的，也是多元的，人口、社会、经济因素有时是相互交叉难以区分，各种因素也是有利有弊，影响效果大小甚至影响方向也是不一样的，有时难以区分和判断。在实践中很难区分哪些属于老龄化的影响，哪些属于经济社会发展的影响。人口学、社会

---

① 熊必俊 . 2002. 人口老龄化与可持续发展 . 北京：中国大百科全书出版社 .

② 南美洲亚马孙河流域热带雨林中的一只蝴蝶，偶尔扇动几下翅膀，可以在两周以后引起美国得克萨斯州的一场龙卷风。

学界对该问题有一个认识过程，很多研究成果尚在探索之中。在经济发展的不同时期和水平不同的情况下，老龄化的影响程度也是不一样的。或者说**老龄化对于经济社会的影响有直接和间接之分**，人口老龄化对经济发展的直接影响小，间接影响则往往通过劳动力老龄化、社会保障开支增加、社会劳动力紧缺、生产效率降低等多方面影响经济发展。

再次，人口老龄化对社会经济的影响，分宏观和微观两个方面。宏观影响是指各地人口老龄化水平对各地社会经济、文化因素的影响，微观影响是指人口老龄化过程，对社会经济、文化、环境的需求和实际影响。对于宏观研究而言，各地社会经济、文化发展有其各自的发展规律，显然难以完全归因于人口红利及较高的老年人口比例，比如，2000年前后上海、北京、浙江和江苏等地经济发展快，同时老龄化程度也是全国较高的，但是将经济发展的成果完全归因于老龄化程度显然是不合理的，人口老龄化造成大量岗位空缺——社会劳动力不足，从而引进了大量流入人口。**廉价的劳动力和土地，加上较低的污染治理费用，推动了地方经济的发展。**对于微观研究而言，中国家庭经济和西方家庭经济完全不同，父母与子女在经济上有互助互通的关系，父母对子女的抚养、教育和经济支持责任是无限的，而子女对父母的经济赡养和养老责任同样是无限的，这种"剪不断理还乱"的关系，大多时候很难分清老人、成人和子女消费的金额，虽然理论上可以分析独居老人或孤寡老人的消费水平，但不同家庭类型的消费水平也是不一样的，因此难以定量分析老年人的确切消费比例。

最后，人口老龄化对经济增长的影响和对社会发展的影响是交叉在一起的，有时难以分辨到底是社会影响还是经济影响。

第二章

我国老龄化发展方兴未艾

国际上通常把 60 岁以上的人口占总人口比例达到 10%，或 65 岁以上人口占总人口的比例达到 7%，作为国家或地区进入老龄化社会的标准（更多地考虑 65 岁以上人口指标）；将 65 岁以上人口占总人口的比例达到 14%、20%，分别作为国家或地区进入高龄化社会、超高龄社会的标准。老龄化社会是指老年人口增多、少年儿童减少，导致老年人口在总人口中所占比例不断上升，社会人口结构逐渐呈现出老年状态，从而进入老龄化社会。悲观论认为，老龄化将是 21 世纪社会的常态，以后的老龄化水平将远远高于该水平，未来的高龄老年人、残疾老年人、生活不能自理的老年人十分多，未来社会将是一个问题社会。乐观论认为，人类社会是一个理智社会，老龄化不可能无限制地发展，当老龄化到了一定程度以后，人类就会通过生育、迁移政策等手段调整老龄化水平，未来社会一片光明，无需为未来担忧。实际上，今天我们对于老龄化的争论，与 18 世纪末马尔萨斯提出的"人口爆炸理论"、20 世纪 70 年代罗马俱乐部提出的"增长的极限"争论十分类似。实际上，人与资源、环境相互依赖和相互适应。问题是这种适应和依赖是动态的，是随着经济社会发展不断变化的，农业社会、牧业社会、工业社会、信息化社会，相同数量的资源能够容纳的人数是完全不同的。

人口老龄化是全世界普遍关注的问题之一，随着社会经济的发展和人口预期寿命的提高，人口老龄化也将是世界常态。21 世纪人类将全面进入老龄社会，人口老龄化是人类发展的主要特征。1998 年联合国社会发展委员会在第 35 届年会上，提醒各成员国"铭记 21 世纪老龄化是人类前所未有的，对任何社会都是一项重大挑战"。

第一节　从世界看中国——老龄化深入发展不可避免

世界各国人口老龄化的步伐不尽相同，但都在不断加快发展。20 世纪以前的人口老龄化是缓慢、不稳定、孤立和短暂的。1861 年法国成为世界上首个老龄化国家，1890 年瑞典第二个进入人口老龄化。至 20 世纪中叶，人口老龄化仍仅限于欧美等少数西方国家。直到 20 世纪五六十年代，世界各国的人口老龄化进程才开始加速。

一、全世界整体进入人口老龄化时代

以全球 65 岁及以上的老年人口在总人口中所占的比例分析，1950 年为 5.2%，1960 年、1970 年、1980 年和 1990 年分别为 5.3%、5.5%、5.9% 和 6.2%，2000 年、2005 年则分别达到 6.9% 和 7.3%，**即 21 世纪初全世界整体进入了人口老龄化时代**。若以国家数量进行分析，1985 年世界上 172 个国家和地区中有 46 个（26.7%）进入人口老龄化，2004 年世界 184 个国家和地区中有 72 个（39.1%）进入人口老龄化。平均每隔 4 年有 5 个国家和地区稳定地进入人口老龄化行列，到 2010 年 45% 的国家和地区进入人口老龄化，到 2025 年大致有 60% 的国家和地区进入人口老龄化。显然，世界已整体进入人口老龄化阶段。

各大洲人口老龄化现状：亚洲老龄化将加速发展。按照美国人口咨询局 2010 年的资料，研究世界五大洲人口老龄化现状（表 2-1），欧洲产业革命最早、经济发展最早、人口老龄化水平最高，2010 年欧洲 65 岁以上老龄化系数占居民人数的 16%，为全球最高，同时，15 岁以下少儿系数也为全世界最低，为 16%；以澳大利亚和新西兰为主的大洋洲次之；美洲居中；非洲则是老龄化水平最低的地区；亚洲强于非洲，与美洲的情况十分接近。**由此可见，世界人口老龄化已经成为定局，除了非洲以外，世界四大洲都已进入人口老龄化，而欧洲仍是老龄化最严重的地区，亚洲、非洲的老龄化进程加速**。

表 2-1　2010 年世界 209 个国家和地区人口老龄化水平和少儿系数

项目	欧洲	大洋洲	美洲	亚洲	非洲
65 岁以上老龄化水平 /%	16	11	9	7	3
15 岁以下少儿比例 /%	16	24	25	26	41
国家和地区总数 / 个	45	17	40	51	56

资料来源：美国人口咨询局 . 世界人口资料，2013 年

2010 年，世界 209 个国家和地区平均情况分析表明（表 2-2），65 岁以上老龄化比例（简单平均）为 7.63%，14 岁以下少儿比例为 29.15%；中位数分别为 6%、29%。209 个国家和地区中度老龄化系数在 7% 以下的占 55.5%，有 116 个国家和地区；进入老龄化的国家有 93 个，占国家数的 44.5%。而其中高龄化（大于 14%）的国家有 39 个，占国家数的 19% 左右。当然，各个国家土地多寡、人口规模的差异很大。

表 2-2　2010 年世界 209 个国家和地区顶端和底端老龄化程度分类

项目	老龄化系数 /%	国家和地区数 / 个	比例 /%	少儿系数 /%	国家和地区数 / 个	比例 /%
世界 209 个国家和地区平均	7.63			29.15		
最高水平	24			49		
最低水平	1			12		
年轻型国家	3 以下	18	8.6	40 以上	50	23.9
中年型国家	3～5	65	31.1	35～40	24	11.5
过渡型老龄化	5～7	33	15.8	30～35	27	12.9
轻度老龄化	7～10	27	12.9	25～30	28	13.4
中度老龄化	10～14	27	12.9	20～25	25	12.0
高龄化社会	14～20	35	16.7	15～20	42	20.1
超高龄社会	20 以上	4	1.9	15 以下	13	6.2
中国（2010 年 11 月）	8.9	轻度老龄化		16.6	高龄化	

注：其中年轻型国家、中年型国家、过渡型老龄化、轻度老龄化、中度老龄化等是自行定义的；表中比例数据相加之和可能不为 100%，是小数点四舍五入所致，不影响数据分析。全书图表及正文中遇到此类问题，均为数据四舍五入所致

资料来源：美国人口咨询局 . 世界人口资料，2013 年

2010 年，世界 209 个国家和地区中，65 岁以上老年人口比例最高、老龄化最严重的 11 个国家分别为摩纳哥、日本、德国、意大利、瑞典、希腊、葡萄牙、澳大利亚、保加利亚、拉脱维亚和比利时。前 4 个国家人口老龄化水平已经超过了 20%，达到超高龄社会；其余 7 个国家也在 17% 以上。除了日本和澳大利亚外，其余 9 个国家都在欧洲。老龄化程度最高的是被誉为避税天堂的袖珍国家摩纳哥，为 24%，其他 3 个超高龄化（大于等于 20%）国家分别是日本、德国和意大利。由于摩纳哥人数不足 4 万人，难以进行系统研究，人们关心的主要是日本、德国和意大利 3 个国家。这 3 个国家都是第二次世界大战时的轴心国，战争

中成人死亡率高，而后出现战后婴儿潮。20 世纪 70 年代，婴儿潮出生人口过分集中，加上有限的资源，导致教育和就业的竞争加剧，这些国家的人们自觉选择少生孩子，为增加教育和就业机会而推迟或减少生育。同时，这 3 个国家对外来迁入人口控制得比较紧。于是，出生率又迅速下降，迁移率下降，若干年以后高龄化程度将显著提高。

联合国人口司给出了 2010 年 65 岁以上老年赡养系数地理分布，分析发现日本、加拿大、西欧、北欧、南欧和大洋洲老年赡养系数最高（65 岁以上人口与 20～64 岁人口数量之比在 15% 以上）；美国、中国、俄罗斯、东欧和南美老龄化程度次高（10%～14.9%）；非洲大部、西亚和蒙古老龄化程度最低（小于5%），其余国家和地区的老龄化程度居中（5%～9.9%）。[①]

二、快速老龄化的日本

日本人口老龄化问题虽然比美国、德国、英国及法国等国家来得晚，但发展迅速。1970 年，日本 65 岁以上人口占总人口的比例为 7.0%，进入老龄化社会；1985 年已到达 9.9%（比中国早 30 年）；其后更是不断上升，至 2005 年达到 20%；预估 2025 年将达到 27.1%；2035 年更将增至 31.8%，65 岁以上人口比例由 7% 增长到14% 及由 10% 增长到20% 所用时间分别为 15 年、20 年，人口老龄化速度远较其他经济发达国家快。

研究日本人口老龄化对其经济的影响对我国有着十分重要的意义，中国人和日本人属同一人种，经济总量相近，受儒家文化的影响大，很多经济社会观念一致。日本的经济规模、经济结构和经济发展轨迹与中国有很大的一致性，如两国制造业发达；国内消费有限，积极推进外向型经济；一旦遇到世界经济风暴，本国币值将会面临大幅度的升值压力，外向型经济发展受阻；国民储蓄率高，投资率高，重视基础建设，因此尽管政府财经收入严重透支，入不敷出，所欠外债却很少。中国人口发展和日本人口发展的态势也有很大的共性，如预期寿命提高迅速，出生率迅速降低，形成少子老龄化，老龄化发展迅速。因此，日本社会的今天可能就是中国社会的明天，研究目前老龄化对于日本经济社会的影响，有助于发现老龄化对中国未来经济社会的影响，进而有助于寻找对策。

1. 老龄化和人口零增长有关

日本是仅次于美国和中国的第三大经济体，人口数量居世界第 10 位。日本总务省 2010 年 7 月 31 日公布的数据显示，截至 2010 年 3 月末，日本全国登记

---

① 　UN Population Division.2009.World Population Prospects:The 2008 Revision.

人口为 12 705.8 万人，其中 65 岁以上、75 岁以上的老年人分别为 2929.3 万人、1270.0 万人，分别占总人口的 23.1%、10.0%。截止到 2013 年 10 月 1 日，日本总人口 12 730 万人，65 岁以上老年人 3195 万人，占总人口的 25.1%，首次超过总人口的 1/4，14 岁以下少年儿童继续减少到 1634 万人，占总人口的 12.8%，15～64 岁劳动力首次低于 8000 万人，为 7901 万人。2014 年年初，日本总人口 12 722 万人，65 岁以上老人 3212 万人，占总人口的 25.2%。日本国土面积为 377 835 平方公里，人口密度为每平方公里 336 人。

1960～1970 年是日本经济快速发展的 10 年，1970 年日本 65 岁以上老年人口占总人口的比例超过 7%，进入人口老龄化，20 世纪末超过 15%，2005 年日本老龄化比例超过 20%（表 2-3）。同时，14 岁以下少年儿童比例持续下降，1985 年日本少年儿童比例低于 20%，20 世纪末低于 15%，2010 年后下降并稳定在 13% 左右。1990 年日本劳动年龄人口比例达到最高，1995 年劳动年龄人数达到最多。15 岁以下日本少年儿童人数从 1980 的 2758 万人下降到 2010 年的 1680 万人，30 年年均递减 1.63%；同时 65 岁以上日本老年人口由 1980 年的 1065 万人增加到 2010 年的 2930 万人，30 年年均递增 3.43%；而 1990～2014 年总人口仅以年均 0.12% 的速度上升。实际上，自 2010 年日本到达人口最多（1.281 亿人）后，人口数量稳定，并有所下降。

表 2-3　1960～2014 年日本总人口、65 岁以上老年人口比例

年份	实际 GDP 年增长率 /%	总人口 / 万人	人口比重 /%			
			0～14 岁	15～64 岁	65 岁以上	85 岁以上
1960	8.77	9 341.9	30.04	64.23	**5.73**	0.20
1965	9.22	9 827.5	25.61	68.10	**6.29**	0.25
1970	11.2	10 372.0	23.93	69.00	**7.07**	0.29
1975	4.48	11 194.0	24.36	67.72	**7.92**	0.35
1980	4.40	11 706.0	23.56	67.35	**9.10**	0.45
1985	3.38	12 104.9	21.54	68.16	**10.30**	0.65
1990	4.63	12 361.1	18.45	**69.50**	**12.05**	0.91
1995	1.53	12 557.0	16.04	69.42	**14.54**	1.26
2000	1.01	12 692.6	14.73	67.93	**17.34**	1.76
2002	−1.3	12 743.5	14.20	67.25	**18.54**	1.97
2003	−0.1	12 761.9	14.03	66.92	**19.05**	2.06
2004	1.0	12 768.7	13.89	66.63	**19.48**	2.14
2005	0.0	12 776.8	14.10	65.80	**20.10**	2.29
2006	0.6	12 777.0	13.70	65.50	**20.80**	—

续表

年份	实际 GDP 年增长率 /%	总人口 / 万人	人口比重 /%			
			0～14 岁	15～64 岁	65 岁以上	85 岁以上
2007	1.2	12 777.1	13.50	65.00	**21.50**	—
2008	−2.3	12 769.2	13.40	64.50	**22.10**	2.70
2009	−6.0	12 751.0	13.40	63.90	**22.70**	2.87
2010	2.4	12 805.6	13.12	64.01	**22.88**	3.03
2011	−2.3	12 779.9	13.1	63.6	**23.3**	3.19
2012	0.5	12 751.5	13.0	62.9	**24.1**	3.38
2013	—	12 729.8	12.9	62.1	**25.1**	3.57
2014	—	12 709.0	11.7	59.2	**29.1**	3.76

注："—"指无数据，全书同

资料来源：Statistical Survey Department, Statistics Bureau, Ministry of Internal Affairs and Communications. http://www.stat.go.jp/data/nenkan

　　1990 年日本男女劳动年龄组（15～64 岁）人口比例达到最大（69.5%），而后 20 年稳定下降到 2010 年的 64%，同时少年儿童人口比例单边下降到 2010 年的 13.1%，65 岁以上老年人口比例单边上升到 22.7%。**2002～2014 年近 12 年来，日本总人口一直停滞在 1.27 亿～1.28 亿人，结婚生育率下降伴随着劳动力缺乏。**统计模型分析表明（图 2-1），老龄化水平（x）达到 19% 时，日本人口（y）最大值为 1.288 亿人。

$$y=12\ 876.8-14.60\ (x-18.88)^2 \qquad (R^2=0.9326, n=16)$$

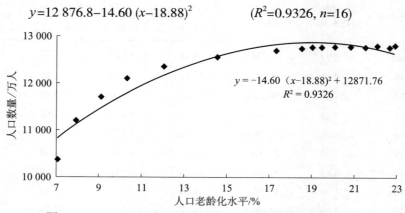

图 2-1　1970～2010 年日本人口数量和人口老龄化水平

　　老龄化既是人口总量零增长的原因，同时又是人口总量零增长的结果，即两者互为因果。联合国人口司的预测表明，日本人口老龄化虽然从 20 世纪 70 年代就已开始，但到目前仍是方兴未艾，一直到 2040 年老龄化水平将快速上升到 35% 左右才开始稳定，即目前人口老龄化仍有很大的上升空间。

2. 老龄化导致日本老年家庭及空巢孤寡老人家庭急剧增加

随着日本老年人口的增加，日本家庭构成发生了很大变化。具体表现为：① 65 岁以上老年人口家庭比例大幅度增加，2003 年日本 65 岁以上老年人口家庭占家庭总数的 37.7%。其中孤寡老人家庭占 19.7%，空巢孤寡老人家庭占 28.0%，传统三代大家庭占 24.1%（表 2-4）；② 1990～2003 年日本老年人口家庭以 3.67% 的速度逐年增长，该时段老年人口家庭占日本家庭的比例增加了 11 个百分点；③同期孤寡老年人口家庭以平均每年 5.93% 的速度增长；④在孤寡老人家庭中，2003 年男女性孤寡老人分别为 263.5 万人、77.6 万人，孤寡女性老年人比例由 1990 年的 81.7% 逐渐下降到 2003 年的 77.3%，男女性孤寡老年人口家庭分别以年均 7.72%、5.47% 的速度增加；⑤空巢老年人口家庭比例也越来越高，1990 年占 65 岁以上老年人口家庭的 21.4%，2003 年增加到 28.0%，空巢老年人口家庭年均增长 5.85%；⑥日本三代人大家庭的比例呈现出大幅度的下降趋势，1990 年大家庭占日本家庭的 39.5%，2003 年仅占 24.1%，13 年下降了 15.4 个百分点。

表 2-4　1990～2003 年日本 65 岁以上老年人口的家庭构成

项目	1990 年	1995 年	2000 年	2003 年
65 岁以上老年人口人家庭数 / 户	**10 816**	**12 695**	**15 647**	**17 273**
占日本家庭的比例 /%	26.9	31.1	34.4	37.7
孤寡老年人口家庭 / 户	1 613	2 199	3 079	3 411
占 65 岁以上老年人口家庭的比例 /%	**14.9**	**17.3**	**19.7**	**19.7**
女性 / 人	1 318	1 751	2 398	2 635
女性比例 /%	81.7	79.6	77.9	77.3
65～69 岁 / 人	411	474	627	593
70～74 岁 / 人	383	517	661	661
75～79 岁 / 人	311	402	582	696
80 岁以上 / 人	213	357	527	685
空巢老年人口家庭 / 户	2 314	3 075	4 234	4 845
占 65 岁以上老年人口家庭比例 /%	**21.4**	**24.2**	**27.1**	**28.0**
一方未满 65 岁 / 户	914	1 024	1 252	1 251
双方 65 岁以上 / 户	1 400	2 050	2 982	3 594
带有未婚子女家庭数 / 户	1 275	1 636	2 268	2 727
三代家庭数 / 户	4 270	4 232	4 141	4 169
占 65 岁以上老年人口家庭比例 /%	**39.5**	**33.3**	**26.5**	**24.1**
其他家庭数 / 户	1 345	1 553	1 924	2 120

资料来源：厚生劳动省大臣官房统计情报部社会统计课国民生活基础调查室．国民生活基础调查

　　由于计划生育政策、城市化和大量的移民，中国情况与其相比有过之而无不及。中国大家庭的质量大幅度下降，家庭平均人数大幅度下降，农村家庭数大幅度下降；空巢孤寡老年人口家庭数大幅度上升，老年人口家庭数持续大幅度上升。

　　随着日本社会老龄化的不断加速，更多的人进入退休年龄，劳动力人口的减少将导致日本经济的潜在增长力降低。由于劳动人口减少，国内的生产和服务也将随之减少，导致投资和消费低迷，企业和家庭收入降低。目前，日本国家一级（相当于省）行政单位"县"的全部人口只有区区几十万人，仅相当于东京一个区。人口"过疏化"的结果是，许多果树由于缺乏劳动力而无法采摘，很多农田被放荒；地方寺院因没有施主而荒废，不少地方的民俗活动因为人口过少而无以为继。人口减少和老龄化问题的影响深远而广泛。由于大和民族与日本的其他民族共处尚不适应，人口老龄化导致社会排外思潮有所发展，农民很难找到对象，一些大龄农民只好到海外找新娘，而不同文化的跨国婚姻也会导致很多家庭矛盾和悲剧。日本向来以治安良好著称，在面临劳动力不足的情况下，若完全放开劳动力市场，必将导致治安受到很大影响。

三、持续老龄化的美国

　　中国和美国分别是东半球和西半球的大国，国土面积相近，分别是世界第二、第一的经济体，同时又是世界第一、第三的人口大国，尽管社会管理制度不同，但两国的人口与经济发展有一定的相似性。美国人口少于中国，低龄老年人口同时少于中国，但是老龄化程度却强于中国，90岁以上老年人口多于中国。对于美国人口老龄化状态的了解和研究，将有助于应对中国人口老龄化的挑战。

　　1. 通过人口迁移政策调整老龄化水平

　　老龄化程度不是持续提高的，1950年美国65岁以上老年人口为1227万人，占总人口比例的8%以上，进入人口老龄化，其后60年人口老龄化程度一直不断加强。同时，由于人口迁入淡化了老龄化水平，尤其是亚非移民冲淡了人口老龄化水平。缓慢的老龄化使得人们逐步适应了人口老龄化社会，包括延长退休年龄，没有人感到奇怪，几乎没有感受到人口老龄化的危机。

　　1950～2010年美国65岁以上老年人口平均年增长率为2.0%。1920～1960年美国65岁以上老年人口比例低，增长速度快；1980年以后，老年人口增长量大，平均每年增长50万人以上。1930～1959年美国65岁老年人口增长速度高于3%。1900～2010年美国65岁及以上人口变动情况，如表2-5所示。

表 2-5　1900～2010 年美国 65 岁及以上人口变动情况

年份	65 岁及以上人口		比 10 年前增长	
	数量 / 万人	占总人口比例 /%	数量 / 万人	年增速 /%
1900	308.0	4.1	—	—
1910	395.0	4.3	86.9	2.52
1920	493.3	4.7	98.4	2.25
1930	663.4	5.4	170.1	**3.01**
1940	901.9	6.8	238.6	**3.12**
1950	1227.0	8.1	325.0	**3.13**
1960	1656.0	9.2	429.0	**3.04**
1970	2006.6	9.9	350.6	1.94
1980	2549.8	11.3	543.3	2.42
1990	3108.1	12.5	558.3	2.00
2000	3499.2	12.6	375.0	1.19
2010	4022.9	13.0	527.6	1.41

资料来源：U.S. Census Bureau. Statistical Abstract of the United States: Census 2000 Summary File 1;1990 Census of Population, General Population, 1999；http: //Section31,20th Century Statistics, table 1413, p.869//www. census.gov

　　美国的资料分析表明，老年人口比例不是一直上升的，由于 20 世纪 60 年代的"越南战争"，以及 20 世纪 90 年代大量墨西哥和亚裔的迁入，大量的移民进入美国，降低了美国老年人口比例。实际上，人类社会是个理智社会，一旦出现不利状态，会通过生育、迁移、流动等市场手段或行政干预等手段，调整人们的社会规范和社会管理措施，使社会快速回到合理的轨道。欧美国家大多通过民众的自我选择生育和迁移行为，较少采用强迫性的国家政策。但是，目前通过人口迁移来调整人口老龄化已经越来越困难，我们面临的是全世界的人口老龄化，2005 年全世界 65 岁以上老年人口超过 7%，年轻的移民逐渐成为稀缺资源，年轻人比例已越来越低。

　　2010 年美国 65 岁以上老年人口已经到达 4023 万人，占美国总人口的 13.0%，接近高龄化社会（14%）水平，其中女性老年人口占 57%。2010 年美国老年人口比 2000 年增长了 15.1%，年均增长 1.41%；而美国总人口 10 年仅增加了 9.7%，年均增长 0.93%。与中国一样，美国老年人口的增长速度快于总人口增长速度。

　　2. 低龄老年人数量大，增长速度慢
　　2010 年美国 65～74 岁的老年人有 2171 万人，占老年人口的 54%，75～84

岁、85~94 岁及 95 岁以上的老年人分别有 1305 万人、507 万人和 42 万人，分别占 65 岁以上老年人口的 32.5%、12.6% 和 1.0%。从 2000~2010 年的增长幅度看，85~94 岁、95 岁以上和 65~74 岁美国老年人分别增长了 30%、25.9% 和 18.1%，而 75~84 岁的老年人却仅增长了 5.7%，其中 75~79 岁老年人更是出现了 1.3% 的负增长，这和美国人口构成有关。百岁老人是美国增长最快的人口，1950 年美国仅有 2300 个百岁老人，1990 年增长到 30 000 人，2000 年、2010 年美国百岁老人分别增长到 50 454 人、53 364 人。2010 年美国百岁老人占总人口的 17.3/10 万，其中大部分（2/3）是女性。2010 年中国的 13.38 亿人中，百岁老人为 35 934 人，占总人口的 2.7/10 万。2010 年美国百岁老年人口比例是中国的 6.4 倍，美国 90 岁以上高龄老人人数为 187.2 万人，中国为 198.4 万人。美国 90 岁以上的人口比例为 606.6/10 万，是同期中国 90 岁以上老年人口比例（148.9/10 万）的 4.1 倍。

3. 老年人口地区分布比例及增长速度

美国东北部老龄化程度为 14.1%，南部 65 岁以上老年人口最多，为 1489.4 万人（表 2-6）。西部人口老龄化程度比较低，2010 年为 11.9%。美国老年人口增长速度快，1990~2000 年 65 岁以上老年人口增长了 12.0%，而 2000~2010 年 65 岁以上、80 岁以上老年人口 10 年分别增长了 15.1%、29.6%。尤其是在美国西部，2000~2010 年 65 岁以上、80 岁以上老年人口 10 年分别增长了 23.5%、42.8%。和中国一样的是，老年人年龄越大、人口数量越少，增长速度越快。例如，85 岁以上老年人口增长速度超过了 65 岁以上老年人口增长速度，而 65 岁以上老年人口增长速度快于全体人口增长速度。

表 2-6　1990~2010 年美国各地区 65 岁以上老年人口变动情况

地区	老年人口 / 万人			老年人口比例 /%			老年人口每 10 年的增速 /%	
	2010 年	2000 年	1990 年	2010 年	2000 年	1990 年	2000~2010 年	1990~2000 年
美国	4026.8	3499.2	3124.2	13.0	12.4	12.6	15.1	12.0
东北部	780.5	737.2	699.5	14.1	13.8	13.8	5.9	5.4
中西部	902.2	825.9	774.9	13.5	12.8	13.0	9.2	6.6
南部	1489.4	1243.8	1072.4	13.0	12.4	12.6	19.7	16.0
西部	854.7	692.2	577.3	11.9	11.0	10.9	23.5	19.9

资料来源：Information on confidentiality protection, nonsampling error, and definitions, http: // www.census.gov/prod/cen2010 /doc/sf1.pdf

美国西部和南部老年人口增长速度超过东北部和中西部的一个重要原因是人口迁移的结果，即大量老年人出于气候环境和健康因素等方面的考虑，纷纷从东北部和中西部迁往被称为"阳光带"的西部和南部。对于那些厌倦东北部和中西部气候寒冷、空气污浊和居住条件拥挤的退休人口及退伍军人来说，迁居阳光充足、气候温和、风景秀丽的西南沿海地区是自然的选择。事实上，20 世纪中期以来，东北部和中西部老年人占全美国老年人口的比例就一直呈下降趋势，而南部和西部老年人口占全美国老年人口的比例却不断上升。[①] 由此可见，老年人口增长速度快，大多是在自然环境较差、经济欠发达的地区，同时也是年轻人流出多的地区。

4. 通过经济杠杆调整生育意愿

美国没有生育政策，但 2010 年美国有独生子女家庭 1600 万个，占美国家庭总数的 1/5（中国为 1/3）。40 年前，美国有孩子的家庭中有 1/3 是独生子女家庭，目前这个比例已经升至 43%。大约 18% 的已婚妇女终生只生一个孩子，这个比例比 30 年前增加了 1 倍。[②]

美国农业部 2011 年做过估算，在美国养育一个孩子到 18 岁，平均需要花23.5 万美元。在美国，从幼儿园到高中上公立学校是免费的，但孩子 5 岁之前上托儿所的费用很高，基本上每月要 1000 美元以上；到了孩子 18 岁以后，当父母的又要为孩子上大学的学费而发愁，一个孩子一年上私立大学的学费和生活费用至少要 7 万~8 万美元，即使上本州的公立大学也要 4 万美元左右，如果一个年收入 5 万~6 万美元的中产阶级家庭有两三个孩子陆续上大学，当父母的压力是非常大的。

另外，社会保险制度的推行导致社会观念的变化，养老靠政府，使人们不愿被孩子"束缚"住。更多的人愿意多把时间和空间留给自己和伴侣，更多的妇女走出家门发展自己的事业，追求经济独立。这些社会大趋势不仅造成结婚率下降，离婚率提升，也造成美国社会生育率下降，白人越来越不愿意多生育孩子，亚裔的生育率也较低。

美国人口老龄化在欧美等发达老龄化国家中具有典型意义。例如，法国大量的移民减缓了老龄化的步伐，1861 年法国就进入人口老龄化阶段，65 岁以上老年人口比例为 7.9%，到 1966 年也仅为 12.3%；法国同时是鼓励生育的，少年儿童的比例没有明显下降，1911 年、1936 年、1966 年法国 19 岁以下人口的比例分别为 33.8%、30.2% 和 34.0%。[③]

① 陈奕平.2003.美国老年人口变动特征及其影响分析.人口学刊,（3）：29-35.
② 欧美内参.2014. http://mp.weixin.qq.com/s?__biz=MzA5ODEwODAwNg==&mid=200750379&idx=2&sn=fe392e6766ad2e4de2a71319c3ba28fb&scene=2&from=timeline&isappinstalled[2014-05-23].
③ 阿尔弗雷·索维.1983.人口通论（下）.北京：商务印书馆：60

5. 美国老年人口的经济收入

美国老年居民的养老金收入是与居住年限、纳税数量成正比的。老年人必须累计工作 10 年以上，退休后才能拿到社会保险金，而且所拿的社会保险金仅够维持生活，还需要其他职业养老金、个人强迫储蓄（401K 退休计划）等来补充。很多移民因为工作时间短、纳税少，拿不到养老金，或养老金很少而难以维持生存。美国又是一个不存钱的国家，人们不辞劳苦地工作一生，在老年时仍要面对令人窒息的贫穷生活。1996 年美国 65 岁以上老年人经济收入来源调查表明，老年人收入有 40% 源于社会保障，18% 源于资产收入，19% 源于单位及个人的存款及利息，以及 20% 源于本人的工作薪酬。各种老年人收入来源分布差异大，高收入老年人的收入来源多是资产收入，非退休者的收入来源主要是工作薪酬。近 30 年的变化情况分析表明，获得社会保障的人员比例稳定上升，依靠工作薪酬的人数比例下降，依赖固定资产收入的老年人比例先上升而后下降，依赖银行存款利息收入的老年人比例略微上升。

1986~1996 年美国单身男性收入中位数提高的幅度最大，而在婚（正处于婚姻状态）夫妇提高的幅度最小；1996 年美国老年夫妇的货币收入表明，在婚老年夫妇收入高于单身老年人。1998 年的资料发现，人口年龄越大、退休时间越长，则家庭收入越低。以收入中位数为例，75 岁以上户主家庭收入中位数不足于 45~54 岁户主家庭收入中位数的 45%。

美国 65 岁及以上老年人收入低于其他年龄段人口，贫困率也高于其他年龄段人口。1999 年美国 65 岁及以上户主家庭年收入的中位值分别比 25~34 岁、35~44 岁、45~54 岁和 55~64 岁年龄段户主低 10 161 美元、21 785 美元、32 155 美元和 21 101 美元，仅比 15~24 岁年龄段户主多 9117 美元。在贫困率方面，虽然美国老年人贫困率一直在下降，从 1980 年的 15.7% 下降到 1999 年的 9.7%，但 65 岁及以上人口贫困率仍然高于 35~59 岁年龄段人口，与 60~64 岁年龄段人口贫困率接近。[①]

6. 美国老年人口的住房

美国人口家庭住房拥有率比较高。据美国联邦普查局调查，1991 年平均 64% 的居民拥有自住房，55~64 岁人口住房拥有率最高，达到 80%；65 岁以上老年人口住房拥有率次之，为 77%；35 岁以下年轻人住房拥有率仅为 38%。[②] 这和美国住房政策有关，美国住房是"买得起、养不起"，住房购买价格不高，

---

①　U.S. Census Bureau. Statistical Abstract of the United States: 2000, table 757; U.S. Census Bureau. Statistical Abstract of the United States: 2001, p.476; table 682.p.443.

②　U.S. Census Bureau.1992.Homeownership:1989 to 1991.Washington：Census Summary.

而每年需要缴纳的各种与住房有关的税费十分昂贵，一般为房价的 1%～5%（一律由房主而非租客缴付）。所以，对很多美国人而言，如果住房没有升值潜力，买房不如租房合算。美国是一个车轮上的民族，哪里有工作机会，哪里经济收入高，那里就是家。一切为了工作，与此相适应的是人口迁移和流动十分频繁。

7. 美国的社会养老机构

1977～1999 年，美国养老机构呈现出增长趋势，进入养老院的人数从 1977 年的 128 万人增长到 1999 年的 163 万人，养老机构从 1.62 万家增长到 1.8 万家，养老机构平均床位数从 79 张增加到 105 张。21 世纪初，美国养老机构出现了明显的下降趋势，75 岁以上老年人入住护理院的比例从 1990 年的 10.2% 下降到 2006 年的 7.4%；85 岁以上老年人入住护理院的比例从 1985 年的 21% 下降到 2006 年的 16%。同时，入住护理院老年人的活动能力出现了明显下降趋势，1977 年入院老年人中有 30% 能够自己穿衣，1999 年这一比例下降到了 13%；1977 年能自己洗澡的人数比例为 13%，1999 年下降到 6%；1977 年能够自己行走的老年人比例为 33%，1999 年下降到 21%。

1）养老护理机构收费。2004 年护理院价格为每人每年 6.7 万～10.0 万美元，几乎为个人养老金的 3 倍左右。从养老机构收费来看，暂时托付型老年人，个人付费 36.17%，医疗保险 31.36%，医疗救助 29.95%，其他 2.53%；若长期居住型，个人支付 16.7%，医疗救助 78.5%，其他 4.8%。[①] 然而，居住在不同性质的养老院，收费不同，政府办的养老院收费低，但难进。

2）美国养老机构构成。2004 年美国养老机构有 1.61 万个护理院，床位有 173 万张，平均每家护理院有 108 张床位，总入住率为 86.3%。其中，大多数是营利性的（2/3），政府办或非营利性的仅为 1/3（表 2-7）。

表 2-7　2004 年美国护理院基本情况

项目	分类	护理院		床位		入住老年人	
		数量/万个	比例/%	数量/万张	平均/张	数量/万人	入住率/%
总计		1.61	100.0	173.00	107.6	149.22	86.3
产权	私有	0.99	61.5	107.42	108.6	91.90	85.5
	志愿组织	0.50	30.8	50.36	101.6	44.03	87.4
	政府和其他	0.12	7.7	15.22	123.6	13.39	88.0

---

① 杨立雄.2013.老年福利制度研究.北京：人民出版社：137-139.

续表

项目	分类	护理院		床位		入住老年人	
		数量/万个	比例/%	数量/万张	平均/张	数量/万人	入住率/%
业务资质	授予资质	1.58	98.5	170.89	107.8	147.56	86.4
	医疗救助和保险	1.41	97.8	159.96	113.5	137.97	86.3
	仅有医疗保险	0.07	4.1	3.31	50.6	2.81	85.0
	仅有医疗救助	0.11	6.9	7.62	69.0	6.79	89.1
床位	少于50张	0.22	13.9	7.59	33.8	6.22	82.1
	50～99张	0.60	37.3	45.47	75.7	42.26	92.9
	100～199张	0.69	42.5	90.31	132.0	78.85	87.3
	200张及以上	0.10	6.2	29.64	298.2	21.89	73.9
位置	东北部	0.29	17.4	38.15	136.0	33.13	86.8
	中西部	0.53	33.0	52.66	99.4	44.80	85.1
	南部	0.54	33.6	58.56	108.3	50.15	85.6
	西部	0.26	16.0	23.62	92.1	21.14	89.5
规模	大城市	1.09	67.7	129.09	118.5	112.78	87.4
	小城镇	0.26	16.2	24.22	92.9	20.20	83.4
	其他	0.26	16.0	19.69	76.3	16.24	82.5
形式	连锁	0.87	54.2	93.94	107.9	81.25	86.5
	独立	0.74	45.8	79.06	107.2	67.97	86.0

资料来源: CDC/NCHS.National Nursing Home Survey 2005

3）养老院的老年人口性别年龄构成。2010 年美国 65 岁以上老年人口住在护理院的比例并不高，仅占 65 岁以上老年人口的 3.1%，各年龄组女性住院比例都高于男性。男性住院率为 2.1%，女性为 3.9%。住院人数比例随老年人年龄的增长发展很快，65～74 岁老年人口住院率仅为 0.9%，85～89 老年岁人口生活不能自理而住护理院的比例为 10.4%，100 岁以上则达到 32.3%。[①]

四、老龄化相对健康的德国

2010 年德国人口为 8503 万人，GDP 为 3.31 万亿美元（当年值），为美国、中国、日本之后的世界第四大经济体。2012 年人均 GDP 为 44 558 美元，在世界 183 个国家和地区中排名第 19 位。德国 15 岁以下少年儿童仅为 1113.3 万人，占

---

① U.S. Census Bureau.2010 Census Summary. file 1. table 7.

总人口的比例不足 13.1%；65 岁以上老年人口为 1728 万人，占总人口的 20.3%，其中需要护理的老年人占老年人口的 14%。德国人口老龄化水平在世界范围内仅次于日本，为世界第二。由于德国人口老龄化、妇女结婚生育率下降，近 17 年总人口一直徘徊在 8500 万～8600 万人。

1925 年德国人口中只有 5.8% 的人年龄在 65 岁以上，36.2% 为年龄低于 20 岁的年轻人；到了 2020 年，26% 的德国人将超过 65 岁，同时，20 岁以下人口约占总人口的 17%。[①] 即 1925 年少儿人数是老年人口的 6.24 倍，2012 年少儿仅是老年人口的 64.4%。由此可见，少子老龄化不仅是日本、中国，也是大多数老龄化国家的普遍情况。其根本原因是，妇女生育成本上升，较好的社会养老保险以及信息化和产业发展减少了社会对于劳动力的需求。

若从更长的时间范围来看，德国总人口（y）与人口老龄化（x）出现了很好的二次曲线关系（图 2-2）如下：

$$y=-14.89(x-19.23)^2+8575.5 \qquad (R^2=0.9366, n=61)$$

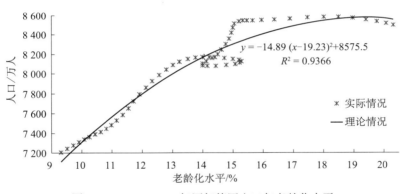

图 2-2　1950～2010 年历年德国人口与老龄化水平

这说明，在老龄化水平为 19% 左右时，德国人口达到最多，为 8600 万人，其后稳定下降，该模型的决定系数高达 94%。

多年来德国人口出生率一直低于死亡率。预计不到 50 年，德国人口数量将减少 1700 万人，降至 6500 万～7000 万人。50 年后，1/3 的德国人将达到或超过 65 岁。默克尔总理指出，现行的社会福利体制将难以满足人口的这种发展趋势，普遍的富裕生活将面临着威胁。德国政府将制定新的人口发展政策，刺激人口增长，减缓人口老龄化，振兴经济，放宽人口迁移政策。

① 弗朗克·谢尔马赫.2006.老寿星的密谋——长寿社会的挑战及其应对策略，刁晓瀛译.上海：上海社会科学院出版社：98.

目前，德国养老模式有 3 类。①

1）**居家养老护理型**。老人在原居所养老，周边养老机构提供日间护理和短期托老服务，日间照料中心常有朗诵、剪纸、记忆训练等多种活动。

2）**老年住所集中（公寓）养老**。老年人居住在老年公寓，其无障碍设计好，电子信号强，可提供相应的上门护理服务，一旦卧床可立刻转送养老机构。

3）**机构（养医结合）养老**。24 小时全方位服务，包括护理、日常生活和起居监视，多数分布在居民聚集区，少数在郊区及度假村内。大多受理 80 岁及以上或需要护理的老年人。德国共有 1.24 万家此类养老机构，其中 54% 为慈善组织所办，40% 为私人养老院，其余 6% 为公立养老院。根据老人需要护理的级别 1、2、3 级，对于居家养老，政府给予每人每月 450 欧元、1100 欧元、1550 欧元的补贴，对于机构养老，则给予每人每月 1023 欧元、1279 欧元和 1550 欧元的补贴。

随着人口老龄化的到来，德国的医护行业将成为一大热门，年轻人缺少，这一行业人员的缺口较大。据联邦统计局估计，2009 年大约 230 万人德国人需要护理，而在 2030 年将增至 330 万人左右。目前，德国医护行业将增加 7 万个工作机会，到 2020 年大约需要 80 万名医护人员，但可能没有足够的专业技术人员来满足这些需求。专家呼吁缩短培训时间，加紧培养医护人才。目前，已有 70% 的护理及社会服务企业认为，人员短缺已对行业发展构成风险。目前，德国政府和企业已着手从其他欧洲国家招聘人才来填补国内空缺。在葡萄牙等受欧洲债务危机冲击的国家，一些医护人员得到数家德国医院的工作邀请。部分德国医院为了争取人才，愿意免费为新员工提供半年食宿，同时出资让他们强化德语。德国招聘人才的目光不仅停留在欧洲，而且已经伸向了潜力巨大的亚洲及中国劳动力市场。

五、老龄化对经济发展水平（人均 GDP）的可能影响

人口老龄化对经济发展是否有影响，影响有多大，主要表现在哪些方面？对于这些问题一直有争议，大致有乐观派和悲观派两类。从根本而言，中国的改革开放得益于廉价的劳动力和土地，以及较少的污染治理代价，由此导致大量商品的生产、进出口和货币超发，以及大规模的基本建设投资。这些都和人尤其是年轻人的数量息息相关。

---

① 胡红妮，德国的 3 种养老模式和 4 个养老特点，http://www.360doc.com/content [2015-02-26].

1. 各国人口老龄化和经济社会变量高度相关

若将国家分为 3 个不同的层次，2010 年人口数在 500 万人以上、1000 万人以上、5000 万人以上的国家分别为 116 个、83 个、24 个。通过相关关系（表 2-8）计算发现，各国人口老龄化系数和经济社会变量都有显著相关关系，而无论国家人口规模有多大。与 2010 年各地区人口老龄化关系最密切的是各国购买力计算的人均 GDP（国际美元，PPP$），其次是每百人手机比例、预期寿命（特别是女性预期寿命），最后是城乡公共卫生设施和城市人口比例，而与人口密度没有任何相关关系。这充分说明，人均 GDP 高、生产能力和收入水平高，以及公共卫生设施好，交通通信普及率高、城市人口比例高的国家和地区，老年人预期寿命高而老龄化程度高。老龄化是人类社会发展的一个重要里程碑，生产力低下、公共卫生不普及、交通通信不发达的社会是难以实现、难以维持人口老龄化的。老龄化对于周边环境有着很高的要求——社会和谐、生活富裕、医疗卫生条件好。

表 2-8　2010 年世界各国老龄化程度和经济社会指标的相关系数

国家、人口规模	5000 万人以上	1000 万人以上	500 万人以上
国家个数	24	83	116
2008 年 GDP/ 国际美元	0.880**	0.846**	0.813**
每 100 居民手机用户 / 户	0.779**	0.736**	0.685**
城市公共卫生设施比例 /%	0.609**	0.629**	0.603**
农村公共卫生设施比例 /%	0.681**	0.708**	0.677**
预期寿命（合）/ 岁	0.737**	0.722**	0.701**
预期寿命（男）/ 岁	0.699**	0.695**	0.673**
预期寿命（女）/ 岁	0.743**	0.726**	0.706**
城市人口比例 /%	0.656**	0.633**	0.603**

注：** 相关系数显著性水平达到 0.01
资料来源：美国人口咨询局

若仅考虑一个变量——人均 GDP，可解释世界各地区老龄化变异程度的（决定系数）66%（图 2-3），相关系数为 0.811；若某地区人均 GDP 提高 1000 国际美元（PPP$），则人口老龄化系数平均可以提高 0.36 个百分点。若考虑两个变量——人均 GDP 和居民手机比例，就可以拟合（解释）世界各地区老龄化变异程度的 76%。这充分说明了人口老龄化与经济、社会、医疗卫生水平等因素的关系密切。经济社会发展程度高的国家和地区，人口老龄化程度高，反之亦然。

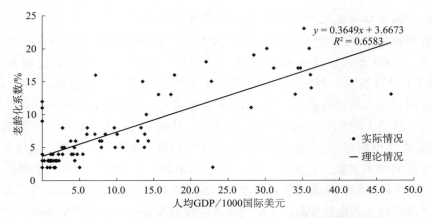

图 2-3　2010 年世界 83 个国家和地区 GDP 和老龄化系数的关系

2004 年，全世界 148 个国家和地区中，65 岁以上人口比例超过 14% 的高度老龄化国家和地区有 24 个（16%），比例为 8%～14% 的人口中度老龄化国家和地区有 28 个（19%），老年人人口比例为 5%～8% 的接近老龄化的国家和地区有 31 个（21%），老年人人口比例不足 5% 的非老龄化国家和地区有 65 个（44%）。2004 年 148 个国家和地区的 65 岁以上人口比例与人均 GDP（用国际美元表示）的相关系数高达 0.706。即**老龄化伴随着社会经济发展，老龄化是社会发展的高级状态**。在严重老龄化的国家和地区中有 14 个国家和地区（58.3%）人均 GDP 超过 2 万国际美元；而非老龄化的 65 个国家和地区中有 47 个国家和地区（72%）人均 GDP 不足 4000 国际美元（表 2-9）。这说明在世界范围内，**人口老龄化与人均 GDP 有着某种正相关关系**，发达国家大多是老龄化程度高的地区；相反，欠发达国家大多是非老龄化的地区。2004 年 148 个国家和地区的资料计算表明，卡方计算值为 94.54，远大于其理论值 16.92。这说明老龄化和人均 GDP 之间的关系确实存在。

表 2-9　2004 年世界 148 个国家和地区 65 岁以上人口比例与人均 GDP 的关系

项目	65 岁以上人口比例的国家和地区数和比例				
	4.9% 以下	5.0%～7.9%	8.0%～13.9%	14.0% 以上	合计
3999 美元以下	**47（72%）**	11（35%）	3（11%）	0（0%）	61（41%）
4000～6 999 美元	9（14%）	**14（45%）**	5（18%）	3（13%）	31（21%）
7000～19 999 美元	8（12%）	6（19%）	**11（39%）**	7（29%）	32（22%）
20 000 美元以上	1（2%）	0（0%）	9（32%）	**14（58%）**	24（16%）
合计	65（44%）	31（21%）	28（19%）	24（16%）	**148（100%）**

2010 年，全世界 175 个国家和地区人口老龄化程度和人均 GDP 之间的关系

计算表明（表 2-10），两者的线性相关系数为 0.743，即有 99.99% 的把握认为其间的相关关系存在。这些事实说明，无论是 2004 年还是 2010 年的资料，都表明**人口老龄化和该国家或地区的经济发展是密切相关的。老龄化程度高的地区大都是经济发达的地区，反之，经济欠发达地区无法支持人口老龄化状态。**这里的经济发展和老龄化是互为因果的，**尤其是在老龄化早期阶段，**经济发展促进人口老龄化，人口老龄化减少了人口养育费用，降低了社会失业率，提高了经济效率，从而促进了经济发展，这也被称为"人口红利"。相反，经济欠发达地区没有足够的财力支持社会保障和医疗卫生体系，难以改善人们的生活质量来支持该地区人口老龄化现象。

表 2-10　2010 年世界 175 个国家和地区 65 岁以上人口比例与人均 GDP 的关系　单位：个

项目	65 岁以上人口比例的国家数					
	5% 以下	5%~7%	7%~10%	10%~14%	14% 以上	小计
2999 美元以下	46	5	1	0	0	52
3000~3999 美元	7	3	0	1	0	11
4000~6999 美元	10	8	3	1	1	23
7000~19 999 美元	2	11	15	9	12	49
20 000 美元以上	5	0	4	10	21	40
合计	70	27	23	21	34	175

2. 我国户籍人口老龄化和经济社会变量相关

2000 年 11 月，我国大陆 31 个省（自治区、直辖市）65 岁老年人口比例与当年人均 GDP 的相关系数为 0.720，而 2002 年、2003 年、2010 年则分别为 0.706、0.722、0.247，相差很大，是什么原因呢？分析发现，2010 年前我国调查的是户籍人口，而 2010 年开始使用的是常住人口，后者包括大量的流入人口，若同样使用常住人口资料，2010 年其相关系数为 0.780。美国号称是"车轮上的国家"，人口流动很大，2010 年美国 51 个州联邦特区老年人口数量、老年人口比例与该州人均经济收入的相关系数仅为 0.049、–0.134。**这就说明了在封闭状态下人口老龄化和经济发展是密切相关的，而在户籍、国籍被打破以后，人口高度流动状态下老龄化所形成的经济发展状态被迅速摊薄、差异减少，老龄化与经济社会发展水平的关系模糊不清。**

实际上，老龄化随着经济发展的变化是十分复杂的。我国改革开放推动了经济高速发展、GDP 增长，同时改革开放也导致国家计划生育政策不断深化、老龄化加快，所以，无论经济发展还是人口老龄化，都是我国改革开放的结果，表现为人口老龄化与经济发展（人均GDP）高度相关。另外，经济发展政策、土地成本、污染重视程度、劳动力价格、货币政策等都和经济发展速度相关。**当且仅当在时间范畴、空间范畴、（中外）体制外老龄化和经济发展情况高度相关，并且符合理性推断的情况下，这些关系才可以被确认。**

六、人口老龄化的可能影响因素

人口老龄化的主要原因是什么？影响各地人口老龄化的因素，特别是影响老龄化发展的经济因素是什么？

1. 老龄化的直接影响因素是预期寿命提高

人类祈求幸福。秦始皇为长生不老，炼仙丹、求仙药。然而，长期的封建主义，低下的劳动生产率，使人们生活贫困、缺医少药，人口死亡率高，预期寿命低。

2010年，世界各地人口出生时的平均预期寿命为69.6岁，中等收入、高经济收入国家分别为69.1岁、79.8岁。而日本女性出生时的预期寿命，由1947年的54岁，提高到2001年的84.9岁，2013年的86.6岁，66年增长了31.6岁，平均每年增长0.48岁。中国人口出生时的预期寿命从2000年的71.4岁（其中，男女分别为69.63岁、73.33岁），提高到2010年的74.83岁（**其中，男女分别为72.38岁、77.37岁**）。**即近10年中国男女人口出生时的预期寿命年均分别增长了0.28岁、0.40岁**。1953年，南京市男女居民出生时的预期寿命分别为56.2岁、56.9岁；1982年南京市男女预期寿命分别增长到69.4岁、73.6岁；2000年进一步增长到73.2岁、77.4岁；2010年南京男女预期寿命进一步增长为77.2岁、81.6岁（合计79.31岁），1953~2010年的57年时间内南京男女预期寿命年均分别增长0.37岁、0.43岁。[①]

过去"人到七十古来稀"，如今"七十仅是小弟弟"。健康、长寿、富裕、仁德、善终是五福，健康长寿享尽天年是至福。以上事实说明，女性预期寿命比男性提高得快一些；过去预期寿命比目前提高得快一些；目前，寿命仍以平均每年0.2~0.4岁的速度提高。预期寿命提高的背后是，人们经济收入增加后导致的生活多元化，城市化和社会保障普及后导致的人们生活质量的提高，技术革命以后导致的医疗卫生的进步。

2. 老龄化和国家人口数量的关系不大

国家人口数量与人口老龄化程度是否有关？若将国家人口数量分为4组，

---

①　黄润龙等.2011.长寿的代价.北京：社会科学文献出版社.

即 100 万人以下、100 万～1000 万人、1000 万～5000 万人、5000 万人以上，老年人口比例分为 3% 以下，3%～7%（不包括 7%，下同）、7%～10%、10%～14%、14% 以上等 5 组，分析表明其间卡方计算值为 16.89，小于卡方理论值 21.03。这表明**没有证据说明人口老龄化和地区（或国家）人口数量有关**。日本、美国等人口大国可以出现人口老龄化；同样，摩纳哥等西欧人口小国也可以出现人口老龄化。另外，2010 年世界 209 个国家和地区进入人口老龄化水平的有 93 个，占总数的 44.5%。其中 5000 万人以上人口大国的老龄化程度为50%；而 1000 万人口以下的人口小国，老龄化程度也较高，为 47%～48%；人口数量在 1000 万～5000 万人的国家人口老龄化程度低于平均值，不足 36%。**即人口老龄化与人口增长速度有关，而与人口绝对数量的关系不密切**。

综合以上可见，**老龄化是社会经济发展的必然趋势，也是经济社会进步的象征。世界进入老龄化的国家越来越多，发达国家（美国、法国等）老龄化的水平比我国高，但由于大量的移民进入，老龄化的发展相对缓慢**。发达国家人口老龄化的发展为我国提供了如下启示。

1）老龄化导致人口向城市集中，向宜居地区集中。以前年轻人为就业而四处迁移寻找工作机会，如今老年人为寻找良好的养老场所而四处迁移，大多数老年人迁移到气候温暖、物价适当的地区。年轻人的经济移民转变为老年人的气候移民。这种迁移造成了老龄化与地区经济社会发展的脱节，老龄化不再是经济社会发展的产物。

2）健康水平提高，预期寿命的延长，信息化社会对于劳动力的需求减少，孩子抚养费用的上涨，加上比较完善的社会保障，使人们生育孩子的积极性大为减弱。这些都是社会进步的结果。可以认为，**人口老龄化是社会的选择、人类进步的必然结果**。人们能做的就是针对未来人口老龄化，寻找相应的经济社会对策。

3）汇率也影响着老年人口迁移。1985 年 9 月，美国、日本、德国、法国及英国的财政部长和中央银行行长在纽约广场饭店举行会议，达成五国政府联合干预外汇市场，诱导美元对主要货币的汇率有秩序地贬值，以解决美国巨额贸易赤字问题的协议。因协议在广场饭店签署，故该协议又被称为"广场协议"。该协议签订后，五国在外汇市场大量抛售美元，导致美元持续大幅度贬值。协议签订后 3 个月，美元迅速下跌 20%；在不到 3 年的时间里，美元对日元贬值了 50%。有专家认为，日本经济进入十多年低迷期的罪魁祸首就是"广场协议"。但也有专家认为，日元大幅升值，日元国际化为日本企业走向世界、在海外进行大规模的扩张提供了良机，也促进了日本产业结构的调整，最终有利于日本经济的健康发展。实际上，人口老龄化和汇率变化有十分密切的关系。日元升值，日本老年人纷纷到国外旅游和养老，省去了日本养老基本设施建设和补贴费用；若日元贬值，则国外的日本老年人会纷纷回国养老，这会增加日本国内的养老压力。

第二节　我国人口老龄化问题严重

　　中国的老龄化才起步，2013 我国 65 岁以上老龄化程度为 9.7%，未来老龄化仍将加剧，最后老龄化程度、老龄化进程为多少尚难说。根据众多国内外专家的预测，未来中国人口老龄化将可能超过 20%、25%，甚至 30%，仅是时间的问题。

一、我国受老龄化、少子化的双重影响

　　在人口金字塔上，顶端老龄化，是指老年人口相对比例或绝对人数增多，低端老龄化是指少年儿童人口比例或人数减少。表 2-2 给出了中国人口老龄化和世界各国人口老龄化的数据，2010 年中国顶端老龄化（65 岁以上老年人口比例）已经到达 8.9%，位居世界 209 个国家和地区之第 70 名，而底端老龄化（14 岁以下少年儿童比例）为 16.6%，为世界 209 个国家和地区最低的 42 个国家。顶端老龄化往往是由于预期寿命提高，社会保障制度和公共卫生的改善；底端老龄化是由于政策和经济因素导致出生人数减少，从而导致少年儿童比例降低。我国底端老龄化现象比顶端老龄化更严重，其将直接影响未来劳动力的数量和构成，直接影响社会生育数量。为此，不少学者提出进一步放松计划生育政策，早日用"全面二孩"政策取代"单独二孩"政策。2016 年 1 月 1 日起，全国普遍实行全面二孩政策。

1. 我国老龄化仍在加速

　　1982～2010 年，我国人口从 10.16 亿人增长到 13.41 亿人，增加了 31.91%（表 2-11）；其中 0～14 岁少年儿童从 3.4 亿人减少到 2.23 亿人，减少了 34.8%；65 岁以上老年人口从 0.50 亿人增长到 1.19 亿人，增加了 138.3%；15～64 岁成人数量增长了 59.6%。1982～2010 年中国人口年均增加了 1158.5 万人，其中 0～14 岁少年儿童人口年均递减 424.5 万人，65 岁以上老年人口年均递增 246.5 万人。如果不考虑中间过程，1982～2010 年中国人口以年均 0.994% 的速度增长，而老年人口以年均 3.15% 的速度增长，少年儿童以年均 1.52% 的速度减少。或者说，老年人口比例年均增加 0.143 个百分点，少年儿童比例年均减少 0.61 个百分点。

表 2-11   1982～2013 年中国 65 岁及以上老年人口和老年人口比例

年份	年末总人口 / 万人	0～14 岁		65 岁及以上	
		人口数 / 万人	比例 /%	人口数 / 万人	比例 /%
1982	101 654	34 146	33.6	4 991	4.9
1987	109 300	31 347	28.7	5 968	5.4
1990	114 333	31 659	27.7	6 368	5.6
1995	121 121	32 218	26.6	7 510	6.2
1996	122 389	32 311	26.4	7 833	6.4
1997	123 626	32 093	26.0	8 085	6.5
1998	124 761	32 064	25.7	8 359	6.7
1999	125 786	31 950	25.4	8 679	6.9
2000	126 743	29 012	22.9	8 821	7.0
2001	127 627	28 716	22.5	9 062	7.1
2002	128 453	28 774	22.4	9 377	7.3
2003	129 227	28 559	22.1	9 692	7.5
2004	129 988	27 947	21.5	9 857	7.6
2005	130 756	26 504	20.3	10 055	7.7
2006	131 448	25 961	19.8	10 419	7.9
2007	132 129	25 660	19.4	10 636	8.1
2008	132 802	25 166	19.0	10 956	8.3
2009	133 450	24 659	18.5	11 307	8.5
2010	134 091	22 259	16.6	11 894	8.9
2011	134 735	22 164	16.45	12 288	9.12
2012	135 404	22 287	16.46	12 714	9.39
2013	136 072	22 329	16.41	13 161	9.70

资料来源：中国统计年鉴（2010—2014）

如果以人口普查间的距离为分析间隔（表 2-12），可分为几个阶段。**第一阶段：** 1982～1990 年中国人口增加了 12.5%，少年儿童减少了 7.3%，老年人口增加了 27.6%；年均人口增长率为 1.48%，少年儿童年均递减 0.94%，老年人口平均递增 3.09%。**第二阶段：** 1990～2000 年中国人口 10 年内增加了 1.241 亿人，其中少年儿童减少了 2647 万人，老年人口增加了 2453 万人；就人口年增加速度而言，总人口以 1.04% 的速度增长，老年人口更是以年均 3.31% 的速度增长，而少年儿童则以 0.87% 的速度递减。第三阶段：2000～2010 年中国人口 10 年内增加了 7348 万人，其中少年儿童减少了 6753 万人，老年人口增加了 3073 万人；就人口年增加速度而言，总人口以年均 0.57% 的速度增长，老年人口更是以年均 3.03% 的速度增长，而少年儿童则以年均 2.62% 的速度递减。

表 2-12　中国总人口和老年人口年均增减变化的几个阶段

年份	人口年均增减量			人口年均增减速度		
	总人口 / 万人	少年儿童 / 万人	老年人口 / 万人	总人口	少年儿童	老年人口 /%
1982～1990	1 584.9	−310.9	172.1	1.48	−0.94	3.09
1990～2000	1 241.0	−264.7	245.3	1.04	−0.87	3.31
2000～2010	734.8	−675.3	307.3	0.57	−2.62	3.03
2010～2013	660.7	−50.3	422.3	0.49	0.23	3.43
1982～2010	**1 158.5**	**−424.5**	**246.5**	**0.99**	**−1.52**	**3.15**

就这 3 个阶段的比较而言，**中国总人口的增加数量越来越少，少年儿童人口的递减速度越来越快，老年人口的年增量越来越多**。全国人口年增长率从 20 世纪 80 年代的 1.48%，下降到 20 世纪 90 年代的 1.04% 及 21 世纪前 10 年的 0.57%，平均每 10 年下降 0.5 个百分点。人口粗出生率从 20 世纪 80 年代的 14.62‰，下降到 20 世纪 90 年代的 10.12‰ 及 21 世纪前 10 年的 5.63‰，平均每 10 年下降 4.5 个千分点，2020 年前后中国人口已经十分接近零增长了，老龄化的到来是必然的。从 1982～2010 年我国少年儿童人口年均递减 425 万人，65 岁以上老人年均递增 247 万人，可以看出老龄化由此形成并开始发展。2000 年我国老年人口比例达到国际"老龄化"标准。

1）我国人口的顶端老龄化。我国 65 岁以上老年人口系数从 1982 年的 4.9% 上升到 2000 年的 7%、2007 年的 8% 及 2013 年的 9.7%。就人口绝对数而言，1983 年全国 65 岁以上老人超过 5000 万人，2013 年则超过 1.3 亿人。

2）我国人口的底端老龄化（少子现象）。自 1980 年以来，我国实行计划生育政策，出生人口数量及少年儿童人口系数稳定下降。1982 年 14 岁以下少年儿童人口仅占 33.6%，2000 年下降到 25% 以下，2010 年进一步下降到 17% 以下，即社会每增加 1 个人，会增加 2 个老年人。这说明中国老年人口增长的速度明显加快，少年儿童人数急剧减少。这既包括金字塔的顶端老龄化，又包括底端老龄化。

2. 21 世纪下半叶我国将持续处于超高龄社会

2013 年 7 月联合国人口司利用高、中、低 3 个不同层次的生育率对中国人口进行了预测。[①] 预测表明：①2080 年以前不同生育率对于老年人口数量的影响很小。②在考虑中等生育率的情况下（表 2-13），2015 年后总人口超过 14 亿人，2030 年到达人口最高峰 14.53 亿人，2050 年中国人口将少于 14 亿人，2065 年将少于 13 亿人，2080 年将少于 12 亿人，2100 年则将少于 11 亿人。③中国 60 岁以上老年人口 2015 年将超过 2 亿人，2026 年、2040 年将分别超过 3 亿人、4 亿人，2055 年中国 60 岁以上老年人将达到最多，为 4.45 亿人。④中国 65 岁以上老年人口，2015 年将为 1.32 亿人，2026 年将超过 2 亿人，2038 年将超过 3 亿人，2060 年将达到最多，为 3.7 亿人，而后开始下降。如果考虑生育政策放松，总人口下降速度减慢，老年人口比重上升速度减慢，但老年人口数量上升势头不变。而实际情况将比预测得更加严峻，2015 年我国人口总数仅为 13.7 亿~13.8 亿人，14 岁以下少年儿童人口比例将在 16.3%~16.4%，65 岁以上老年人口比例将在 10.3%~10.4%，即实际中国人口数量增长更慢，低端老龄化、高端老龄化发展更快。

表 2-13　中等生育率情况下中国 2015~2100 年各年龄组人口数

年份	总人口	0~14 岁/亿人	15~64 岁/亿人	65 岁以上/亿人	60 岁以上/亿人	20~59 岁/亿人	0~14 岁人口所占比例/%	65 岁以上人口所占比例/%
2015	14.02	2.55	10.15	1.32	2.09	8.55	18.19	9.42
2020	14.33	2.61	10.04	1.68	2.42	8.51	18.21	11.72
2025	14.49	2.51	10.02	1.96	2.89	8.24	17.32	13.53
2030	14.53	2.31	9.88	2.35	3.46	7.86	15.90	16.17
2035	14.49	2.15	9.51	2.82	3.90	7.59	14.84	19.46
2040	14.35	2.09	9.09	3.17	4.03	7.48	14.56	22.09
2050	13.85	2.04	8.49	3.31	4.54	6.57	14.73	23.90
2060	13.13	1.92	7.52	3.69	4.45	6.08	14.62	28.10
2070	12.41	1.82	7.24	3.35	4.14	5.81	14.67	26.99
2080	11.73	1.76	6.74	3.22	4.02	5.34	15.00	27.45
2090	11.23	1.71	6.36	3.16	3.83	5.11	15.23	28.14
2100	10.86	1.65	6.15	3.06	3.72	4.91	15.19	28.18

资料来源：http://esa.un.org/unpd/wpp/index.htm

---

① 　http://esa.un.org/unpd/wpp/index.htm.

人们最关心的是中国老龄化的相对水平——老年人口占全国人口的比例，这对于社会经济影响也是最大的。分析表明（图2-4），在中等生育率的情况下，**中国60岁以上老龄化水平** 2015年为15%，2025年将达到20%，2030年为24%，2045年将迅速上升到30%左右，而后到2100年一直稳定在35%。**我国65岁以上老龄化水平**从2015年的10%，2030年将上升到16%，2035年将上升到20%，2050年将上升到24%，2055年将上升到27%，而后到2100年一直稳定在26%~29%。若按照低生育率情况，我国60岁以上老龄化水平2030年将达到25%，于2040年超过30%，2055年达到40%，2070年及其后一直到2100年一直稳定在45%左右；而**65岁以上老龄化水平**2030年将达到17%，将于2040年达到24%，2060年达到34%，其后一直到2100年一直稳定在35%~38%。

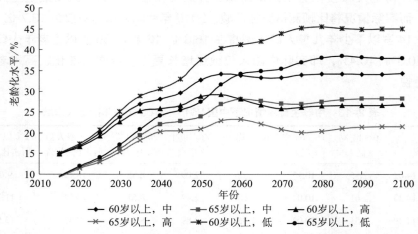

图2-4　2015~2100年中国不同生育率情况下（60岁以上，65岁以上）老龄化水平

从发达国家的发展趋势来看，我国妇女生育率的下降是持续的，我国生育政策调整，可能能够短时间刺激妇女生育率提高，但是长时间生育率下降趋势难以逆转。随着我国经济的发展、城市化和生活水平的提高、社会养老保障水平提高、妇女受教育时间延长，人们的结婚年龄越来越高、离婚率上升、自愿生育子女数下降，即我国妇女生育率下降不以生育政策调整为转移。因此，我国老龄化程度很可能是按照中等到低生育率模型发展。所以，尽管联合国对我国人口预测的具体参数不是十分清楚，但是未来我国老龄化发展迅速是一致的结论。

二、未来我国劳动力老龄化严重

一个国家或地区，在一定的时间或时期内，拥有劳动能力的人口称为**劳动**

适龄人口，我国现行制度规定男子 16～59 周岁、女子 16～54 周岁的人为**劳动适龄人口**。同时考虑到我国劳动就业制度规定，男性 18～59 岁，女性 18～54 岁，被列为**劳动力资源**。然而，各年龄组的实际劳动参与率是不同的。下面我们采用两种方法进行劳动力数量及老年人口数量的预测，利用全国第六次人口普查资料，自行预测 2015～2040 年劳动力数量；或者直接采用联合国人口司的长期预测资料。

1. 预测方法

首先，计算 2000～2010 年 $i+5$～$i+9$ 岁年龄组人口平均每年的时期增减率（包括死亡率和迁移率）为

$$_5r_{i+5}=10\sqrt{\frac{_5p_{i+10}^{2010}}{_5p_i^{2000}}}-1\ (\ i=40,45,50,\cdots,90,95\ )$$

图 2-5 是 2000～2010 年各年龄组男女性人口增减率，分析表明男性递减速度快于女性。例如，80～84 岁男女性人口、90～94 岁男女性人口基本上以每年 12%、24% 的速度递减（消亡）。

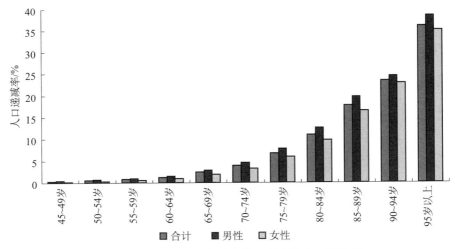

图 2-5　2000～2010 年各年龄组男女性人口增减率

其次，若考虑未来 20～30 年内各年龄组递减率 $_5r_i$ 不变，则可根据 2010 年各年龄组人口数量，计算出 2015 年 $i+5$～$i+9$ 岁年龄组人口数为

$$_5p_{i+5}^{2015}=_5p_i^{2010}\left(1+_5r_i\right)^5\ \ (\ i=45,50,60,\cdots,90,95\ )$$

类似地，可计算 2020 年、2025 年、2030 年、2035 年、2040 年各年龄组人口数量及人口总数。

2. 2015 年潜在劳动力到达峰值而迅速下降

考虑到目前上大学（2010 年我国高等教育毛入学率为 30%，高考录取率达 75%）、攻读研究生的年轻人比例已经越来越高，人们实际就业的年龄推迟，同时考虑到人口普查资料 5 岁分组的特点，本段定义男性 20～59 岁、女性 20～54 岁为**潜在劳动力**与联合国第 4 段的定义有所差异；类似地，本段青年、中年、老年劳动力与第 4 段的定义也有所差异。

计算发现，2015 年我国潜在劳动力达到最大值，为 8.07 亿人，其中男性劳动力 4.30 亿人，女性劳动力 3.77 亿人（表 2-14），劳动力以年均 1.10% 的速度递增。在 15 年后中国潜在劳动力数量（2030 年全国 6.82 亿人）低于 2000 年全国潜在劳动力人数 6.85 亿人，比 2015 年下降了 15.5%，劳动力以年均 1.12% 的速度递减。如果 2010 年我国劳动力指数为 100，则 2015 年、2020 年、2025 年和 2030 年我国劳动力指数分别为 101.4、98.3、92.1、85.7，即 2030 年我国潜在劳动力将比 2010 年减少 14.3%。假如我国男女性退休年龄分别延长 5 岁，则到 2030 年，我国潜在劳动力（7.91 亿人）会略低于 2010 年实际（男 20～59 岁，女 20～54 岁）水平（7.96 亿人）。

表 2-14　2000～2030 年我国城乡潜在劳动力数量预测　　　　单位：亿人

年份	合计	男性（20～59 岁）	女性（20～54 岁）	合计	男性（20～64 岁）	女性（20～59 岁）
2000	6.85	3.59	3.26	7.65	3.94	3.71
2010	7.96	4.26	3.70	8.66	4.55	4.11
2015	8.07	4.30	3.77	8.83	4.69	4.14
2020	7.82	4.25	3.57	8.67	4.61	4.06
2025	7.33	4.06	3.27	8.37	4.53	3.84
2030	6.83	3.81	3.02	7.91	4.35	3.56

注：2000 年、2010 年为实际劳动力数量，2010 年以后为潜在劳动力预测

以上事实说明，2030 年以前我国经济社会发展总体上并不缺乏劳动力，问题是劳动力的地区分布和年龄分布不平衡，以及缺乏高科技创新和领军人才；另外，由于计划生育政策的影响，我国人口年龄构成发生了很大改变，我国育龄妇女减少，造成出生人数大幅度下降。2010 年江苏常州、南京、苏州等地妇女总和生育率（未加人为修正）都在 1.0 及以下。受老龄化和经济发展等因素的影响，出生人数减少。我国已经出现 20 年前欧美发达国家的现象，即妇女不愿生育子女，社会难以提高生育率，由此导致劳动力减少的速度不断加快。

3. 我国青年劳动力递减、中老年劳动力增加

若将劳动力按年龄 20～34 岁、35～44 岁和 45 岁以上划分为青年劳动力、中年劳动力和老年劳动力，则我国劳动力老龄化趋势十分明显。按照预测，2015 年以后我国青年劳动力数量将出现快速下降的趋势，**2015～2030 年 35 岁以下劳动力数量平均每年递减 2.59%**，其中 **2020～2025 年年均递减 4.1%**。我国中年劳动力出现了先减后增的态势，在 2020 年达到最少，全国为 1.96 亿人，从 2010～2030 年开始出现稳定减少的趋势，**平均每年递减 1.63%**。45 岁以上中老年劳动力出现总量增长，在 2020 年达到最多，全国为 2.86 亿人，从 2010～2030 年开始平均每年稳定递增 3.49%（表 2-15 和表 2-16）。

表 2-15　2010～2030 年我国城乡老、中、青劳动力数量　　　　单位：亿人

年份	青年劳动力（20～34 岁）			中年劳动力（35～44 岁）			老年劳动力（45 岁以上）		
	合计	男性	女性	合计	男性	女性	合计	男性	女性
2010	3.27	1.66	1.61	2.43	1.24	1.19	2.25	1.35	0.90
2015	3.28	1.67	1.61	2.14	1.09	1.05	2.65	1.54	1.11
2020	3.01	1.56	1.45	1.96	0.99	0.97	2.86	1.70	1.16
2025	2.43	1.29	1.14	2.24	1.13	1.11	2.66	1.64	1.02
2030	2.15	1.16	0.99	2.22	1.13	1.09	2.45	1.51	0.94

表 2-16　2010～2030 年我国城乡老、中、青劳动力比例　　　　单位：%

年份	青年劳动力（20～34 岁）			中年劳动力（35～44 岁）			老年劳动力（45 岁以上）		
	合计	男性	女性	合计	男性	女性	合计	男性	女性
2010	41.1	39.0	43.6	30.5	29.2	32.1	28.3	31.8	24.4
2015	40.7	38.9	42.7	26.5	25.4	27.8	32.9	35.7	29.6
2020	38.4	36.6	40.5	25.0	23.4	27.0	36.6	40.0	32.5
2025	33.1	31.7	34.7	30.7	27.9	34.1	36.3	40.3	31.2
2030	31.5	30.6	32.8	32.6	29.8	36.0	35.9	39.6	31.2

我国潜在劳动力平均年龄由 2010 年的 38.0 岁增长到 2040 年的 40.5 岁。从劳动力构成比例来看，我国潜在劳动力的老龄化现象更为明显。**2010 年青年劳动力占 41.1%，到 2030 年减少到 31.5%，20 年下降了 9.6 个百分点；同期老年劳动力由 2010 年的 28.3% 上升到 2020 年的 36.6%，10 年上升了 8.3 个百分点**。无论是企业生产线还是新产品的研发，都需要大量富有创新精神的年轻劳动力。我国劳动力的老龄化将影响企业的发展，如何增加企业的发展后劲儿是我国经济发展迫切需要解决的一个问题。

4. 2030 年后我国 15～64 岁潜在劳动力数量下降，老年劳动力增加

2013 年 7 月联合国人口司按照高、中、低 3 种不同生育率对中国人口进行了长期预测（这里以中等生育率方案为例）。预测的时间长度为 100 年，采用 15～64 岁作为预测对象，这可以补充说明我国未来劳动力的变化状态。预测表明，**我国 15～64 岁的潜在劳动力**由 2030 年的 10 亿人下降到 2070 年的 7 亿人。未来劳动力年龄构成预测表明，15～24 岁青年劳动力从 2010 年的 19% 下降到 2070 年的 18%；35～49 岁中年劳动力从 2010 年的 56% 下降到 2070 年的 48%；50～64 岁老年劳动力从 2010 年的 25% 上升到 2070 年的 34%。

5. 未来服务业将出现劳动力大量缺口

中国的最佳人口容量是多少？最佳人口容量因生产力、时间、经济发展程度而异，尤其是在大流通商品时代，土地资源、水资源、矿产资源、粮食资源等都不是限制人口密度的利器。在当今老龄化最严重的日本、德国和意大利，目前也仅出现总人口的徘徊不前，未见人口数量大幅度下降（当今人口出现明显下降的国家仅有俄罗斯，老龄化仅是下降原因之一），这既有国际人口迁移的原因，又有奖励生育的政策等缘故。未来劳动力需求量为多少？机械化取代了大量工人的简单操作，而信息化的发展抑制了各行各业对简单劳动力的需求，电子商户的发展减少了商店营业员，电子报刊的发展减少了报刊的排版人员、印刷人员、出版编辑人员，电子银行和电子柜员机的发展大量减少了银行雇员，电子交通信号灯的使用减少了交警，电子政务的发展是否会减少政府雇员？大规模开放性网络课程（慕课）的发展是否会导致教师的大量减少？人口出生率的下降又造成小学、中学、大学学校的减少。未来劳动力需求数量未知，这也是中国政府不敢过早开放"普遍二孩"的原因之一。根据日本、俄罗斯的状态，首先缺人的领域是农业，其次是传统服务业、护理业和医学，以及高端创新人才。

6. 2025 年、2035 年前后我国将进入高龄社会和超高龄社会

老年数量与未来人口生育率无关，而与未来人口死亡率和迁移率有关，而我国出国迁移人数少。由图 2-6 可见，我国 60 岁以上老年人口 2012 年、2020 年、2025 年及 2035 年分别突破 2 亿人、2.5 亿人、3 亿人及 4 亿人以上；65 岁以上老年人口 2015 年、2023 年和 2035 年分别突破 1.5 亿人、2 亿人和 3 亿人。分析进一步表明，2010～2040 年，全国 60 岁以上、65 岁以上和 80 岁以上老年人口平均每年将增长 573 万人、435 万人和 58 万人，而决定系数分别为 0.980、0.980 和 0.926。若同期平均每年出生人口估计为 1400 万人，净增长人口估计为 660 万人左右。

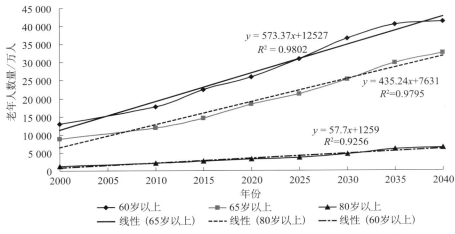

图 2-6　2010～2040 年我国 60 岁以上、65 岁以上、80 岁以上老年人口数量预测

2010 年全国 80 岁以上老年人口为 2095 万人，2020 年将比 2010 年增长 50%，达到 3202 万人，2030 年比 2020 年增长 40%，达到 4535 万人，2040 年比 2020 年增长 100%，超过 6400 万人（表 2-17）。

表 2-17　2000～2040 年历年全国老年的人口数量预测　　　　　单位：万人

年份	合计			男性			女性		
	60 岁以上	65 岁以上	80 岁以上	60 岁以上	65 岁以上	80 岁以上	60 岁以上	65 岁以上	80 岁以上
2000	12 998	8 827	1 199	6 338	4 171	455	6 660	4 657	744
2010	17 756	11 889	2 095	8 703	5 720	877	9 053	6 169	1 219
2015	22 393	14 568	2 692	10 928	7 011	1 145	11 467	7 556	1 546
2020	25 846	18 457	3 202	12 554	8 834	1 377	13 296	9 625	1 819
2025	30 886	21 132	3 627	14 899	10 056	1 555	16 000	11 084	2 064
2030	36 579	25 245	4 535	17 530	11 924	1 944	19 079	13 344	2 585
2035	40 433	29 818	5 948	19 241	13 990	2 524	21 242	15 872	3 428
2040	41 319	32 568	6 434	19 480	15 168	2 702	21 909	17 463	3 739

未来全国老年人口比例，取决于未来生育政策、未来经济发展战略和未来人口迁移政策。1990～2000 年全国总人口年平均增长速度为 10.36‰，2000～2010 年总人口年平均增长速度为 5.65‰，换言之，近 20 年（1990～2010 年）我国人口以年均 8.00‰ 的速度增长。我国生育政策正在不断地调整，首先放开的是"双独生二孩"政策，但是全国人口生育率没有明显上升。2013 年 11 月十八届三中全会通过的《中共中央关于全面深化改革若干重大问题的决定》，其中提到"单

独生二孩"政策，2014 年各省（自治区、直辖市）分别进行试点和实施。人口学家估计全国能多出生 100 万～200 万新生婴儿。但这种"刺激作用"能持续多久，估计有限。我国妇女总和生育率仍很难上升到更替水平 2.1 及以上。其**根本原因是老年社会保障制度的逐步完善、年轻人受教育时间延长导致结婚时间的后延，以及妇女社会地位提高，孩子养育费用、养育责任加重等**。从发达国家和地区的经验来看，生育率下降困难，而提高妇女生育率则更难。英国、美国、韩国、日本如此，我国台湾也是如此。

　　基于以上考虑，假如我国基本经济发展政策调整稳定，计划生育政策有所放松，届时人们将逐渐根据经济能力、社会责任等控制自己的生育行为。假如 2010 年全国人口以年 6‰ 的速度增长，2010～2015 年下降到 5‰，2015～2020 年下降到 3‰，以后稳定在每年 2‰ 的速度增长，则 2015～2040 年老年人口数量及比例如表 2-18 所示。我国 2025 年、2030 年 60 岁以上老年人口比例将超过 20% 和 25%；65 岁以上人口比例 2025 年、2035 年以后将超过 15%、20%；我国 80 岁以上老年人口比例将在 2020 年、2030 年、2035 年分别超过 2%、3% 和 4%。2040 年我国 60 岁以上、65 岁以上、80 岁以上老年人口比例将分别超过 28%、22% 和 4%。**即我国 2025 年前 65 岁以上人口比例将超过 14%，达到联合国所称的高龄社会；2035 年老年人口比例将超过 20%，达到超高龄社会**。人口老龄化导致社会对医疗护理的需求越来越大。

表 2-18　2015～2040 年我国老年人口比例预测

项目	2015 年	2020 年	2025 年	2030 年	2035 年	2040 年
总人数 / 万人	137 477	139 551	140 952	142 368	143 797	145 241
60 岁以上 /%	16.29	18.52	21.91	25.70	28.12	28.45
65 岁以上 /%	10.59	13.23	14.99	17.73	20.74	22.42
80 岁以上 /%	1.96	2.29	2.57	3.18	4.13	4.43

三、未来生活不能自理的老年人数量激增

　　第六次人口普查调查了老年人的健康状态，具体分为健康，基本健康，不健康、但生活能够自理，生活不能自理等 4 个项目。其中，"健康"指过去一个月身体健康状况良好，完全可以保证日常的生活；"基本健康"指过去一个月健康状况一般，可以保证日常的生活；"不健康，但生活能够自理"指过去一个月健康状况不是太好，但可以基本保证正常的生活；"生活不能自理"指过去一个月健康状况较差，不能照顾自己的日常生活起居，如吃饭、穿衣、自行走动、如

厕、洗澡等。国际衡量老人生活自理能力的指标则多一项"上下床"，为6项，并规定6项自理指标中，全无法独立完成的称为"完全失能"或"完全不能自理"；有一项以上不能自行完成，称为"半自理"；每一项都能做，但"有困难，需要人帮助"则定义为"部分失能"。

1. 2010年我国生活不能自理或半自理的老年人数量及比例

2010年11月，在我国60岁以上老年人口中，生活完全不能自理（失能）的占2.9%；老年人不健康但生活能够自理（半自理）的占13.9%；女性生活不能自理的比例高（15.4%）。而在80岁以上的高龄老年人口中，生活完全不能自理的、半自理的比例分别高达10.5%、29.3%（表2-19）。应该说，这仅是比较保守的估计，据全国老龄工作委员会办公室（以下简称全国老龄办）2010年的调查，失能老人比例比同期普查数据高2.7个百分点。考虑到人口普查调查面广量大，权威性强，因此其仍是下面预测的基础。

表2-19　2010年11月我国老年人半自理和不能自理的比例　　　单位：%

年龄	不健康，但生活能自理			生活完全不能自理		
	小计	男	女	小计	男	女
60岁以上	13.9	12.4	15.4	2.9	2.5	3.4
60～64岁	6.0	5.4	6.6	0.9	0.9	0.9
65～79岁	15.4	14.0	16.8	2.6	2.4	2.7
80岁以上	29.3	27.5	30.6	10.5	8.7	11.7

2. 2015～2040年生活不能自理或半自理的老年人数量多、比例高

假定2010年各年龄段生活半自理或完全不能自理的比例（表2-19）不变，则在中国老年人口年龄构成预测的基础上，进一步预测我国各年度各年龄段生活不能自理、半自理的老年人口数量和比例。2015～2040年我国**生活半自理的老年人口**将由2000年、2010年的1776.0万人、2470.6万人，分别迅速增加到2015年的3082.9万人，2025年的4342.3万人，2030年、2035年的5201.6万人、6065.1万人（表2-20）。2010～2040年老年生活半自理人数的年增长速度将达到3.25%，快于老年人口增长速度。而80岁以上高龄老年生活半自理人数将由2010年的613.8万人增长到2040年的1886.1万人，增长3倍以上，年均增长率为3.81%。此外，随着人口老龄化生活半自理的老年人中高龄**老年人比例越来越高**，2010年生活半自理的老年人口比例不足25%，到2040年将增加到29%以上。

表 2-20　2000～2040 年我国老年人不健康，生活能自理和生活不能自理人数预测

单位：万人

项目			2000 年	2010 年	2015 年	2020 年	2025 年	2030 年	2035 年	2040 年
不健康，生活能自理	男性	60～64 岁	117.1	161.1	211.6	200.9	261.6	302.8	283.6	232.9
		65～79 岁	518.6	675.8	818.6	1040.6	1186.3	1392.7	1600.1	1739.6
		80 岁以上	125.2	241.3	315.1	378.9	427.9	534.9	694.5	743.5
	女性	60～64 岁	132.4	190.6	258.5	242.6	324.9	379.0	354.9	293.9
		65～79 岁	655.4	829.1	1006.7	1307.5	1510.9	1802.2	2084.4	2298.8
		80 岁以上	227.4	372.5	472.5	555.9	630.8	790.0	1047.6	1142.6
	合计	60 岁以上	1776.0	2470.6	3082.9	3726.5	4342.3	5201.6	6065.1	6451.3
		80 岁以上	352.6	613.8	787.6	934.8	1058.7	1324.9	1742.1	1886.1
		80 岁以上占 60 岁以上比例 /%	19.9	24.8	25.5	25.1	24.4	25.5	28.7	29.2
生活不能自理	男性	60～64 岁	18.5	25.5	33.5	31.8	41.4	48.0	44.9	36.9
		65～79 岁	90.5	118.0	142.9	181.7	207.1	243.2	279.4	303.7
		80 岁以上	39.5	76.2	99.5	119.7	135.2	169.0	219.4	234.8
	女性	60～64 岁	18.0	26.0	35.2	33.0	44.2	51.6	48.3	40.0
		65～79 岁	107.1	135.5	164.5	213.7	246.9	294.5	340.6	375.6
		80 岁以上	87.0	142.6	180.8	212.7	241.4	302.3	400.9	437.3
	合计	60 岁以上	360.8	523.8	656.5	792.6	916.2	1108.5	1333.5	1428.4
		80 岁以上	126.5	218.8	280.3	332.4	376.6	471.3	620.3	672.1
		80 岁以上占 60 岁以上比例 /%	35.1	41.8	42.7	41.9	41.1	42.5	46.5	47.1

　　同样，可以预测我国老年人中**生活完全不能自理的人数及比例**。2020 年、2030 年、2040 年我国生活上完全不能自理的老年人数量将增加到近 800 万人、1100 万人和 1400 多万人，分别比 2010 年增长 51%、112%、173%（表 2-20）。接近于 2010 年我国老龄办的预测[①]，2015 年全国失能老人为 590 万人，2050 年增加到 1893 万人，35 年增长 221%。在本预测方案中，80 岁以上高龄老人完全不能自理的人数分别由 2010 年的 219 万人增长到 2020 年、2030 年、2040 年的 330 万人、470 万人、670 万人。在生活不能自理的老年人中，高龄老年人比例越来越高，2010 年生活半自理的老年人比例为 42%，到 2040 年将会增加到 47%以上。这对于社会医疗保障来说是一笔不小的开支。

---

　　① 　吴玉韶 . 2014-05-24. 提高老人支付能力是老龄产业根本 . 瞭望东方周刊 .

3. 生活不能自理或半自理老年人的费用调查和估计

　　2013 年，我们对苏州某老年医院生活**完全不能自理**的 31 个失智失能住院老年人的调查表明，2011～2013 年的年社会医疗（医院）消费款项，老年人人均社会医疗（包括治疗费、医药费、检查化验费、住院费等）年消费额为 69 524 元，标准差为 71 678 元。由此估计，95% 生活不能自理失智失能老年人的年社会医疗费用在 44 292～94 757 元。其中，未包括医疗费用自理的部分（大致为社会医疗费用的 15%）10 400 元，保姆护理费用 40 000 元，老年人本人的吃喝穿、营养品等日常开销 10 000 元。**即按照 2012 年的生活水平，生活完全不能自理老年人的人均年消费达到 13 万元，其中医疗护理费用占 92% 以上，政府财政埋单的社会医疗消费达到 54%（70 000 元），自费 60 000 元。**至于**半自理老年人**，社会医疗消费为自理老年人消费的 60% 左右，自理医疗费用 10 000 元、个人生活费 20 000 元，即使不考虑保姆费用，**年消费也达到 72 000 万元。其中，政府财政埋单的社会医疗费用达到 58%（42 000 元），医疗费用占老年人支出的 72%（52 000 元），个人自费 30 000 元。**这里尚未考虑通货膨胀等因素的影响。

　　如果城乡一体化，老年农民也能享受到城镇居民、城镇职工的社会保障水平，如果政府财政能够应保尽保，则 2010 年全国半自理、不能自理老年人而花费的社会医疗费用就达到 1.4 万亿元，占当年国家财政支出（表 5-5）的 15.6%。更严重的是，2015～2040 年我国生活半自理、不能自理老年社会医疗费用增长很快，平均每年增长 722 亿元（表 2-21）。

表 2-21　2010～2040 年我国生活半自理和不能自理老年人所需财政费用预测　单位：亿元

项目	2010 年	2015 年	2020 年	2025 年	2030 年	2035 年	2040 年
半自理	10 377	12 948	15 651	18 238	21 847	25 473	27 095
不能自理	3 667	4 596	5 548	6 413	7 760	9 335	9 999
合计	14 044	17 544	21 199	24 651	29 607	34 808	37 094

四、城市化造成大量的乡村老年人无人照料

　　由于我国城乡两元社会结构，计划生育政策使城市出生人口得到了有效控制，同时，工业化、城市化使大量年轻农村居民进城务工，如今农村出现了严重的空心化现象。在江苏农村除了节假日，已经很难看到年轻劳动力的身影了。2000～2010 年城市人口和城市劳动力以平均每年 1.36 个、1.26 个百分点的速度增长。如果 2010 年以后城市劳动力以每年 1 个百分点的速度增长，则 2030 年我国城市劳动力将达到 65%～75%，接近 2010 年日本和我国台湾的水平，我国农

村的青少年和青年劳动力仍将迅速减少。但是，我国的户籍管理制度使流动人口难以享受到户籍居民的社会保障和就业就学的优惠政策，同时他们也不愿意放弃农村的土地和户籍。一方面是为自己留条后路，另一方面是等待土地的升值或换取更多的经济社会权益。所以，我国城市化是土地的城市化，不是人的城市化，未能有效促进农村土地的集约使用。

1. 老年人口迁入城镇的比例低

2010 年 11 月 1 日，全国（并不包括市辖区人户分离的）流动人口为 22 103.11 万人，其中省际流动人口为 8587.63 万人，占全国流动人口总数的 38.9%；省内流动人口占 61.1%。2010 年 11 月，全国 60 岁以上流动人口为 1060.61 万人，占全国流动人口的 4.80%；省际流动老年人为 209.02 万人，占省际流动人口的 0.95%；省内流动老人为 851.59 万人，占省内流动人口的 6.30%。而同期我国 65 岁以上流动人口为 638.08 万人，占全国流动人口的 2.89%；其中省际流动老年人为 113.30 万人，占省际流动人口的 0.51%；省内流动老年人为 524.79 万人，占省内流动人口的 2.37%。80 岁以上流动人口为 89.14 万人，占全国流动人口的 0.40%；其中省际流动高龄老年人为 13.52 万人，占省际流动人口的 0.06%；省内流动高龄老年人为 75.62 万人，占省内流动人口的 0.34%。以上事实说明：我国人口流动以省内流动为主，老年人口流动比例极小，**60 岁以上、65 岁以上、80 岁以上省际流入城镇人口大致为省际流动人口的 1%、0.5% 和 0.1%**；随着年龄的增长，老年人流动比例迅速减少，虽然省内流动老年人的比例相对略高于外省流入的比例。

2. 老年人口城市化水平很低

我国老年人口城市化步伐十分缓慢。2000 年、2010 年我国 60 岁以上人口城市化水平分别为 34.2%、44.1%（低于城市化水平的 36.2%、49.7%）；80 岁以上老年人口城市化水平更低，2000 年、2010 年分别为 31.8%、43.0%。**即 2000 年、2010 年我国 60 岁以上老年人口城市化水平低于总人口城市化水平 2.0 个、5.7 个百分点，80 岁以上高龄老年人城市化水平更低。**主要是大量青年离开农村创业，创业成功后首先带走自己的配偶，其次是子女和老人。城乡二元社会保障体系、二元经济社会构成，造成农村出现大量的"99 38 61"①人群和严重的空心化现象。例如，2011 年中国城镇化率（水平）为 51.3%，但城镇户籍人口仅占总人口的 35%，其间的差异为 2.11 亿（2013 年年末增长为 2.69 亿人）无户籍的外来流动人口。老年人口城市化水平滞后于总人口城市化水平的现象，在日本、欧

---

① "99"指老人，"38"指妇女，"61"指儿童。

洲、美国等发达国家和地区也同样存在，但我国更严重。原因之一是老年人的传统思想严重，故土难离，不习惯城市的生活方式，更重要的是由于户籍制度，各地养老保险、医疗保险的差异，造成我国社会保险关系转移困难。

3. 未来老年人口城市化水平仍将远落后于总体城市化水平

考虑到2000～2010年全国农村人口以每年1.66%的速度递减，60岁以上、65岁以上、80岁以上老年人口分别以每年1.50%、1.26%、3.85%的速度增加，由2015～2040年全国各年龄组老年人数量和农村各年龄组老人数量之差，可推算出2015～2040年城镇各年龄组老年人数量。对农村老年人口的预测表明，我国老年人口城市化水平提高得十分缓慢，以60岁以上老年人口为例，2020年、2030年、2040年全国老年人口城市化水平分别为52.7%、48.8%和44.1%，将远落后于总体城市化水平5～20个百分点。**除非国家城乡社会保障政策、户籍管理政策等有大的调整和变化，否则老年人口的城市化水平仍将远落后于人口城市化。**

1）**城乡经济收入差异**。按照2012年《中国劳动统计年鉴》，1990年、2000年、2011年城镇居民人均年总经济收入分别为1516.21元、6295.91元、23 979.20元；而同期，农村居民人均年总收入分别为990.38元、3146.21元、9833.14元；城镇居民收入分别是农村居民收入的1.53倍、2.00倍、2.44倍。城乡居民经济收入的剪刀差越来越大，城镇、农村居民收入分别按照平均每年14.1%、11.6%的速度增长。

2）**城乡社会养老保险差异**。2008年城镇居民人均年基本养老保险待遇支付已达13 933元，而同期农村人均年基本养老保险待遇支付仅为1109元，城镇养老金约为农村养老金的12.56倍。入城务工的农民工很少能享受到城市政府提供的公共服务，农民工的就业和劳动环境也存在着严重的问题，农民工子女不能平等地接受义务教育，城乡劳动者的待遇很不公平。

3）**城乡社会福利差异**。社会福利是居民的一种稳定性收入。城镇居民享有住房补贴、物价补贴等，有人对1994年城镇居民享受的公有住房、公共医疗及保险福利几项进行统计，人均大致1081元，相当于当年农民人均收入1221元的83.4%。据世界银行1997年的估计，如果考虑城镇居民享受的各种社会福利（住房公积金、失业保险、物价补贴、户籍带来的工作机会、学习机会、购房机会等），中国城乡居民人均收入比应在4：1，也就是说平均一个城镇居民的年收入超过了一户农民全家的年纯收入。这种社会福利同时还包括城市建设所带来的各种发展机会，以及房价上升、出国经商机会等隐性福利。

由于我国的二元户籍制度，这种城乡差异被世代固定下来。原来农村年轻人可以通过上大学、参军、入城打工等改变自己的命运，但现在哪怕是农村大学生、农村复员军人、打工仔虽被赋予"新市民"好听的名字，实际上，子女入学、本人就业入职、购房购车、参加社会保险等被城市的户籍及各种"关系"排挤，高昂的房价同样使"新市民"的生存空间越来越小。"新市民"自身生存的困难加上社会保险关系转移的困难，再加上老年人本人对乡土的依赖心理，农村老人迁移到城镇的比例极低，老年人口城镇化远落后于城市化一般水平。**其结果是，农村空巢、孤寡老人比例高，社会保险低下，缺乏子女亲人的关心和照顾，成为社会养老的"重灾区"。**

五、我国各地区的老龄化差异大

我国各地经济、社会、文化、卫生的情况不一，老年人口数量不一，老龄化程度不一。2010 年 11 月，全国 31 个地区的人口老龄化状态可以分为 3 种状态（表 2-22），人口老龄化严重的有 11 个省（自治区、直辖市），其老龄化水平（65 岁老年人口比例）高于全国平均水平（9%），如重庆、四川、江苏、辽宁、安徽、上海、山东、湖南、浙江、广西和湖北；中度老龄化（老龄化水平为8%～9%）的有 9 个省（自治区、直辖市），如北京、贵州、陕西、天津、吉林、河南、黑龙江、河北、甘肃；轻度人口老龄化（老龄化水平低于 8%）的也有11 个省（自治区），如福建、海南、云南、江西、山西、内蒙古、广东、宁夏、青海、新疆和西藏，其中西藏（5.09%）、新疆（6.19%）、青海（6.30%）、宁夏（6.41%）和广东（6.75%）尚在 7% 以下。我国严重老龄化地区人口占全国人口的 44.82% 人均 GDP 较高；轻度老龄化地区人口占 23.89% 人均 GDP 较低。

表 2-22　2010 年中国 31 个地区人口、经济状态

项目	老年人口比例 /%	地区 / 个	平均人口 / 万人	GDP/ 亿元	人均 GDP/（万元 / 人）
严重老龄化	大于 9	11	5 757.8	20 217.8	3.66
中度老龄化	8～9	9	4 020.6	11 634.2	3.46
轻度老龄化	小于 8	11	3 068.8	9 940.8	2.82
与老龄化的相关系数	n=31	r	0.418 2[*]	0.383 4[*]	0.246 2

注：* 指在 0.05 的水平上显著

1. 近 10 年我国各地老龄化水平变动大

大量的流动人口造成我国人口老龄化水平变动很大。首先，2010 年我国人口老龄化最严重的地区分别为重庆、四川、江苏、辽宁和安徽，在 2000 年分别为全国第 7、10、8 和 9 名，即重庆、四川、安徽和辽宁老年人口比例上升得十分迅速。其次，2000 年人口老龄化最严重的 5 个地区分别为上海、浙江、江苏、北京和天津，2010 年分别为全国第 6、9、3、12 和 15 名。再次，2000 年除

了四川和重庆以外，我国西北、西南地区各地人口的老龄化系数都在7%以下，仅10年的时间，西部人口的迁移造成的老龄化十分明显，类似的还有东北三省。此外，2000年全国有14个省（自治区、直辖市）进入人口老龄化，2010年则增加到26个（仅有广东、西藏、宁夏、青海和新疆除外）。最后，由于大量人口迁入，我国东部发达省份，如上海、北京、天津、广东、浙江和江苏等老年人口比例上升趋势得到了缓和，甚至出现了下降的现象（图2-7）。

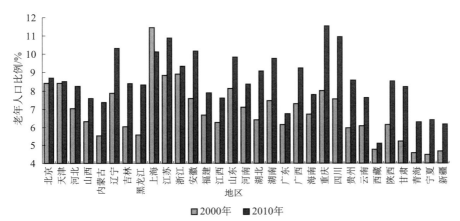

图2-7　2000年、2010年我国31个省（自治区、直辖市）老龄化系数变化情况

2. 流动人口缩小了各地人口老龄化的地区差异

从全国而言，2000年老龄化比例最高的出现在上海，为11.46%，最低的出现在宁夏，为4.47%；2010年最高的出现在重庆，为11.56%，最低的出现在西藏，为5.09%（表2-23）。这说明中国人口老龄化水平顶部变化不大，但底部提高了。人口迁移导致老龄化最高水平扩散，老龄化离散程度（2000年为10个点，2010年减少到6.5个点）减小。2010年中国老龄化最高、最低水平同时出现在西南地区，这说明了西部的人口经济发展的复杂性。

表2-23　2000～2010年中国31个省（自治区、直辖市）人口经济状态（常住人口标准）

地区	2000年			2010年			GDP/亿元	人均 GDP 万元 / 人
	总人口数 / 万人	65 岁以上 人数 / 万人	比例 /%	总人口数 / 万人	65 岁以上 人数 / 万人	比例 /%		
合　计	127 627	8 827.40	6.92	133 972	11 883.4	8.87	397 983.0	2.97
北　京	1 356.9	114.29	8.42	1 961.2	170.6	8.70	14 113.6	7.20
天　津	984.9	82.84	8.41	1 293.8	110.2	8.52	9 224.5	7.13
河　北	6 668.4	469.91	7.05	7 185.4	592.1	8.24	20 394.3	2.84
山　西	3 247.1	205.50	6.33	3 571.2	270.7	7.58	9 200.9	2.58

地区	2000 年			2010 年			GDP/ 亿元	人均 GDP 万元 / 人
	总人口数 / 万人	65 岁以上人数 / 万人	比例 /%	总人口数 / 万人	65 岁以上人数 / 万人	比例 /%		
内蒙古	2 332.3	128.46	5.51	2 470.6	181.8	7.36	11 672.0	4.72
辽　宁	4 182.4	329.72	7.88	4 374.6	451.0	10.31	18 457.3	4.22
吉　林	2 680.2	161.98	6.04	2 746.2	230.1	8.38	8 667.6	3.16
黑龙江	3 623.8	201.53	5.56	3 831.2	318.8	8.32	10 368.6	2.71
上　海	1 640.8	188.03	11.46	2 301.9	233.0	10.12	16 872.4	7.33
江　苏	7 304.4	645.84	8.84	7 866.0	856.6	10.89	41 425.5	5.27
浙　江	4 593.1	409.86	8.92	5 442.7	508.3	9.34	27 722.3	5.09
安　徽	5 900.0	448.00	7.59	5 950.1	605.7	10.18	12 359.3	2.08
福　建	3 409.8	227.96	6.69	3 689.4	291.1	7.89	14 737.1	3.99
江　西	4 039.8	253.23	6.27	4 456.7	338.7	7.60	9 451.3	2.12
山　东	8 997.2	730.85	8.12	9 579.3	942.6	9.84	39 169.9	4.09
河　南	9 123.7	648.24	7.10	9 402.4	786.0	8.36	23 092.4	2.46
湖　北	5 950.9	381.87	6.42	5 723.8	520.3	9.09	15 806.1	2.76
湖　南	6 327.4	472.66	7.47	6 568.4	642.4	9.78	15 902.1	2.42
广　东	8 522.5	525.99	6.17	10 430.3	704.0	6.75	46 013.1	4.41
广　西	4 385.5	320.30	7.30	4 602.7	425.3	9.24	9 569.9	2.08
海　南	755.9	50.95	6.74	867.2	67.6	7.80	2 064.5	2.38
重　庆	3 051.3	244.54	8.01	2 884.6	333.5	11.56	7 925.6	2.75
四　川	8 234.8	622.94	7.56	8 041.8	880.6	10.95	17 185.5	2.14
贵　州	3 524.8	210.30	5.97	3 474.6	297.8	8.57	4 602.2	1.32
云　南	4 236.0	258.03	6.09	4 596.6	350.7	7.63	7 224.2	1.57
西　藏	261.6	12.43	4.75	300.2	15.3	5.09	507.5	1.69
陕　西	3 536.5	217.60	6.15	3 732.7	318.4	8.53	10 123.5	2.71
甘　肃	2 512.4	130.75	5.20	2 557.5	210.5	8.23	4 120.8	1.61
青　海	482.3	22.00	4.56	562.7	35.4	6.30	1 350.4	2.40
宁　夏	548.6	24.55	4.47	630.1	40.4	6.41	1 689.7	2.68
新　疆	1 846.0	86.25	4.67	2 181.3	135.0	6.19	5 437.5	2.49

　　2000～2010 年近 10 年我国人口平均以每年 0.703% 的速度增长，而 60 岁以上、65 岁以上老年人口以每年 1.98%、1.21% 的速度增长；而 80 岁以上、100 岁以上的老年人口更是以平均每年 5.76%、7.23% 的速度增长。即我国百岁老人增长速度远快于高龄老年人，而高龄老年人的增长速度快于老年人口增长速度，老年人口增长速度又快于人口增长速度。平均每增加 1 个新生婴儿，对应会增加 3 个 60 岁以上老人、8 个高龄老年人和 10 个百岁老年人。

3. 前老龄化时代和后老龄化时代

我国人口老龄化的发展十分复杂，大致可以分为前老龄化时代和后老龄化时代。[①]

（1）前老龄化时代——健康老龄化、少子老龄化和迁移老龄化

前老龄化时代可细分健康老龄化、少子老龄化和迁移老龄化 3 个阶段。第一阶段出现在 20 世纪 80 年代以前，主要是**长寿老龄化或健康老龄化**。随着我国生活水平不断提高、公共卫生体系不断改善，人们预防疾病的意识提高，造成各年龄段死亡率全线下降，人们的预期寿命提高，出生时预期寿命提高导致**老年人口绝对数量增加**。第二阶段在 20 世纪 80 年代以后，为了提高人们的劳动生产率和城镇化水平，也为了缓和资源环境的压力，政府提出计划生育政策，而发达国家通过经济杠杆使人们少生，由此造成**少子老龄化，具体表现为出生人数减少，人口相对老龄化**。第三阶段出现在 21 世纪初，计划生育政策仅考虑了资源环境的绝对平均和居民对政策的接受程度，没有考虑资源的可持续发展潜力。改革开放以后，大量外资进入中国，计划生育政策造成东部地区（上海、北京、天津、浙江和广东等地）劳动力紧缺、工作机会增多，大量中西部劳动力进入我国东部及城市地区就业，大量年轻人纷纷离开中西部地区，造成农村空心化和中西部（宁夏、甘肃、四川、重庆、贵州和湖北）人口锐减。而我国户口政策没有根本改变，于是人们以流动的形式进行，这就是**迁移（流动）老龄化**。

（2）后老龄化时代——老龄化社会、高龄社会和超高龄社会

后老龄化时代是老龄化的深化发展时代，按照联合国的定义，65 岁以上老年人口比例超过 7% 则进入老龄化社会（ageing society）；当 65 岁以上人口比例超过 14%（60 岁以上人口超过 20%）时，达到联合国所称的高龄社会（aged society）；65 岁以上人口比例超过 20%（60 岁以上人口超过 30%），则达到联合国所称的超高龄社会（super aged society）。2010 年，我国没有一个省（自治区、直辖市）到达高龄社会标准，而地市达到高龄社会标准的也不多。江苏 13 个地市，2010 年仅有南通和泰州达到高龄社会的标准，其 65 岁以上老年人口比例分别为 16.5% 和 14.2%。由此可见，寿命延长、生活水平提高导致出生人数减少，这些都是社会发展的趋势。所以，**现在的人口老龄化仅是一个开端，未来必将越来越严重**。除非有大量的年轻移民进入，但现在和数十年前完全不同，现在是全球人口老龄化，移民也不年轻。

4. 由迁移造成的老龄化与地区经济发展程度关系不大

一般认为，当人均 GDP 超过 5000 美元时，人们丰衣足食、医疗卫生技术发

---

① 黄润龙 . 2011. 长三角城市群的经济发展与迁移老龄化 . 现代经济探讨，（12）：34-38.

展、健康水平和生活水平提高，导致人口预期寿命延长，造成人口老龄化。但是由于计划生育政策的推行，出生人数减少，造成人口相对老龄化；银行汇率因劳动力数量、经济发展和就业率等缘故，而脱离了实际购买力水平，于是背离了"老龄化与人均GDP"的规律。贫困地区的年轻人因无法改变生活现状，干脆一走了之，由此造成迁移老龄化。这些地区的老龄化或迁移难以用地区经济发展水平来解释，既可能是经济落后地区，也可能是经济发展程度中等，但计划生育政策执行得比较好，如四川、重庆等。于是，传统理论被颠覆了，成为"未富先老"的重要原因之一。

如果将不同年份中国31个省（自治区、直辖市）的人口老龄化程度和人均GDP绘在一张图上，或者计算其间的相关系数，则可以发现这两者的相关系数近年明显下降，相关关系弱化。尤其是在国内，地区之间的迁移或流动不需要签证或任何行政许可，十分容易，于是几十元的路费就可以迁移到另外地区，于是高考移民、社保移民、购房移民等层出不穷。

5. 户籍老龄化和常住人口老龄化的差异大

以上研究的是常住人口老龄化，而地方政府更加关注的是户籍人口老龄化。外来人口虽然可以提供劳务，弥补社会对于劳动力的需求，但难以进入老年人口家庭，难以从根本上解决老年人的实际生活困难。

假定老年人口没有流动，而将常住人口减去流入人口再加上省际流出人口后作为省际户籍人口，从而计算出户籍人口的户籍人口老年人比例为：户籍人口老年人比例 = 户籍老年人口 /（常住人口 − 省际流入人口 + 省际流出人口）。

2010年全国户籍人口（65岁以上）老龄化程度以上海为最高（16.3%），其次为北京（13.3%）、江苏（11.5%）、浙江（11.4%），再次为天津、重庆、辽宁和四川。人口老龄化最弱的分别为西藏、青海、宁夏和江西等（表2-20），这一排序和2000年基本一致。

若计算户籍人口老年人比例和常住人口老年人比例之间的差异（表2-24），城市化水平高的地区，经济发达地区，工作机会多的地区，大量流入人口使得人口老龄化得到了缓和，即户籍人口远远高于常住人口老龄化，如上海、北京、天津、浙江的户籍人口老龄化比常住人口老龄化分别高2个百分点以上；而广东、江苏、福建和新疆，户籍人口老龄化也比常住人口老龄化分别高0.5个百分点以上。相反，城市化水平低，经济欠发达地区大量年轻人的流出，常住人口老龄化高于户籍人口老龄化，如安徽、四川、重庆、湖南、江西、贵州、湖北和河南等地，常住人口老龄化比户籍人口老龄化高0.5个百分点或以上。按照"二次人口红利的说法"，前者是经济发达地区获得年轻人和人口红利，后者是经济欠发达地区失去人口红利。以上仅是省际资料的分析，实际上，各市县的这种情况更为严重，经济发达的市县——苏南、浙北、广深、京津地区户籍人口老龄化远远高于常住人口老龄化；而经济不发达地区的常住人口老龄化远高于户籍人口老龄化。

表 2-24　2010 年我国各省（自治区、直辖市）户籍人口老龄化及其与常住人口老龄化的差异

地区	老年人口		常住人口老龄化		户籍人口老龄化		（65 岁）户籍 – 常住
	60 岁以上 /万人	65 岁以上 /万人	60 岁以上 /%	65 岁以上 /%	60 岁以上 /%	65 岁以上 /%	
全　国	17 759.4	11 892.7	13.32	8.92	13.32	8.92	0.00
北　京	246.0	170.9	12.54	8.71	19.2	13.3	4.59
天　津	168.5	110.2	13.02	8.52	16.5	10.8	2.28
河　北	934.2	592.0	13.00	8.24	12.6	8.0	−0.24
山　西	411.8	270.5	11.53	7.58	11.5	7.5	−0.08
内蒙古	283.6	186.8	11.48	7.56	11.7	7.7	0.14
辽　宁	675.1	450.9	15.43	10.31	15.7	10.5	0.19
吉　林	362.7	230.2	13.21	8.38	12.8	8.1	−0.28
黑龙江	499.3	317.3	13.03	8.28	12.4	7.9	−0.38
上　海	347.0	233.1	15.07	10.13	24.3	16.3	6.17
江　苏	1 257.5	855.9	15.99	10.88	16.9	11.5	0.62
浙　江	755.9	508.2	13.89	9.34	17.0	11.4	2.06
安　徽	893.2	608.5	15.01	10.23	13.1	8.9	−1.33
福　建	421.2	291.2	11.42	7.89	12.3	8.4	0.61
江　西	509.9	338.8	11.44	7.60	10.2	6.8	−0.80
山　东	1 413.0	943.0	14.75	9.84	14.6	9.7	−0.14
河　南	1 196.8	785.9	12.73	8.36	11.7	7.7	−0.66
湖　北	797.4	520.2	13.93	9.09	12.8	8.4	−0.69
湖　南	955.6	641.9	14.54	9.77	13.2	8.9	−0.87
广　东	1 015.2	708.6	9.73	6.79	12.1	8.5	1.71
广　西	603.6	425.3	13.12	9.24	12.2	8.6	−0.64
海　南	98.2	70.0	11.33	8.07	11.8	8.4	0.33
重　庆	502.4	338.1	17.42	11.72	16.0	10.8	−0.92
四　川	1 311.0	880.6	16.30	10.95	14.9	10.0	−0.95
贵　州	446.1	302.6	12.84	8.71	11.7	8.0	−0.71
云　南	508.5	350.5	11.06	7.63	11.0	7.6	−0.03
西　藏	23.0	15.3	7.67	5.09	8.0	5.3	0.21
陕　西	479.7	318.4	12.85	8.53	12.5	8.3	−0.23

续表

地区	老年人口		常住人口老龄化		户籍人口老龄化		（65岁）
	60岁以上/万人	65岁以上/万人	60岁以上/%	65岁以上/%	60岁以上/%	65岁以上/%	户籍-常住
甘　肃	318.1	210.6	12.44	8.23	11.9	7.9	-0.33
青　海	53.2	35.5	9.45	6.30	9.6	6.4	0.10
宁　夏	60.9	40.3	9.67	6.39	9.9	6.5	0.11
新　疆	210.8	141.4	9.66	6.48	10.4	7.0	0.52

注：户籍人口老龄化 = 本省60岁（或65岁）以上老年人口数/（本省常住人口 - 省际移入人口 + 省际迁出人口）

资料来源：中国2010年人口普查资料

　　各地政府都认为本地人口老龄化严重，都喊"狼来了"，都要政府加强资助。贫困地区、流出人口多的地区使用常住人口老龄化指标；而富裕地区、流入人口多的地区使用户籍人口老龄化指标。这就是中国各地的现状，老龄化程度似乎很高，实际上老龄化的影响不大。实际这两种人口老龄化对于老年人口生活质量的影响是完全不一样的。

　　户籍人口老龄化与常住人口老龄化差异的背景——有限优质的城市资源。这一方面说明随着老龄化的发展、出生率的下降、城市生活水平的提高，人口增长速度减缓，人口迁移增长随之减少，农村劳动力不再是无限供给的蓄水池，我国劳动力短缺已露端倪；另一方面，迁移增长逐渐由政策控制转变为经济控制，住房价格高、生活成本高而工作难找，成为城市居住或准入的主要限制。

第三节　本章小结

　　我国是世界上人口老龄化速度最快的国家之一，同时也是世界上老年人口最多的国家。2010年11月，全国65岁以上老年人口11 894万人，占总人口的8.9%；60岁以上老年人口17 759万人，占总人口的13.3%；80岁以上高龄人口为2095万人。从2009年起，全国每年退休人口已经超过当年出生人口数量。我国人口老龄化的发展十分复杂，大致可以分为前老龄化时代和后老龄化时代。前老龄化时代——健康老龄化、少子老龄化和迁移老龄化；后老龄化时代——老龄化社会、高龄社会和超高龄社会。现在的我国人口老龄化仅是一个开端，未来必将越来越严重。日本的研究表明，老龄化程度（65岁以上）在5.5%~8%，经济（GDP）发展最快（年增长8%以上）；老龄化程度在8%~12%，日本GDP增长速度降低为 5%～8%；老龄化程度为 12% 以上，则日本经济出现低增长或零增长，我国是否会出现类似的情况呢？本章主要结论如下。

1）1982～2010 年我国人口年均增加 1158.5 万人，其中 14 岁以下少年儿童人口年均递减 424.5 万人，65 岁以上老年人口年均递增 246.5 万人。近 28 年我国人口以年均 0.994% 的速度增长，老年人口以年均 3.15% 的速度增长，少年儿童以年均 1.52% 的速度减少。我国不仅有金字塔顶端老龄化，而且有底端老龄化现象。**老龄化和经济发展、妇女生育与迁入人口数量密切相关**。2010 年老龄化严重的地区都是计划生育工作抓得比较紧的、本身人口数量多、人口迁出量大的地区；轻度老龄化的地区都是迁入人口数量大，或人口数量少、生育政策比较松、经济欠发达的地区；而中度老龄化的地区居于这两者之间。

2）决定预期寿命的主要因素不仅仅是自然环境和地理因素，也包括经济社会发展状态、生物学遗传因素和健康的生活方式。预期寿命分析表明，过去预期寿命提高比目前快一些；女性预期寿命提高得比男性快一些；目前，寿命仍以平均每年 0.2～0.4 岁的速度提高。**我国总人口增长速度明显下降，总人口以每 10 年 5 个千分点的速度下降，若不考虑生育政策的调整，2020 年我国人口增长率将下降为年均 0.1% 左右 (2004 年在 1% 以下，2009 年稳定在 0.5% 以下)，年净增长人口将下降为 140 万人左右（2000～2010 年平均为 730 万人），"大国空巢"将成为现实；同时，2010 年南京市男女性人口出生预期寿命已分别达 75.4 岁、81.4 岁，接近高经济收入国家的平均水平。**

3）**出生人口减少以后，人口流动对各地人口老龄化的影响十分大，流入人口多的地区老龄化程度降低，流出人口多的地区老龄化程度迅速上升**。我国老龄化可以分为常住人口老龄化和户籍人口老龄化两大类。2010 年 11 月，全国 31 个省（自治区、直辖市）**常住人口老龄化状态**可以分为 3 种状态，人口老龄化严重、中度、轻度的分别有 11 个、9 个、11 个省（自治区、直辖市）。2010 年我国人口老龄化最严重（65 岁以上人口比例超过 10% 的）的地区分别为重庆、四川、江苏、辽宁、安徽和上海。2010 年老龄化最高、最低水平都出现在西南地区，这说明了我国西部的人口经济发展的复杂性。同时，**流动人口缩小了各地区人口老龄化的地区差异**。分析指出，2010 年人口大省、经济强省往往老龄化程度比较高。2010 年各地户籍人口老龄化水平分析表明，上海为最高，其次为北京、江苏、浙江，再次为天津、重庆、辽宁和四川；人口老龄化最弱的分别为西藏、青海、宁夏和江西等。**我国东部经济发达地区的户籍人口老龄化远远高于常住人口老龄化**，如上海、北京、天津和浙江等地。而西部、中部地区城市化水平低，经济欠发达地区大量年轻人的流出，使常住人口老龄化高于户籍人口老龄化，如安徽、四川、重庆、江西等地。各地都认为本地人口老龄化严重，都喊"狼来了"。贫困地区、流出人口多的地区使用常住人口老龄化指标，而富裕地区、流入人口多的地区使用户籍人口老龄化指标，但实际上真正的"高龄化社会"还没有到来。

4）2025年、2035年前后我国将分别进入高龄社会和超高龄社会。首先，受老龄化尤其是少子化的影响，我国老龄化仍在加速发展。未来我国中高龄劳动力比例将显著增加；我国男 20～59 岁、女 20～54 岁的潜在劳动力在 2015 年到达峰值后会迅速下降；我国青年劳动力递减、中老年劳动力增加；2030 年以后我国老年劳动力增加。其次，未来生活不能自理的老年人数量激增，假定 2010 年老年人生活不能自理或半自理的比例不变，2020 年、2030 年、2040 年我国生活上完全不能自理的老年人数量将分别比 2010 年增长 51%、112%、173%；尤其是生活不能自理的高龄老年人比例升高。再次，城市化造成大量乡村老年人无人照料，城市迁入老年人比例低，老年人城市化水平低。最后，我国各地区老龄化差异大——东高西低。流动人口缩小了各地的经济、社会差异。

第三章

人口老龄化与储蓄

　　2012 年的中央经济工作会议把扩大内需定位为经济发展的"战略基点"。当前，我国消费格局的失衡直接影响着生产、储蓄、投资与经济发展。2008 年，我国的储蓄率为 51.3%，而同期美国的储蓄率仅为 12%。储蓄是投资和资本积累的重要资金来源，高储蓄率既支撑着我国高投资和经济的高增长，同时又会导致消费不足，成为影响我国内需增长的突出问题。[①]

　　大量的储蓄致使中央银行成为全球流动性资金的主要提供者。广义货币供应量 M_2 包括货币 M_1（流通中的现金 M_0 和活期存款）与准货币（定期存款、储蓄、政府和单位存款等）两个部分。2011 年，中国广义货币供应量 M_2 的规模已经达到了 85.2 万亿人民币（2013 年 6 月底已超过 106 万亿元），约合 13.5 万亿美元，超过 2011 年美国 M_2 的规模 9.6 万亿美元。2011 年，中国新增 M_2 为 12.6 万亿元人民币，占世界新增 M_2 规模的 52%。中国 M_2 总量从 1991 年的 1.93 万亿元人民币，增长到 2001 年的 15.83 万亿元，再到 2011 年的 85.2 万亿元。**2001～2011 年 M_2 总量增长了近 6 倍，而同期 GDP 仅增长了 4.3 倍。**M_2/GDP 是衡量经济货币平衡的重要指标，2011 年年末中国为 189%，而美国、英国等发达国家大多控制在 100% 以下。货币的超发在刺激我国经济强劲复苏的同时，也产生了通货膨胀和产能过剩等问题。通货膨胀使人们的生活成本大幅度提高，同时使大量财富被转移；而产能过剩则为下一轮经济危机埋下了伏笔，我国钢铁企业出现全行业亏损，部分企业不得不转而搞第一、第三产业。而央行对冲流

---

　① 李慧 . 2012-02-18. 涨工资：就能扩消费吗？光明日报，第 10 版 .

动成本也十分惊人，到 2011 年年底中国外汇总额为 3.18 万亿美元（大量美元放在国内没有用，仅能购买美国国债），而 2003 年至 2011 年年底央行对冲外汇占款（2012 年 2 月末外汇占款超过 25.52 万亿人民币）的利息成本累计规模就达到 1 万亿元人民币。[①] 于是，扩大消费、提振内需、减少对于政府主导的投资依赖（增加民间对中小企业的投资）、减少社会储蓄、防止流动性泛滥，是中国经济发展的重要研究课题。

莫迪格·里安尼（F. M. Liani）的"生命周期假设"理论则认为，个人为了维持其一生稳定的消费或略为增长的消费水平，就要储蓄。该理论还认为：①假定储蓄的基本动机是供退休后使用，那么个人在工作年限内进行储蓄，在退休期间动用储蓄，所以退休人数和工作人数的比例会影响储蓄率。②退休期占生命期的比例对储蓄有影响。人越长寿，个人在工作期间储蓄的部分越高，以保证退休后生活有所保障。退休年龄早则退休期长，若预期寿命不变，那么应该增加储蓄；相反，退休年龄越迟退休期短，社会储蓄会减少，因为退休后的期望寿命相对较短，所以用不着过分储蓄。即退休后预期寿命延长，会对储蓄产生增加的作用。③社会福利保险条件对处于不同年龄阶层的消费者边际消费倾向有很大的影响。如果政府提供较好的社会福利保险，并相应地提高退休金，那么青年和中年职工可能会增加消费支出水平，并减少储蓄来支付更高的社会保险（即财富替换效应）。因为这部分增加的保险费支出以后会以退休金的形式得到补偿。而年龄大的职工则考虑到退休费足以养老，不用为退休养老担心，因而提高消费支出减少储蓄。也就是说，较好的社会保险福利会使中老年储蓄减少；反之，则会使其增加。

第一节　研究现状

储蓄是人们的消费剩余。国内储蓄是投资和资本积累的重要资金来源，消费、投资和资本积累是经济增长的重要手段，人口老龄化对储蓄率、储蓄规模都有一定的影响，因而人口老龄化与储蓄研究受到了关注。随着现代经济增长理论的建立，自哈罗德–多马经济增长模型创立以来，人们对储蓄和储蓄率的研究就未曾间断过。对人口年龄结构与储蓄之间关系的研究，是人口经济学研究的重要

---

① 张洪 . 2012-04-24. 中国央行成为全球"老大"说明啥？现代快报，A19 版 .

课题。加强老龄化与储蓄关系的研究，有助于了解伴随生育率下降和预期寿命延长而来的人口老龄化对资本投资、资本积累以及经济增长影响研究的深入，有助于揭示人口政策的经济效果。

一、基本概念

按照国外的人口经济理论，伴随人口老龄化的发展，老年人口数量和比例的增加，地区居民储蓄率将下降；但我国恰好相反，随着人口老龄化的发展，我国的储蓄率一直非常高。那么，人口老龄化到底会对居民储蓄产生怎样的影响是本章将要讨论的问题。

1. 政府储蓄和非政府（私人）储蓄

政府储蓄是政府财政收入与财政支出的差额，即财政节余。若财政收入大于财政支出，就称财政盈余为正储蓄，若财政收入小于财政支出，就称财政赤字为负储蓄，政府储蓄一般是指正储蓄。**非政府储蓄**又分为居民储蓄和公司储蓄两种。有些私营公司或小企业为了获得较高的银行利息，公款私存，由此造成研究的困难。居民储蓄又分个人储蓄和家庭储蓄。在美国、英国等发达国家，孩子18岁以后或参加工作以后，在生活和经济上逐渐和父母分离，组织成自己的小家庭。而中国人父子、母子是不分家的，尤其是在目前独生子女的小家庭情况下，即使子女结婚成家、生儿育女，仍在父母家居住和消费。

2. 国民储蓄率和居民储蓄率

储蓄率一般分国民储蓄率和居民储蓄率两种。**国民储蓄率**也称毛储蓄率，定义为某国家或地区**储蓄占GDP的比例**；**居民储蓄率**指某一时期（一个月或一年内）内某地区居民储蓄数量与该地区居民可支配收入的比值。城乡居民统计口径不同，农村可支配收入一般用农民净收入替代。储蓄率太高将影响（减少）社会消费和社会生产；储蓄率太低则进而不利于资本积累，不利于国家大规模的建设和投资。然而，对于什么是适度储蓄，各种不同文化、不同民族的人有不同的理解，其大致与人们经济收入、消费水平、消费观念和消费文化有关。1990～2003年我国国民储蓄率构成显示，我国居民家庭毛储蓄率一直在20%左右，2000年以后略有下降，企业毛储蓄率一直在15%左右，2003年略有上升，而我国政府的毛储蓄率一直稳定在5%～10%，2010年由于大量的社会保障，开支有明显下降。[1]从2002～2003年中国、美国、日本、韩国和墨西哥5个国家的

---

[1]　Kuijs L. 关于中国投资和储蓄. 世界银行 No.41852 档.

比较可见，中国的政府毛储蓄率为 6%，仅低于韩国，而高于美国、日本和墨西哥；中国的企业毛储蓄率为 18%，仅次于日本，而高于其他 3 个国家；中国的居民家庭毛储蓄率为 18%，高于美国、日本、韩国、墨西哥 4 个国家。

3. 广义的储蓄和狭义的储蓄

广义的储蓄是指经济收入除了用于社会消费以外的剩余部分，对居民来说就是没有用来购买商品、服务和纳税的那部分收入，即收入减去消费的剩余部分为广义的储蓄，其包括货币储藏和投资。西方储蓄理论中的储蓄是指广义的储蓄，即一个国家和地区在一定时期国民收入中未被消费的部分，相当于国民收入积累额，即**广义的储蓄＝经济收入－消费**。

我国传统的储蓄是一种狭义的储蓄，它仅仅指居民个人或**家庭在银行或其他金融机构的净存款**，其关系为：**狭义的储蓄（金融机构存款）＝经济收入－消费－投资－现款**。

狭义的储蓄看似严格，但计算困难，计算误差大。因为政府储蓄、机构储蓄、企业储蓄和家庭个人储蓄往往是分不清的，储蓄本身也分短期和长期，超短期的活期存款相当于现款；更多的储蓄已经转变为银行的"理财产品"；投资十分容易转变为存款。于是，本书实地调查的居民储蓄就是一种广义的储蓄。由此可见，无论是广义的储蓄还是狭义的储蓄，都和收入、消费密切相关，收入有助于增加储蓄，消费有利于减少储蓄。

4. 时期储蓄和时点储蓄

某时段（如某年度）内累计的储蓄数量称为**时期储蓄**数量，其和时间长度有关，月储蓄额小于年储蓄额但大于日储蓄额。某一瞬间（年终、年中）的某区域储蓄数量称为**时点储蓄数量**，如年底（中）储蓄余额，其与时间长度无关。

本章侧重讨论老龄化过程中我国居民储蓄及储蓄率的变化及其原因。对储蓄的调查是十分困难的，现在很多小家庭实行的是 AA 制，夫妻俩平时独立开支，买大件商品则双方筹款；钱够用后也不记账，甚至夫妻谁都不知道对方有多少工资、奖金、存款，子女和父母互不知对方到底有多少存款，更不用说其他人了，储蓄和收入都成了一种隐私。在中国的传统文化中，高收入、高消费、高储蓄让人眼红；同样，低收入、低消费和低储蓄会被人看不起。在实地调查中，收入高的家庭低报，收入低的家庭高报，无论收入还是储蓄都有被"拉平"的趋势。历年统计年鉴公布了银行定期和活期年储蓄量和年底储蓄数量，但存在着公款私存等问题，而且其不包括债券和理财产品，同样不全面。为了克服上述的影响，本章试图从多方面进行综合分析。

二、国内外研究现状

国外研究人口老龄化对储蓄影响的学者比较多。1969年，撒尼尔·莱夫（N. H. Leff）利用世界74个国家的截面数据资料研究发现①，1964年人均收入水平、经济增长速度、少儿抚养比、老年抚养比、总抚养比对国民储蓄率均有显著影响。结论表明：某国的储蓄率与该国的负担（老年赡养比及少年抚养比）系数成反比，不论是在发达国家还是在发展中国家，这一结论都是成立的。1980年，美国经济学家克拉克和斯彭格勒指出②，对于个人来说，进入老年以后由于收入的来源和数量的变化会带来个人储蓄的减少。2004年，Modigliani和Cao对中国1953～2000年数据的研究发现，利用生命周期模型中的两个变量——历年人均收入增长和少儿人口占劳动人口的比率进行回归分析，在很大程度上可解释中国储蓄的年度波动。③

国内学者从20世纪末开始研究人口老龄化与居民储蓄之间的关系。1996年，于学军从宏观的角度定性探讨了人口老龄化与生产、储蓄和社会保障之间的关系，认为人口老龄化对储蓄具有负面影响，但缺乏系统的量化分析。④ 2000年，袁志刚、宋铮建立了无社会保障的世代交叠模型，分析了老龄化对消费者行为的影响。他们认为⑤，由于老年时期的延长而使老年期的消费增加，理性消费者会在劳动年龄提高储蓄倾向，从而导致国民储蓄率的提高。既然人口老龄化是计划生育政策的结果，它很可能是造成中国城镇居民储蓄倾向上升的一个重要因素。贺菊煌认为⑥，退休年龄的变动对储蓄率的影响程度不大，年龄别死亡率的下降导致储蓄率上升；而退休年龄结构的变动对储蓄率有弱的负面影响——退休年龄越大，储蓄率越低。2004年，王德文、蔡昉和张学辉利用撒尼尔·莱夫的计量方程，对1982～2002年中国国民储蓄率与老年抚养比的关系进行了分析，发现老年抚养比的提高会降低国民储蓄率。⑦ 2006年，彭秀健运用"中国可计算一般均衡模型"对中国人口老龄化的宏观经济后果进行量化分析，认为从长期来看，中国人口老龄化将降低居民的储蓄率和减缓经济增长的速度。⑧ 2007年，唐东

① Leff N H.1969.Dependency rates and saving rates.The American Economic Review，59（5）886-896.
② 林擎国，王伟.2001.人口老龄化对我国产业结构调整与优化的影响.学术研究，（2）：48-52.
③ 宋伟.2008.年龄结构对社会储蓄的影响——对我国29地区面板数据的分析.山东大学硕士学位论文.
④ 于学军.1996.中国人口老龄化与储蓄.人口与经济，（3）：10-17.
⑤ 袁志刚，宋铮.2000.人口年龄结构、养老保险制度与最优储蓄.经济研究，（11）：24-33.
⑥ 贺菊煌.2004.带生命周期消费的经济动态模型.吉林大学学报（社会科学版），（3）：28-42.
⑦ 王德文，蔡昉，张学辉.2005.人口转变的储蓄效应和增长效应——论中国增长可持续性的人口因素.人口研究，（5）：2-11.
⑧ 彭秀健.2006.中国人口老龄化的宏观经济后果——应用一般均衡分析.人口研究，（4）：12-22.

波借助于简单的两期迭代模型，分析了中国人口年龄结构与最优储蓄额之间的关系，认为中国的老龄化使得居民最优储蓄增加。[①]研究居民储蓄就必须要探索M_2的发行，必须检讨我国的货币政策和外汇政策——人民币对冲机制和强制结售汇造成的大量外汇占款。[②]截至2013年年底，中国外汇储备余额达到3.82万亿美元，再创历史新高。近4万亿美元的外汇储备，意味着央行要多发放24万亿人民币基础货币来对冲。2014年，蔡慎坤认为，经常项目或贸易顺差过大，使得人民币升值压力加大，为了保持人民币汇率相对稳定，央行必须回购美元，从而被迫投放基础货币。超发货币又推高了通货膨胀，房价上涨，楼市火爆，就是最明显的通货膨胀。[③]因此，国家货币（外汇）政策是造成货币超发、储蓄增加的根本原因。

三、居民储蓄率的国际比较

若将家庭存款比例也称为居民储蓄率，具体可定义为家庭可支配收入减去家庭消费支出后，占家庭收入的比例。

1. 1995～2010年若干国家的居民储蓄率变化

经济合作和发展组织2010年的报告指出[④]，大多数国家的家庭存款比例不断下降，如1995年美国家庭存款比例为5.7%，2008年下降到2.7%；1999年欧元15国居民家庭存款比例为9.3%，2008年下降到8.9%；1999年欧共体27国居民家庭存款比例为7.4%，2008年下降到5.8%；1996年日本居民家庭存款比例为11.5%，2007年下降到3.5%；2000年韩国居民家庭存款比例为9.3%，2008年下降到2.8%；意大利也类似（图3-1）。但也有一些国家居民存款比例是稳定少变的，如德国、法国、瑞士、俄罗斯和瑞典等。由此可见，家庭存款比例的升降不仅与老龄化有关，而且与国家经济发展状态、物价水平（通货膨胀率）、国家货币政策等有关。

---

① 唐东波.2007.人口老龄化与居民高储蓄——理论及中国的经验研究.金融论坛，（9）：3-9.

② 为保持我国外汇兑换的统一性，国家对国际贸易采用统一的结算、对冲方法，当外贸出口后，大量外汇统一兑换成人民币给企业，外币在国内难以使用，只能存储在国外银行；同时，中央银行必须加印人民币，以支付给企业发工资买原材料，继续生产。大量的外贸顺差，造成大量外汇储备和相应人民币的破发。

③ 蔡慎坤.2014-01-30.人民币"外升内贬"意味着什么.经济参考报.

④ Organization for Economic Cooperation and Development (OECD).2010.OECD Factbook 2010: Economic, Environmental and Social.Statistics.OECD Publishing (copyright). http://www.oecdilibrary.org/content/serial /18147364.

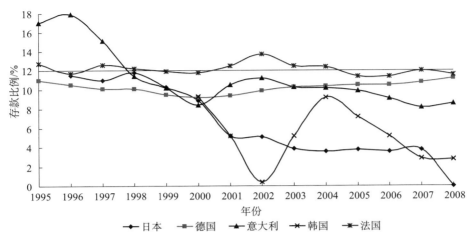

图 3-1 1995～2008 年日本、德国、意大利、韩国、法国的居民储蓄率

资料来源：Organization for Economic Cooperation and Development (OECD). 2010. OECD Factbook 2010: Economic, Environmental and Social.Statistics.OECD Publishing (copyright). http://www.oecdilibrary.org/content/serial /18147364

2. 亚太地区若干国家居民储蓄率

2010 年汇丰银行根据中国宏观经济数据库（CEIC），给出了亚太 16 个国家和地区的储蓄占 GDP 的比例（毛储蓄率）。其中，中国（CH）最高为 50%，新加坡（SG）、马来西亚（MA）和韩国（KR）在 40%～50%，印度（IN）、泰国（TH）、印度尼西亚（ID）和越南（VN）在 30%～40%，中国香港（HK）、斯里兰卡（SL）、日本（JP）和澳大利亚（AU）储蓄占 GDP 的比例在 20%～30%，而 20% 以下的为新西兰（NZ）、巴基斯坦（PK）和菲律宾（PH）等国（图 3-2），英国和美国的毛储蓄率都在 20% 以下。

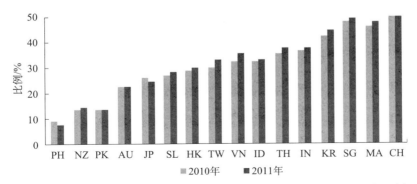

图 3-2 中国、新加坡、马来西亚等 16 个国家和地区的储蓄占 GDP 的比例

资料来源：汇丰银行（CEIC）.http://cn.nielsen.com/documents/ChinaSaveRate_CN.pdf [2010-11-15]

若从历史上分析[①]，1960～1982年发达国家（不包括中国）中，日本（17%～21%）、德国（12%～16%）的储蓄率是比较高的；美国（5%～8%）、英国（7%～11%）的储蓄率较低；法国（10%～13%）居中。各国储蓄率的差异反映了不同国家的文化传统、消费观念、物价水平、社会稳定程度及国家货币发行速度等的不同。经济发达国家经济社会稳定，为避免通货膨胀，人们往往提前消费，不愿将钱储蓄在银行里。这些国家和社会为了积极组织生产，也通过发放信用卡等形式，鼓励人们提前消费。实际上，发达国家是"内外有别"，积极鼓励个人消费，同时鼓励企业（学校）厉行节约，减少浪费。个人消费可以促进生产，刺激消费，企业节约可以降低成本以提高销量、增加利润。在发达国家，员工收入相对高，公司的收支、利润等透明度高，员工明白只有企业发展才有个人的未来。中国则相反，由于员工收入低，公司财务不透明，员工普遍认为个人收入低，应该节俭；而公司或集体的资源是无限的，浪费一些也没关系。由此造成了产品成本高、社会消费低，与之伴随的是员工低收入。

第二节　我国储蓄水平随时间增长快、地区间的差异大

由于受传统文化和政治经济体制改革的影响，改革开放以来，我国长期保持着举世瞩目的经济增长速度，同时，也一直维持着较高水平的储蓄率。国家统计局的资料反映，我国城乡居民储蓄自改革开放以来呈现出不断上升的趋势，居民储蓄存款余额逐年增加，储蓄占收入的比例越来越大。

一、我国城乡居民储蓄水平随时间增长快

储蓄是消费之外多余的收入，城乡居民储蓄的增长一般表示人们经济生活的好转和社会富裕。有研究表明，1997～2006年我国历年居民年内储蓄数量与同期居民收入之比，大致为24%～36%，并有逐年不断提高的迹象。[②]

1. 我国城乡居民年底储蓄余额增长快

我国城乡居民人民币储蓄年末存款余款增长非常快。1978年年底全国定期、

---

①　1989.战后日本经济高速发展的原因.储蓄参考统计，92.

②　艾春荣，汪伟.2008.我国居民储蓄率的变化及其原因分析.湖北经济学院学报，（6）：5-11.

活期存款分别为 128.9 亿元、81.7 亿元，合计为 210.6 亿元，到 2009 年年底分别
为 160 230 亿元、100 541 亿元，合计为 260 771 亿元。若考虑物价上涨（不变值）
的因素，1978～2009 年全国定期、活期储蓄和合计储蓄总量分别增长了 232 倍、
230 倍和 231 倍（表 3–1）。如果不考虑中间年份，或者认为其间呈线性增长，计
算表明，**1978～2009 年我国城乡居民定期、活期储蓄总量年均增长率分别为
18.6%、18.5%**。

表 3–1 1978～2010 年我国居民储蓄余额和年底人均储蓄（当年值）

年份	年底储蓄余额 /亿元	年内储蓄增加 / 亿元	年底人均储蓄 /（元 / 人）	年新增储蓄占年底储蓄的比例 /%	年底余额中定期储蓄比例 /%
1978	210.6	29.0	22	13.8	61.2
1980	395.8	114.8	40	29.0	77.0
1985	1 622.6	407.9	153	25.1	75.5
1990	7 119.6	1 935.1	623	27.2	83.0
1991	9 244.9	2 125.3	798	23.0	82.6
1992	11 757.3	2 512.4	1 003	21.4	80.3
1993	15 203.5	3 446.2	1 283	22.7	79.6
1994	21 518.8	6 315.3	1 795	29.3	78.3
1995	29 662.3	8 143.5	2 449	27.5	80.2
1996	38520.8	8 858.6	3 147	23.0	80.1
1997	46 279.8	7 759.0	3 744	16.8	78.3
1998	53 407.5	7 127.7	4 281	13.3	78.3
1999	59 621.8	6 214.4	4 740	10.4	75.4
2000	64 332.4	4 710.6	5 076	7.3	71.7
2001	73 762.4	9 430.1	5 780	12.8	69.7
2002	86 910.7	13 148.2	6 766	15.1	67.6
2003	103 617.7	16 707.0	8 018	16.1	66.1
2004	119 555.4	15 937.7	9 197	13.3	65.4
2005	141 051.0	21 495.6	10 787	15.2	65.4
2006	161 587.3	20 544.0	12 293	12.7	63.7
2007	172 534.2	10 946.9	13 058	6.3	60.8
2008	217 885.4	45 351.2	16 407	20.8	63.9
2009	260 771.7	42 886.3	19 541	16.4	61.4
2010	303 302.2	42 530.8	22 619	14.0	58.8

资料来源：国家统计局 . 2011. 中国统计年鉴（2011）. 北京 : 中国统计出版社，表 10-3

就 1978～2009 年的平均水平而言，我国城乡居民定期储蓄占年底储蓄余
额的 66%，但 1990～1995 年该比例高达 80%，而后稳定下降，2009 年下降到
60% 左右。

2. 居民储蓄的年增长占年底城乡居民储蓄量的比例

城乡居民某年度储蓄占同年年底居民储蓄的比例，表明了储蓄的增长速度（表 3-1）。1980～1996 年当年全国城乡居民储蓄占当年年底储蓄余额的 20% 以上，最高的 1980 年、1994 年都占 29% 以上。该比例过高的原因，可能是通货紧缩，缺乏投资渠道，于是人们将款项投入银行。1978～2009 年我国当年居民城乡储蓄（包括定期和活期储蓄）占当年年底储蓄（包括定期和活期储蓄）的平均比例为 15.1%，中位数为 16.4%，其中最低的为 2007 年、2000 年，其当年储蓄仅占当年储蓄的 6.3%、7.3%，该比例低的原因，可能是通货膨胀率高，或者房市、股市出现了较大的行市，引起银行存款大搬家。

3. 我国人均储蓄水平和人均 GDP 密切相关

若以当年价格计算，1978～2010 年我国人均储蓄由 21.9 元增加到 22 619元，32 年增加了 1032 倍（表 3-1），若考虑物价的影响，1978～2010 年我国物价上涨了 5.36 倍，2010 年**我国全国居民人均储蓄**是 1978 年的 193 倍，**近 30 年平均每年递增 17.9%**。1995 年以后，我国居民人均储蓄余额增长速度极快，尤其是 2001 年我国加入世界贸易组织以后，出口增长刺激了生产和出口，而我国出口外汇由国家统一转换为人民币，作为储蓄沉淀下来。我国城乡居民储蓄数量随时间的增长是否有客观规律可循？若使用数学模型进行模拟，分析发现，1980～2010 年我国城乡居民人均储蓄随着时间的变化，呈现出三次抛物线的变化，且近年有加快的趋势，该方程的决定系数为 0.9927，这说明我国城乡居民人均储蓄（y）的三级增长量近似相等（图 3-3），其中 x 是时间变量。计算表明，2011 年、2012 年我国人均城乡居民储蓄分别比上年增加 2664 元及 2887 元。

$$y=1.535x^3-31.222x^2+285.74x-428.88$$

（x=0，1，…，30；当 1980 年、1981 年,…，2010 年）

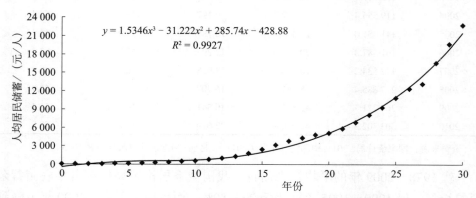

图 3-3　1980～2010 年我国人均居民储蓄数量随时间的变化

图中横坐标的年份，1980 年为 0，1981 年为 1，……，2010 为 30

　　计算指出，人均 GDP 与全国居民人均储蓄余额之间呈现出高度正相关（0.9965），全国人均 GDP 每增加 1000 元时，居民人均储蓄余额将增加 762 元（图 3–4）。类似的是，1995～2010 年全国城镇职工平均工资的上升和储蓄增长的关系大（相关系数为 0.9963，决定系数为 99.26%），城镇职工工资每增加 1000元，人均定期或活期储蓄平均将增加 614 元（图略）。

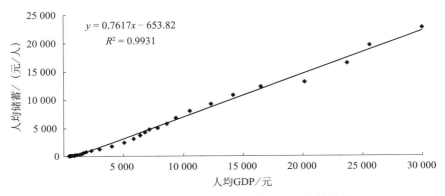

图 3–4　1980～2010 年我国人均 GDP 和人均储蓄

4. 我国居民储蓄率偏高的原因

　　我国的高储蓄率、低消费的主要原因，分宏观和微观两个方面。微观是百姓长期的消费文化。首先，中国在历史上一直属于自然灾害频发、社会动荡战事连绵、生产水平低下、缺衣少食的社会，自古就有着"勤俭持家"的传统文化。人们一直认为，富有是一种"罪过"，强调"为富不仁、为仁不富"，贫穷是一种光荣。其次，新中国成立后我国一直实施计划经济，饱受"大跃进"和三年困难时期的教训，强调经济收入和支出的平衡，反对提前消费，提倡"量入而出"的保守式消费；而现在的消费，如住房、汽车等数额十分大，不借贷消费是难以实现的。再次，国人的消费观念落后，实际上，有消费就可组织生产，有生产就有就业，就有税收，而传统文化往往认为高消费是"浪费"和"剥削"的代名词，是个贬义词。最后，我国居民社会保障程度低，社会保障开展得迟，经济发展欠稳定，人们不敢消费。

　　宏观分析：造成我国储蓄率过高的原因是我国的外汇制度和外贸政策。我国劳动力多，为解决就业就必须开拓国际市场，必须发展制造业，增加商品出口，而为了拓宽国际市场，就必须采取低人民币汇率政策。由此我国商品出口后，统一由中国人民银行支付人民币，于是出口商品越多，赚取的外汇越多，外汇消费不了，借给外国的货币越多，国内人民币增发越多，货币贬值越严重，百姓为货币保值增值，大量购买房地产；政府官员为了政绩，大搞市政建设，为保 GDP 增长，大量卖地以增加收入。中国商品流入外国后，国外（如美国）商品增加、货币减少，导致国外物价下降；而流向中国的美元则通过购买美国国债的方式回到美国财政部。结果是外国获得了商品，美国获得了美元，却给中国留下了大量人民币、通货膨胀预期和房地产疯涨。储蓄一旦获利以后，便成为一种新的投资工具，反过来促进房地产的发展。当大城市居民的住房、汽车、贵族学校、国外留学、产业转移等被限制后，居民储蓄就无可奈何地呈现出增加趋势。

二、我国各地区的储蓄增长差异大

上节讨论了各年度城乡居民储蓄数量随时间变化的特点，这里将讨论城乡居民储蓄数量在我国各地区的变化规律。

1. 各地区的储蓄、存款增长速度不一

2004 年～2009 年年底，全国城乡居民人民币储蓄存款（包括定期和活期）年均增长速度为 16.9%，其中贵州（19.6%）、内蒙古（19.5%）、浙江（19.4%）、山西（19.4%）和北京（19.1%）增长的相对速度最快；黑龙江（12.4%）、吉林（13.9%）、广东（14.2%）、辽宁（14.7%）、新疆（14.7%）和河南（14.9%）的增长速度最慢。显然，增长速度与经济发展速度及原来（2004 年）的储蓄基数有关系（表 3-2）。

表 3-2 我国各地区城乡居民人民币储蓄存款余额

地区	2004 年年底 / 亿元	2009 年年底 / 亿元	2004 年～2009 年年均增长速度 /%	2004 年～2009 年年均增长 / 亿元	2009 年人均储蓄 / 万元	10 年人均 GDP/ 万元	2010 年老龄化 65+/%
全 国	119 555.4	260 771.7	16.9	28 243	1.95	2.97	8.87
北 京	6 122.4	14 672.1	19.1	1 710	8.36	7.20	8.70
天 津	2 116.7	4 885.9	18.2	554	3.98	7.13	8.52
河 北	6 207.5	13 551.1	16.9	1 469	1.93	2.84	8.24
山 西	3 342.3	8 099.4	19.4	951	2.36	2.58	7.58
内蒙古	1 603.9	3 914.0	19.5	462	1.62	4.72	7.36
辽 宁	6 048.5	12 030.9	14.7	1 196	2.79	4.22	10.31
吉 林	2 405.6	46 14.4	13.9	442	1.68	3.16	8.38
黑龙江	3 585.5	6 430.1	12.4	569	1.68	2.71	8.32
上 海	6 116.1	13 707.3	17.5	1 518	7.14	7.33	10.12
江 苏	8 863.1	20 080.6	17.8	2 244	2.60	5.27	10.89
浙 江	7 364.1	17 833.4	19.4	2 094	3.44	5.09	9.34

续表

地区	2004 年年底 / 亿元	2009 年年底 / 亿元	2004 年~2009 年年均增长速度 /%	2004 年~2009 年年均增长 / 亿元	2009 年人均储蓄 / 万元	10 年人均 GDP/ 万元	2010 年老龄化 65+/%
安　徽	2 972.4	6 619.5	17.4	729	1.08	2.08	10.18
福　建	3 322.3	7 078.8	16.3	751	1.95	3.99	7.89
江　西	2 347.7	5 092.7	16.8	549	1.15	2.12	7.60
山　东	7 721.5	17 082.8	17.2	1 872	1.80	4.09	9.84
河　南	5 607.3	11 207.4	14.9	1 120	1.18	2.46	8.36
湖　北	3 860.7	81 63.5	16.2	861	1.43	2.76	9.09
湖　南	3 483.2	7 809.8	17.5	865	1.22	2.42	**9.78**
广　东	16 193.4	31 411.4	14.2	3 044	3.26	4.41	6.75
广　西	2 240.1	4 686.2	15.9	489	0.97	2.08	9.24
海　南	615.9	1 282.9	15.8	133	1.48	2.38	**7.80**
重　庆	2 189.7	4 908.7	17.5	544	1.72	2.75	11.56
四　川	5 019.4	11 575.2	18.2	1 311	1.41	2.14	10.95
贵　州	1 094.6	2 676.1	19.6	316	0.70	1.32	8.57
云　南	2 052.1	4 668.6	17.9	523	1.02	1.57	7.63
西　藏	107.5	226.4	16.1	24	0.78	1.69	5.09
陕　西	2 948.4	6 743.8	18.0	759	1.79	2.71	8.53
甘　肃	1 384.9	3 026.9	16.9	328	1.15	1.61	8.23
青　海	299.3	711.3	18.9	82	1.28	2.40	6.30
宁　夏	425.5	967.7	17.9	108	1.55	2.68	6.41
新　疆	1 534.7	3 050.8	14.7	303	1.41	2.49	6.19

资料来源：国家统计局 . 2010. 中国统计年鉴（2010），北京：中国统计出版社，表 10-4

2. 东西部地区城乡居民储蓄、人均储蓄余额增长不一

2004~2009 年中国城乡居民年均储蓄存款总量增长了 28 243 亿元，其中广东（3044 亿元）、江苏（2244 亿元）、浙江（2094 亿元）、山东（1872 亿元）、北京（1710 亿元）和上海（1518 亿元）年均增长数量最多，都是人口大省或经济大省。而西藏、青海、宁夏、海南年均储蓄存款增长量最少，都在 200 亿元以下。

2009 年年底，城乡居民人均储蓄过 3 万元的仅有北京、上海、天津、浙江和广东等 3 市 2 省，人均储蓄余额为 2 万~3 万元的有辽宁、江苏和山西等省；而年底人均储蓄最低，万元以下的有贵州、西藏和广西 3 省（自治区）。显然，

人均储蓄数量不仅和经济发展程度相关，而且与城市人口比例相关。

　　3. 各地区人均 GDP 与人均储蓄之间的关系密切

　　分析表明，我国各地区人均 GDP 与城乡居民人均储蓄之间存在着较好的非线性关系（图 3-5）。2009 年我国各地区人均储蓄（y）是人均 GDP（x）的二次函数，即人均 GDP 的二级差分是个常数，其决定系数为 83%，即该模型可以解释城乡居民人均储蓄变异的 83%。具体如下：

$$y=0.1552x^2-0.444x+1.485=0.1552(x-1.430)^2+1.167 \quad (R^2=0.8297)$$

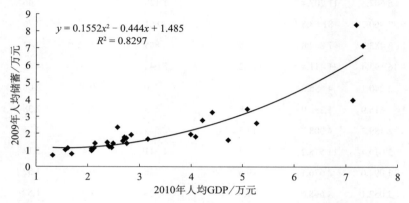

$$y = 0.1552x^2 - 0.444x + 1.485$$
$$R^2 = 0.8297$$

图 3-5　我国 31 个省（自治区、直辖市）人均 GDP 和人均储蓄的关系

　　按照该模型，若某地人均 GDP 从 2 万元增加到 3 万元，该地区城乡居民人均储蓄将增加 0.33 万元；而当某地人均 GDP 从 4 万元增加到 5 万元，该地区经济收入水平高了，城乡居民人均储蓄也将随之增加 0.95 万元。即经济的快速发展，同时加快了财富积累（储蓄）的速度。

　　2009 年江苏 51 个县市人均 GDP（x）与 2009 年年末人均居民储蓄存款（y）的关系研究发现[①]，随着经济的发展、收入的提高，居民人均银行储蓄存款增加（图 3-6）。其大致可以用线性和非线性两种模型来表示，而以非线性模型为优。**线性增长模型**提示人均储蓄随着人均 GDP 的增长而增长，人均 GDP 每增长 1 万元时，人均储蓄增加 3584 元，线性相关系数为 0.845，决定系数为 0.714。**非线性增长模型**提示我们，人们的储蓄率是不一样的，当经济发展程度低（人均 GDP 在 6 万元及以下）的时候，人们储蓄的意愿比较强（占人均 GDP 的 50%）；当经济发展程度高（人均 GDP 在 8 万元及以上）的时候，人们直接投资的意愿强，而储蓄的意愿比较低（占人均 GDP 的 30%），决定系数高达 0.834。出现了投资多元化现象。当然，这里讨论的是狭义的储蓄，即居民银行的储蓄。

① 江苏省统计局 . 2010. 江苏统计年鉴 . 北京：中国统计出版社，表 21 和表 22.

$$y=0.3584x+0.5146 \qquad (R^2=0.7137, \; n=51)$$

$$或 \quad y=1.7825\ln(x)-0.1674 \qquad (R^2=0.8336, \; n=51)$$

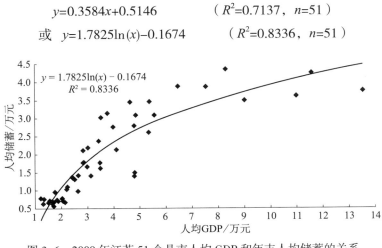

图 3-6　2009 年江苏 51 个县市人均 GDP 和年末人均储蓄的关系

第三节　我国的储蓄水平和人口老龄化有关

　　人口老龄化程度和人均储蓄之间是否有关系，若有关系，人均储蓄是如何影响人口老龄化的？若没有关系，主要原因是什么？若将居民消费（储蓄）占居民可支配收入的比例定义为消费（储蓄）倾向，同时将居民消费（储蓄）增量占居民可支配收入增量之比定义为边际消费（储蓄）倾向，有学者发现，储蓄倾向或边际储蓄倾向与老年赡养系数及少儿抚养系数呈现高度线性相关关系[①]，但其随时间变化，关系就不一定显著。

一、城乡居民人均储蓄数量与老龄化随着时间的变化呈高度相关

　　我国老龄化出现逐步上升的态势，而同时我国的经济增长也导致城乡居民储蓄增加，分析表明，1990～2010 年我国人口老龄化系数与城乡居民储蓄余额、储蓄年增长量等都有着高度相关关系。从时间范畴而言，在国家层面上城乡居民年底储蓄余额数量、居民人均年底储蓄和储蓄的年增额，都随着老龄化水平的提高而增加（分别为 0.956、0.959、0.847；n=21）。这反映出在老龄化**早期**阶段，随着我国居民年龄结构的调整、老龄化的发展，储蓄量越来越多。

① 王宇鹏 . 2011. 人口老龄化对中国城镇居民消费行为的影响研究 . 中国人口科学，（1）：64-73.

　　我国居民储蓄率（储蓄数量占可支配收入之比）从 1998 年前后的 37.6% 升至 2007 年的 49.9%，其中企业可支配收入占国民可支配收入的比例从 1997 年的 13% 升至 2007 年的 22.5%，而同期政府可支配收入的所占比例上升了 2 个百分点。而 1992～2009 年我国储蓄率（y）上升很快，与储蓄率上升相伴随的是我国人口老龄化（x_1）程度不断加强，社会总抚养系数（x_2）不断降低，尤其是出生孩子不断减少，城市孩子个体消费数量虽有增加，但终因孩子数量少，家庭孩子消费减少（表 3-3）。同时，我国社会消费模式发生了很大的变化，年轻人外出求学求职，流动及迁移人口越来越多，造成大量空巢和孤寡老年人，而老年人的照料和赡养责任大多转嫁给社会、政府和社区，从而增加了社会消费而减少了家庭消费，增加了居民储蓄率。

$$y=-0.4084+0.919x_1+0.0039x_2 \qquad (R^2=0.8187,\ n=18)$$

表 3-3　1992～2010 年我国人口老龄化和居民储蓄率的关系　　　　单位：%

年份	储蓄率	65 岁以上人口老龄化 /x_1	总抚养系数 /x_2
1992	0.360	6.1	50.8
1993	0.378	6.2	49.9
1994	0.391	6.2	50.1
1995	0.384	6.2	48.8
1996	0.372	6.4	48.8
1997	0.377	6.5	48.1
1998	0.376	6.7	47.9
1999	0.366	6.9	47.7
2000	0.369	7.0	42.6
2001	0.377	7.1	42.0
2002	0.393	7.3	42.2
2003	0.421	7.5	42.0
2004	0.461	7.6	41.0
2005	0.475	7.7	38.8
2006	0.479	7.9	38.3
2007	0.499	8.1	37.9
2008	0.513	8.3	37.4
2009	0.536	8.5	36.9
2010	—	8.9	34.2

二、各地区城乡居民人均储蓄与老龄化无线性相关关系

尽管人口老龄化和居民储蓄都随时间增长，但是人口老龄化程度和城乡居民人均储蓄联系不大。以 2010 年我国大陆 31 个地区城乡居民人均储蓄与该地区人口老龄化为例，其决定系数仅为 6.32%（图 3-7）。即人口老龄化高的地区居民储蓄并不多，反之，人口老龄化程度低的地区，居民储蓄也不少。这表明 2010 年我国各地区人口老龄化和居民储蓄无显著性相关关系。

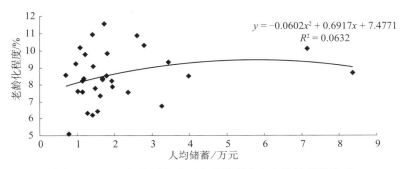

$$y = -0.0602x^2 + 0.6917x + 7.4771$$
$$R^2 = 0.0632$$

图 3-7　2010 年我国各地区老龄化程度和人均储蓄的关系

《中国统计年鉴》（2013）给出了 2012 年我国消费等经济社会状态，将其中的城镇居民家庭人均总收入（城镇人均消费支出）、农民家庭人均纯收入（农村人均消费支出）按照各地城市化水平进行加权汇总，得到城乡居民家庭人均收入（人均消费支出）。2012 年我国 31 个省级单位的居民年底存款数量和经济社会变量相关分析表明，**影响年底存款数量最大的变量是该地区老年人口人数，其次是地区人均收入、人均消费、人均 GDP 水平，最后是该地区老少比（65 岁以上 /14 岁以下，老龄化指数）；而各地老龄化水平对年底储蓄数量的影响不大**。回归分析表明（表 3-4），2012 年我国 31 个省（自治区、直辖市）人均收入、人均消费、人均 GDP 每增加 1000 元，则 2012 年年底居民人均储蓄分别相应增加 699 元、2931 元、222 元，而老年人口每增加 1000 人，则年底人均储蓄增加 16 元，老少比（老龄化指数）每增加 1 个百分点，则年底储蓄增加 186 元，但老龄化水平（65 岁以上老年人口比例）与年底储蓄的关系不大。

表 3-4　2012 年年底各省（自治区、直辖市）居民人均存款数量与经济社会变量的相关

	老年人数	人均收入	人均消费	人均 GDP	老少比	老龄化水平
相关系数	0.699[**]	0.555[**]	0.554[**]	0.443[*]	0.401[*]	0.274
回归系数	16	699	2 931	222	186	

注：*，** 分别表示该线性相关系数已通过显著性程度为 0.05、0.01 的统计检验（R=0.355 及 0.456）

　　若仅考虑各地区 65 岁以上老年人数、人均消费数量和地区老龄化水平进行**多元回归分析**（表 3-5），经标准化回归系数（Beta）计算发现，**各地区老年人口增加或（及）人均消费增加则人均储蓄增加，而老龄化水平提高则人均储蓄下降**；这说明人们储蓄的目的是大件的消费，老龄化对储蓄的负面影响已经开始呈现。

表 3-5　2012 年年底各省（自治区、直辖市）居民人均存款与经济变量的回归分析

项目	B	Std. Error	Beta	t	Sig.
常数项	5005.6	3934.9		1.272	0.214
老年人数 / 百人	3.939	0.351	0.939	11.218	0.000
人均消费 / 元	1.356	0.149	0.609	9.096	0.000
老龄化水平 /%	−2374.60	498.276	−0.405	−4.766	0.000

　　注：因变量为 2012 年年底各省区人均存款数；复相关系数为 0.940，估计标准误差为 3555.16

　　2010 年江苏 13 个地区（地级市）居民人均年末储蓄数量与人口老龄化水平的关系分析表明，人均储蓄水平与老龄化水平呈现出微弱的，不能通过统计检验的负相关（−0.124，$n=13$）。进一步分析发现，经济发达的苏州、无锡、常州、南京，人均储蓄分别为全省第 2、1、4、3 名，但（常住）人口老龄化程度分别为全省倒数第 1、2、3 和 5 名。反之，人口老龄化程度最高的南通、泰州和扬州，人均储蓄分别处全省第 4、7、6 名。即 2010 年江苏省人均储蓄数量与地区经济发展密切相关，但与人口老龄化关系不明显。

　　2010 年江苏 51 个县（县级）市人口老龄化水平与居民人均年初储蓄数量的关系分析表明，其间线性相关系数仅为 0.156，不能通过统计检验。其散点图分析表明，人口老龄化和人均储蓄数量呈现两次函数的关系（图 3-8），即贫困地区人口老龄化程度低（如灌南、响水和灌云县等），经济发达地区大量的年轻流入人口同样导致人口老龄化迅速被稀释（如昆山、江阴和吴江等）。图 3-8 的分析进一步表明，2010 年江苏人均储蓄 2 万～3 万元是个分界岭，在该区间人口老龄化程度较高（如东、如皋、姜堰、海安县等），人均储蓄偏离该值越远，人口老龄化程度越低。高储蓄地区（如苏南）的经济发展快，外来人口多，常住人口老龄化水平低；低储蓄地区（如苏北）的经济发展缓慢，出生率高，人口老龄化水平也低。

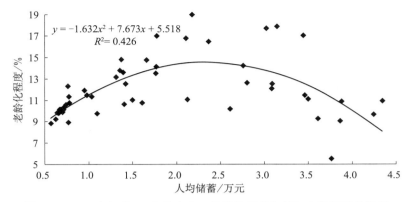

图 3-8　2010 年江苏 51 个县市人口老龄化程度和年初人均储蓄的关系

三、人口老龄化对社会储蓄的影响机制探索

　　数据可能是片面的，离开统计数据，下文将从社会学、经济学原理来论述人口老龄化对社会储蓄的影响。首先，解释我国老龄化对储蓄在时间序列和空间序列上影响不一致的原因；从生命周期角度看老龄化的影响——储蓄量随老龄化水平的增加而减少。其次，讨论社会养老金实施后对储蓄的影响——老龄化水平提高将减少储蓄，经济发展促使储蓄随着人口老龄化程度的增加而增加；老年人消费减少导致居民储蓄，并随着人口老龄化程度的增加而增加；家庭结构改变导致居民储蓄随老龄化程度的增加而增加；"面子消费"和"跟风消费"导致我国居民储蓄增加等。

　　1. 在时间序列和空间序列上，老龄化对储蓄影响不一致的解释
　　如何解释**在时间序列上，人均储蓄水平随着人口老龄化的增强而提高；在空间范围内，人均储蓄水平与老龄化呈现出不相关状态**。简而言之，经济发展对储蓄的影响大，**我国经济的快速发展覆盖了老龄化对储蓄的负面影响**。
　　我国人口老龄化主要受国家人口政策、人口迁移政策、国家计划生育政策所影响，而与地区经济发展的直接关系不大，也与地区卫生、文化方面投入无关。首先，我国是社会主义市场经济国家，为了执行国家（计划生育、关爱女孩、产业发展、老年帮扶、房地产开发、拆迁建设、新农村建设等）政策，往往通过财务税收减免和经济补贴等措施予以落实，而随着经济的发展，我国政府财政收入大幅度上升，对于相关政策的补贴、扶助力度也越来越大，从而颠覆了原来的经济社会关系。**其次，我国的储蓄形式发生了变化**，原来的储蓄是放置在银行里面的款项，以供家庭成员生病、受教育、养老时备用，而由于物价上升、收入稳定，为了货币的保值增值，人们将消费所剩余的财富，逐渐转移到股市、债

市、房市甚至是邮市、菜市；**储蓄的性质发生了变化**，原来储蓄是"支持国家建设"，而现在则成为一种投资工具；**储蓄的结构也发生了改变**，由长期转为短期，由短期储蓄转变为理财产品。一旦股市、房市出现异常，马上会出现储蓄大搬家，储蓄更像"可供炒作"的游资，尤其是国外游资的进入，哪里利润多就往哪里流，数量变化非常大。**最后**，是我国年轻人的大量迁移和流动。年轻人大量流入以后，流入地老龄化水平被迅速摊薄减弱，而流入地的社会财富、医疗卫生水平、生活水平和教育水平一般是比较高的，以至于吸引了大量移民，**包括储蓄在内的较高社会经济状态难以反映出被稀释的常住人口的老龄化水平**，于是就出现了人口老龄化和经济发展（储蓄）不相适应的情况。

2010 年，尼尔森调查公司调查报告给出了 2007 年中国、美国、日本、法国和加拿大 5 国居民家庭资产的构成情况，自上向下分别为现金和储蓄、债券、股票、退休金和保险、房地产 5 类。分析表明，中国退休金和社会保险严重不足，为 5 国之最低；家庭股票比例持有率低，但是房地产资产持有比例最高，现金和储蓄比例仅低于日本，而远高于法国、加拿大和美国。[①] 这种家庭资产构成是由我国股市长期不景气，居民投资渠道少，城市化造成房市的发展机遇，但是也给国家社会养老保障造成了很大的压力。那么，人口老龄化对社会储蓄是否有影响呢？如果存在影响，**人口老龄化对居民储蓄的影响机制是什么**？分析认为，影响居民储蓄数量的主要是收入和消费水平的差异，年龄不是影响储蓄的直接变量，甚至不是影响收入和消费的主要变量。人口老龄化对居民储蓄的影响是十分复杂的。

2. 从生命周期角度看老龄化影响——储蓄量随老龄化水平的增加而减少

根据生命周期理论，在不同年龄阶段个人储蓄和消费存在着较大差异，在人口老龄化过程中必然伴随着储蓄和消费结构的显著变化；人口老龄化会使部分人口从劳动状态转移到退休状态，使未成年人口和老年人口都成为单纯的消费人口，从而导致居民储蓄率下降。

1）基本假定：①没有社会保险，老年时期的生活完全依赖自己在工作时期的储蓄；②个人终身净收入等于个人终身净消费，在职时增加储蓄，退休后减少储蓄，个人终身储蓄在退休前达到最大（S）；③个人在职时每年的收入、消费额不变；④退休后年消费是退休前年消费的 70%；⑤个人孩童时期受抚养费用等于其对下一代的抚养费用，列入每年的消费之中。

2）基本理论：若在人与社会隔离的情况下，个人在职时储蓄 N $(Y-C)$ 等于其退休后支出 C $(L-N)$，接受上一代的馈赠等于给予下一代的抚养费用。即该人

① http://cn.nielsen.com/documents/ChinaSaveRate_CN.pdf [2010-11-15].

终生净收入为年均经济收入 Y 与年均消费支出 C 之差的 N（工作年限）倍，该人非在职时年均（包括孩童时代）净支出为预期寿命 L 与工作年限 N 之差的 C（实际消费）倍，再乘以系数（老年与成人平均消费比），即

$$S=N(Y-C)=C(L-N)$$

假如某人每年消费（C）2.5 万元，工龄（N）为 40 年，则其年均收入（Y）为 5 万元，年储蓄 2.5 万元，退休前终身（S）储蓄为 100 万元；预期寿命可为（L）80 岁，退休后和未成年前的年均消费（考虑通货膨胀，以及老人、孩子与成人消费比）仍为每年 2.5 万元。当然，实际情况十分复杂，物价、工资、孩子抚养费用和消费水平都在不断变化。

美国经济学家撒尼尔·莱夫的研究认为，老龄化程度提高会抑制储蓄率的提高，年龄构成年轻则生育率偏高会促进社会储蓄；1985 年，梅森（Mason）的研究认为，高生育率（年轻化）对储蓄有积极影响。[①]

3）生命周期理论的不足。实际情况十分复杂，尤其是当考虑社会保险以后。首先，城市和乡村居民对于社会保障依赖是不一样的，公务员和事业单位离退休人员享有的社会保险待遇高。其次，我国经济发展不平衡，发展速度很快。按照《中国统计年鉴》，我国人均 GDP 从 1982 年的 528 元增长到 2012 年的 38 354 元，增长了 72.64 倍，年均增长 15.36%；在岗职工年平均工资从 1990 年的 2140 元增长到 2013 年的 52 379 元，增长了 24.48 倍，年均增长 14.9%。1982～2012 年通货膨胀（统计报告）增长了 4.22 倍（1982 年 1 元相当 2012 年的 5.22 元），在这种情况下，依靠积蓄是难以保障职工的晚年生活的。如果某人工作 25 年，年均工资为 1.8 万元，养老保险缴费率为 28%，累计养老保险缴费 10.5 万元，若存活（18 年）到预期寿命 78 岁，在不考虑利息及通货膨胀的情况下，每月的社会养老保险金仅可领 486 元，显然必须依靠社会养老保障。

生命周期理论难以解释我国储蓄持续增长的矛盾。近 20 年我国人口老龄化程度逐渐提高，按理居民储蓄应该逐渐减少，但实际却出现了持续增长。显然，老龄化或养老不是居民储蓄变化的主要原因。真正的原因是国人对利润的追求，政府热衷于投资和 GDP。尤其是我国实施的外汇管理政策，对外贸易出口的商品或服务所得外汇，必须按规定全部或部分向央行或政府指定的经营外汇业务的银行兑换成本国货币。于是，大量的出口增加了我国人民币的给付和储存，这是我国储蓄增加的真正原因。同时，这也使大量美元沉淀下来，难以使用，不得不购买大量美元国债。

① 李仲生 . 2006. 人口经济学 . 北京：清华大学出版社：226-228.

3. 社会养老保险对储蓄的影响——挤出效应

人口老龄化对储蓄的具体影响，在很大程度上取决于有无养老金制度和养老金的给付水平。海勒（Heller，1989）对西方 7 国人口老龄化对储蓄影响的研究结论是：在 1980～2025 年，人口老龄化将会使这些国家的个人储蓄下降 5%～12%。阿克隆（Acron）等对美国不同年龄组储蓄率（1989 年）的研究表明，65 岁以上退休人口的储蓄率仅略低于 45～64 岁年龄组，而明显高于 25～44 岁年龄组的水平。这是因为当人们退休后收入会减少，但同时消费水平也会下降，所以他们有可能把部分养老金收入储蓄起来。在人口老龄化对储蓄的影响中，人口储蓄率对一个具有完善的养老金制度的国家的影响，要远远小于没有养老金制度的国家。[①] 换言之，社会养老制度的建设将会减少人们的储蓄意愿，增加社会消费，同时老龄化也减小了对储蓄的影响。

由于社会保险的津贴和老人退休金给老年人养老提供了生活费用，导致个人不储蓄或少储蓄，使储蓄减少。例如，瑞典在 20 世纪 60 年代普遍实行养老金计划后，储蓄率从 7% 下降到 1%。社会养老保险也大量降低了美国居民的储蓄率。同时，养老金制度的推广，使部分职工提前退休，导致发放的工资额减少，也是导致储蓄减少的原因之一。

随着我国老龄化的发展，养老和医疗支出日益增加，社会保险能否覆盖这些支出，这些不确定性会使老年人预防性储蓄增加。尤其是高龄时有可能面临医疗、养老和护理等巨型花费问题。与其他年龄结构的人群不同，绝大多数老年人已经退出了生产领域，支出面临着较为刚性的经济约束。在这种情况下，中老年人的消费动机尤为谨慎，使储蓄的动机增强。我国将原来的公费医疗制度改革为社会医疗保险制度，自费部分增加了；企业单位的社会养老保险改革后，替代率下降，基本收入降低了，结果导致事业单位都不愿意改革，这些给老年人带来了较强的不安全感。而且，我国的医疗制度、养老保险制度仍在不断完善之中，老年护理等措施不明朗。在农村社会医疗保险不完备的情况下，老年人对于医疗消费会更加谨慎，小病不治、大病小治成为一种较为普遍的现象。[②]

4. 快速的经济发展掩盖了储蓄随着老龄化程度的增加而降低的事实

人口老龄化初期一般处于劳动年龄人口稳定增长阶段，所谓"人口红利"阶段——劳动力众多，经济快速发展。以我国为例，人口老龄化意味着人口结构的变化，老年人口比例增加，新生婴儿减少。老龄化最直接的结果，就是劳动人口的减少，以及劳动人口结构的老龄化。从发展趋势来看，我国的 15～64 岁

---

① 邬沧萍，姜向群 . 2006. 老年学概论 . 北京：中国人民大学出版社：98-125.

② 孙奎立 . 2009. 我国高储蓄率的人口老龄化因素探讨 . 金融与经济，（8）：12-14.

劳动适龄人口从 1999 年的 85 157 万人增长到了 2010 年的 99 843 万人，有就业意愿的劳动适龄人口（即经济活动人口）从 1999 年的 72 791 万人增长到了 2010 年的 78 388 万人。与经济的快速发展相伴随的是增加货币供应量，市场货币发行多了，将增加居民储蓄。

另外，经济发展导致劳动者收入的提高和资产价格的上升，银行的不良资产率会降低，储蓄存款上升。经济发展所带来的投资机会的增加，导致货币流动速度加快，吸引游资造成储蓄增加。1997～2006 年我国居民储蓄总额和储蓄率都在不断增长（表 3-1）。城乡居民储蓄总额（当年值）从 1997 年的 1.26 万亿元增加到 2006 年的 4.53 万亿元；而城乡居民储蓄率（储蓄总额与总收入的比值）从 1997 年的 26.62% 上升到 2006 年的 36.13%，同期中国人口老龄化程度（65岁以上人口比例）由 1997 年的 6.5% 上升到 2006 年的 7.9%。

舒尔茨经过分析发现[①]，1955 年**韩国** 15 岁以下少年儿童系数为 38%，储蓄率（占 GDP 的比例）为 5% 以下，随着出生率的下降，1990 年韩国少儿系数下降为20%，而储蓄率上升到 35%；同期 65 岁以上老年人口系数仅从 3% 提高到 5%。1955 年，**中国台湾地区**少儿系数大于 40%，储蓄率为 10%，而到 1990 年少儿系数下降到 25%，储蓄率上升到 40%，老年人口系数仅从 3% 上升到 8%。1955 年，**马来西亚**少儿系数为 42%，储蓄率为 13%，老年系数为 3%，到 1990 年分别为30%、33% 和 5%。1955 年，印度少儿系数、老年系数变化不大，但储蓄率却从1955 年的 10% 增长到 1990 年的 20% 以上。而进入老龄化特别是高龄化社会以后，无论日本、中国台湾还是韩国都出现了居民收入增长停滞、储蓄下降的现象，又称"失去的十年"。由此可见，**储蓄率的变化主要取决于经济发展、人均收入变化，其次是人口年龄构成的影响。在年龄结构影响中，以少儿人口比例变化影响为主，其次是老年人口比例变化的影响。**

5. 老年人消费减少导致了部分老年居民"被储蓄"的现象

实际情况非常复杂，老龄化以后导致部分原来比较富裕的老年人因能力降低、消费下降，出现大量的"被储蓄"现象，或者因税收过高而移居国外。调查表明（表 3-6），1983 年德国除 66～69 岁年龄组以外，家庭的净储蓄都随着家庭户主年龄的增加而增加。其主要原因是较高的社会保险，伴随老年消费能力下降，较低的实际消费水平，导致老年人消费不足，出现了"被迫储蓄"的现象。

---

① 保罗·舒尔茨. 2005. 人口结构和储蓄：亚洲的经验证据及其对中国的意义. 经济学（季刊），（4）：991-1018.

表 3-6   1983 年德国家庭户主年龄别净储蓄分布

户主年龄（岁）	净储蓄（马克）	户主年龄（岁）	净储蓄（马克）
30～34	605	60～62	1423
35～39	397	63～65	1515
40～44	393	66～69	912
45～49	907	70～74	1496
50～54	544	75～79	2390
55～59	1036	80 岁以上	3338

资料来源：Borsch-Supan A，Stahl K.1992.Life cycle savings and consumption constraints. *In*：Bos D，Cnossen S. Fiscal Implications of Aging Population.Berlin：Springer-Verlag

　　2003 年 65 岁以上人口仅占美国人口的 13%，同年在美国最富裕的 40 万人中，65 岁以上人口却占 54%。如果不是为了自己的子女和伴侣，老年人口的消费水平将是世界上最高的。分析表明，这种情况的出现，既和美国财产继承税、美国孩子经济上过早独立有关，同时也与美国较迟的退休年龄及老年消费水平不足有关。

　　在日本，截至 2012 年 3 月底，包括国债、借款和短期政府债券在内的国家债务余额达到 959.95 万亿日元（约合 12 万亿美元），是其年 GDP 的两倍多，平均每位日本国民肩负着 761 万日元（约合 8.5 万美元）的国家债务。这和日本正面临日益严重的少子高龄化关系密切，**工作挣钱的年轻人越来越少，需要花钱治病养老的老年人越来越多**。2012 年日本国债余额大幅增加就是因为用于医疗和养老的社会保障经费不断膨胀，以及政府大量发行"复兴债"用于东日本地震灾区的灾后重建。[①]

　　人口老龄化将减少社会储蓄，日本如此，我国台湾地区如此。我国目前仍处于人口老龄化初期，经济发展的影响远远大于老龄化的影响，因此，对储蓄总的影响效应为正，**老龄化对中国储蓄率的消极影响，或许在 2025 年以前很难显现出来**。深度老龄化以后，老龄化对储蓄的影响总效应将转化为负。在老龄化初级阶段，我国老年消费品市场对老龄化的估计不足，老年消费品市场和庞大的市场需求相比，显得"捉襟见肘"。据估计，老年消费品种类在全国消费品种类中所占的比例不足 0.5%。[②] 这与快速增长的老年人口及其消费量相比，显得极不对称。在这种情形下，即使收入较高的老年人也无法最终形成消费，致使老年人

---

① 竹森俊平 . 2012-05-12. 日本国债余额为何超过 GDP 两倍 . 严圣禾译 . 光明日报，第 8 版 .
② 袁玉玲 . 2003. 中国人口老龄化与老年市场分析 . 江苏商论，（10）：13-15.

口收入大量"被储蓄"。更为特殊的是，我国老年人长时期经历了计划经济体制，他们对把钱存进银行有着较强的惯性依赖，对银行的放心和子女及家庭成员的不信任使他们别无选择。

在"被储蓄"背后也有物价上升的阴影，这从 CPI 指数或许看不出。为了迫使老年人消费，同时也是为了维护年轻人的工作积极性，考虑到"退休收入的刚性"，社会不得不提高年轻人的收入，政府不得不发行更多的货币，迫使物价上升和消费水平提高，从而降低老年人的实际购买力水平。据加拿大西安大略大学（University of Western Ontario）的徐滇庆教授估计[1]，在2012～2017年，**中国的储蓄率将出现明显下滑趋势**。人口老龄化和老年人口的增多不但会降低总的储蓄水平，而且会抑制储蓄增长率的提高。这势必要影响资本的积累和投资，从而对经济的发展产生不利的影响。储蓄下降趋势和我们估计的一致，转折出现的时间比我们估计得早。

6. 家庭结构的改变导致居民储蓄随老龄化程度的增强而增加

我国青年人生存竞争压力的加剧，跨地域职业流动的加速，生活方式改变及独生子女政策，导致"4-2-1"家庭结构形成，使年轻一代赡养老年人的能力下降，迫使老年人转变"靠家庭养老"的观念，增加储蓄，谋求社会、自我或团体商业养老，过个愉快的晚年。

另外，传统家庭是父子不分家的，由于计划生育政策，使得家中的"独苗"不仅是父母的宝贝，也是祖辈所关心和照顾的重点。我国老年人的消费存在着"跨代"替代关系，即老年人很难把自己的全部收入作为即期消费，他们的消费不仅要考虑到自己，还要考虑到下一代的收入水平和支出能力，甚至还要顾及到第三代。这样就使得使老年人倾向于减少消费，从而增加储蓄。许多调查研究显示，中国居民储蓄的首要目的是子女教育，以 1997 年国家统计局对全国 6250 户非农业家庭的调查为例，中国居民**投资的第一意向**为储蓄，子女教育为第二位，在**储蓄的目的**中，子女教育又居第一位。[2] 2011 年年初央行公布的储户问卷调查报告显示，只有 14.2% 的居民倾向于"更多消费"，这是自 1999 年进行问卷调查以来的最低值；高达 85.8% 的城镇居民倾向于储蓄，其中 44.2% 的居民偏好"投资债券、股票、基金等"的变相储蓄，41.6% 的居民偏好传统"银行储蓄存款"。[3] 2010 年，荷兰尼尔森市场调研公司对中国消费者信心指数的调查表明，全国居民储蓄意愿为 56%，但不同人群的储蓄意愿是不一样的。高收入、中等

①　靳晶 . 2008. 人口老龄化社会的个人理财问题研究 . 南开大学硕士学位论文 .
②　袁志刚，宋铮 . 1999. 城镇居民消费行为变异与我国经济增长 . 经济研究，（11）：20-28.
③　李慧 . 2012-02-18. 涨工资：就能扩消费吗 . 光明日报，第 10 版 .

收入和低收入家庭的储蓄意愿分别是 70%、69%、43%；30 岁以下、30～39 岁、40～49 岁、50～59 岁和 60 岁以上人群的储蓄意愿分别是 63%、63%、53%、49% 和 41%；一线、二线、三线、四线城市和农村居民的储蓄意愿分别为 63%、63%、66%、63% 和 46%。这说明我国中高收入人群、40 岁以下年轻人及大城市居民的储蓄意愿比例高[1]，而储蓄意愿和城市化水平（城市规模）相关不大。

7. "面子消费" 和 "跟风消费" 导致居民储蓄增加

中国人的消费与 "面子消费"、"跟风消费" 有关，缺乏消费理智，导致储蓄增长。荷兰尼尔森市场调研公司研究了中国高储蓄率的原因。假定上海某本科毕业生月薪为 7500 元人民币，对应美国企业某本科毕业生月薪为 5000 美元。中国上学学费是该职员月收入的 53 倍（美国为 20 倍），中国居民结婚费用是该职员月收入的 19 倍（美国为 2 倍），中国居民住宅费用是该职员月收入的 266 倍（而美国为 40 倍）。中国的消费是美国消费的 5 倍以上，在大量 "面子消费"、"跟风消费" 的情况下，人们不得不考虑储蓄。[2] 而 "面子消费"、"跟风消费" 数量大，且难以估计。

第四节 结论和讨论

本章首先界定了储蓄的相关概念，回顾了国内外研究动态，国际比较表明，我国的储蓄率处于国际较高水平。其次，研究了我国储蓄数量随时间和地区变化的规律：1978～2009 年我国储蓄数量年均增长 18% 以上，定期储蓄占储蓄总量的 60% 以上；我国人均居民储蓄数量随时间呈现出三次抛物线增长；人均 GDP（或城镇职工工资）每增加 1000 元，则人均储蓄存款将增加 762 元（或 614 元）。2009 年年底，我国城乡居民人均储蓄过 3 万元的地区有北京、上海、天津、浙江和广东，人均储蓄不足 1 万元的地区有贵州、西藏和广西。最后，讨论了我国储蓄水平和老龄化的关系。分析表明，**在时间序列上，人均储蓄水平随着人口老龄化的增强而提高；在空间范围内，人均储蓄水平与人口老龄化呈现出不相关状态，而后对该现象进行了社会学、经济学的解释**。通过以上讨论，对影响储蓄水平的主要因素进行分析，可得到影响居民及老年居民储蓄的模型，如图 3–9 所示。

---

[1] Nielsen. 中国高储蓄率成因剖析 .http://cn.nielsen.com/documents/ChinaSaveRate_CN.pdf [2010-11-15].

[2] Nielsen. 中国高储蓄率成因剖析 .http://cn.nielsen.com/documents/ChinaSaveRate_CN.pdf [2010-11-15].

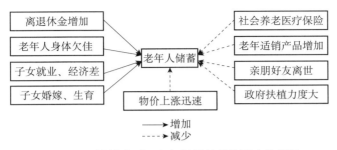

图 3-9 经济社会对于老年居民储蓄的影响分析图

未来经济社会发展对社会储蓄的影响非常大，一般而言有正面影响和负面影响。从宏观上进行分析，年龄不是影响储蓄的直接因素，图 3-10 的分析表明：我国现行的外汇管理政策，有助于**增加居民储蓄**；社会对于住房、汽车等高档、大件消费品的需求增加，将有助于减少年轻人的消费和**增加储蓄**；货币宽松政策的实行、社会货币的大量发行有助于**增加储蓄**；股市价格上涨，人们趋向于投资股票，抑制消费，减少储蓄，当股票价格下降时，人们往往放弃投资、**增加储蓄**；年轻人未来就业机会不确定、经济收入提高、生活质量的改善，均有助于减少消费和**增加储蓄**。物价上涨（通货膨胀）时，人们倾向于消费以避免通货膨胀；物价平稳或下降时，人们**倾向于储蓄**以保留货币，若开征房产、遗产税，将抑制老一代人的储蓄，促进他们的消费，对于年轻人而言，预期收入减少，会减少他们的消费，会增加储蓄；生育子女的增加，未来预期收入的提高，社会信用程度的提高（现金使用减少）等均有利于促进消费，有利于居民**储蓄的减少**。社会养老和医疗保险的实行，可增加人们未来生活的保障水平，减少**目前储蓄水平**而增加社会消费。①

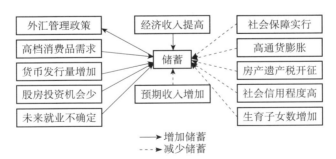

图 3-10 经济社会对于居民储蓄的宏观影响分析示意图

而对于**老年人储蓄影响的实证分析表明**（图 3-9），社会养老保险、社会医

---

① 董振海 . 2000. 对我国目前消费和储蓄的分析——生命周期理论的运用 . 现代经济探讨，（6）：45-48.

疗保险的完善将会减缓老年人财富风险，有利于**减少老年人储蓄**；老年适销（医疗保健仪器及药品、电子宠物玩具、老年食品及服装、老年旅游等）产品的开发和增加，有利于居民**储蓄的减少**；亲朋好友的离世将促进老年消费，从而**减少老年人储蓄**；物价上升将促进消费，会**减少老年人储蓄**。政府对于老年设施、老年补贴的增加，将减少老年人消费，**增加老年人储蓄**；子女数量多、文化素质低、子女就业差、经济状态差，子女的婚嫁和生育，都会使老年人产生恻隐之心，减少个人消费，**增加储蓄**；老年人离退休收入、老年人社会保障费用增加，**将促进老年人储蓄**；老年人身体不佳，老年人家庭经济状态不佳，常使老年人减少消费，**增加储蓄**。

社会储蓄还和民族"消费和储蓄"习惯有关。东方民族或受儒家思想影响较大的民族，日常生活难以获得保障的民族，喜欢储蓄；而西方国家经济发展较稳定，通货膨胀高，为了使得货币保值升值，国民喜欢提前消费。此外，社会诚信程度高、信用程度高的社会，现金支付比例低，则消费水平高、储蓄水平低；反之亦然。

减少储蓄的措施：首先，减税鼓励消费，发展商品经济，适当提高妇女生育率，加快城市化或城乡一体化进程，增加人力资源投资。其次，改变观念，适当有限度地调整人民币汇率。原来我国以生产为主，人民币以贬值为主，争取大量商品进入国际市场，为保持过低的汇率，大量发行人民币（采取货币宽松政策）；而现在我国应以消费为主，人民币则应实行稳定币值并适度升值，国外的消费也可减少国内的外币储蓄，同时也可促进国内旅游休闲业的发展、吸引外资。最后，改变消费理念。消费就是爱国，长时间以来我国一直重视国内的消费而轻视国际消费，认为国内消费可以创造大量就业岗位。实际上，地球是个村，国际消费是消费的重要组成部分，国际消费（如海外留学等）可以促进人民币汇率的稳定，减少外币储蓄数量，同样也可以促进我国经济的发展。

第四章

人口老龄化与消费

　　人口老龄化与消费水平的关系十分复杂。一方面人口老龄化促进了人们消费水平的提高，比如，老年人医疗费用、保姆费用、电信费用、旅游费用、商业保险费用等增加，这些将促进经济的发展；另一方面，由于老年人口经济收入减少和他们的传统消费观念，降低了社会基本消费需求，尤其是衣、食、住、行的水平，减缓了社会生产水平的提高。据研究[①]，1990年、2004年中国65岁及以上老年人口占我国人口的5.63%、7.58%，而老年消费总量仅占全国人口消费总量的2.44%、2.98%。老年人口比例增加了，但是老年人均消费比例（占各年龄段人均消费的43.3%、39.3%）却下降了。2010年我国居民最终消费率（消费金额占GDP的比例）为47.4%，远低于美国的87.7%、欧盟的80.7%、日本的78.6%，也明显低于中等收入国家平均67%左右的水平。

　　随着经济的发展和人们收入水平的提高，我国城镇居民消费结构正在发生转变。目前，已逐渐告别生活必需品的消费时代，进入耐用品消费时代，大件消费品（汽车、旅游、住房、教育、医疗、养老等）已经成为日常消费的主要内容。我国城镇居民消费的恩格尔系数不断降低，直接反映了这一变化。与生活必需品不同，耐用品价格昂贵，人们购买时仅凭当下的收入往往是不够的，必须动用储蓄甚至未来的收入——贷款。因此，如果没有一系列的制度保障、信用水平体系，人们很难放心购买耐用消费品。显然，在消费结构发生质变的今天，拉动消费的关键并不是涨工资，而是提高社会福利水平和社会信用水平。[②]

---

① 杨慧.2006.我国人口老龄化对经济发展的影响.河北大学硕士学位论文.
② 夏雪.2012-03-27.促进消费，涨工资不如涨福利.光明日报，第2版.

2004～2009 年我国城镇居民的储蓄额年平均增长率达到 15%，与 GDP 的增长率基本持平，可见收入的增加并没有让老百姓"放胆"消费。在不完善的社会保障制度下，老百姓必须独立面对看病、养老、买房、购车、子女教育等一系列耗资庞大的耐用消费品。所以，社会消费并不是孤立的，消费不仅与经济收入有关，而且与社会保障覆盖面和社会保障程度密切相关。

第一节　研究背景

2010 年第六次人口普查数据显示，2010 年我国 60 岁及以上的老年人口为 17 781 万人，占总人口的 13.26%；其中 65 岁及以上的老年人口为 11 894 万人，占总人口的 8.87%。我国老年人口数量相当于整个欧洲老年人口的总和。

消费、投资和净出口是拉动经济增长的"三驾马车"，消费是经济增长的原动力。**就消费本身而言**，无论发达国家还是发展中国家，其在 GDP 中所占的份额总是最大的；**就投资而言**，投资的需求和方向也是由人们消费的需求和方向所引致，从根本上来说投资也是由消费所决定的；**就净出口而言**，究其本质也是由国外居民和社会消费决定的。此外，消费的作用还表现在以下几个方面：**从需求方面看**，它对经济具有直接与间接的拉动作用；**从供给方面看**，它能够创造出生产发展所必需的人力资源，从而创造出社会生产力；**从均衡（稳定）角度看**，消费又起着"自动稳压器"的作用，防止国民经济大幅度地波动；**从结构方面看**，消费结构变动是产业结构变迁的根本动因，可引导产业结构不断地升级，促进经济增长。[①] 由此可见，消费在一个国家的社会经济发展中发挥着十分重要的作用，加强对消费的研究也显得十分重要和必要。

消费是人们与生俱来的一种本性，刚出生的婴儿不具备生产能力，属于纯消费主体；成年人在消费的同时也生产和创造产品，属于部分消费主体；而老年人随着年龄的增长，生产和创造能力逐渐下降，越来越倾向于回归到纯消费主体。人口年龄结构的变化会对消费产生影响，而人口老龄化必然会对消费产生相当大的影响。对老龄化和消费相关问题的研究，不仅能使我们对其间的关系有更加清晰的认识，而且对于未来我国在老龄化背景下如何更好地发展社会经济都有着重要的作用和意义。

---

① 刘绪川 . 2003. 江西农村居民消费研究 . 浙江大学博士学位论文 .

一、中心概念界定

人口老龄化对消费的影响是一个很大的概念，具体包括老年家庭、老年人口，以及老龄社会对社会消费、老年消费的影响，而消费又分为消费水平、消费结构和消费方式、消费心理等。

1）**消费**。消费是社会再生产过程中的一个重要环节，也是最终环节。消费是指购买社会产品（包括物质产品、精神产品和家务服务等）来满足人们各种需要的过程，具体包括消费者消费需求产生的原因，满足自己消费需求的方式，以及影响其选择的有关因素。经济学认为，消费是指利用社会产品来满足人们各种需要的过程。消费是恢复劳动力和劳动力再生产必不可少的条件。**消费也是指某一时期，某人、家庭或单位、政府用于消费品支出的总和。**消费可分为消费需求、消费水平、消费结构、消费观念等各个方面，消费类型又分生产消费、政府或团体消费和个人消费。通常讲的消费，是指个人消费。20世纪30年代以后，凯恩斯把消费问题引入到宏观经济领域，将消费看作是国民收入流通的基本形式之一，购买消费品的支出称为消费支出。从全社会看，一个人的支出就是另一个人的收入，总支出等于总收入。生产决定消费，消费反过来影响生产，因为只有在消费中，生产出来的产品才成为现实的商品，并创造出新的生产需要。

2）**消费水平**。消费水平是指一定时期内整个社会或个人用于生活消费和服务的规模，其通常是通过人均消费水平来反映的。人均消费水平是指一定时期（月、年）内，人均购买物质生活资料、（文化）精神享受和社会服务的总量。消费也是一个国家或地区整个经济活动成果的最终体现，反映了人们物质和文化生活需要的满足程度。

3）**消费结构**。消费结构是指在一定的社会经济条件下，人们（包括各种不同类型的消费者和社会集团）在一定时期内，所消费的各种类型消费资料之间的比例关系。简单而言，就是各种不同内容、不同形式的消费在消费总体中所占的比例，以及它们的相互关系。关于消费结构的分类：**按照消费品所提供的消费形态**，分为实物消费和价值消费；**按照满足消费需要的不同层次**，分为生存型消费、享受型消费和发展型消费；**按照消费支出的不同方面和具体形式**，常分为吃（饮食）、穿（服装）、住（居住）、行（交通通信）、家庭设备、医疗支出、教育文化娱乐、杂项商品和其他服务9类消费。第四节就按照该体系进行讨论。

4）**消费方式**。消费方式是由生产方式和社会文化决定的，生产方式的社会性质和社会文化决定消费方式的社会性质。随着科学技术的进步和生产力的发展，消费方式也日趋发展，如方便食品、家用电器、现代交通信息（网络）工具的出现，又创造了前所未有的消费方法，改变着人们以前的消费理念。**消费方式**

具体可分为以下几种：①**计划型**。按家庭收入的实际情况和夫妻生活目标制订计划，消费时大致按计划实施，理智，很少出现盲目和突击性消费。②**随意型**。这种类型的人完全按个人喜好和临时兴趣进行消费，较少考虑整体消费效益，所谓钱多多花，钱少少花，是这部分人的突出特点，较易出现盲目和浪费性消费（月光族）。③**节俭型**。消费时精打细算，能省即省，并且善于利用再生性消费。这一类型的消费方式能够使家庭逐渐殷实，然而过于节俭的意识有时可能因过量购买便宜货而造成积压性消费。这 3 种消费方式都各有利弊，按计划消费遇到临时性的消费时有可能会错过好商品，这是过分理智的消费，实际上很多情况下是计划往往赶不上变化；年轻的夫妻大多喜欢随意型消费，但没有计划的随意消费有可能导致入不敷出，导致浪费或过分消费，从而影响夫妻关系；**节俭型的消费大多是老年人的选择，但同样适用于年轻人的家庭，适当的节俭可以带来可观的效益，但这种消费方式数量太少，不利于促进社会生产。**

5）**消费心理**。消费心理是研究消费者在消费活动中的心理现象和行为规律。其目的是研究人们在生活消费过程中，以及在日常购买行为中的心理活动规律及个性心理特征。消费心理学是消费经济学的组成部分。研究消费心理，对于消费者而言可提高消费效益；对于经营者而言可提高经营效益，具体可分为**从众消费心理、求实消费心理、攀比消费心理和求异消费心理等。消费者购买决策**，是指消费者评价某一产品、品牌或服务的属性并进行选择、购买能满足某一特定需要的产品的过程，其包括需求的确定、购买动机的形成、购买方案的抉择和实施、购后评价等环节。

本章从消费水平和消费结构两个方面来了解老龄化对消费的影响。一方面，消费需求、消费观念等都比较抽象，难以把握，很难进行定量研究，然而消费水平和消费结构则比较容易进行分析，从而使研究更具有说服力；另一方面，虽然消费需求、消费水平、消费结构、消费观念等反映的都是消费的各个方面，然而当我们研究了消费水平和消费结构时，就能在一定程度上从侧面了解到人们的消费需求、消费观念等的影响，反之则不一定。

二、传统消费理论

1）**价格决定理论**。20 世纪 30 年代前，马歇尔提出了供需平衡**价格理论**，即假定消费者收入不变，消费者所获得的商品数量依价格的升降呈反方向变动，价低畅销，价高滞销。

2）**消费–收入理论**。20 世纪 30 年代后，凯恩斯把消费问题引入到宏观经济领域，把消费看作是国民收入流通的基本形式之一，提出了**消费–收入理论**。从全社会看，一个人的支出就是另一个人的收入，总支出等于总收入。在两部门的经济中，社会总需求等于消费和投资之和，从总需求中去掉投资支出，就是消费支出。接着，凯恩斯又提出了平均消费倾向、边际消费倾向等概念，使消费理论增添了新的含义。

3）**追涨理论**。商品的价格是由生产该商品的必要劳动时间所决定的，但是如果一件商品稀缺，具有一定的投资意义，该商品就脱离了该价值规律，比如，住房、邮票、股票，也包括少量农副产品。这时商品的购买目的不是消费而是保值或投资，市场对于某些商品的价格边缘模糊，于是出现买涨不买跌，以及"追涨杀跌"或"抬轿子"等现象。

4）**生命周期消费理论**。组成社会的每个人都处在不同的生命周期阶段，有着不同的消费项目和数量，因此在人口构成没有发生重大变化的情况下，从长期来看边际消费倾向是稳定的，消费支出与可支配收入和实际国民生产总值之间存在一种稳定的关系。该理论强调，当前消费支出与家庭及整个人生的全部预期收入的相互联系。**每个家庭（人）都是根据预期收入来安排家庭成员的消费支出的，每个家庭（人）在任一时点上的消费和储蓄决策都反映了该家庭成员（人）生命周期各个阶段达到消费的理想分布，以实现一生消费效应最大化的目标。**莫迪利安尼（Modigliani）认为，理性的消费者要根据一生的收入来安排自己的消费与储蓄，使一生的收入与消费相等。然而，如果一个社会的人口构成比例发生变化，则边际消费倾向也会变化。①

三、消费分类

1）**按照消费的投资方来分，消费可以分为社会（政府）消费、企事业单位消费、家庭（个人）消费三大类型。**老龄化对这些消费的影响程度是不一样的。**社会（政府）消费**包括政府相关部门出面批量购买的企业服务，如为老年人洗澡、理发、提供餐饮等；政府为老年人或劳动者制定、落实社会保障制度，如社会养老保险、社会医疗保险、社会福利等补贴；也包括政府为老年人支付的公共交通费用、公园门票等补贴费用。**企事业单位消费**是指单位领导为关心在职（离退休）职工，共享改革发展成果而增加的各种福利，包括节假日礼物、各种经济补助等。**家庭（个人）消费**是指个人或家庭为生活需求购买的各种日常消费品、生活必需品、精神文化产品等。

老年人个人消费是一个十分复杂的行为，这 3 种消费数量及比例因老年人退休前的身份、职务、文化程度及退休前对社会的贡献有所差异。一般而言，**社会（政府）消费中**的城市居民，尤其是空巢、高龄、困难老年人等获益多一些，

---

① 张平，2010. 文启湘 . 论和谐消费函数的构建 . 求索，（12）：8-10.

农村居民相对低一些。**企事业单位消费**则和老年人退休前的单位密切相关，公务员、事业单位退休职工等获益高一些。**家庭（个人）消费**完全视个人及家庭经济能力、消费习惯、消费模式而异，与子女经济情况、子女孝顺程度有关。人们的消费数量几乎是个常数，如果社会（政府）消费和企事业单位消费较多，则家庭（个人）消费较低。

2）**按照消费的方式来分**，消费还可以分为直接消费和间接消费。**直接消费**是按照消费类型、对方提供的服务，消费者本人在消费完成时自己亲自进行付款的消费活动；**间接消费**是指由他人（子女、社会、单位、国家）为自己享受的消费品或服务付款，也包括年轻时自己付款、老年时享受的消费等。退休以后，老年人之间的差异很大，有单位的靠单位，有关系的靠关系，子女有出息的靠子女，否则就靠社区、靠邻居、靠朋友。在消费水平一定的情况下，老年人更希望间接消费而非直接消费。

3）**按照消费的心理来分**，可分为以下几类：①**从众心理**引发的消费。老年人跟风随大流的心理，尤其是文化程度不高，往往能够引发对某类商品或某种风格的商品的追求，并形成流行趋势。例如，老年人对各种保健药品的消费，老年人文化程度不高，社会交流程度不高，老年人交际圈对老年人消费的影响很大。商家常常利用消费者从众、追赶潮流的心理，安排各种"托"来推销自己的商品。②**求实心理**主导的消费。消费者在选择商品的时候，往往要考虑很多因素，如价格是否便宜，质量好不好，服务是否到位，功能是否齐全，操作是否简便，等等。老年人讲究实惠，会根据自己的需要选择商品，这是一种理智的消费。③**攀比心理**引发的消费。年轻时受制于他人，富裕后的老年人受攀比心理的影响，追求享受，与其他老年人进行攀比。这种攀比不仅表现为子女培养方面的攀比，也表现为消费方面的攀比，不希望被其他老年人看轻。④**求异心理**引发的消费。有些时髦的老年人消费时喜欢追求与众不同、标新立异的效果。在中国的老年人中，前两种消费心理占有很大比例。

四、国外研究现状

国外关于老龄化与消费关系的研究开始得比较早，且主要集中在老年消费与少儿消费的比例关系，以及对于老年消费市场的研究两个方面，而直接关于老龄化对消费影响的研究则比较少，且绝大部分都是从经济学的视角出发，采用构建消费模型的方法进行研究，用社会学方法进行研究的较少。

1. 居民消费观念

凯恩斯的**"绝对收入假定"**理论认为，影响人们消费支出及消费倾向的因素包括主客观两个方面。主观因素有人们的"享受、短见、慷慨、失算、炫耀、奢侈"的消费动机,消费支出和消费倾向大;反之,如出于"谨慎、远虑、计算、改善、独立、企业、自豪、贪婪"的储蓄动机,其消费支出和消费倾向就较小。[①] 实际收入的改变,在短期内对人们的消费支出和消费倾向的影响最大。

第二次世界大战以后,西方经济学家先后对凯恩斯的理论做了补充和修正[②]:①杜生贝的"相对收入假定"认为,消费者的消费支出不仅受本人目前实际收入的影响,而且也受周围人的收入和消费关系,以及自己过去收入和消费水平的影响。②密尔顿·弗里德曼(Friedman)的"持久收入假定"强调,人们的现期消费支出与其持久收入(未来收入)有关。③莫迪利安尼的"生命周期假定"认为,个人现期消费取决于个人现期收入、预期收入、开始时的资产和个人年龄的大小。④贺撒克的"消费品存量调整假定"的观点是,现期消费依存于现期收入、消费品价格和已有的消费品存量。从这些消费经济理论中,我们归纳出了影响人们消费支出水平的主要因素。

2. 老年消费与少儿消费的比例关系

Clark 在对美国的公共支出情况进行研究时发现,美国花费在老年人口上的公共支出是花费在少儿人口上公共支出的3倍[③];Sauvy对法国的研究表明,少年、成年及老年人的消费比为 0.5∶1∶0.7,老年消费比成人消费低 30%,比青少年消费高 40%[④];Burgdofer对德国的研究发现,老年和少年的消费比为 1∶0.58,老年人消费比少年儿童消费高 42%[⑤];Stolnitz 的研究认为,一个儿童的消费需求是一个成年人或老年人的一半等。[⑥] 由于老年人消费总量及消费比例在我国是个空白,2013 年田雪原利用老年、成人、儿童消费比例(0.6∶1.0∶0.8)推算出我国标准消费人数(或消费当量人口),从而根据实际消费总量计算出历年我国标准人消费水平,由历年老年人口比例、少年儿童比例等估计出我国老年人消费规模及消费比例,并构思出我国老年人的消费模型进行预测。按照这个半经验半理论模型,1990 年我国 65 岁以上老年人理论消费比例比老龄化水平低 0.5 个百分点,2000 年老年人理论消费比例比老龄化水平低 0.74 个百分点,2010 年则

---

① 厉以宁 . 1984. 消费经济学 . 北京:人民出版社 .

② 田雪原,胡伟略 . 2007. 中国老年人口(经济). 北京:社会科学文献出版社:159 .

③ Clark R L, Spengler J J. 1980. The Economics of Individual and Population Aging. Cambridge:Cambridge University Press.

④ UN. 1973.The determines and consequences of population trends.New York.

⑤ UN. 1973.The determines and consequences of population trends.New York.

⑥ Stolnitz G J. 1992.Demographic Cause and Economic Consequences of Population Aging,UN Economic Commieeion of Europe and UN Population Fund, New York.

低 1.12 个百分点。据预测[①]，我国 2020 年、2030 年、2040 年、2050 年老年人消费比例（10.7%、14.39%、19.62%、20.72%）比老龄化水平（12.04%、16.23%、21.96%、23.1%）分别低 1.34、1.84、2.34、2.38 个百分点。即老年人消费比例低于老龄化水平，而且老龄化水平越高，其间的差异越大，社会消费越低迷。但相对于经济发展而言，对消费总量的影响不大。实际上，成人、儿童和老年人消费比例因人因地因时而异，同时消费比例变化也是很大的，这种属于小的平均数伴随着大的均方差，即用小数字来推算大数据，误差大。例如，在多子女的情况下，孩子养育费用很低；在独生子女的情况下，孩子成为家庭的中心，老年赡养成本低。在老龄化情况下，低龄老年人赡养成本低，高龄老年人赡养护理费用极高。

3. 老年消费市场

Rizal 认为，很多营销者虽然已经看到了老年消费市场的成长性，但并没将老年群体看作一个独特的、需要从产品或服务的营销方式上与年轻消费者进行区隔或差异化的细分市场；Fitzgeral 认为，老年消费市场的细分方法可谓丰富，如有关注老年个体的退休适应方式，有调查老年人的购物行为，还有一些关注生活形态或心理图示变量[②]；Leventhal 根据老年人年龄的不同，把老年消费市场细分为 4 个部分：低龄老人市场（55～64 岁）、中龄老人市场（65～74 岁）、高龄老人市场（75～84 岁）、超高龄老人市场（85 岁及以上）[③]；Gunter 识别出了用于细分老年消费者的 4 种方法：生活形态、行为、心理图示和信息搜寻等。[④]

4. 社会消费取决于经济发展和人均收入

现代经济学常将消费看作是收入的函数，收入是影响消费力和消费需求非常重要的因素。凯恩斯指出："在通常情形之下，总需求函数中之消费部分，确以总所得（以工资单位计算）为其主要变数。"[⑤] 美国经济学家加德纳·阿克利指出："任何消费支出的分析，从而任何总需求的分析（因为消费要占到这个总数的 2/3），要是不把收入作为一个主要的决定因素，它是一点也不值得我们注意的。"[⑥] 从长期来看，收入变动的方向和消费变动的方向总是趋于一致的，消费随

① 田雪原. 2013. 人口老龄化与"中等收入陷阱". 北京：社会科学文献出版社：134-144.

② Fitzgerald B P. 1991. (Fall): Identifing mature segments. The Journal of Consumer Marketing, 19-32.

③ Richard C, Leventha L. 1990. The Aging Consumer: What's all the fuss about anyway? The Journal of Services Marketing, (Summer): 39-44.

④ Lancaster G, Williams I. 2002.Consumer segmentation in the grey market relative to rehabilitation products. Management Decision, (2): 393-410

⑤ 凯恩斯. 1963. 就业利息和货币通论. 徐毓丹译. 北京：商务印书馆：84.

⑥ 加德纳·阿克利. 1981. 宏观经济理论. 陈彪如译. 上海：上海译文出版社：336.

收入的变动而变动，国民收入的持续增加必然会导致消费需求的增加，而国民经济的不断增长则是国民收入得以提高的根本原因。

2003年，张东刚分析影响近代（1885～1940年）日本消费需求变动的因素后认为[①]，主要有4个方面：①**国民经济的不断增长和国民收入的不断提高**，是近代日本消费需求逐渐上升的物质基础和前提条件；②**近代工矿交通事业的发展**，使国民收入分配格局朝着有利于劳动的方向转变，这是促进近代日本消费需求不断上升的积极力量；③**人口规模及其构成的变动**是近代日本消费需求不断上升的重要推动力量；④**消费的示范效应、攀比行为和不可逆行为**对消费需求不断上升起着一定的推动作用。1885～1940年日本资料的分析表明，人口年龄结构对消费需求的牵动作用是有限的，或间接地发挥作用，而人口结构中的职业构成和城乡构成变动对消费需求的上升具有显著作用。

五、国内研究现状

改革开放以后，我国经济发展快，人口流动性大，人们的经济收入增加，家庭规模越来越小，家庭财富迅速向年轻人手中集中，老年人的经济社会地位急剧下降。在农村地区，传统家庭观念的影响仍很大，年轻人大量流出，留下妇女、老人和孩子，本来生活十分困难的老年人，却要发挥余热，照顾"留守儿童"。国内研究老龄化对消费宏观、微观直接影响的文献较少，而较多地集中于对消费市场、消费行为、消费结构等某一领域的研究，且这些研究绝大多数都是从经济学视角出发的。

1. 人口老龄化对消费的影响

于潇、孙猛通过构建消费函数模型，以及利用灰色关联理论，分析了老龄化对消费需求及消费结构的影响，认为在人口老龄化初始阶段对消费需求的影响表现为正效应，中期阶段为负效应，晚期阶段表现为零效应。[②] 于学军、周双超从宏观视野分析了人口老龄化对中国未来消费的影响，认为老龄化对微观家庭的消费影响更为直接，它不仅会改变家庭的消费结构，而且还会降低家庭的收入水平，从而影响到家庭人均消费水平。[③] 杨雪、侯力认为，伴随着老龄化进程的加快，人口老龄化对我国经济社会发展造成了一定的影响，其宏观影响主要表现在：减少劳动力有效供给，减缓劳动生产速度提高，影响产业结构调整，带来储蓄率的下降，引起消费水平的变化和加重养老保障的负担等；其微观影响则主要

---

① 张东刚.2003.近代日本消费需求变动的因素分析.南开学报（哲学社会科学版），（5）：64-70.

② 于潇，孙猛.2012.中国人口老龄化对消费的影响研究.吉林大学社会科学学报，（1）：141-148.

③ 于学军，周双超.1996.中国人口老龄化对消费影响的宏观研究.人口学刊，（5）：3-11.

表现在：改变企业劳动力的供给和成本，加重企业养老金支付负担，同时人口老龄化对老年人的基本生活也产生了一系列的影响。[①] 王金营、付秀彬认为，人口老龄化对消费水平、消费规模和消费结构均有一定的影响。随着老龄化程度的加深，老年人口的消费水平、规模、结构将最终对总的消费产生至关重要的影响；人口年龄结构变动，即人口抚养系数的提高特别是老龄化程度提高的影响，使得人均收入提高所带来的消费水平提高的速度减小，从而使未来的消费水平和消费比率都有所降低。[②] 袁芳英认为，老年人口增长率的增加会引起最优人均消费增长率下降，人口老龄化会降低最优人均消费增长率的增长水平，虽然目前这种影响还是很小，但是随着人口老龄化的加剧，人口老龄化消费弹性系数绝对值也加速变大，也就是说，人口老龄化会加速最优人均消费增长率增长水平的下降。[③] 李津从平均消费倾向和国民收入两个角度，对人口老龄化对中国居民消费支出的影响进行了分析，认为人口老龄化将导致一国平均消费倾向的增加，同时在生产效率和资本存量不变的情况下，会造成居民总收入的减少，并进而提出一些建设性的意见。[④] 徐涛认为，老龄化会使老年人的食品、服装、住房、医疗保健、养老服务，以及教育、文化、休闲娱乐的消费需求进一步增加，并在此基础上提出了要发展老年产业，改善老年人生活质量；发展老年医疗保健事业，实现"老有所医"；探索新的养老模式，构建家庭和社会相合的养老体系等措施。[⑤]

2. 老年消费市场、消费行为和消费观念

全国老龄办副主任吴玉韶认为，我国现阶段的养老产业面临着"环境优"、"需求大"、"政策好"的三大机遇，老龄化社会将催生前景可观的六大养老产业，即面向所有老年人的**健康管理服务业**，面向失能高龄有病老年人的**康复护理业**，面向社区居家养老的**家政服务业**，面向中低龄健康老年人的**老年文化教育业**，面向所有老年人的**老年宜居服务业**，以及面向中等以上收入老年人的**老年金融理财服务业**。[⑥] 刘超认为，人口老龄化趋势将使 21 世纪成为一个"灰色的世纪"，老年消费市场孕育着巨大的商机与潜力，研究者与营销者面对的首要挑战就在于如何有效细分老年人这一异质化的消费群体，作者提出了中国老年市场细分的概念模型。[⑦] 赵宝华对未来老年消费市场的发展趋势做了预测，指出在未来老年物质

① 杨雪，侯力 . 2011. 我国人口老龄化对经济社会的宏观和微观影响研究 . 人口学刊，（4）：46-53.
② 王金营，付秀彬 . 2006. 考虑人口年龄结构变动的中国消费函数计量分析——兼论中国人口老龄化对消费的影响 . 人口研究，（1）：29-36.
③ 袁芳英 . 2009. 人口老龄化背景下最优跨期消费路径的求解 . 统计与决策，（3）：8-10.
④ 李津 . 2010. 人口老龄化对中国居民消费支出的影响 . 山西财经大学学报，（1）：9-11.
⑤ 徐涛 . 2007. 论老龄化与我国消费需求 . 产业与科技论坛，（4）：124-125.
⑥ 梁捷，吴玉韶 . 2014-05-12. 老龄化社会将催生六大养老产业 . 光明日报，第 2 版 .
⑦ 刘超 . 2005. 老年消费市场细分方法与模型 . 消费经济，（5）：29-33.

产品消费市场、老年精神文化消费市场，以及老年照料服务消费市场都将会有广阔的发展前景，并对目前制约老年市场发展的因素进行了分析，同时也提出了相应的对策，为未来如何开发老年消费市场指明了方向。① 陈俊勇在对中国老年消费市场大趋势进行研究的基础之上，总结出老年消费具有求实性、习惯性、方便性、补偿性、服务性、自我性与利他性、情趣性 7 个方面的特点，并进一步指出了对我国老年消费者行为进行研究的迫切性。② 吴国英、杜建芳在对我国老龄化现状、特点及发展趋势进行阐述的基础之上，对未来我国老年市场的消费能力进行了分析，并指出在未来低龄、高收入、城市的老年人市场是最具潜力的市场，企业可以进入，并且能够获利。③

3. 老年人口消费水平和消费结构

杨宗传认为，老年人的消费水平和消费构成是其生活质量的具体反映，其消费水平和构成是有自身的特点和变化规律的，同时也对社会生产产生了重大的影响，并就其调查资料对老年人的生活费用支出水平和构成及其影响因素进行了对比分析。④ 金世和对老年人的消费结构进行了详细的研究，并指出老年人的消费结构主要包括物质生活消费结构、文化生活消费结构、精神生活消费结构，每一消费结构中又包括若干具体的构成。而随着年龄的变动，老年人的消费结构也是逐渐变动的，由此提出了要加强对提高老年人消费水平意义的教育，建立老年人消费协会，制定老年消费法等措施，以保证老年消费水平的提高。⑤ 对于老年人消费行为和消费观念的研究主要有：应斌认为，在消费行为方面老年人已经从注重实际、价格敏感度高等传统的消费行为转变为消费观念更加年轻化、消费心理更加成熟化等现代性的消费行为。⑥ 孔凡磊采用问卷调查法和深入访谈法，对新疆喀什 Y 社区城市老年人的消费观念进行了调查，并采用了集中趋势分析、相关分析、因子分析等多种社会学定量分析方法对既有数据进行了细致的分析，认为在城市老年人的基本消费结构中，饮食消费所占比例大；城市老年人的消费观念分为物质享受型、时尚潮流型、适中型、实用大众型、勤俭节约型 5 类为更合理。⑦

① 赵宝华 . 1999. 试论中国老年消费市场及其策略 . 市场与人口分析，（6）：25-27.
② 陈俊勇 . 2005. 中国老年消费市场研究 . 经济界，（4）：68-70.
③ 吴国英，杜建芳 . 2002. 未来我国老年市场的消费能力分析 . 财贸经济，（5）：69-73.
④ 杨宗传 . 1996. 老年人口消费水平和消费构成 . 人口与经济，（6）：48-53.
⑤ 金世和 . 1985. 试论老年人的消费结构 . 中国老年学杂志，（1）：28-30.
⑥ 应斌 . 2005. 我国老年消费者消费行为的演进 . 商业时代，（26）：22-23.
⑦ 孔凡磊 . 2011. 城市老年人消费观念分析 . 学理论，（6）：90-92.

从以上研究中可以看出，国内外目前关于老龄化对消费的宏观和微观影响的研究比较少，即使是研究也大多数是从纯理论和经济学的角度借助于相应的二手资料推演出结论，而很少结合具体的一手实地调查数据，在相应分析的基础上得出结论。这些调查为我们的进一步研究提供了基础和示范，值得借鉴。本章以权威统计资料为主体，结合运用实地调查的一手资料，在具体分析的基础上从宏观和微观两个方面论述了老龄化对消费的影响。

第二节　各国人口老龄化与社会消费

老龄化和社会消费是一个很大的议题，要研究老龄化和社会消费之间的变化规律，就应该从宏观角度进行分析。既要研究世界各国人口老龄化与社会消费的关系，又要研究中国老年消费随时间变化的规律；既要考虑国家或省级层面老龄化和消费之间的宏观关系，又要研究家庭层面的老龄化和消费的关系。由于老年人大多与子女或老伴居住，直接消费的数据很少，本章重点讨论不同老龄化程度地区（国家）人们的消费情况。

一、各国人口老龄化与社会消费支出

世界银行提供了 2008 年美国、日本、德国、英国、法国、印度等 46 个主要国家和地区的 65 岁老年人口比例，以及这些国家的人均医疗费支出、社会保障占财政收入的比例、消费构成情况等。[①]

1. 老龄化与社会保障占财政收入的比例

人口老龄化程度高的国家或地区，政府投入大，社会保障占财政收入的比例高。2008 年，包括美国、英国、法国、德国、意大利、加拿大、印度和中国澳门在内的 22 个国家和地区的社会保障占政府财政收入的比例和当年 65 岁以上人口老龄化程度分析表明（图 4-1），其间呈现出良好的线性相关，线性相关系数高达 0.833。**人口老龄化每增长 1 个百分点，社会保障占政府（公共）财政收入的比例就会增长 2.92 个百分点。**

---

① 　World Bank WDI Database. 见：http://data.worldbank.org.cn.

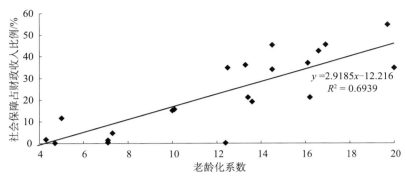

图 4-1　人口老龄化与社会保障占财政收入比例的关系

2. 老龄化与休闲文化消费、通信消费等

　　人们退休以后，收入锐减，消费随之大大降低。从世界若干国家的资料来看，老龄化以后，人们休闲、交流的时间增加，但该产业的消费减少。2008 年人口老龄化系数与休闲和文化消费占居民总消费的比例的相关系数高达 –0.544，**当 65 岁以上老年人口增长 1 个百分点时，休闲与文化消费费用占居民消费的比例便下降 0.28 个百分点。**老龄化同时使通信占居民消费比例下降（相关系数为 –0.535），当 65 岁以上老年人口增长 1 个百分点时，通信费用占居民消费的比例下降 0.11 个百分点。老龄化还使非酒精饮料消费下降。老龄化与消费中食品非酒精饮料（包括碳酸饮料、果蔬饮料、乳品饮料、茶和咖啡等）消费的比例的相关系数为 –0.520，当 65 岁以上老年人口增长 1 个百分点时，食品非酒精饮料占居民消费的比例下降 0.62 个百分点。而这些非酒精饮料、休闲文化、通信消费等消费都和年轻人有关，年轻人多的地方消费比例高，而年轻人少的地方则消费比例低。

3. 人口老龄化与哪些因素无线性相关关系

　　一般认为，男性年轻人对于酒精饮料、烟草和麻醉品的需求量高，女性年轻人对于服装和鞋类的需求量高，而男女年轻人与住房、教育、饭店和旅馆消费有明显相关。但具体数据分析表明，各国老年人口比例与该国（地区）酒精饮料、烟草和麻醉品消费，服装和鞋类消费，住房、水、电、天然气和其他燃料消费，家具、家用设备及住房维护支出消费，教育、饭店和旅馆消费等的线性相关不明显。这表明基本消费对于老年人和年轻人一样是必需的，不因年龄的增加而减少消费数量，或者说减少不明显。

二、美国、日本老年消费支出构成及其变化

1989 年美国老年人的支出情况表明，首先，美国住房支出消费最高，占老年人支出的 24% 左右；其次是交通费用占老年人支出的 15%～20%，居家饮食和外出就餐占老年人支出的 15%；再次，卫生保健费用占老年人支出的 4%～15%；最后，水电燃气、汽油和公共服务等占老年人支出的 6%～10%。

随着年龄的增长，美国 60 岁以上老年人支出总额下降明显，如果 65 岁以下老年人消费为 100%，65～74 岁、75 岁以上老年人的消费比例则分别为 70%、53%。老年人每增长 1 岁，则年平均消费或支出额将减少 2.8%～3.2%。具体是随着年龄的增长，老年人外出就餐数量下降，交通费用下降，购买衣着服装费用的比例、娱乐和阅读费用的比例下降；而居家饮食费用的比例，卫生保健费用的比例，水电燃气、汽油和公共服务费用的比例相对上升（表 4–1）。

表 4–1　1989 年美国 65 岁以上老年人的支出数量　　　　　　单位：美元

项目	65 岁以下	65～74 岁	75 岁以上	每岁增加
支出总额	30 191	21 152	15 919	−0.0315
居家饮食	2 505.9	2 051.7	1 719.3	−0.0187
外出就餐	1 962.4	1 163.4	636.8	−0.0547
住房	7 396.8	4 949.6	3 788.7	−0.0329
交通	5 736.3	3 701.6	2 244.6	−0.0458
卫生保健	1 207.6	1 988.3	2 356.0	+0.0340
娱乐和阅读	1 600.1	846.1	541.2	−0.0528
社会和商业保险	2 928.5	1 057.6	302.5	−0.1073
服装	1 751.1	1 142.2	573.1	−0.0543
水电气、公共服务	1 871.8	1 819.1	1 528.2	−0.0101
捐款	845.3	1 015.3	1 193.9	+0.0174
其他	2 324.7	1 438.3	891.5	−0.0468

资料来源：美国卫生和人类服务部美国老年 (Aging America).1991. 趋势和预测 (Trends and Projections). 华盛顿特区

若在表 4–1 中，按比例计算出各年龄组各项目的实际消费支出额，假定消费率的增减呈现线性连续变化，就可计算出各消费项目随年龄构成的增减速度。分析表明，1989 年美国 60 岁以上老年人口每岁消费支出递减 3.15%，其中增加的仅有两项，医疗费用每岁增加 3.4%，捐款每岁增加 1.74%。其余 9 项为每岁递减，具体如下：个人商业医疗健康保险及养老金支付每岁减少 10.73%，外出

就餐费用每岁递减 5.47%，服装购买支出、娱乐阅读费用每岁分别递减 5.43%、5.28%，交通费用、住房及维修支出分别下降了 4.58%、3.29%，家庭餐饮每岁递减 1.87%，水电气、汽油等每岁递减 1.01%，其他项每岁递减 4.68%。

时间序列分析进一步表明，1980～2010 年美国 65 岁以上老年人口数量，与同期美国人均 GDP、人均 GNP、个人收入、个人可支配收入、个人耐用消费品支出、个人非耐用消费品支出、服务消费支出（当年值）呈现出高度相关（随着老年人口数量的增加而增加），相关系数分别为 0.981、0.980、0.981、0.982、0.951、0.970、0.981。而 65 岁以上老年人口系数与这些变量的相关虽然显著，但不如老年人口数量相关系数那么高。以上事实说明，**美国经济发展促进了经济的发展，同时也推动了人口老龄化，增加了老年人的社会消费。**

在超高龄（65 岁以上人口比例超过 20%）和快速老龄化的日本则是另外一番景象。由于高度老龄化，以生产音响、赛车、摩托车、卡拉 OK 等面向青少年消费品的日本企业和经营电影等娱乐服务的行业陷入经营危机。同时，全面教育衰退，首先是小学生源减少，接着是初中、高中，最后是大学生源全线下降。2002 年，日本全国 434 所私立短期大学招生名额为 11.75 万人，实际入学人数为 11.22 万人，有 210 所学校名额不满，其中 30 所学校招生不到计划数的一半。据调查，日本有 1/4 的四年制私立大学和近一半的私立短期大学经营赤字严重，由于学生数量的减少，近 5 年平均每所学校减少收入 8.45 亿日元。[①] 另外，具有较高消费能力和文化素养的日本老年人越来越多地移居到更适合居住的澳大利亚和东南亚国家，总体上降低了日本国内的消费水平。因此，年轻人口比例的减少和老年人口比例的增加，使整个日本消费市场发生了很大的变化。这些迹象在中国也已经显示出来。

三、中国居民消费的国际比较

我国人口消费随年龄变动的统计资料较少，居家饮食和医疗卫生消费是我国城乡老年居民支出最高的两项。根据国际货币基金组织提供的数据库，与 2005 年前后的美国、英国、日本、法国、澳大利亚、加拿大、韩国、墨西 8 个其他国家相比，我国居民消费存在两高两低的现象。[②]

1）恩格尔系数高。美国、英国、日本、法国、澳大利亚、加拿大、韩国、墨西哥和中国城乡居民消费构成情况的对比分析表明，2005 年我国居民恩格尔系数过高，发达国家一般在 10% 以下，韩国、墨西哥等中等发达国家都不超过

---

① 侯建明，周英华 . 2010. 日本人口老龄化对经济发展的影响 . 现代日本经济，（4）：53-57.
② 陈辰 . 2009. 我国城镇居民消费需求现状对经济发展的影响分析 . 吉林大学硕士学位论文 .

25%，而 2005 年我国城乡分别达到了 35%、41%。

2）医疗保健消费比例高。2005 年我国全国城乡居民医疗保健消费比例分别高达 7.6%、6.6%，仅低于美国居民，而高于其他 7 个国家的相应水平。

3）住房私有化程度高，居住支出比例低。2005 年全国城乡居民居住支出分别占消费比例的 10.2% 和 14.5%，几乎低于上述给出的全部 8 个国家。

4）我国杂项商品与服务所占比例低于发达国家和发展中国家，具体指在被调查户的家庭生活消费中，包括个人消费在内的其他商品、服务支出，比如，家政服务、家庭收藏等。2005 年我国城乡居民消费比例分别为 4%、2%，而上述 8 个国家最低都为 17%。

这些差异是否与我国人口老龄化程度有关呢？与其他 8 个国家相比，2008 年中国 65 岁以上人口老龄化水平（7.8%）仅高于墨西哥（6.1%），而低于日本（20.9%）、法国（16.6%）、英国（16.2%）、加拿大（13.4%）、澳大利亚（13.2%）、美国（12.5%）和韩国（10.0%）。我们认为这种差异可能与我国的传统消费观念相关，而与老龄化的关系并不大。但随着人口老龄化程度的提高，我国老年人口对于医疗保健和社会服务、个人服务的需求和费用将大幅度增长。

第三节　人口老龄化与我国居民消费

2012 年 12 月在北京举行的中央经济工作会议指出，增强消费对经济增长的基础作用。改善需求结构，加快建立扩大消费需求长效机制，使经济增长由投资和出口拉动为主向消费、投资、出口协调拉动转变，是加快转变经济发展方式的首要任务。一段时间以来，投资率不断攀升、消费率趋于下降，投资与消费的比例严重失衡，成为影响我国经济持续健康发展的一个重大隐患。[1] 若不考虑汇率的影响，2013 年 6 月份我国外贸进出口比上一年同期下降了 2%，其中出口总值比上一年同期下降了 3.1%，进口总值比上一年同期下降了 0.7%；2013 年上半年就有 12 个国家对我国发起 22 起贸易倾销调查[2]，**决定了我国面临的是扩大内需、提高创新能力、促进经济发展方式转变的新机遇**。2014 年 4 月 16 日国家统计局公布的数据显示，2014 年我国经济运行阻力仍不小，一季度 GDP 增速创新低，比 2013 年同期增长了 7.4%，环比（比 2013 年第 4 季度）增长 7.7%，比上一年

---

① 郑新立 . 2012-12-24. 内地居民消费率低于 30 年前 . 人民日报 .

② 张翼 . 2013-07-11. 直面外贸增长回落 . 光明日报，第 5 版

同期下滑了 0.3 个百分点，投资、消费和出口都出现了疲软。2014 年一季度社会消费品零售额同比增长 12.0%，比上一年同期回落 0.4 个百分点，出口额（以美元价格计算）同比下降了 3.4%，一季度商品房销售面积同比下降了 3.8%，商品房销售额下降了 5.2%，人民币汇率一反"下跌"趋势，重新处于稳定"升值"的状态之中。

随着我国出生子女的减少，老年人口规模扩大，人口老龄化作为 21 世纪上半叶我国不可避免的人口发展趋势之一，正在对人类社会经济、生活的各个方面，特别是消费的各个方面产生着广泛而深刻的影响。但是，对老年人口消费的研究十分困难，**我国的收入、消费一般是以家庭为单位，很难确切地反映老年人的消费。纯老年家庭户又可分单老（孤寡）家庭、双老（空巢）家庭及多老家庭；含老家庭又可分空心家庭（老人和第三代）、二代老人家庭、三代老人家庭和其他家庭，他们的消费情况是不一样的。**纯老家庭大多出现在城镇，子女少，经济条件相对好，老人和子女分居，和子女经济上的联系少；含老家庭大多出现在农村地区，子女多，老人还继续发挥余热为子女带小孩、照料子女或孙子女。以 2010 年 11 月全国第六次人口普查为例，江苏的孤寡老人家庭，空巢老人家庭、空心老人家庭（单老或双老，外加 1 或 2 个未满 18 周岁的孙辈）分别为 130.27 万户、175.48 万户和 16.40 万户，合计占江苏家庭总数的 13.0%。

本节首先将研究我国居民消费水平和消费率；其次，探索 2008 年 31 个省（自治区、直辖市）的老龄化水平，江苏 13 个地区的老龄化水平与社会消费的统计事实；最后，对这些统计事实进行合理解释。

一、我国居民的消费水平和消费率

我国居民的消费水平随着物价水平的提高而增长，同时随着经济发展水平、经济收入的提高而增长。由于个人和家庭经济收入的差异，居民消费水平差异很大。因此，研究居民消费绝对水平意义不大，往往较多的是研究居民消费的相对水平——（居民最终）消费率。

1. 老龄化对消费变化的理论分析——消费水平随年龄构成的变化

目前，普遍采用的是标准消费人方法，即把处于劳动年龄的人作为标准消费人，然后按一定的比例把儿童和老年人折算成标准消费人，通过计算标准消费人的平均消费水平，来预测老年群体的消费潜力。假设理论模型如下[1]：在该模型中，成年人的消费系数为 1.0，我国 15 岁以下少年儿童的消费系数和 65 岁以上

---

① 田雪原，2013. 人口老龄化与"中等收入陷阱". 北京：社会科学文献出版社：131.

老年人的消费系数均为 0.7，并且该比例固定不变，收入固定不变，以此来分析各老龄化时期标准消费水平的变化。第 1 期 14 岁以下少年儿童、15～64 岁成人和 65 岁以上老年人口比例的构成为 0.35∶0.60∶0.05；第 2 期（老龄化初期，相当于中国的 2000 年）人口比例的构成为 0.28∶0.65∶0.07；第 3 期人口老龄化中期（相当于中国的 2015 年）人口比例的构成为 0.20∶0.70∶0.10；第 4 期高龄化社会（相当于中国的 2025 年）人口比例的构成为 0.15∶0.70∶0.15；第 5 期超高龄社会（相当于中国的 2040 年）人口比例的构成为 0.15∶0.65∶0.20，则第 1、2、3、4、5 期我国消费水平分别为 0.88、0.895、0.91、0.91、0.895。首先，第 1～3 期（2015 年以前）劳动力比例增长，消费水平是逐步提高的，即所谓的人口红利阶段；第 3～4 期（2015～2025 年）潜在劳动力比例、消费水平不变；第 4～5 期（2025～2040 年）劳动力比例、消费水平下降。其次，老龄化对消费水平的影响十分有限，第 4～5 期（大致为 15 年）消费水平仅下降了 1.65%。再次，老龄化对消费的影响主要通过成人比例的变化实现，成人比例高则消费比例高。最后，社会消费水平变化主要由人均 GDP、人均可支配收入等因素引起，其背后就是国家的消费政策、消费税收等。即若从消费角度而言，该模型显示 2015 年以前我国消费比例处于最高阶段，劳动力比例最高；2025 年以后我国消费水平下降，劳动力数量下降。

2. 居民最终消费率低

最终消费率是指用最终消费占支出法核算的 GDP 比值，具体包括居民消费率和政府消费率两部分。不同收入国家的最终消费率分析表明[①]，2008 年我国最终消费率为 48%，不仅低于同期低收入、中等收入和高收入国家（分别为 86%、69% 和 80%），而且低于世界平均水平（78%）。我国政府消费率（14%）并不低，2008 年仅次于高收入国家、中等偏上收入国家（分别为 18%、15%）。**但 2008 年我国居民最终消费率（34%）十分低，而同期低收入、中等收入和高收入国家分别为 76%、55% 和 62%。1978 年我国政府消费占居民消费的 27.2%；2008 年、2010 年该比例分别为 41.2%、40.3%（世界各国平均水平为 13%～29%）。**本来是政府引导居民消费，实际是政府消费增加后，使我国居民消费有了依赖的对象，减弱了居民消费的积极性。

从需求角度看，我国的三大需求发展不平衡，投资和出口增长快，消费增长相对较慢，使得消费的比例不断下降。20 世纪 80 年代，居民消费占 GDP 的 50% 以上，成为广大居民从经济发展中得到实惠最多的时期之一，经济发展进入良性循环。其后 GDP 增加了，居民消费增加缓慢，于是在 21 世纪初，该比例

---

① 世界银行. 世界发展指标（2010）. http://www.worldbank.org/data.

下降到 35% 左右（图 4–2）。与投资和出口增速相比，我国居民消费增长相对较慢，从而居民消费支出 GDP 中的比例较低。2011 年中国居民消费总数为 16.49 万亿元，占当年 GDP 的比例（**居民最终消费率**）为 34.9%，而美国为 70.1%，印度为 54.7%。

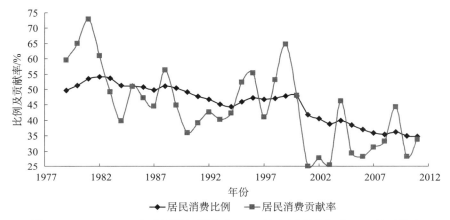

图 4–2　1979～2011 年我国居民消费占 GDP 的比例及消费对 GDP 的贡献率

3. 我国居民消费增长缓慢

我国的消费增长速度低于 GDP 增长速度。按照国家统计年鉴，若使用当年值（不考虑通货膨胀），我国居民消费金额从 1978 年的 1759.1 亿元增长到 2011 年的 164 945.2 亿元，33 年增长了 94 倍，年平均增长 14.8%（其中 1978～1990 年、1990～2000 年、2000～2010 年消费年均增长率分别为 14.7%、16.8% 和 13.0%）；而 GDP 从 1978 年的 3624.1 亿元增长到 2011 年的 472 881.6 亿元，33 年增长了 130 倍，年平均增长 15.9%。即**我国居民消费增长速度比 GDP 低 1.1 个百分点**。而我国投资增长、出口增长快于消费增长，以 2000～2008 年为例，我国消费每年平均增长 10.7%，而**投资增长、出口增长分别比消费增长快 7.2 和 24 个百分点**。[①]

4. 我国居民消费对 GDP 增长的贡献率低

居民消费增长相对于 GDP 增长的比值，称作居民消费对 GDP 的贡献率，具体是 GDP 每增加 1 个单位时，引起居民消费增长的量相对值。20 世纪 80 年代 GDP 每增加 1 个百分点时，居民消费能增加 0.6 个百分点（图 4–2），但 21 世纪初，GDP 每增加 1 个百分点时，居民消费仅能增加 0.3 个百分点（2011 年

为 0.34 个百分点）。我国居民消费对 GDP 的贡献低于外贸出口和投资。有人认为，我国居民出现了消费疲倦，消费对 GDP 的贡献小；或我国 GDP 中劳动者分配（居民收入）所占比例小，导致人们不敢消费。

二、各地区老龄化水平和社会消费的统计事实

社会消费水平高低不仅与各地区经济发展速度，各地人群的收入水平、文化素质、消费传统，社会通货膨胀速度、银行利息、股市运行状态等密切相关，而且与人口年龄性别构成有关。从当前社会而言，男性喜欢体育、饮食和探险，女性喜欢服装和美容，青少年喜欢通信和电子产品，青年喜好投资和文化娱乐产品，中年喜欢服装、购房置业，老年喜欢旅游和医疗保健类的产品。因此，不同地区的人口年龄构成，或者老年人口构成比例将影响这些地区的消费构成和消费水平，使用相关分析可以探索老年人口比例与各种社会产品消费数量的关系。由于权威性的关于老年人直接消费汇总的资料十分少，探索老年人口对消费的直接影响十分困难。于是，我们转而求其间接关系，即探索不同程度的老龄化地区社会消费的类型和数量。

1. 省级层面

我们对全国 31 个省（自治区、直辖市）进行了研究，因变量是 65 岁以上老年人口比例，自变量为多个社会经济文化变量。原始资料来源于历年《中国统计年鉴》，具体将消费支出分为城镇居民和农村居民两个方面，消费支出领域分食品、衣着、居住、家庭设备用品及服务、医疗保健、交通和通信、教育文化娱乐服务、杂项商品和服务等 8 大类 36 个小类消费支出领域。我们计算了 2008 年人口老龄化水平与当年 8 大类 36 个小类消费变量的线性相关关系，正相关系数表示老年人口比例高、老人数量多，则社会消费比例高；负相关系数表示老年人口比例高、老人数量多，则社会消费比例低。

相关系数通过 5% 及 1% 显著性检验（$r=0.355$ 及 0.456）的社会经济因素分析表明，影响全国省级层面（$n=31$）老年人口比例的有该地区的消费性支出（$r=0.5663$）、食品大类（$r=0.5704$）、豆制品（$r=0.6574$）、蛋类（$r=0.6217$）、水产品类（$r=0.4789$）、菜类（$r=0.4045$）、酒和饮料（$r=0.3990$）、调味品（$r=0.6481$）、干鲜瓜果类（$r=0.4984$）、糕点类（$r=0.6065$）、奶及奶制品（$r=0.3848$）、衣着加工服务费（$r=0.3690$）、住房（$r=0.5372$）、家庭设备用品及服务大类（$r=0.5641$）、耐用消费品（$r=0.5550$）、家务服务（$r=0.4867$）、医疗保健大类（$r=0.3715$）、交通和通信大类（$r=0.4125$）、娱乐服务消费（$r=0.5785$）、教育消费（$r=0.6353$），城乡居民人均储蓄余款（$r=0.4704$）。即从全国情况分析，

人口老龄化水平高的地区，食品消费、教育消费和娱乐服务消费高。

这些相关分析一方面可以客观地反映人口老龄化和社会消费的相互影响；另一方面，人口老龄化和社会消费都是经济发展的成果，我国经济的快速发展，导致社会消费水平提高，掩盖了 65 岁以上人口老龄化比例增加所造成的负面影响。

2010 年我国 31 个省级单位的居民消费水平和老龄化水平的关系分析表明，人口老龄化水平和居民消费水平呈现高度相关（0.572）。老龄化水平每提高 1 个百分点，居民消费比例将提高 9.8 个百分点。这和老年人口消费低于成人消费的论断相悖，这就显示经济发展同时导致居民收入水平和人口老龄化提高，收入增加则提高了社会消费水平，人口老龄化对消费水平的影响小（或者是负增长），于是经济发展主导了社会消费水平。

2012 年《中国统计年鉴》对我国 31 个省级单位的居民消费水平和经济社会变量的关系相关分析表明，**影响消费最大的变量是城乡居民人均收入水平，其次是地区 GDP 人均水平、该地区的老少比（65 岁以上人口 /14 岁以下人口，老龄化指数），最后是该地区年底存款数量及年增量；而各地老龄化水平和老年人数与人均消费的影响不大。**回归分析表明，2012 年我国 31 个省（自治区、直辖市）人均收入、人均 GDP、2012 年年底存款、年底存款增量平均每增加 1000 元，则人均消费分别增加 561 元、158 元、249 元、1591 元，而老少比每增加 1 个百分点，则人均消费仅增加 147 元（表 4-2）。若仅考虑总收入、年底居民存款和地区老少比系数进行多元回归分析，通过标准化回归系数（Beta）计算发现，**各地区老少比系数对消费的影响不足人均收入影响的 2%；而老龄化系数、老年人口数量对消费的影响则更小。**

表 4-2　2012 年我国 31 个省（自治区、直辖市）的人均消费水平
和若干经济社会数据的相关回归系数

项目	人均收入	GDP	老少比	年底存款	存款增量	老龄化水平	老年人数
相关系数	0.990**	0.922**	0.707**	0.555**	0.440*	0.165	0.014
回归系数	561	157.7	147.2	249	1591	—	—

注：*、** 分别表示该变量已经通过 5% 及 1% 显著性检验（r=0.355 及 0.456）

2. 江苏省层面的分析

若从江苏 13 个地区进行研究，因变量是 60 岁以上老年人口比例，而自变量为社会经济文化变量，资料源于《江苏省统计年鉴》。相关分析表明，2009 年江苏老年人口数量及比例与土地面积无线性相关关系，与城市化水平的关系不大，与地方财政收入或支出无关，与大医院床位无关而与基层卫生院床位有关，

与财产险收入无关而与人寿险收入有关。**影响江苏 13 个市级层面老年人口比例的主要变量是**该地区居民人均储蓄存款（r=0.7233）、农村居民人均生活费支出（r=0.6656）、邮政业务总支出（r=0.6689）、本地电话用户（r=0.5046）、商业人寿保险收入（r=0.5155）、每万人卫生机构床位数（r=0.6661）、医院卫生院每万人卫生技术人员（r=0.6637）。由此可见，江苏人口老龄化可能会促进居民储蓄、消费，通信、医疗卫生事业的发展和经费投入，以及商业人寿保险的发展等。

三、老龄化水平和社会消费关系的社会学解释

考虑到无论是储蓄还是居民消费，既包括了老人本人，同时也包括青年和成人；同样，居民储蓄和消费本身既可能是人口老龄化的结果，更可能是地区经济发展和社会发展的结果。如何正确区分人口老龄化的影响有时是非常困难的，从长远角度而言，人口老龄化本身就是经济社会发展的结果，人们生活条件的提高、医疗技术的进步、社会保障的普及，导致很多疾病能够获得及时诊疗，人口预期寿命延长，老年人口比例提高，所以老龄化和经济发展是互为因果、相辅相成的。下文将从社会学角度探讨人口老龄化与社会消费的关系。

1. 城乡人均经济收入和消费比例——以 2009 年的江苏为例

人口作为消费活动的主体，不仅其总量的变化会对消费产生影响，而且其内部结构的变化也会对消费产生更为明显的影响。人们所处年龄段及自身特点的不同，其对于消费内容的需求也有所不同。在婴幼儿阶段，人们对于玩具、营养的消费需求较多；在青少年阶段，对于文化教育的消费需求较多；在中青年阶段，对于住房及社交的消费需求较多；而在老年阶段，则对于医疗保健的消费需求较多，等等。由于特定消费需求是特定的消费结构形成的基础，老龄化作为人口内部年龄结构逐步老龄化的动态过程，也必然会对消费结构的各个方面产生不同的影响。

老年人口收入差异首先由地区经济差异、地区劳动生产率差异所造成，其次是和老年人年轻时的收入有关。以 2009 年的江苏为例，苏南城镇人均可支配收入是苏北的 1.77 倍，但是苏南的城镇人均可支配收入是农村人均纯收入的 2.17 倍，可见城乡差异大于地区差异，各地区收入差异大于消费差异。2009 年江苏城市人均消费支出占人均收入的 58%～70%，农村则占 66%～80%（表 4-3）。由此可见，农村居民消费比例差异大，其收入低而消费比例高，仅经济落后（盐城、宿迁）地区除外。2009 年江苏 13 个城市的城镇人均收入与消费的相关系数高达 0.985，农村同样也高达 0.985。边际分析表明，2009 年城市的城镇人均可支配收入每增加 1000 元，人均消费将增加 599 元；农民人均纯收入每增加

1000 元，农村人均消费可增加 807 元。由此可见，增加收入尤其是农民的收入，是拉动社会消费的杠杆。

表 4-3　2009 年江苏城乡经济社会差异情况

地区	城镇人均可支配收入 / （元 / 年）	农村人均纯收入 / （元 / 年）	城乡差异 / （元 / 年）	人均消费支出 / （元 / 年）			消费收入比例 /%		
				城镇	农村	差异	城镇	农村	差异
苏　南	24 995	11 517	2.17	15 839	8 528	1.86	63.4	74.0	−10.7
苏　中	18 480	8 444	2.19	11 580	6 085	1.90	62.7	72.1	−9.4
苏　北	14 101	6 738	2.09	9 355	4 474	2.09	66.3	66.4	−0.1
南　京	24 678	9 858	2.50	15 873	7 588	2.09	64.3	77.0	−12.7
无　锡	25 027	12 403	2.02	15 619	8 832	1.77	62.4	71.2	−8.8
常　州	23 392	11 198	2.09	15 693	8 843	1.77	67.1	79.0	−11.9
苏　州	27 188	12 969	2.10	17 121	9 354	1.83	63.0	72.1	−9.2
镇　江	21 041	9 642	2.18	12 197	7 056	1.73	58.0	73.2	−15.2
南　通	19 469	8 696	2.24	11 908	6 448	1.85	61.2	74.1	−13.0
扬　州	17 332	8 295	2.09	11 439	5 930	1.93	66.0	71.5	−5.5
泰　州	18 079	8 180	2.21	11 204	5 657	1.98	62.0	69.2	−7.2
徐　州	14 798	6 951	2.13	9 423	4 719	2.00	63.7	67.9	−4.2
连云港	13 886	6 111	2.27	9 029	4 291	2.10	65.0	70.2	−5.2
淮　安	14 050	6 308	2.23	9 426	4 292	2.20	67.1	68.0	−1.0
盐　城	14 891	7 650	1.95	10 378	4 745	2.19	69.7	62.0	7.7
宿　迁	11 149	6 057	1.84	7 440	4 028	1.85	66.7	66.5	0.2

资料来源：江苏省统计局 . 2010. 江苏统计年鉴 . 北京：中国统计出版社

2. 老龄化对医疗保健消费的影响

老龄化对消费结构最明显、最直接的影响是，医疗保健类支出在总的消费支出中的比例上升。人作为生命个体就必然要经历从出生、发育到成长再到衰老直至死亡的过程，而老年人所要经历的正是衰老直至死亡这一过程。在老龄化进程中，老年人的健康状况和生活自理能力都在不断下降，并且患病率也远远高于其他人群。有关研究表明[1]，我国 60 岁以上的老年人患病率和患慢性疾病率分别是全年龄段（平均）人群的 1.7 倍和 4.2 倍，人均患有 2～3 种疾病；60 岁以上老年人活动受限率为 8.1%，残疾率为 25.2%，分别是全人群的 2.7 倍和 3.8 倍。

---

[1]　徐涛 . 2007. 论老龄化与我国居民消费需求 . 产业与科技论坛，（4）：124-125.

研究发现①，我国老年人全年医疗费用为总人口平均的 2.56 倍，占总人口 10% 的老年人口其医疗费用占总人口的 30%。2004～2010 年我国居民医疗保健类费用支出比例持续增加，2004 年仅为 8%，2005～2008 年稳定在 8.5%，2009 年迅速上升到 9% 以上。可以推测，随着老龄化的进一步加深，未来医疗保健类支出在总消费支出中的比例必然会明显增加。

3. 人口老龄化增加了对社会服务类消费的需求

就个体而言，当人进入中年以后，随着年龄的增长，身体日益衰弱，疾病随之增多，处理日常生活的能力（如烧饭、洗衣、打扫卫生、处理家务等）随之减弱，寻找家庭帮助，但是子女数量减少，子女外出，无奈的老年人只能求助于社会——社区和养老机构。总体而言，由于我国长期以来推行计划生育政策，家庭结构不断地变化，家庭规模日益小型化、核心化、空心化，随着老年人口数量的增加，老年人的社会养老问题逐渐受到重视，但 "4-2-1"、"4-2-2" 已经成为我国最主要的家庭结构形式。这就使得子女在照顾年迈的父母时显得力不从心，不得不向社会寻求帮助，从而加大了对社会服务类消费的需求。私人养老院或者过于昂贵或者软硬件不行，公办养老院则比较难进。据有关网站调查②，广州、青岛老年人进公办养老院分别需要等候 14 年、25 年，而北京老年人进养老院甚至要等候 100 年，居民抱怨月收入 8000 元难以住进养老院。随着老龄化的发展，用于社会服务类消费的支出也必然会越来越多。

4. 人口老龄化降低了居民消费中的食品比例

2000～2010 年我国居民的恩格尔系数——消费结构中食品消费的比例逐年降低，城镇由 2000 年的 39.4% 降低到 2010 年的 35.7%；同期农村由 49.1% 降低到 41.1%。食品消费比例的下降，受到多方面因素的影响，如居民经济收入的上升、生活质量提高、消费构成的多元化、食品行业的改革和发展，但老龄化对恩格尔系数的影响也是不容忽视的。随着老龄化程度的加深，老年人的比例不断迅速增加，由于老年人自身生理和心理方面的影响，加上专门针对老年人的食品种类较少，老年人需要的是软、香、低脂、少糖、无刺激的食品，老年人在食品方面的消费额——消费数随着年龄的增长越来越少，也会使食品在老年人支出中的比例即恩格尔系数逐渐下降。

---

① 查奇芬，周星星. 2011. 人口老龄化对消费结构的影响——基于江苏省数据的实证分析. 中国统计，(12)：18-19.

② 金融界. 公立养老：月入 8000 住不进养老院. http://insurance.jrj.com.cn/2012/08/25095214262094.shtml.

5. 人口老龄化使居民衣着消费比例下降

以前，我国绝大多数的服装生产厂商往往都把目光集中在年轻人，尤其是女性身上。老龄化初期，由于老年人本身的节俭心态，再加之适合老年人的服装数量少、款式旧、设计欠合理等因素，抑制了老年人的服装消费，我国城乡居民的衣着支出比例呈下降趋势；然而随着老龄化程度的进一步加深，老年人的服装市场，特别是老年女性服装市场逐渐得到重视和开发，满足老年人消费需求的服饰也越来越多，老年人对于服装的消费逐渐增多。我国城乡居民的衣着支出比例逐渐增加，且城镇衣着支出比例的增长快于农村，在一定程度上可能取决于城镇较发达和完善的服装市场。但是，从较长远的角度来看，由于老年人的消费观念、衣着消费比例远不如青壮年，老龄化的发展最终会使居民衣着支出的比例下降。

6. 老龄化促进了居民交通、旅游、通信的消费

"年轻时有时间没金钱，中年后有金钱没时间，老年后既有时间又有金钱。"随着人口老龄化的发展，各地老年旅游业都出现了火爆增长。子女晚婚晚育、孙子女少，老人经常会选择到周边或风景优美的地方旅游，以冲淡从工作岗位上退下来后的孤独和寂寞。此外，由于家庭规模缩小，年轻人需要自由，很多老年人没有跟子女居住在一起。然而为了能够随时随地了解彼此的情况，越来越多的子女与父母之间的沟通与联系都是通过手机或固定电话，这加大了老年人对通信的消费支出，尽管这种开支往往是由子女支付的。随着我国老龄化程度的加深，城乡居民交通通信的支出比例不断增加，并且这种趋势在未来还可能继续持续下去。随着我国基本建设投资的加大和信息化的发展，我国城乡居民交通、通信支出比例出现稳定上升的趋势，2000 年分别为 9%、5%，到 2010 年则分别上升到10% 以上、15% 左右。

7. 老龄化促使生源减少，影响了高校的生存和发展

随着出生人数减少、老龄化加剧，我国各类学校适龄学生人口及生源出现持续下降。据《全国教育事业发展统计公报》显示，1992 年全国有小学 71.30 万所，2012 年减少为 22.86 万所，20 年间全国小学减少了 68%；接着是初中、高中生源减少，学校关停并转；最后影响的是大学生源。中国教育在线 2014 年 6月 4 日发布的《2014 年高招调查报告》显示，2014 年高考报名人数连续 4 年下跌，2014 年出现增长，达到 939 万人；据预测到 2020 年前后，18 岁适龄人口将达到最低谷，然后会略微有所回升。2006 年上海高考报名人数为 11.38 万人，2014 年减少为 5.2 万人。在考生大省河南，2012 年计划录取 69.3 万人，实际录取 55.18 万人，其中专科录取只完成了招生计划的 75.4%；2013 年河南高考计划

录取 60.6 万人，实际录取考生 53.6 万人，其中专科只完成了原定计划的 75%。山东省则连续 3 年未能完成招生计划，2013 年招生计划仅完成 88%，少招 6.3 万人。同时，录取后不报到的现象也越来越严峻。很多高职高专院校的不报到率已经超过 30%，一些本科院校的不报到率超过 10%。[①] 因此，一些专科学校不得不采取注册制或降分录取。而学费收入占学校总经费的 30%～40%，生源危机同时带来了高校生存危机，倒逼高校转型发展。有条件的高校转而大量招收研究生，提高办学层次，进行大量的社会服务，大力争取科研项目，而这对于专科、民办学校则影响最大。

第四节　影响我国老年居民消费因素的研究

本节将讨论影响我国居民消费的主要因素，影响老年居民消费的家庭因素、自身原因、其他因素，以及我国老年居民消费的基本模型等。

一、影响我国居民消费的主要因素

老年居民是社区居民的一部分，居民的收入、消费数量及消费理念影响着老年居民的消费。以前一直认为是居民消费观念落后、收入不足，实际情况则非常复杂。

1. 消费者权益得不到维护，消费领域狭窄

我国汽油、电费、水费基本价格比美国要高，国内汽油零售价高于美国。其原因在于，政府的定价机制与美国并不相同，政府垄断行业多，有些行业（水、电、气、通信、广电等）是官商勾结，缺乏有效市场竞争。隐性税务重（政府还将难以征收的税金，如增值税、消费税、城建税等全部加进去），美国电费为 0.073 美元 / 千瓦时，每度电不足 0.47 元人民币，而我国各城市略有不同，每度电都为 0.50 元以上。我国园林门票出奇得高，消费者不是“上帝”而是“羔羊”。我国人口多资源少，又盛行“一窝蜂”式的集中消费，容易导致很多领域的供应困难。2010 年前后上海、北京、广州、深圳等一线城市商品房限购、小汽车限购、摩托车限购、电动车限购、重点学校限入等抑制了消费；还有很多用阶梯消费价格控制居民消费行为，如阶梯电价、阶梯水费、阶梯天然气价等，仍然用计

---

① 邓晖 . 2014-06-05. 生源危机倒逼高校转型 . 光明日报，第 5 版 .

划经济的方式、方法进行消费领域的管理，消费领域的减少限制了人们的消费。

同时，由于我国劳动力多，消费水平低，外贸出口压力大，于是人民币银行汇率水平远高于购买力计算的国际美元水平，抑制了百姓到国外的消费水平。另外，我国经济发展快，伴随我国经济发展的是房地产业扩张，房产升值速度过快，地方政府通过征地获得资金，企业通过房地产获得发展机遇，百姓通过房地产进行增值保值，但房地产需要大量的资金投入，所以人们平时不得不储蓄，紧缩开支，减少消费。

2. 孩子数量少，孩子是家庭的中心，孩子少则消费少

住房、子女教育和医疗在中国都属于刚性需求，这3项刚性需求的价格不断上涨，人们考虑的是储蓄而不是消费。从孩子教育来说，孩子消费比例高，在我国比较富裕、生活有保障的城市、城镇实行严格的计划生育政策，干部、职工仅能生育一个孩子，人均收入水平高；在贫困、生活无保障的农村地区，可以生育1.5个孩子。但由于这些地区管理不到位，生育2~3个孩子的家庭屡见不鲜。这样就扩大了城乡经济差异，于是农村居民孩子多、无钱消费；城市居民孩子少，大人工作忙，小孩学习紧张，无时间消费。

同样，高收入阶层消费倾向低，有些人有灰色收入，他们的生存、发展和享受需求基本得到了满足，消费率低；低收入阶层，一部分是无钱消费，一部分是已获得政府补助，消费需求低；而中等收入阶层，较高的房产需求遏制了他们的消费，加上他们平时工作忙没时间消费，于是，居民整体消费水平较低。

3. 我国消费税收高

据《华盛顿邮报》报道，中国游客海外消费在2012年达到850亿美元（约合人民币5296亿元），可能已经赶超美国及德国游客，达到全国社会消费品零售总额的2.94%。这个数字是2012年世界上财政收入最高的公司——美孚石油公司年财政收入的2倍。另外，国内消费却一直是小步徘徊，内需不足始终是困扰中国经济发展的一大症结。国人为什么喜欢大规模的海外消费，最根本的还在于国内商业消费环境的政策导向等问题。

其一是政策导向问题。改革开放这么多年，我国一直是出口导向，换回了大量的外汇储备，却始终面临着尴尬，某些商品的国内售价超过海外并不少见，香烟如此，名酒如此，燃油、衣服也是如此。有数据显示，一条Levi's牛仔裤，在美国的折扣店卖15~30美元，按照即时汇率（1美元折合6.14元人民币）也就不足200元人民币；但同一条裤子，出口转为内销，在国内的专卖店至少要卖700元。

其二是国内税制问题。国内税制基本上是增税导向的，导致了商品价格的居高不下，也抑制了百姓的消费热情。在国内生产的商品方面，商品价格内隐性税负高，"一件 100 元的国内化妆品，价格内包含的增值税、消费税等流通环节的税负就将近一半"。2011 年我国关税收入为 2559 亿元，但是同期进口货物增值税、消费税为 13 560 亿元，是前者的 5.3 倍。我国名义上进口关税税率已经不到 10%，但是关税及进口货物增值税、消费税共同作用抬高了进口商品的国内售价，中高档消费品关税比较高。商务部的调查显示，手表、箱包、服装、酒、电子产品这 5 类产品的 20 种品牌高档消费品，内地市场比香港市场要高 45% 左右，比美国高 51%，比法国高 72%。[①] 再考虑到国外商品的质量保障体系比较完善，伪品、假品少，相同价格的商品也倾向于口外购入。而现在人们流动出国的机会多了，国外境外很多商品是免税、低税或退税的，价廉物美是消费者的追求，于是国内的消费数量下降是必然的。再如，电子商务的飞速发展，使人们发现电子商品不仅有免费送货的服务，而且因为缺少实体店的店面租金和人工，可以免税收，价格便宜，因此发展十分迅速。

以前我国大量发展生产，奖励生产大户；而后我国鼓励商贸，推行出口退税政策，并为之调整相应的货币政策；如今我国面临着大量的外汇无法使用，被迫购买美国国债，商品消费不旺影响生产，因此，应该提倡以消费为主的政策，提倡消费、鼓励消费，如实行减税、消费退税，以及人民币汇率调整等政策。消费是发展生产的前提，也是第三产业发展的推动力，人们不是没有金钱，也不是没有消费欲望，而是缺乏好的消费项目和好的消费政策。2013 年 4 月 15 日国际黄金市场出现大幅波动，全国上下出现一股黄金抢购风暴。据福建宝协的不完全统计，福建在短短 10 天内，全省金店售出的黄金制品不低于 30 吨，10 万～20 万元是常见的单子。南京某消费者手持 290 万人民币，一下购入黄金 10 千克。业内人士预测，10 天内中国内地投资人就鲸吞了实物黄金 30 万千克，约占全球黄金年产量的 10%。[②] 鼓励消费需要有相应的政策，不能放在宣传层面上。我国的购房热、购车热、旅游热、留学热、出国热、餐饮热等，都说明了我国居民并不缺钱，而消费热情需要积极引导。其实，我国政府的税收政策应适当调整，虽然消费流通领域减税，消费税率下降，但消费数量增加却导致了消费税总量增加。

4. 我国消费观念落后

我国实行的是低工资，员工对于企业的经营情况，尤其是企业的财务情况

---

① 华声在线 . 2013. 为什么中国人不愿意在国内消费？ http://dsj.voc.com.cn/article/201301/201301081229501709.html [2013-01-08].

② 陈洪亮 . 2013-04-26. 内地投资人 10 天抢 300 吨黄金、香港储备将被掏空 . 人民网，http://paper.people.com.cn.

不了解。个人是低消费，企业是高消费，比如，电话、信笺、饭局等大都是企业的；企业、集体消费，包括政府购买服务等，抑制了个人消费。而国外实行的是高工资，员工利益和企业利益是捆绑在一起的，提倡的是个人高消费、企业低消费，这样可以减少生产成本，提高产品的市场竞争性。消费在促进生产的同时，也必然有浪费，我国价格又没有调整到位或调整不及时，比如，粮食价格、水电气阶梯价格，再如，住房、汽车等高档消费品，既不能不消费，又不能消费过量。如果不加以区分，一会儿是提倡消费，一会儿又是抑制消费，弄得百姓"云里雾里"；反之，价格调整到位，个人消费不怕浪费，企业消费不敢浪费，就可用市场经济的方法促进消费、抑制浪费。

5. 我国老年人的三个消费误区

人们对老年人的消费需求存在三大认识误区[1]：首先，整体高估了老年群体的消费水平。目前，老年人的整体收入水平还不高，且大部分老年人生活在农村，他们的收入和消费能力低，大部分老年人的消费观念也偏于保守。其次，过度关注高收入老年群体，低估了中等收入老年人的消费需求。目前，老龄产业尤其是老龄服务业，明显的现象就是普遍走"高端"路线，市场开发和服务定位以高收入老年群体为主。但从市场的发展前景来看，中等收入老年人群体才是未来老年产业发展的主要消费力量。最后，重普需轻刚需。全国老龄办关于"全国民办养老服务机构基本状况调查"的数据显示，超 8 成老年人患有各种慢性疾病，仅 11.4% 的民办养老机构中可以提供康复护理，入住养老机构的老年人中完全不能自理（失能）和需要临终关怀的占 30.3%。老年人精神障碍、心理服务、法律支持、房产处置、金融理财等，这些专业性比较强的需求没有得到很好的重视。

二、影响老年居民消费的家庭因素

2013 年，田雪原分析认为[2]，老年人消费不足主要表现在如下几个方面：养老保障体制不健全，养老设施、养老服务和养老护理不能满足老年人的需求；老年人收入低、购买力低、消费需求低；老龄市场（服装、旅游业、教育、娱乐业等）发育不健全，供需存在很大矛盾。

老年人消费不仅代表老年人本人的消费意愿，还代表老年人家庭尤其是子女的消费意愿。**中国人的家庭观念十分重**，在传统中国，没分家时，老人的财产

---

[1]　吴玉韶 . 2014-05-24. 提高老人支付能力是老龄产业根本 . 瞭望东方周刊 . 至道养老论坛 .
[2]　田雪原 . 2013. 人口老龄化与"中等收入陷阱". 北京：社会科学文献出版社：126-129.

是儿子的；分家以后，老人的很多财产仍然是儿子的。在子女经济情况不好的情况下，"啃老"现象十分严重——生了孩子，名正言顺地要老人在经济上补贴，以后不时地以第三代的名义索钱要物。此外，不时地以"社会太复杂，老人容易受骗上当"为名，子女将老人财产全部接收过来。而老人"生不带来、死不带去"，在年龄大的情况下，也乐得在有生之年做个好人。如果子女经济社会情况好，子女虽然不"啃老"也不谋老人钱财了，但工作忙，没有时间关心老人的身体状况、照顾老人生活，将老人推向社会，干脆不管了。本节首先讨论了我国纯老年人家庭和含老年人家庭的消费差异；其次，分析了老年人家庭内部资金代际转移的状态。

1. 我国纯老年人家庭和含老年人家庭的消费特征

2005 年国家统计局调查了城乡居民的消费情况，这里给出了老年人的消费情况。由于老年人消费习惯、消费观念与年轻人的差异大，老年人消费水平也明显低于年轻人。按照《中国统计年鉴》，2005 年我国城乡居民平均年消费水平（当年值）分别为 9644 元、2579 元，而城市老年人生活消费支出为 7134 元，即**我国城市老年人消费为城市居民平均消费水平的** 74.0%。除了老年人消费的城乡差异外，老年人家庭状态对老年人消费的影响也十分大。为此，本章分纯老年人家庭户和含老年人家庭户两类。应该说，纯老年人家庭户更能清楚地说明城市老年人的实际消费情况，但是考虑到我国的实际情况，含老年人的家庭户占的比例更高，更能说明农村老年人消费的事实。

2005 年我国城镇纯老年人户总的消费额 70～79 岁最高，80 岁以下最低；而含老年人户随着老人年龄的增长，消费支出越来越高，80 岁以上最高，其中估计包括了子女的消费（表 4-4）。老年居民恩格尔系数高，纯老年人家庭户为41.2%，含老年人家庭户为 43.1%，而且老年饮食消费数量随着老人年龄的增长而减少；老年人口的医疗卫生保健费用比例为 18.5%（含老年人家庭）至 21.0%（纯老年人家庭），且老年医疗保健消费量随着老年人年龄的增长而增长；老年人杂项商品和其他服务费用的比例为第三，城镇含老年人家庭和纯老年人家庭消费比例为 13.1%～13.5%；老年人家庭设备消费费用比例为第四，城镇含老年人家庭和纯老年人家庭消费比例为 7.8%～9.0%。纯老年人家庭和含老年人家庭前 4 项消费总和分别为 84.1% 和 82.9%。若比较我国城镇纯老年人家庭和含老年人家庭的消费比例，则**纯老年人家庭消费出现了三低三高的特征，即饮食、服装、交通通信消费比例低，而居住、家庭设备和医疗费用支出消费高。**

表 4-4　2005 年我国城镇老人年消费项目随年龄的变化　　　　　　单位：元

项目		60～69 岁	70～79 岁	80 岁以上	合计	比例 /%	年龄↑
纯老年人家庭户	饮食支出	3 727.6	3 872.8	3 477.1	3 758.2	41.2	不清
	服装	365.1	267.5	175.4	313.1	3.4	↘
	家庭设备	1 023.0	655.4	254.2	822.2	9.0	↘
	医疗支出	1 555.6	2 312.3	2 335.4	1 898.3	20.8	↗
	交通通信	400.6	325.5	238.3	359.1	3.9	↘
	教育文化娱乐	164.4	128.4	95.8	145.1	1.6	↘
	居住	470.1	932.2	396.9	631.1	6.9	不清
	杂项商品和其他服务	1 177.0	1 231.0	1 123.3	1 191.8	13.1	不清
	合计	8 883.4	9 725.1	8 096.4	9 119.1	100.0	不清
其他老年人家庭户	饮食支出	2 113.5	2 032.7	2 186.6	2 096.1	43.1	不清
	服装	284.8	239.7	184.6	258.6	5.3	↘
	家庭设备	456.5	310.7	199.7	379.7	7.8	↘
	医疗支出	761.4	1 024.6	1 227.6	900.4	18.5	↗
	交通通信	256.9	201.4	240.2	237.1	4.9	不清
	教育文化娱乐	88.6	55.0	70.3	75.7	1.6	不清
	居住	264.6	284.3	219.9	265.7	5.5	不清
	杂项商品和其他服务	616.5	706.8	703.0	655.6	13.5	↗
	合计	4 842.8	4 855.2	5 031.9	4 868.9	100.0	↗

资料来源：张恺悌，郭平 . 2010 中国人口老龄化与老年人状况蓝皮书 . 北京：中国社会出版社：94

2005 年我国农村纯老年人家庭户的年消费分析表明（表 4-5），同样是 70～79 岁老年居民消费水平最高；农村老年居民饮食消费比例（恩格尔系数）高达 45.5%；居住消费比例其次，为 20.9%；老年人杂项商品和其他服务费用比例第三，为 15.6%；老年人口的医疗支出费用比例为 6.3%，前 4 项消费总和为 88.3%。这说明农村老年人家庭户年消费比较集中。

表 4-5　2005 年我国农村老年人纯老年人家庭户的年消费项目随年龄变化情况

项目	60～69 岁 / 元	70～79 岁 / 元	80 岁以上 / 元	合计 / 元	合计 /%	年龄↑
饮食支出	1295.2	1388.9	1342.7	1331.3	45.5	不清
服装	127.7	111.1	90.1	118.7	4.1	↘
家庭设备	116.2	78.7	91.2	101.2	3.5	不清
医疗支出	203.3	138.5	228.4	183.4	6.3	不清
交通通信	98.5	93.8	78.9	95.2	3.3	↘
教育文化娱乐	29.8	20.6	36.3	27.2	0.9	不清
居住	605.2	641.0	526.4	610.5	20.9	不清
杂项商品和其他服务	487.4	433.3	334.4	455.4	15.6	↘
合计	2963.3	2905.9	2728.4	2922.9	100.0	↘

资料来源：张恺悌，郭平 . 2010. 中国人口老龄化与老年人状况蓝皮书 . 北京：中国社会出版社：94

就 2005 年我国城乡 60 岁以上纯老年人家庭（孤寡和空巢）的老年人年平均消费支出变化（表 4-4 和表 4-5）而言，老年人平均每增加 1 岁，消费支出减少 0.4%～0.5%。其中医疗支出是唯一的正增长，每岁增长 0.58%（乡）至 2.10%（城镇）。其他大都为负增长，服装消费每岁减少 1.7%～3.6%，家庭设备消费每岁减少 1.2%～6.7%，交通通信消费每岁减少 1.2%～2.6%，杂项商品和其他服务消费减少 0.2%～1.9%，餐饮消费城镇每岁减少 0.35%，而乡村每岁增加 0.18%，这仅是老年人收入不变、家庭构成不变情况下的大致情况。这说明老龄化对消费支出的影响方向是确定的，但影响数量十分有限。

2. 老年人家庭内部资金代际转移——反哺还是啃老

啃老族，又称"吃老族"或"傍老族"，或尼特族（not currently engaged in employment, education or training，NEET）。具体指一些不升学、不就业、不进修或参加就业辅导，终日无所事事的族群。在英国，尼特族指的是 16～18 岁年轻族群；在日本，则指的是 15～34 岁年轻族群。他们并非找不到工作，而是主动放弃了就业的机会，赋闲在家，不仅衣食住行全靠父母，而且消费往往不低。中国啃老族，社会学家称之为"新失业群体"，年龄都在 23～30 岁，并且有谋生能力，嫌创业辛苦，他们是仍未"断奶"，得靠父母供养的年轻人。

（1）国外老年人家庭内部资金代际转移

国际金融危机的爆发，年轻人就业率下降，"啃老"现象成为一种国际现象。根据人口调查局的统计，现有 40% 美国大学毕业的年轻人回去与父母同住，而在 50 年前，只有 20% 的年轻人会选择这种"不独立"的生活。在日本，国立社会保障及人口问题研究所公布的数据同样显示，20～39 岁的成年人与父母同住的比例不断增加，啃老族已高达 52 万人。在我国，同样有 65% 以上的家庭存在不同程度的"啃老"现象，并有不断扩大之势。[①] 英美学者将这些依附家长的年轻人，形象地比喻成"还巢"的孩子。他们明明已成年、顺利完成学业，在心理和社会适应能力上却依然无法脱离青涩的青少年时代，不得不"飞"回父母身边。

（2）我国老年人家庭内部资金代际转移

中国传统社会是一个"反哺"社会，羊有跪乳之恩，鸦有反哺之孝，滴水之恩当涌泉相报，是人类的美德。当孩子幼小时，父母有养育孩子的义务，当父母年老体弱、行动不便时，为了报答父母的养育之恩，孩子应该关心父母、孝敬老人。但在现代社会，家庭生育子女数量减少，人们的预期寿命增加，社会保险覆盖面扩大，子女受教育年数增加，由此导致了社会一系列的变化。目前的反哺

---

① 王明伟 . 2012-05-28. 啃老族调查报告显示：啃老是全球头疼问题 . 生命时报 .

社会逐渐转变为啃老社会。无论是反哺还是啃老，广义而言，都应该包括家庭成员之间情感、家务和经济等多个方面的交流和转移，由于篇幅所限，这里仅考虑家庭财产——代际资金转移单个维度。

在国外普遍的做法是，18 岁以前（或大学毕业以前）孩子由父母抚养，其后孩子独立走向社会，父母退休以后由社会保险支付保证老人的晚年生活，子女仅为老人提供情感和家务等方面的支持。我国的独生子女政策，导致孩子从小就成为家庭中的"太阳"，自己的是自己的，父母的仍然是自己的，"啃老"现象严重。目前，中国的啃老族大致可分为以下 3 种：①**轻微啃老**。年轻人正常劳动有收入，并能按时给父母交纳生活费，但需要资助——依靠父母出资求学、买房买车、抚育子女。②**中度啃老**。年轻人正常劳动有收入，但不交给父母生活费，甚至连其妻儿也跟着吃喝，或需要父母帮助购买奢侈品，提供旅游机会。③**严重啃老**。年轻人不参加社会劳动，几乎无工资收入，一切生活开销都由父母提供。

我国城市老年人家庭内部资金代际转移状态的分析表明（表 4-6）：①随着物价的上涨，家庭内部的资金流动数量加大；②老人对子女的经济支持，远大于子女对老人的经济支持力度；③随着老年人口年龄的增长，对子女的资助比例降低，而子女对老人的资助力度加大；④男性老人对子女付出的比例高，女性老人获得子女经济帮助的比例相对较多；⑤老人对子女的经济帮助随时间的增长而增加，尤其是男性老人，但子女对老人的经济支持随时间呈现下降趋势。

表 4-6　我国城市、农村老年人家庭内部资金代际转移情况

项目			60～69 岁/%	70～79 岁/%	80 岁以上/%	总体平均/%	年人均/元
城市老人家庭内部	子女对老人的经济帮助	男性					
			2000 年	28.3	36.3	44.1	31.9	1570.2
			2005 年	29.5	32.7	38.4	31.4	1993.7
		女性	2000 年	45.4	54.8	62.0	50.0	1532.8
			2005 年	38.6	44.3	53.4	42.3	1944.6
	老人对子女的经济帮助	男性	2000 年	69.7	65.4	46.9	66.9	2387.3
			2005 年	63.1	66.8	52.7	63.4	3196.8
		女性	2000 年	64.2	48.7	33.2	56.2	1509.7
			2005 年	63.4	56.3	36.7	57.9	2234.6

项目			60~69 岁 /%	70~79 岁 /%	80 岁以上 /%	总体平均 /%	年人均 /元
农村老人家庭内部	子女对老人的经济帮助	男性					
			2000 年				
			56.0	62.9	69.0	59.4	784.0
			2005 年				
			54.5	66.5	69.9	59.8	1106.7
		女性	2000 年				
			65.6	68.7	68.4	67.1	677.9
			2005 年				
			67.9	74.7	75.2	71.2	792.1
	老人对子女的经济帮助	男性	2000 年				
			39.2	29.5	20.4	34.4	589.7
			2005 年				
			43.4	33.4	27.8	38.7	513.4
		女性	2000 年				
			34.2	24.8	20.1	28.7	414.2
			2005 年				
			38.5	30.0	24.8	33.7	244.9

资料来源：张恺悌，郭平 . 2010. 中国人口老龄化与老年人状况蓝皮书 . 北京：中国社会出版社：88-94

在我国农村，贫困化导致空心化，年轻人自行到外地打工度日，老人留守在农村老家，肩负着带孙子或孙女的责任。因此有如下情况：①出现经济上的反哺型，子女对于父母亲经济帮助的比例，高于同期老人对子女的经济资助比例；②子女对女性老人的资助比例，高于对男性老人的资助比例；③由于城镇经济发展迅速，2000~2005 年子女对老人的经济帮助数额增加，而同期老人对子女的经济帮助数额出现下降趋势；④农村女性老人给予子女经济资助的数额和频率都低于男性老人，而子女给予女性老人经济资助的数额低于男性老人，但经济资助的频率高于男性老人。

"啃老"族的出现，可以说是社会与家庭共同塑造的结果。当前社会生活节奏加快，竞争趋于白热化，在找工作、还房贷等方面，年轻人都背负着沉重的工作和生活压力，如果没有学历或者仅有学历没有能力，仅凭自己的力量从零开始，很难在社会上快速立足。我国老年人家庭内部资金代际转移并非孤立的，其客观反映了我国城乡的家庭、经济和社会的差异。在城市中，独生子女比例高，经济收入保障性强，老人对子女的支持力度大，社会保障的不断完善，使老年人的晚年生活有保障，子女数量的减少，使老人对孩子的爱是无私的，财产早晚是孩子的，晚给不如早给，社会"啃老"现象就越演越烈了。而在农村生育子女多，农村社会保障水平低，子女对老人劳务上需求量大，而经济上的支持力度也略大。

三、影响我国老年居民消费的自身原因

中国老年人消费数量和消费结构与年轻人不一样。其表现为如下几点：第一，老年人消费水平比较低，消费心理保守，主要是与年轻时的收入和消费经历

有关，年轻时深受"艰苦朴素、勤俭建国"等思想的影响，消费意识、消费水平一直非常低，习惯于低消费。第二，老年人收入来源单一，收入增长幅度慢；年轻人虽然工资可能不高，但是收入多元化——奖金、津贴、补贴、利息、房租等，总收入增长幅度大。第三，老年人虽然经历丰富，但是社会变化快、社会复杂，老年人容易受骗，很多老年人的钱财是由子女保管的，老年人消费时要经过子女这一道坎，钱是保险了，但是也增加了老年人消费的难度。第四，老年人不知自己的寿命有多长，随时可能"走"，也有可能活得很长很长，如果子女不管、社会不管，老人就会感到活得难受，老人多多少少得留一手，老人中很少有高消费的。第五，中国人以家为单位，老人视子女为自己生命的延续，老人补贴子女、补贴孙辈被认为是天经地义的事，而没钱时老人却张不开嘴向子女要钱，这客观上限制了老年人的消费。

1. 消费者质量得不到有效保护，城市老年人不会消费

科技的快速发展，生产经营者过多地追求利润，忽视了消费品的质量。毒大米、三聚青胺奶粉、地沟油、瘦肉精、农药超标的蔬菜水果、工业盐，有些网站陈列出涉毒食品达到55种[1]，渗透到日常生活的方方面面。还有大量未经论证的转基因玉米、食油等食品，有关部门监管不力；各地消费者协会失声失职，对消费者保护不力，相关部门的评估和考核形同虚设。尤其是社会上一些骗子瞄准老年人与社会接触少、知识落后，专骗老年人。而一旦老人受骗，消费者协会不管，法院不管，公安不管，老人仅能自认倒霉。由于害怕受骗，老人常将家中的经济大权上缴于子女，久而久之老人不会消费，尤其是高龄老人。

2. 农村社会保障水平低，农村老年人无钱消费

2009年试点实现的我国新型农村社会养老保险制度，推广速度很快，使农民享受到了国家改革开放的成果，但是社会保障的力度太小。全国平均是每月70元，江苏也仅每月80元，每天不足3元，而城乡一体化使城乡各种工业产品甚至农副产品价格非常接近。2010年，中国政府确定的贫困线标准上调至1274元。而联合国千年发展目标确定的标准是日均消费低于1美元就属于"绝对贫困"，若以一美元兑换人民币6元计算，人均年可支配收入应是近2200元。而居民社会养老保险金远低于该标准，农村老人和城镇老年居民基本是无钱消费。

3. 对未来前途无把握，老年人不敢消费

受原来供给制、低工资、勤俭节约等传统观念的影响，尤其是"三年经济困难"的影响，老年人不敢消费。老年人退休后收入骤减，消费随之减少，尤其

①　新浪博客. 中国有毒食品大全.http://blog.sina.com.cn/s/blog_61afbf0f0100r0ue.html.

是物价水平提高后。老年人无法预测身后事，不知道自己能存活多少年，不知道未来社会养老保险的保障程度会怎样，不知道未来的物价水平会有多高；失康的老年人不知道未来医疗保险的保障程度，未来老年护理保险能否实施，自己是否会长期卧床不起。在这种情况下，他们不得不留下"棺材板"钱，免得在经济上再给子女添麻烦。

四、影响老年居民消费的其他因素

从全国老龄办所做的几种预测来看，2015～2050 年，对中国老年人消费潜力的预测最低是在 2050 年达到 19.67 万亿元，最高则是 5093.56 万亿元，预测结果差距达到近 260 倍。[①] 其背后就是对我国未来经济发展的不确定性，老年人数量无法决定居民消费。

1. 老年人消费水平受物价水平和政策的影响

在物价波动大的情况下，为了避免货币贬值，必须促进老年人进行消费。美国老年人口是社会上最富裕的一部分人，也是贫富差异最大的一部分人。由于征收遗产税，美国老年人难以将资产和现金转移给年轻人，于是到了晚年，他们潇洒地挥霍和享受生活。

2. 老年人消费水平与市场开发、政府管理有关

适合我国老年人的新产品太少了，我国知识产权保护不力。从传统、常用的衣食产品到新型电子产品，如电子猫狗宠物、GPS 定位系统、机器人等，市场开发力度不够，政府关注、奖励的力度不够。就老年保健医药产品而言，有很大的需求量，新产品的开发要花大量的人力、物力和财力，一旦开发成功，很快被克隆、被模仿，利润被迅速"摊薄"，而消费者协会不作为、无第三方评判。保健市场更是鱼目混珠，真真假假，时间一长老年人不敢消费。老年旅游市场需求也十分大，但老年安全保险是个门槛，一旦出了事旅行社赔不了。2015 年 6 月 1 日晚"东方之星"旅游船遇龙卷风，454 人中，442 人遇难，死亡者中老年人比例大。所以，各级消费者协会应该出面协调，组织为老年产品进行第三方鉴定，保障老年人自身权益，这对于促进老年消费十分重要。

3. 老年人消费与老年人的收入有关

根据国家统计局江苏调查总队的数据，2002 年江苏城镇居民金银珠宝首饰人均消费金额是 26.9 元，**在当年江苏城镇居民人均消费性支出 6043 元中只占到**

---

① 吴玉韶 . 2014-05-24. 提高老人支付能力是老龄产业根本 . 瞭望东方周刊 . 至道养老论坛 .

0.4% 的比例。而 2011 年江苏城镇居民人均消费支出 16 782 元（是 2002 年的 2.78 倍），该年的金银珠宝首饰人均消费金额是 160.4 元（是 2002 年的 5.96 倍），占到总消费的 0.9%。据统计，**2011 年江苏省金银珠宝的零售额比 2010 年增长了 39.8%**，这样的增速已位列各类消费品榜首。这说明随着收入的增加，消费出现了多元化现象。

消费价格下降会促进消费。说起老年消费，不得不谈"中国大妈"抢购黄金的事件。由于美国结束了货币宽松政策，加上美国经济的全面好转，黄金价格结束了持续 12 年的牛市，转而迅速下降。2013 年 4 月 15 日黄金价格一天下跌 20%，见惯物价上升却从来未见过如此幅度的物价下降，大量中国民众冲进最近的店铺抢购黄金制品，一买就是几千克，他们被称作是抄底黄金市场的"中国大妈"。世界哗然！华尔街卖出多少黄金，中国大妈们照单全收。据人民网援引的数据称，自金价下跌以来 10 天内，内地投资人鲸吞了实物黄金 300 吨，约占全球黄金年产量的 10%。而受市场需求强劲的影响，接着一周纽约黄金期货价格反弹上升 4.2%，这一涨幅为 2012 年 1 月以来最高。当时大妈购金成本，加上投资手续费等，估计为每克 289 元。但是好景不长，到 2013 年 6 月底黄金价格进一步下降到每克 250 元左右，"中国大妈"被套了 7%~25% 不等。由此可见，老人并非手中无钱，而是缺乏合适的商品和购买机会；缺乏专业人士的指导，大妈凭经验凭感性进行投资，迟早要失败的；**人们缺乏投资渠道，在大城市住房限购、汽车限购、摩托限购、名校限入，股市不景气，人们投资的渠道较少**。实际上，黄金很难"兑现"，它不是抗击通货膨胀的最好方法，但黄金价格相对稳定，保值升值比较合适。

五、现阶段我国老年居民消费的模型

影响我国老年人消费的因素众多，消费多寡受很多因素的影响，如老年人的经济收入、年轻时的消费习惯、消费观念；年轻人消费数量、老人家庭子女数及子女的经济状态等，同时也与政府消费和税收政策、消费者权益保护情况等密切相关。

我国老年人群消费存在三大差异：城乡老年人消费水平的差异实际表现在社会保障、经济收入和社区人文环境、社区资源等方面。**老年人年龄性别消费差异**实际反映在老人家庭经济负担、经济地位方面。**老年人的行业职业方面的消费差异**，也反映了老年人的经济收入、社区人文环境的差异。老人子女数量、就业状态通过老人家庭负担和家庭地位影响老年人的消费实力，进而影响老年人的消费数量。

　　若离开数据进行理性的思考，老年人消费受三大因素的影响：**直接因素**是老年人的消费观念和消费实力（收入水平）；而**最终决定（潜在）因素**是老年人的人文素质、受教育状态和身体素质；**中间因素**大致为决定老人消费观念的老人年轻时的职业、消费习惯、子女消费意愿和目前居住社区的人文环境；而老年人的消费能力（老年人的收入水平）则受到其经济收入、社会保障、家庭地位和家庭负担的影响（图4-3）。

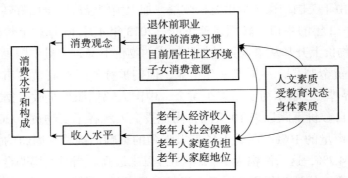

图4-3　老年人消费行为影响模式和影响路径示意图

第五节　结论与讨论

　　本章第一节回顾了老年人消费的基本概念、传统的消费理论、消费的分类，以及国内外学者对老年消费的研究进展。第二节研究了各国人口老龄化与社会消费的关系，尤其是美国、日本老龄化与社会消费的关系，同时进行了我国居民消费的国际比较。第三节讨论了人口老龄化与我国居民消费的关系，居民消费水平和消费率，以及我国各地区人口老龄化和社会消费的统计关系及其合理解释。第四节分析了影响我国老年居民消费的因素，我国老年居民消费的模型及其解释，以及影响我国老年居民消费的家庭因素等。本章结论如下。

　　1）无论理论分析还是实证分析都表明，老龄化对消费呈现出了负面影响，但这种影响很弱（年下降0.25~1.0个百分点），在经济快速发展时期常被拟制或掩盖。仅当经济发展停滞或呈负增长时，老龄化对消费的负面影响才显示出来。经济发展停滞又与人口负增长、劳动力长期负增长、人口老龄化等密切相关。

　　2）2008年世界46个国家和地区的资料说明，65岁以上老年人口比例提高1个百分点，该地区人均医疗费用支出平均提高212美元，医疗支出占GDP的比例平均提高 0.36 个百分点。同时，休闲与文化消费费用占居民消费比例下降 0.28 百分点，通信费用占居民消费的比例下降 0.11 个百分点，非酒精饮料占居民消费的比例下降 0.62 个百分点。而美国老年人每增加 1 岁，消费支出将减少 2.8%～3.2%。

3）随着年龄的增长，老年人消费总额下降，老年人外出就餐、交通、服装、娱乐和阅读等消费比例下降；而医疗保健费用、居家饮食及服务类消费比例随年龄的增长而上升。人口老龄化可能导致以生产音响、赛车、摩托车、卡拉 OK 等面向青少年消费品的企业和经营电影等娱乐服务的行业等陷入经营危机，同时大中院校的生源全线下降。

4）老龄化对消费结构的影响是，医疗保健类支出在总消费支出中的比例上升，同时增加了社会保障在政府财政支出中的比例。增加收入是拉动社会消费的杠杆，而人口年龄构成影响为次。人口老龄化增加了对社会服务类消费的需求，促进了居民交通、通信的消费；同时降低了居民消费中的食品比例，使居民衣着消费比例下降。老龄化对于消费的间接影响为：具有较高消费能力和较高文化素养的老年人口，移居到宜居国家和地区，总体降低了本地消费水平。随着年轻人口比例的减少和老年人口比例的增加，使整个消费市场发生了很大的变化。

5）近阶段，**拉动我国消费增长的主要原因是经济发展**。随着人口老龄化的进展，我国消费水平不减反增（从 2000 年的 42 896 亿元增加到 2011 年的 164 945 亿元），我国消费增长速度下降了，1990～2000 年、2000～2010 年年均消费增长率分别为 16.8% 和 13.0%。老龄化对消费出现的负面效应，被快速增长的经济所掩盖。

6）2010 年我国 31 个省级单位的居民消费水平和老龄化水平的关系分析表明，人口老龄化水平每提高 1 个百分点，居民消费比例将提高 9.8 个百分点（相关系数为 0.572）。这和老年人口消费低于成人的**论断相悖**，这表明**经济发展同时导致人口老龄化和社会消费水平提高，人口老龄化并非影响社会消费水平的主要因素**。

7）**从国外发达国家的情况来看**，随着人口老龄化的发展，将降低食品和衣着在整个消费结构中的比例，增加医疗保健、家政服务，以及旅游文化娱乐方面的消费比例，同时将增加交通通信在整个消费结构中的比例。因此，在未来应有针对性地开发老年市场，进行产品创新，满足老年人不断提高的消费需求。

8）养老是一个系统工程，需要政府、市场、社会、家庭和个人共同承担责任。随着养老保障制度的逐步完善，市场和养老产业的作用将更加凸显。相对而言，政府的力量有限，市场和社会的作用是无限的。发展养老产业要研究先行，要重视养老产业发展的三要素：**市场需求调研、有针对性的产品研发、人性化服务**。政府既要有所为，在规划引导、政策扶持、监管上多下工夫，也要有所不为，不能以事业代替产业，不能以养老服务补养老保障的缺陷，不能把养老服务办成养老福利。①

---

① 梁捷，吴玉韶. 2014-05-12. 老龄化社会将催生六大养老产业. 光明日报，第 2 版.

第五章

人口老龄化与社会养老保险

人口老龄化对社会保障的影响，主要是指人口老龄化对社会救助、社会保险、社会福利、社会补充保障等的影响。其中人口老龄化对社会保险——社会养老保险、社会医疗保险的影响最大。因为其涉及面最广、资金投入最大，对国计民生的影响最大。

人口老龄化对社会养老保险的影响机制：对老龄化影响最大的就是老年人口的养老问题，既有经济问题又有社会及医疗护理等问题。预期寿命延长，老年人退休以后的时间越来越长，养老需要的经费多，同时老年卧床护理期也越来越长，生病和需要护理的经费越来越多。

我国社会养老保险出现多轨制，主要有公务员养老保险、事业单位职工养老保险、企业单位职工养老保险、城乡居民养老保险等；如果细分还有退休军人社会保险、离休干部社会保险、失地农民社会保险、农民工社会保险、乡镇企业职工社会保险等。

第一节　社会养老保障的国际比较

欧美和日本等经济发达国家和地区都是老龄化程度高的国家，这些国家有着丰富的应对人口老龄化的经验和教训。社会保障处理得好，可以减轻公共财政负担，促进社会和谐，持续为老年人提供生活保障；若处理得不好，则财政债台高筑，老年人社会保障难以获得可持续发展。社会保障运行得好坏，实际上是社会保障资金能否满足人们的基本需求，经济社会是否具有可持续发展。如果公共财政投入不足，则弱势人群的社会保障难以实现，社会不稳定；若财政资金投入过多，影响经济发展和预算平衡，则社会保障难以可持续发展。

一、我国社会养老保障资金占财政收入的比例偏低

世界银行数据库提供了世界 26 个国家和地区人口老龄化和社会保障占地区财政收入比例的资料。各国经济发展情况和老龄化程度不一，社会保障占财政收入的比例差异很大（表 5-1）。最低的仅占 1% 以下，出现在新西兰、印度和中国澳门等地，亚非、拉美等地区也普遍偏低；比例高于 40% 以上的国家都在欧美地区，具体有德国（55%）、西班牙（46%）、法国（43%）和捷克（45%）。2000 年、2004 年、2005 年、2006 年、2007 年世界各国社会保障占财政收入比例的中位数分别为 19.1%、16.9%、19.7%、20.2%、20.2%。这说明随着老龄化的发展，各国社会保障占财政收入的比例有明显的增长趋势。另外，老龄化对社会保障占财政收入比例有着持续的影响，2009 年世界各国人口老龄化与 2000 年、2004 年、2005 年、2006 年、2007 年社会保障占财政收入比例的相关系数分别为 0.879、0.847、0.839、0.812、0.825，都通过了显著性程度为 0.01 的统计检验。这反映出人口老龄化会促使社会保障资金投入增加；同时社会保障资金增加，提高了老年人的生活质量，促进人口老龄化深入发展，两者相辅相成。

表 5-1　2000～2008 年世界 26 个国家老龄化水平与社会保障资金占财政收入的比例

单位：%

国家和地区	65 岁以上人口比例	社会保障资金占财政收入的比例					
		2000 年	2004 年	2005 年	2006 年	2007 年	2008 年
中国澳门	7.1	0.85	0.52	0.50	0.47	0.39	
印度	4.7	0.05	0.24	0.18	0.15	0.13	
印度尼西亚	5.8		2.75				
伊朗	5.0	11.48	12.96	10.44	12.42	11.7	10.93
以色列	10.1	15.22	16.85	16.55	15.91	15.72	
韩国	10.0	13.31	15.82	16.17	16.17	15.11	
蒙古	3.9				10.91	8.65	
斯里兰卡	7.1	1.67	1.08	1.19	1.28	1.48	
泰国	7.3		4.86	4.89	4.7	4.81	
南非	4.3	2.07	2.12	2.03	1.99	1.86	
加拿大	13.4	22.21	23.08	22.42	22.26	21.25	
墨西哥	6.1	10.48					

续表

国家和地区	65 岁以上人口比例	社会保障资金占财政收入的比例					
		2000 年	2004 年	2005 年	2006 年	2007 年	2008 年
美国	12.5		39.38	36.81	35.34	35.01	37.87
阿根廷	10.5		16.56				
委内瑞拉	5.2	3.50	2.54	2.20			
捷克	14.5	46.51	45.43	45.72	46.15	45.35	
法国	16.6	41.36	42.39	41.87	42.27	42.62	
德国	19.7	57.25	59.24	58.21	56.90	54.94	
意大利	20.0	33.16	35.1	35.96	34.31	34.95	
荷兰	14.5	39.03	36.86	34.15	35.04	34.12	
波兰	13.3		39.11	37.83	37.25	36.28	
俄罗斯联邦	13.6	28.80		17.72	19.14	19.24	
西班牙	16.9	41.27	48.59	48.06	46.83	45.64	
乌克兰	16.1	30.42	37.88	35.4	35.43	37.12	
英国	16.2	19.12	21.63	21.74	21.32	21.20	
新西兰	12.4		0.21	0.18	0.17	0.15	
相关系数（r）		0.878 5	0.847 1	0.839 0	0.812 0	0.824 94	
中位数	世界平均（7.4%）	19.12	16.85	19.73	20.23	20.22	

资料来源：2009 年世界银行数据库

2009 年世界各国人口老龄化程度与该国社会保障占财政收入的比例密切相关，老龄化程度高的国家或地区，社会保障占财政收入的比例高。2009 年世界 26 个国家 65 岁以上老龄化水平（x）和社会保障资金占财政收入 y 比例的关系如图 5-1 所示，按照该模型：

$$y=2.9185x - 12.216 （R^2=0.6939，n=26）$$

即老龄化水平每提高 1 个百分点，社会保障资金占财政收入的比例将提高近 2.9 个百分点。当 65 岁人口老龄化水平为 9%、10%、11%、12%、14% 和 18% 的时候，按照该模型，社会保障占政府财政收入的比例应该为 14.1%、17.0%、19.9%、22.8%、28.6% 和 40.3%。2012 年我国财政社会保障支出占当年中央和地方财政总收入的 10.74%，比平均数偏低 3～4 个百分点，仍有一定的上升空间。

当然，各个国家和地区间的社会保险水平不同、经济发展水平不同、社会保障资金占 GDP 的比例不同。一般而言，欧洲、北美、日本经济发展程度高、社会福利好，从而社会保障基金占 GDP 的比例高。而一些新兴发展中国家，如新加坡、智利等后来者居上——充分吸取了传统发达国家的经验，适当控制了社

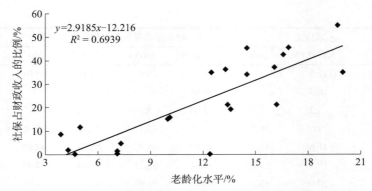

$$y=2.9185x-12.216$$
$$R^2 = 0.6939$$

图 5-1　各国人口老龄化水平与社会保障占财政收入比例的关系

会福利资金的投入，改"代际转移"为"自我平衡"，但其社会统筹、调剂能力差，被其他国家认为不是真正的社会保险。

二、发达国家的社会福利和社会养老保险

发达国家的社会保障和社会保险有着长久的发展历史，人口老龄化水平也非常高。研究发达国家的社会福利和社会保障，对于我国社会保障制度和社会福利制度的建设是十分重要的。新华网曾收集 2011 年社会福利较高水平的国家，研究其社会福利制度。[①]

1）法国。公民从出生到死亡享受到 400 多种社会福利项目。其特点是无论国籍，只要在法国有合法居留身份都可同享。从小学到大学的国民教育全部免费，若家庭收入低于某一标准，开学时孩子可领取每个学期 249 欧元的补助。法国医疗保险全民免费享有，根据个人收入，最多上缴不超过本人 2% 的工资，失业者则免费，但法国的税收也是西方国家中最高的。

2）美国。美国的小学到高中教育免费，大学教育经费主要由政府负担，学生只负担一小部分。美国医疗福利覆盖 65 岁以上所有的老年人口，每年投入高达 2.2 万亿美元的医疗支出，**占 GDP 的 16%**，占政府支出的 20.8%。老年人看病的基本准则是：不管有钱没钱，先看病，后埋单。若有钱，就由保险公司支付，保险费用由个人负担一小部分，政府负担大部分；若是穷人，就由政府埋单，连住院的伙食费都由政府支付。因此，美国民营的保险事业十分发达。

3）日本。社会福利开支占 GDP 的 18.6%。医疗保健系统覆盖所有国民，所有医院都是非营利性的。基层（县市）政府为低收入家庭提供福利住房，如果申

---

① 新华网 .2011-12-20. 盘点 2011 年十大高福利国家 .http://finance.people.com.cn/money/GB/16662100.html

请福利房的人多，则用抽签的方式分配。房租根据申请人家庭的平均收入来定，收入低的家庭则低房租甚至免房租。

4）澳大利亚。社会福利占 GDP 的 22.5%。澳大利亚对所有国民实行免费医疗（医药分开，购药是要花钱的），低收入者购药 2.6 澳元封顶，若在工作年龄内失业，每年可获取 1.5 万澳元的失业救济金。女性公民从 60 岁、男性公民从 65 岁开始，不管过去的工作经历和时间，如果个人收入或资产低于某标准，都可领取政府养老金。

5）加拿大。社会福利开支占 GDP 的 23.1%。如果没有收入来源，单身者每月可领取 500~700 加元的生活保障金，三口之家则可领取 1100~1300 加元的生活保障金。任何 65 岁以上的公民无论过去工作与否或工作时间长短，均可申请联邦养老金。对于低收入家庭，政府提供廉租房，保证人人有房住，穷人受教育免费。

6）英国。社会福利开支占 GDP 的 25.9%，社会福利覆盖所有在英国居住的人，包括难民。大学阶段前的教育均免费，大学阶段有 90% 的大学生可获得政府津贴。所以，对低收入家庭来说，从幼儿园到大学教育都是免费的。英国实行全民免费医疗，费用由政府财政支出。

7）德国。社会福利开支占 GDP 的 27.6%。靠社会救济生活困难的老年人，每月可领取 350 欧元救济金和 112 欧元养老金，以及居住面积为 100 平方米的住房房租。人口老龄化导致德国社会保障费用大幅度提高。《德国统计年鉴》提供了 1985~2007 年社会保障费用（y）与人口老龄化（x）等数据。[①] 分析表明，其间存在着二次曲线关系（图 5-2）。

$$y=-10.9（x-18.95）^2+706.15$$

当老龄化水平到达 19% 时，德国社会保障费用为最高，即 706 万美元，而后不变或略有下降。

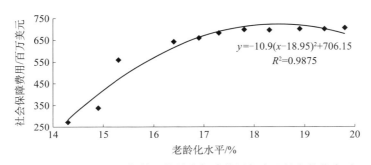

图 5-2　1985~2007 年德国的社会保障费用与当地的老龄化水平

---

① 资料来源：德国统计年鉴 .2010.http://www.bundesregienrung.de[2010-03-10].

　　8）挪威。社会福利占 GDP 的 33.2%。实行全民免费医疗，所有公民都享受无差别的高品质医疗服务，病假期间的工资照领。

　　9）丹麦。社会福利开支占 GDP 的 37.9%。社会福利覆盖所有居住人口，无论国籍，只要居住在丹麦的领土上，都可享受居民的各种福利。丹麦实行全民免费医疗，看病、住院分文不花，连住院伙食费都由政府埋单。病房一切生活设施应有尽有，病人住院空手进去即可。

　　10）瑞典。社会福利开支占 GDP 的 38.2%。看病时个人只花 60 瑞典克朗（合 60 元人民币）的挂号费，其他费用都由政府埋单。20 岁以上失业者，可领取每日 320 克朗的基本失业保险金。

　　但是，天下从来就没有免费的午餐，政府虽然可以通过各种税收和国有资产变卖等筹资，但政府不是"印钞机"，政府的社会保障和社会福利资金大多来源于公共财政收入。社会保障和社会福利是社会"二次分配"，即将富者的财富通过税收的形式转移给贫困者，将年轻时挣的财富转移到年老时花费，将在职时挣的财富转移到失业或退休时消费，将健康者的财富转移给病人。政府仅是"社会保险规则"的制定者和督促执行者。所以，社会保障和社会福利随着税收的增加而不断改善。各地的社会保险待遇不一，若选择在社会保险待遇较高的地区生活，就必须支付较高的税收。

三、欧洲社会保障政策的失误和教训

　　欧洲 65 岁以上的老年人比例已经达到 16.5%（超过 14%），进入高龄社会。百姓对社会福利的要求越来越高，而各国经济水平不断下滑，这二者之间的矛盾日益尖锐。2009 年从美国次贷危机逐步扩大到欧洲主权债务危机，加剧了全球的金融风暴，2012 的年国际信用评级机构标准普尔公司接连下调欧元区九国的国家信用等级。在欧债问题的中心——希腊，人们描述公务员的工作状态为：上午 9 点上班，下午两点半下班，每天工作不超过 5 个小时，每年带薪休假不少于一个月，拿 14 个月的薪酬，三天两头还能拿些奖金。希腊是欧洲高福利的缩影，由奢入俭难。欧洲提倡"全民共享"，号称"从摇篮到坟墓"。长期以来，高福利成了欧洲的标志性符号，有效地缓和了社会矛盾，被称为"社会稳定器"。殊不知这个"社会稳定器"却同时给欧洲经济和社会带来了很多不稳定因素。德国默克尔总理在多个国际场合反复提到几个数字：**欧盟人口占世界的 9%，GNP 占世界的 25%，而福利开支却占世界的 50%**。人们都想享受生活而不生产、不投入、不服务于社会，如此高的社会福利严重制约了欧盟经济和社会的发展。

首先，过高福利的社会保障拖累了欧洲的经济发展。高福利制度忽视了市场配置机制，片面地强调提高劳动者的保障水平，加重了欧洲企业社会税费的负担，使其难以在激烈的国际竞争中胜出。为了"合理避税"和降低劳动力成本，不少欧洲（法国、英国和瑞典等）国家的企业都将实业转移到其他地方，也导致欧洲产业空心化，经济下滑明显。

其次，大量的社会保障资金投入，积累了政府债务风险。希腊本来的经济基础就不好，除了海运业和橄榄油出口，主要依赖于爱琴海的旅游业。经济发展水平不高，但福利水平却很高。以 2001~2010 年为例，希腊经济年均增速为5.6%，而社会福利年均增速却达到了 9.4%。要维持高福利，希腊政府只能举债度日，主权债务急增。近 10 年来，希腊每年公共债务占了 GDP 的比例一直在90% 以上，其中 8 年超过 100%。[1]

此外，过高的社会福利制度养懒人，较高的失业保险和较高的社会保险税费，使得就业者和失业者的经济收入差异减小，主动失业者增加，并潜移默化地改变了欧洲人的国民性，欧洲人由朝气蓬勃变得老气横秋，由冒险进取变得贪图享乐，从而减弱了社会凝聚力。面对不利的经济形势，习惯了舒适生活的欧洲人很难共克艰险，而想依靠移民减缓老龄化，维持廉价舒适的生活，由此形成了新的移民问题。欧洲不少学者意识到，这种"从摇篮到坟墓"的福利制度已难以为继，改革势在必行。在债务的压力之下，欧洲各国政府也启动了一些改革措施，尝试着抑制社会福利的增长速度，减轻政府和企业的福利负担，但"由俭入奢易，由奢入俭难"，作为"既得利益"者，反对的呼声很高。对于深陷"高福利、高失业、高债务和低增长"泥潭的欧洲，高福利与财政平衡之间的博弈仍在继续，经济困境与社会动荡相互交织，互为因果。如何走出高福利的困境，探索建立健康的社会福利制度，维持公平与效率之间的平衡点，"既把蛋糕做大，也把蛋糕分好"，是摆在各国政府官员面前一道共同的难题。默克尔等领导人重视了该问题，德国的老龄化水平虽然很高，但在类似老龄化水平的国家中、在欧盟等发达国家中，德国的经济社会发展相对稳健，受人口老龄化的影响相对小。这说明，人口老龄化对经济发展的影响不是无解，关键是研究、重视和合理化解。

四、日本老龄化对社会保障的影响大

1960~2008 年的资料分析表明，日本人均 GDP 几乎每年平均增长 548 美元，20 世纪 90 年代的人均 GDP 增长偏快，21 世纪初则明显下降。[2]随着人口老龄化

---

[1]　欧阳实 . 2012-10-22. 欧洲高福利政策为何不可持续 . 光明日报，第 8 版 .

[2]　资料来源：U.S. Bureau of Labor Statistics. 2009. International Comparisons of Gross Domestic Product per Capita and per Employed Person, Seventeen Countries（1960-2008）.

水平的提高，日本社会保障费用一直呈现出稳定升高的趋势，社会保障占 GDP 的比例也在不断升高。分析进一步表明，**老年人口系数每增加 1 个百分点，则社会保障支出占 GDP 的比例增加 0.40 个百分点**。另外，2000～2007 年日本社会保障支出与 65 岁以上老年人口比例密切相关，两者线性相关系数高达 0.981，老年人口系数每增加 1 个百分点，则社会保障支出将增加 2.81 万亿日元（若按 100 日元兑换 1 美元、1 美元兑换 6.4 元人民币），合 281 亿美元或 1798 亿元人民币。1999～2007 年日本社会保障支出占 GDP 比例的变动情况，如表 5-2 所示。

表 5-2　1999～2007 年日本社会保障支出及其占 GDP 比例的变动状况

年份	社会保障支出 / 亿日元	占 GDP 比例 /%	65 岁以上老年人口比例 /%
1999	835 655	16.7	
2000	864 814	17.2	17.34
2001	903 207	18.3	
2002	918 300	18.7	18.54
2003	927 680	18.8	19.05
2004	939 018	18.8	19.48
2005	961 991	19.1	20.10
2006	966 375	18.9	20.80
2007	987 718	19.2	21.50

资料来源：日本国立社会保障 . 2009. 人口问题研究所网站 . http://www.ipss.go.jp/[2009-10-22]

1975～2009 年日本 65 岁以上老年人口年均增加 3.54%，但同期日本养老金、老年医疗费用、老年社会福利费用及老年社会保障费用等分别年均增长 8.77%、7.75%、12.86% 和 8.82%。1975 年老年社会保障仅占日本社会保障的 32.9%，到 2002 年以后，就稳定在 70% 左右。而同期人均老年养老金、人均老年医疗费和老年社会福利费用年均增长分别为 5.05%、4.07% 和 9.00%。

研究发现，1975～2009 年日本 65 岁以上老年人口增长与同期日本养老金、老年医疗费用、老年社会福利费用及老年社会保障费用高度相关（r=0.991、0.952、0.971 和 0.992），**每增加 1 万人老年人口**，则日本每年社会养老金、老年社会医疗费用、老年社会福利费用及老年社会保障费用分别需要增加 230 亿日元、49 亿日元、39 亿日元和 319 亿日元。仍以 1 美元 =100 日元计算，**日本每增加 1 个老年人，则每年社会养老金、老年社会医疗费用、老年社会福利费用及老年社会保障费用分别增长 2.3 万美元、0.49 万美元、0.39 万美元和 3.19 万美元**。1973～2009 年日本 65 岁以上老年人口数量及老年人口社会保障费用，如表 5-3 所示。

表 5-3　1973～2009 年日本 65 岁以上老年人口数量及老年人口社会保障费用

年份	数量/万人	比例/%	老年人社会保障费用/亿日元						综合社会保险		
			养老金给付	老年人医疗费	老年人福利费	高龄雇佣给付费	合计	增长率/%	合计/亿日元	老年人社保比例/%	增长率/%
1973			10 757	4 289	596	—	15 642		62 587	25.0	—
1974			19 205	6 652	877	—	26 734	70.9	90 270	29.6	44.2
1975	886.5	7.92	28 924	8 666	1 164	—	38 754	45.0	117 693	32.9	30.4
1976			40 697	19 780	1 489	—	61 966	59.9	145 165	42.7	23.3
1977			50 942	12 872	1 798	—	65 612	5.9	168 868	38.9	16.3
1978			61 329	15 948	2 060	—	79 337	20.9	197 763	40.1	17.1
1979			70 896	18 503	2 306	—	91 705	15.6	219 832	41.7	11.2
1980	1 064.7	9.10	83 675	21 269	2 570	—	107 514	17.2	247 736	43.4	12.7
1981			97 903	24 280	2 822	—	125 005	16.3	275 638	45.4	11.3
1982			109 552	27 450	3 129	—	140 131	12.1	300 973	46.6	9.2
1983			120 122	32 660	3 306	—	156 088	11.4	319 733	48.8	6.2
1984			130 497	35 534	3 467	—	169 498	8.6	336 396	50.4	5.2
1985	1 246.8	10.30	144 549	40 070	3 668	—	188 287	11.1	356 798	52.8	6.1
1986			163 140	43 584	4 316	—	211 040	12.1	385 918	54.7	8.2
1987			175 081	46 638	4 278	—	225 997	7.1	407 337	55.5	5.6
1988			185 889	49 824	4 569	—	240 282	6.3	424 582	56.6	4.2
1989			201 126	53 730	5 106	—	259 962	8.2	448 822	57.9	5.7
1990	1 489.5	12.05	216 182	57 331	5 749	—	279 262	7.4	472 203	59.1	5.2
1991			231 909	61 976	6 552	—	300 437	7.6	501 346	59.9	6.2
1992			249 728	66 685	7 456	—	323 869	7.8	538 280	60.2	7.4
1993			266 199	71 394	8 171	—	345 764	6.8	568 039	60.9	5.5
1994			286 248	77 804	9 066	—	373 118	7.9	604 660	61.7	6.4
1995	1 826.1	14.54	311 565	84 525	10 902	117	407 109	9.1	647 243	62.9	7.0
1996		14.90	326 713	92 166	11 537	369	430 785	5.8	675 243	63.8	4.3
1997			341 699	96 392	12 743	567	451 401	4.8	694 087	65.0	2.8
1998			362 379	101 092	13 797	773	478 041	5.9	721 333	66.3	3.9
1999			378 061	109 443	13 841	954	502 299	5.1	750 338	66.9	4.0
2000	2 200.5	17.34	391 729	103 469	34 193	1 086	530 477	5.6	781 191	67.9	4.1
2001			406 178	107 216	43 029	1 250	557 673	5.1	813 928	68.5	4.2
2002	2 362.8	18.54	425 025	107 125	48 584	1 437	582 171	4.4	835 584	69.7	2.7

续表

年份	数量/万人	比例/%	老年人社会保障费用/亿日元						综合社会保险		
			养老金给付	老年人医疗费	老年人福利费	高龄雇佣给付费	合计	增长率/%	合计/亿日元	老年人社保比例/%	增长率/%
2003	2 431.1	19.05	429 959	106 343	530 99	1 489	590 890	1.5	842 582	70.1	0.8
2004	2 487.6	19.48	438 143	105 879	574 24	1 389	602 835	2.0	858 660	70.2	1.9
2005	2 568.1	20.10	446 690	106 669	589 10	1 256	613 525	1.8	877 827	69.9	2.2
2006	2 657.6	20.80	457 716	102 874	606 02	1 105	622 297	1.4	891 098	69.8	1.5
2007	2 747.1	21.50	467 994	102 807	637 28	1 125	635 654	2.1	914 305	69.5	2.6
2008	2 822.0	22.10	481 509	104 170	666 70	1 248	653 597	2.8	940 848	69.5	2.9
2009	2 894.5	22.70	504 059	109 776	711 63	1 425	686 423	5.0	998 507	68.7	6.1

资料来源:《日本统计年鉴》(2011)

同样,1975～2009 年日本 65 岁以上老年人口占总人口的比例与同期日本养老金(表 5-4)、老年医疗费用、老年社会福利费用及老年社会保障费用等也呈现出高度相关(r=0.988、0.946、0.974 和 0.989),**老年人口比例每增加 1 个百分点,则日本社会养老金、老年社会医疗费用、老年社会福利费用及老年社会保障费用分别需要增加 31 121 亿日元、6619 亿日元、5269 亿日元和 43 124 亿日元(约合 311 亿美元、66 亿美元、53 亿美元、431 亿美元)。**

表 5-4 1975～2009 年日本老龄化水平和社会保障水平

年份	65 岁以上人口/万人	65 岁以上比例/%	养老金给付/(万日元/人)	老年人医疗费/(万日元/人)	老年人福利费/(万日元/人)	高龄雇佣继续给付费/(万日元/人)	合计/(万日元/人)
1975	886.5	7.92	32.6	9.8	1.3	—	43.7
1980	1 064.7	9.10	78.6	20.0	2.4	—	101.0
1985	1 246.8	10.30	115.9	32.1	2.9	—	151.0
1990	1 489.5	12.05	145.1	38.5	3.9	—	187.5
1995	1 826.1	14.54	170.6	46.3	6.0	—	222.9
2000	2 200.5	17.34	178.0	47.0	15.5	—	241.1
2002	2 362.8	18.54	179.9	45.3	20.6	0.6	246.4
2003	2 431.1	19.05	176.4	43.7	21.8	0.6	243.1
2004	2 487.6	19.48	176.1	42.6	23.1	0.6	242.3
2005	2 568.1	20.10	173.9	41.5	22.9	0.5	238.9

续表

年份	65 岁以上人口 / 万人	65 岁以上比例 /%	养老金给付 /（万日元 / 人）	老年人医疗费 /（万日元 / 人）	老年人福利费 /（万日元 / 人）	高龄雇佣继续给付费 /（万日元 / 人）	合计 /（万日元 / 人）
2006	2 657.6	20.80	172.2	38.7	22.8	0.4	234.2
2007	2 747.1	21.50	170.4	37.4	23.2	0.4	231.4
2008	2 822.0	22.10	170.6	36.9	23.6	0.4	231.6
2009	2 894.5	22.70	174.1	37.9	24.6	0.5	237.1

资料来源：《日本统计年鉴》（2011）

五、我国社会养老保障支出占公共财政的比例小、增长快

我国社会保障的构成非常复杂，社会保障项目开支分散放在各项目之间，而且项目口径和项目之间经常调整，各年统计数据之间的差异大。

1. 随时间的变化大

一般认为社会养老保障有大口径和小口径两种。**小口径**是社会保障的核心，包括离退休职工养老金及福利费、在职职工保险福利费（工伤保险、生育保险、医疗保险）、优抚费、城乡贫困救济费、孤老残和养老福利院费用支出；而**大口径**除了核心社会保障项目外，还包括价格补贴和住宅投资。穆怀中利用各年统计年鉴，计算了 1978～2005 年全国大口径、小口径社会保障公共财政的补贴比例，作者认为我国公共财政中（小口径）社会保障占 GDP 的比例，1978 年为 2.55%，到 2005 年上升到 5.07%，而我国大口径社会保障补贴占 GDP 的比例从 1978 年的 4.71% 上升到 2005 年的 14.04%。[①] 其没有给出各个社会保障项目补贴的具体明细，且相对数量明显偏大。严格而言，我国社会保障的公共财政补贴是不可比较的，尤其是早期（1997 年以前）项目之间的调整很大，并仍在不断调整之中。

国家财政部给出了 1998～2012 年我国财政（决算）支出数量、GDP 和财政中社会保障支出数量（表 5-5）。但是各时期包括的内容不同，1998～2006 年的社会保障中财政支出包括行政事业单位离退休费、抚恤和社会福利救济、社会保障补贴支出 3 项。2007～2012 年则调整为行政事业单位离退休费、就业补助、自然灾害生活救助，以及对于社会保险基金的补助、居民最低生活保障的补助等合计为 5 项。1998～2012 年 15 年的平均数据表明，我国公共财政年平均支出为 48 228.5 亿元，而社会保障补贴为 4960 亿元，即我国社会保障补贴占财政支出

---

① 穆怀中 . 2007. 社会保障国际比较 . 北京：中国劳动社会保障出版社：122-124.

的 10.28%，或占当年 GDP 的 2.12%。1998～2012 年我国 GDP 年均增长 13.9%，我国公共财政支出年均增长 18.6%，而我国社会保障补贴年均增长 24.3%。因此，我国社会保障补助占财政支出的比例，由 1998 年的 5.16% 上升到 2012 年的 10% 左右，社会保障补助占 GDP 的比例由 1998 年的 0.71% 上升到 2012 年的 2.42%。这说明我国社会保障的分类指标在不断调整中，调整核算逐步实现科学化、精细化，并逐渐和国际口径相接轨；我国社会保障的财政补助增长速度（年增长速度 24.3%）快于公共财政增长速度（18.6%），而公共财政增长速度又快于我国的经济发展速度（13.9%）；在我国的社会保障补助中，行政事业单位人员离退休费支出所占的比例越来越低（由 1998 年的 46.1% 降低到 2009 年的 27.5%），而公共财政对社会保障事业、对城乡居民最低生活保障的补助、社会福利开支所占的比例越来越高，这显示出了社会的公平。

表 5-5　1998～2012 年我国财政支出（决算）、社保补贴和 GDP 变化表　（当年值）

年份	财政社保支出 / 亿元 ①	财政支出 / 亿元 ②	GDP/ 亿元 ③	社保占财政支出的比例 /%，①/②	社保占 GDP 的比例 /%，①/③	财政支出占 GDP 的比例 /%，②/③
1998	595.63	11 549.48	84 402.3	5.16	0.706	13.7
1999	1 197.44	13 805.87	89 677.1	8.67	1.335	15.4
2000	1 517.57	15 886.50	99 214.6	9.55	1.530	16.0
2001	1 987.40	18 902.58	109 655.2	10.51	1.812	17.2
2002	2 636.22	22 053.15	120 332.7	11.95	2.191	18.3
2003	2 655.91	24 649.95	135 822.8	10.77	1.955	18.1
2004	3 116.06	28 486.89	159 878.3	10.94	1.949	17.8
2005	3 698.86	33 930.28	183 217.4	10.90	2.019	18.5
2006	4 361.78	40 422.73	216 314.4	10.79	2.016	18.7
2007	5 447.16	49 781.35	265 810.3	10.94	2.049	18.7
2008	6 804.29	62 592.66	314 045.0	10.87	2.167	19.9
2009	7 606.68	76 299.93	340 506.9	9.97	2.234	22.4
2010	9 081.40	89 874.16	397 983.0	10.10	2.282	22.6
2011	11 108.14	109 239.30	473 104.0	10.17	2.348	23.1
2012	12 585.52	125 953.00	519 322.0	9.99	2.423	24.3
平均	4 960.004	48 228.522	233 952.4	10.28	2.120	20.6

资料来源：《中国财政年鉴》（2010），北京：中国财政杂志社出版：457-459；《中国财政年鉴》（2011—2013），北京：中国财政杂志社出版

结合我国老年人口资料分析显示，1998～2012 年我国 65 岁及以上老年人口每增加 1 个百分点（实际每年增加 0.2～0.3 个百分点），我国公共财政中社会保障支出将增加 4392 亿元（相关系数 $r=0.988$），公共财政支出将增加 42 860 亿元（$r=0.977$），我国社会保障占 GDP 的比例将增加 0.432 个百分点（$r=0.805$），财政支出占 GDP 的比例将增加 3.49 个百分点（$r=0.970$）。我国老年人每增加 100 万人（实际每年增加 400 万～500 万人），我国公共财政中社会保障支出将增加 272 亿元（相关系数 $r=0.985$），公共财政支出将增加 2648 亿元（$r=0.974$），我国社会保障占 GDP 的比例将增加 0.027 个百分点（$r=0.813$），财政支出占 GDP 的比例将增加 0.217 个百分点（$r=0.970$）。由表 2–15 可知，2025 年、2035 年我国老年人口比例将达到 15% 和 21%，则可以计算出相应的社会保障支出。

2. 我国社会保障项目支出比例小

2012 年我国 GDP 为 519 322 亿元，而中央和地方财政收入合计为 117 210 亿元，同年公共财政支出为 125 953 亿元，比 2011 年增长了 15.3%。按照国家财政部 2013 年 7 月 15 日公布的 2012 年公共财政支出决算[①]，2012 年全国公共财政分 24 个项目，主要分布在教育、一般公共服务、社会保障和就业、农林水事务支出、城乡社会管理规划支出、交通运输、医疗卫生、公共安全、国防支出等 9 个项目的支出占公共财政支出的 76.88%（96 832.64 亿元）。其中社会保障和就业支出为 12 585.52 亿元（表 5–5），而实际包括民政和社会保障等行政管理费用支出，没有包括医疗和住房社会保障的补贴。实际我国社会保障应包括，社会保障和就业（不考虑其中的管理事务支出）11 689.44 亿元，（医疗卫生中）医疗社会保障 3657.41 亿元，**小口径社会保障费用为 15 346.85 亿元，占公共财政支出的 12.18%，或占当年 GDP 的 2.96%。**若考虑住房社会保障补贴（即大口径）4479.62 亿元，**2012 年（大口径）社会保障为 19 826.47 亿元，占当年公共财政支出的 15.74%，或者占当年 GDP 的 3.82%。**

2006 年我国 GDP 为 21 087 亿元，而财政收入为 39 373.2 亿元，公共财政支出为 40 422.7 亿元，按照 2007 年财政部公布的财政决算[②]，2006 年分 26 个基本项目，其中开支较大的分别为科教文卫支出占总决算的 18.4%，基本建设开支占 10.9%，其他开支占 9.2%，行政管理占 8.3%，国防开支占 7.4%，公检法司支出占 5.4%，社会保障占 5.3%，支农费用占 5.3%，这 8 项支出为 28 332.9 亿元，占当年 26 个项目公共财政总支出的 70.2%，可见其项目是比较分散的，我国行

---

① 国家财政部 . 2012 年全国财政决算 . http://yss.mof.gov.cn/2012qhczjs/index.html.

② 国家财政部 . 2006 年全国财政支出决算 . http://www.360doc.com/content/10/0904/13/3076911_5112 1087.shtml.

政管理费用高于社会保障费用。其中，与社会保障有关的有社会保障补助支出2123.9亿元，抚恤和社会福利救济907.7亿元，行政事业单位离退休支出1330.2亿元，政策性物价补贴1387.5亿元，即**2006年全国社会保障合计为5749.3亿元，占当年公共财政支出的14.2%，或者占当年GDP的2.73%，这里没有包括住房补贴等。**

从小口径社会保障（不考虑物价补贴和住房社会保障等）角度而言，据国家财政部副部长提供的数据，1998年为我国公共财政中用于社会保障的资金为596亿元，占当年财政支出的5.52%，或占当年GDP的0.71%；2006年增长到4362亿元，占公共财政支出的11.05%，或占当年GDP的2.07%；2012年社会保障支出进一步增长到15 346.9亿元，占公共财政支出的12.18%，或占当年GDP的2.96%。**1998～2012年我国社会保障经费以平均每年26.1%的速度增长，而公共财政支出以平均每年19.2%的速度增长，GDP以平均每年13.9%的速度增长。**

在**2012年我国公共财政关于社会保险补助的10 534.54亿元中，社会养老补助为6416.87亿元**（其中，财政对基本养老保险、新农保、城保、支付行政事业单位离退休金的补贴分别为2527.3亿元、932.91亿元、107.82亿元、2848.84亿元），**占社保公共财政支出的60.91%；社会医疗保险为3741.62亿元**（财政对基本医疗保险、社会医疗保险的补助分别为84.21亿元和3657.41亿元），**占社会保障补助的35.52%；其余的3.57%为就业补助和社会福利等。**

与国外相比，我国公共财政对社会保障的补助不足，公共财政支出占GDP的比例过低。早在1960年，德国、英国、美国和日本的社会保障就分别占GDP的20.5%、13.9%、10.3%和9.0%；而1995年奥地利、法国、意大利、西班牙、澳大利亚仅财政养老金支出就占当地GDP的8.8%、10.6%、13.3%、10.0%和2.1%；与我国经济发展水平相当的拉丁美洲国家——2004年玻利维亚、秘鲁、乌拉圭和墨西哥财政养老金支出占当地GDP的11.6%、5.9%、5.1%和3.6%。[①]

3. 各地老年人口数量对社会保障支出资金的影响大

2013年国家统计局给出了2012年我国各地区财政支出数量（亿元），其中社会保障及就业支出与各地老年人口数量、老龄化程度的相关十分密切。首先，我们将2012年各地老年人口数量除以抽样比（0.831‰），获得各地老年人口数量；其次，计算了各地老年人口数量、人口老龄化程度与社会保障和就业（社会保障支出没有单列）支出资金的相关关系，相关系数分别是0.803、0.563。由此可见，老年人口数量对社会保障支出的影响远大于老龄化系数对社会保障的影响。

---

① 穆怀中.2007.社会保障国际比较.北京：中国劳动社会保障出版社：123-184.

平均而言，2012 年老年人口每增加 100 万人，则该地社会保障和就业的财政支出将增加 49.23 亿元人民币（决定系数 R^2=0.6451），同时公共财政支出将增加 484 亿元人民币（决定系数 R^2=0.7396）。然而老年人口数量与社会保障支出的关系，更适合于表现为图 5-3 的乘幂型指数，若不考虑奇异点辽宁省的情况，则其方程相关指数（决定系数 R^2）将由 0.7834 提高到 0.8025。若用模型表示，2012 年我国各地老年人口数量（x）对该地社会保障和就业的财政支出（y）模型为

$$y=185.11+0.4923x, \qquad R^2=0.6451$$

或　　　　$$y=16.821x^{0.5283}, \qquad R^2=0.7834（x: 各地 65 岁以上老年人口数）$$

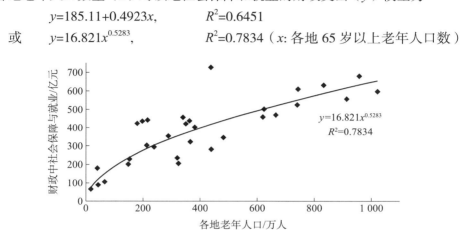

图 5-3　2012 年我国 31 个省（自治区、直辖市）老年人数量与同期社会保障就业财政支出

以上事实说明，无论在时间范畴上还是在空间范畴上，社会保障支出都随着人口老龄化程度的提高、老年人口数量的增加而增加。

第二节　我国城镇职工社会养老保险面广量大

我国社会福利起点低，改革开放以后，随着我国经济的快速增长，社会福利和社会保障事业发展迅速，中小学基础教育免费、农业税收全免、社会医疗保险城乡全覆盖、社会养老保险城乡全覆盖，城市最低生活保障费用发放范围不断扩大，最低工资标准不断提高，廉租房建设力度加大。但是，百姓总感觉不到问题是我国贫富差异、城乡差异过大；我国政府信息透明度不够，对百姓需求的信息了解得不充分，民主建设有待加强。社会养老保险是社会保障的重要组成部分之一。

1）我国社会养老保险人员种类众多。我国社会养老保险比较复杂，大致可以分为如下两大类：城镇职工社会养老保险和城乡居民社会养老保险（图 5-4）。

前者又可细分机关单位、事业单位、银行系统（主要指中国人民银行和中国农业发展银行）、企业单位和个体身份职工的社会养老保险等 5 类，其中，企业单位又可细分国有企业、集体企业、港澳台及外企、其他经济类型的企业 4 个亚类。城乡居民社会养老保险可细分为城镇居民社会养老保险（城居保）和农村居民社会养老保险（新农保）两类。其他诸如农民工和失地农民等分别以不同身份参加了以上社会保险。各种养老保险个人缴费水平不一，最后享受的养老待遇不一。本节将介绍城镇职工社会养老保险，下一节将介绍城乡居民社会养老保险。

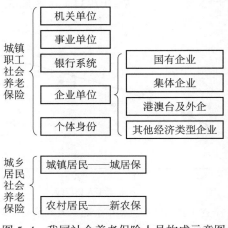

图 5-4　我国社会养老保险人员构成示意图

2）我国各类人员社保参加率和参保比例差异大。2010 年我国养老保险参加人数占总人口的比例为 54.5%，略高于 2005 年发展中国家的平均水平（50%），但低于 2005 年美国的水平（71%）。[①] 同年，我国职工居民总数为 7.9 亿人，参加养老保险的职工和居民为 72 961 万人，职工居民参保率为 91%，这高于 2005 年发达国家的一般水平（80%）。2011 年年底，我国城乡居民、城镇职工、公务员养老保险参保人数为 73 232 万人（表 5-6），同时存在大量未参保人员和数以百万的重复参保人员。2011 年国家审计署的调查结果表明，到 2011 年年底全国 110.18 万企业职工重复参加了"企业保险"、"新农保"和"城居保"基本养老保险，使国家进行财政补贴 5133.52 万元，2.45 万人重复领取养老金 3569.46 万元；全国有 240.40 万人跨省拥有 2 个以上企业职工基本养老保险个人账户。[②]

① 张恺悌，郭平 . 2010. 中国人口老龄化与老年人状况蓝皮书 . 北京：中国社会出版社：45-52.
② 郑秉文 . 2012. 中国养老金发展报告（2012）. 北京：经济管理出版社：1-2.

表 5-6　2011 年年底我国社会养老保险参加人数

项目	新农保	城镇居民	企业职工	事业单位	公务员	合计
参保人数 */ 万人	32 643	12 256	26 284	1 697	352	73 232
构成比例 /%	44.6	16.7	35.9	2.3	0.5	100
离退休人数 / 万人	8 921.8	3 578 **	6 314.0	513.0		19 326.8
构成比例 /%	46.2	18.5	32.7	2.7		100

注：* 包括离退休人员，** 根据领导讲话的估计值

资料来源：国家统计局人口和劳动就业司 .2012. 中国劳动统计年鉴 . 北京：中国统计出版社：359，368；郑秉文 .2012. 中国养老金发展报告（2012）. 北京：经济管理出版社：16

2011 年年底，我国参加养老保险的人中，参加**新农保和城居保**的人数最多，为 4.49 亿人；其次是城镇企业职工基本养老保险，人数为 2.63 亿人；最后是公务员和事业单位人员社会养老保险，参加人数为 2100 万人；其分别占参加人数的 61%、36% 和 3%（表 5-6）。若和 2007 年相比，我国参加新农保和城居保的人数增加很快，而公务员和事业单位由于社会保险待遇好、养老保险替代率高，这些单位对进人控制得很严格，参保人数少变，但比例有所下降；同时，城镇企业职工参保人数比例相对下降。本节首先研究城镇职工社会养老人数及构成，其次分别研究公务员事业单位、企业单位职工社会养老状态。

整理《2012 年中国养老金发展报告》发现，2010 年我国城镇就业人员基本养老保险参保率（参保职工 19 402.34 万人 / 城镇就业人员 34 687 万人）为 55.94%，乡村就业人口新农保参保率（参保人数为 7414.25 万人 / 乡村就业人数为 41 418 万 × 调整系数）为 18.84%。而据我国第六次人口普查资料反映，2010 年 11 月我国以离退休养老金为主要生活来源的人口（425.84 万人）占 60 岁及以上人口（1765.87 万人）比例为 24.12%，2010 年全国城乡人口养老保险参保率为 35% 左右。2011 年我国城乡居民参保率有了较大的提高。

一、我国城镇职工社会养老保险的构成和进展

2011 年年底我国城镇职工社会养老保险参加人员（包括离退休人员）28 356 万人中，企业单位、事业单位、机关单位、个体身份和银行系统职工等系统参加社会基本养老保险的人员分别为 20 417 万人、1697 万人、352 万人、5866 万人和 23.6 万人，分别占参保人数的 72.0%、6.0%、1.2%、20.7% 和 0.1%。2011 年年底企业单位、事业单位、机关单位、个体身份和银行系统（主要指中国人民银行和中国农业发展银行）等享受社会养老保险的**离退休人员**分别为 5136 万

人、428 万人、79 万人、1178 万人、6 万人，分别占离退休人员的 75.2%、6.3%、1.2%、17.3% 和 0.1%（表 5–7）。[①]

表 5–7　2010 年、2011 年我国参加城镇职工基本养老保险人数构成分析

项目		2010 年		2011 年		2010～2011 年增长率
		人数 / 万人	构成比 /%	人数 / 万人	构成比 /%	
参保人数（含退休）	机关单位	352.60	1.37	352.21	1.24	−0.11
	事业单位	1 706.23	6.63	1 697.36	5.99	−0.52
	银行系统	23.38	0.09	23.55	0.08	0.72
	企业单位	18 527.25	72.04	20 417.03	72.00	10.20
	国有企业	7 842.58	42.33	7 953.16	38.95	1.41
	集体企业	1 962.73	10.59	2 065.38	10.12	5.23
	港澳台及外企	1 696.25	9.16	1 992.08	9.76	17.44
	其他经济类型	7 025.83	37.92	8 406.41	41.17	19.65
	个体单位	5 106.89	19.86	5 866.29	20.69	14.87
	合计	25 716.36	100.00	28 356.44	100.00	10.27
参保而离退休人员	机关单位	76.68	1.22	79.18	1.16	3.26
	事业单位	411.23	6.52	427.72	6.27	4.01
	银行系统	5.45	0.09	5.71	0.08	4.75
	企业单位	4 914.38	77.95	5 135.53	75.23	4.50
	国有企业	3 089.96	62.88	3 153.00	61.40	2.04
	集体企业	800.97	16.30	836.21	16.28	4.40
	港澳台及外企	58.83	1.20	63.68	1.24	8.25
	其他经济类型	964.82	19.63	1 082.62	21.08	12.21
	个体单位	897.04	14.23	1 178.08	17.26	31.33
	合计	6 304.78	100.00	6 826.22	100.000	8.27

资料来源：郑秉文 . 2012. 中国养老金发展报告（2012）. 北京：经济管理出版社：16–20

1. 1989～2010 年我国城镇职工基本养老参保人数增长快

1989～2010 年我国城镇参保总数增长迅速，从 1989 年的 5710 万人增长到 2010 年的 25 707 万人，21 年增长到原来的 4.5 倍，如果忽视中间过程，**平均每年递增 7.42%**；而同期参保以后的离退休人数增长更快，从 1989 年的 893 万人增长到 2010 年的 6305 万人，21 年增长到原来的 7.1 倍，若忽视其中间过程，**平均每年递增 9.75%；同期参保的在职职工年均增长最慢，仅为 7.21%**。1989 年每 5.4 个参保职工负担一个退休人员，随着人口老龄化的加速发展，2004 年这一比例迅速降低到 3.0∶1，在江苏、上海实际上已下降到 2.4～2.6∶1。类似地，

① 郑秉文 . 2012. 中国养老金发展报告（2012）. 北京：经济管理出版社：16-17.

政策赡养率（离退休人员/在职参保职工×100%）由18.5%增长到33.5%。于是，社会保险向外来务工人员开放，2010年平均每3.1个参保职工承担1个退休职工（表5-8）。

表5-8 1989～2011年我国参加城镇职工基本养老保险人数变化

年份	参保总数/ 万人	在职参保/ 万人	参保离退休 人员/万人	参保职工/ 离退休	政策赡养率/%
1989	5 710.3	4 816.9	893.4	5.4：1	18.5
1990	6 166.0	5 200.7	965.3	5.4：1	18.6
1991	6 740.3	5 653.7	1 086.6	5.2：1	19.2
1992	9 456.2	7 774.7	1 681.5	4.6：1	21.6
1993	9 847.6	8 008.2	1 839.4	4.4：1	23.0
1994	10 573.5	8 494.1	2 079.4	4.1：1	24.5
1995	10 979.0	8 737.8	2 241.2	3.9：1	25.6
1996	11 116.7	8 758.4	2 358.3	3.7：1	26.9
1997	11 203.9	8 670.9	2 533.0	3.4：1	29.2
1998	11 203.1	8 475.8	2 727.3	3.1：1	32.2
1999	12 485.4	9 501.8	2 983.6	3.2：1	31.4
2000	13 617.4	10 447.5	3 169.9	3.3：1	30.3
2001	14 182.5	10 801.9	3 380.6	3.2：1	31.3
2002	14 736.6	11 128.8	3 607.8	3.08：1	32.4
2003	15 506.7	11 646.5	3 860.2	3.02：1	33.1
2004	16 352.9	12 250.3	4 102.6	2.99：1	33.5
2005	17 487.9	13 120.4	4 367.5	3.00：1	33.3
2006	18 766.3	14 130.9	4 635.4	3.05：1	32.8
2007	20 136.9	15 183.2	4 953.7	3.07：1	32.6
2008	21 891.1	16 587.5	5 303.6	3.13：1	32.0
2009	23 549.9	17 743.0	5 806.9	3.06：1	32.7
2010	25 707.3	19 402.3	6 305.0	3.08：1	32.5
2011	28 391.3	21 565.0	6 826.2	3.16：1	31.7

注：这里的参保职工包括机关单位、企事业单位职工，以个体身份参保人员和国有企业、城镇集体企业、港澳台及外资企业和其他各种经济类型企业的职工等

资料来源：国家统计局．2012.中国统计年鉴（2012），北京：中国统计出版社，表21～表38

模型分析表明（图5-5），1989～2010年我国城镇参加养老保险的人数是线性指数，更接近于指数模型增长；而企业参保后退休人员则以线性模型增长。若用模型表示，1989～2010年我国城镇参加养老保险人数的模型为

$$y=4448.6+828.25t, \quad R^2=0.950$$

或 $\quad y=6310e^{0.0623t}, \qquad R^2=0.957 \qquad (t|_{1989、1990、1991\cdots2010}=1,2,3，\cdots，22)$

即我国参加养老保险的人数年均增长 828 万人，而我国参保以后离退休人数年均增长 239 万人；我国城镇参加养老保险的职工平均每年增长 579 万人。2005 年以后，由于人口老龄化的影响，无论是参保职工人数还是参保后退休人口数量都出现爆发式（指数）增长状态。2005～2006 年、2006～2007 年，2007～2008 年、2008～2009 年、2009～2010 年我国城镇职工参保人数分别增长了 1278 万人、1371 万人、1754 万人、1659 万人和 2157 万人，平均每年增长 1643.8 万人；而 2010～2011 年、2011～2012 年、2012～2013 年、2013～2014 年我国城镇参保人数分别增长了 2680 万人（实际上，2010～2011 年增长 2684 万人）、3180 万人、3500 万人和 3980 万人，平均每年增长 3235 万人。

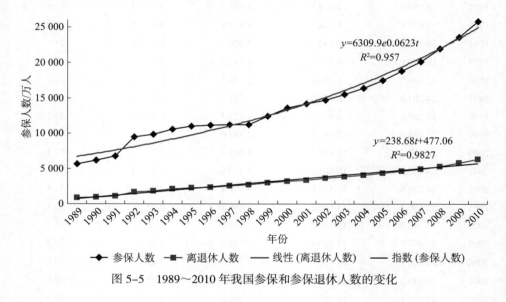

图 5-5　1989～2010 年我国参保和参保退休人数的变化

2. 近年我国城镇职工养老保险基金增长迅速

随着我国经济的增长和社会的发展，我国城镇职工人均基本养老保险收入有了明显提高。以《中国统计年鉴》（2012）为例，2002～2011 年我国人均基本养老保险基金年收入分别为 0.79 万元、0.81 万元、0.85 万元、0.93 万元、1.06 万元、1.20 万元、1.39 万元、1.53 万元、1.67 万元、1.87 万元，若不考虑中间年份，则 2002～2011 年我国城镇职工基本养老金收入年均递增 10.04%，该速率低于同期 GDP 的增长速度；若考虑到 2002～2011 年我国年均通货膨胀率为 2.43%[①]，我国城镇职工基本养老金年均增长 8%。在"全民皆保"思想的影响下，我国城镇职工基本养老保险金的增加速度很快，2010～2011 年企业职工养老金、

---

① 郑秉文 . 2012. 中国养老金发展报告（2012）. 北京：经济管理出版社：77.

机关事业单位职工基本养老金年增长率分别为 26.7%、17.4%，城镇职工养老金年增长率达到 25.9%。其中，由于机关事业单位职工人数的控制，基本养老基金占比由 2010 年的 8.95%，下降到 2011 年的 8.35%（表 5-9）。分析进一步指出，2010 年、2011 年我国机关事业单位离退休人员的年均收入分别为 23 211 元、26 107 元。同时，2010 年、2011 年我国企业单位离退休人员的年均收入分别为 16 192 元、18 096 元；2010 年、2011 年企业单位职工上缴社会保险费人均为 6856 元、7754 元。

表 5-9 2010 年、2011 年我国城镇职工基本养老保险基金收入和支出

	项目	2010 年		2011 年		年增长率 /%
		数额 / 亿元	比例 /%	数额 / 亿元	比例 /%	
收入	城镇职工	13 419.5	100	16 894.7	100	25.89
	企业职工	12 218.4	91.04	15 484.8	91.65	26.74
	机关、事业单位职工	1 201.1	8.95	1 409.9	8.35	17.40
支出	城镇职工	10 554.9	100	12 765	100	20.94
	企业职工	9 409.9	89.15	11 425.7	89.51	21.42
	机关、事业单位职工	1 145.0	10.85	1 339.3	10.49	16.97

资料来源：中国劳动统计年鉴（2012），北京：中国统计出版社：363

3. 2010 年我国职工社会养老参保人数的地区分布广

根据相关规定，全国社会保险分个人账户和统筹账户两部分。职工个人按照工资的 8%、2%、1% 分别缴纳养老保险、医疗保险和失业保险费用，企业则按个人工资的 20%、6%、2%、1% 和 0.8% 给每个职工缴纳养老保险、医疗保险、失业保险、生育保险和工伤保险费用。个人缴纳 8% 的养老保险属于个人账户，其余属于社会统筹账户，不够部分由政府对社会保险进行财政补贴。2012 年年末我国城乡居民基本养老保险实现了制度全覆盖，全民基本医保体系初步形成，各项医疗保险参保超过 13 亿人，失业保险、工伤保险、生育保险参保人数也都超过了 1 亿人，社会保险费与老百姓的生活息息相关。

2010 年年末全国 31 个省（自治区、直辖市）城镇职工基本养老保险参保人数总计已达 2.57 亿人，占同期全国城镇总人口的 38.38%（表 5-10）。在基金收入中，包括正常征费、政府补贴、基金利息等。参保人数最多依次为广东（3215 万人）、江苏（2033 万人）、山东（1773 万人）、浙江（1702 万人）、辽宁（1497 万人）、四川（1300 万人）、河南（1079 万人）、上海（1050 万人）和湖北（1140 万人），主要集中在我国东部人口和经济发展比较快的人口大省（表 5-10）。人均基本养老保险基金职工年收入地区分布表明，2010 年超过 1.8 万元（月均 1500 元）的有北京、西藏、青海、山东、上海、浙江、天津、广东

和山西等，前 5 个省（自治区、直辖市）人均超过 2 万元（表 5–10）；2010 年人均社会养老保险金收入低于 14 400 元（月均 1200 元）元的省区在四川、广西、湖南、湖北、江西、黑龙江和吉林，其中最低的吉林人均退休金收入仅为 12 240元，大致为月均 1000 元。

表 5–10　2010 年年末全国各地城镇企业职工参加基本养老保险人数及基金收支情况

地区	离退休人均年收入 / 万元	参加基本养老保险人数 / 万人			基金收支情况 / 亿元		
		合计	在岗职工	离退休人员	基金收入	基金支出	累计结余
全　国	1.674	25 707.3	1 9402.3	6 305.0	13 419.5	10 554.9	15 365.3
北　京	2.468	981.4	785.9	195.5	658.9	482.4	617.9
天　津	1.893	431.5	287.9	143.6	278.9	271.8	203.0
河　北	1.741	988.4	728.9	259.5	584.6	451.8	562.9
山　西	1.829	591.0	443.7	147.3	404.4	269.4	637.4
内蒙古	1.784	430.7	311.5	119.2	266.9	212.6	257.9
辽　宁	1.599	1 496.9	1 024.2	472.7	834.1	755.4	739.3
吉　林	1.224	599.5	392.9	206.6	289.8	252.8	351.8
黑龙江	1.378	952.2	589.2	363.0	524.1	500.1	479.0
上　海	2.161	1 049.5	657.3	392.2	889.9	847.5	462.0
江　苏	1.677	2 033.0	1 583.9	449.1	1 018.7	753.3	1 271.8
浙　江	1.919	1 702.2	1 478.6	223.6	605.1	429.1	1 162.1
安　徽	1.517	669.5	492.0	177.5	341.6	269.2	353.0
福　建	1.654	635.5	522.0	113.5	204.1	187.7	141.2
江　西	1.326	607.6	462.1	145.5	231.6	193.0	203.6
山　东	2.168	1 773.0	1 427.9	345.1	942.4	748.2	1 077.6
河　南	1.555	1 079.3	809.0	270.3	519.8	420.3	499.0
湖　北	1.392	1 039.8	738.2	301.6	501.9	419.8	427.6
湖　南	1.338	938.9	673.5	265.4	452.3	355.1	455.9
广　东	1.848	3 215.2	2 875.6	339.6	1 139.1	627.7	2 471.5
广　西	1.401	449.3	311.2	138.1	287.9	193.5	379.0
海　南	1.632	180.8	135.4	45.4	80.2	74.1	64.9
重　庆	1.421	584.4	391.9	192.5	310.6	273.6	255.6
四　川	1.674	1 300.9	861.9	439.0	804.0	608.7	928.4
贵　州	2.468	257.3	190.3	67.0	144.6	107.4	177.9
云　南	1.893	317.4	225.1	92.3	194.0	144.2	229.3
西　藏	1.741	10.0	6.8	3.2	14.1	7.6	9.7
陕　西	1.829	550.4	400.1	150.3	302.8	265.0	215.8
甘　肃	1.784	242.4	171.1	71.3	166.1	127.2	178.2
青　海	1.599	74.4	54.4	20.0	51.8	43.4	50.6
宁　夏	1.224	107.8	77.5	30.5	84.7	48.8	108.7
新　疆	1.378	393.7	274.5	119.2	287.5	211.8	385.7

二、我国机关、事业单位职工的社会养老保险替代率偏高

2014 年 10 月前，我国机关、事业单位未列入养老保险改革范围，退休人员的养老金依旧由国家财政完全拨付，其标准以本人工资为基数，按照工龄长短核计发放，属于"收益确定型"现收现付制养老保险制度。[①]2009 年公共财政补贴机关事业单位退休金 2093 亿元，占总财政支出的 2.74%，1998～2009 年机关事业单位退休金年均增长 20.3%。[②]这就是人们所说的我国城镇养老保险"双轨制"局面，相对于企业退休职工而言，国家机关和事业单位人员享受较高的退休待遇。2009 年 1 月人力资源和社会保障部下发《事业单位工作人员养老保险制度改革试点方案》，要求山西、上海、浙江、广东和重庆 5 个地区先期试点，将事业单位的养老保险金向企业养老金靠拢。2014 年下半年，事业单位和公务员社会养老保险有了比较明确的改革方向，就是通过在职时个人和单位协同缴费，并且建立职业年金，以确保改革前后退休收入平稳少变，同时养老金发放渠道将由单位改为社会。

1. 参保人数、离退休人数及制度赡养率

2011 年全国机关、事业单位参保职工分别为 352.21 万人、1697.36 万人，分别比 2010 年增长了 1.77%、1.69%（表 5–11）。同年，机关、事业单位离退休职工分别为 79.18 万人、427.72 万人，比 2010 年增长了 3.26%、4.01%。2011 年，机关、事业单位的制度赡养率为 28.35%、32.95%，分别比 2010 年上升了 0.52 个百分点、0.98 个百分点。[③]到 2013 年年底为止，全国在职的公务员 717.1 万人，同期事业单位 111 万个，在岗的事业编制人数为 3153 万人。

2. 离退休者收入随时间增长快，替代率下降

替代率是指退休人员平均收入和在职人员平均收入的比，国际通用标准为 60%[④]，我国退休职工的替代率是逐渐下降的。分析表明（表 5–11），首先，机关和事业单位人均退休、退职费用高于企业单位人均水平。其次，企业、事业、机关单位人均离休费用相差不大，退休经费相差大；1990 年机关、事业单位和企业单位人均离退休费用相差小，但 2004 年后相差越来越大。平均而言，1990 年、1995 年、2000 年全国离退休人员的平均"替代率"分别为 80.0%、78.4% 和 76.2%，一直在稳定下降。1990～2000 年在职职工工资平均每年上涨 15.9%，而离休、退休、退职费平均上涨 15.3%，基本呈现出同步增长、共享改革开放成果

① 李时宇.2013.双重困境下的养老保险体系改革研究.北京：中国人民大学出版社：33-34.
② 国家财政部.中国财政年鉴（2010）.北京：中国财政出版社.
③ 郑秉文.2012.中国养老金发展报告（2012）.北京：经济管理出版社：16-19.
④ 穆怀中.2007.社会保障国际比较.北京：中国劳动社会保障出版社：182.

的态势。但是，职工常有各种津贴、补贴和奖金等收入，退休人员就没有了。当然，各种离退休人员经济收入增长并非均匀的，机关和事业单位退休职工的收入没有经过"改革"剥离，相对而言高一些。正因为如此，事业单位退休待遇在改革时遇到了较大的阻力。

表 5-11　1990 年、1995 年、2000 年和 2004 年全国企事业、

机关单位人均离退休、退职收入　　单位：元 / 人·年

项目		1990 年	1995 年	2000 年	2004 年
总平均	全国职工平均工资	2 140	5 500	9 371	—
	人均离休、退休、退职费	1 713	4 311	7 137	9 715
企业	人均离休、退休、退职费	1 664	3 976	6 318	8 081
	人均离休金	2 734	6 574	12 007	20 360
	人均退休金	1 607	3 857	6 142	7 831
事业	人均离休、退休、退职费	1 889	5 310	9 923	14 911
	人均离休金	2 557	7 490	13 666	20 646
	人均退休金	1 771	5 066	9 655	14 644
机关	人均离休、退休、退职费	2 006	5 783	10 020	16 532
	人均离休金	2 632	7 553	12 885	21 296
	人均退休金	1 715	5 223	9 451	15 932

资料来源：国家统计局 . 中国劳动统计年鉴（2005）. 北京：中国统计出版社：表 11-10

2009 年年末，我国在职（在岗）职工年平均工资为 32 735 元，而离退休职工年平均收入为 15 240 元，替代率为 46.6%。 其中，全国机关单位、事业单位、企业单位平均工资分别为 37 397 元、34 053 元、31 622 元，而机关单位、事业单位、企业单位离退休职工平均收入分别为 22 512 元、21 336 元和 14 700 元，即**机关单位、事业单位、企业单位离退休职工收入替代率分别为 60.2%、62.7% 和 46.4%，企业单位的替代率明显过低。**[①]我国企业退休人员替代率低于国际标准。

3. 各地区各类离退休人员人均收入差异大

2004 年我国 31 个省（自治区、直辖市）的城市企业单位、事业单位、机关单位（公务员）人均离休、人均退休费分析表明（图 5-6），2004 年企业单位、事业单位和机关单位（公务员）离休退休人均年收入分别为 8081 元、14 911 元、16 532 元，总平均年收入为 9715 元。2004 年**各地离休金差异很小**，无论是机关单位、事业单位离休人员还是企业单位离退休人员，每年都在 2.04 万～2.13 万元。人均退休金差异很大，机关单位和事业单位的差异不大，而企业单位明显偏

---

① 人力资源和社会保障部 . 2010. 中国人力资源和社会保障年鉴（工作卷）. 北京：中国劳动社会保障出版社：1066.

低。地区间的差异明显，人均离退休工资最高的分别在西藏、青海、北京、浙江和上海等地，最低的分别在湖南、江西、吉林、河南和黑龙江等地。由此可见，离退休人员的经济收入不仅与该地经济发展情况有关，而且与国家对艰苦贫困地区的政策性补助有关。而机关单位、事业单位人员收入密切相关，并且与当地企业退休人员收入也有关。

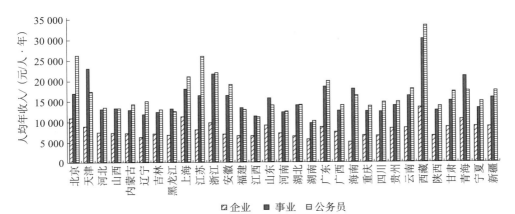

图 5-6　2004 年我国各地城市各类退休人员人均年收入

资料来源：国家统计局. 中国劳动统计年鉴（2004），北京：中国统计出版社：表 11-13

三、我国企业单位退休职工的社会养老保险

据 2012 年出版的《中国养老金发展报告》，2011 年在 2.04 亿城镇企业参保职工（包括离退休职工）中，国有企业职工、城镇集体企业职工、港澳台及外资企业职工和其他各种经济类型的企业职工等分别为 7953.2 万人、2065.4 万人、1992.1 万人和 8406.4 万人，分别占总量的 39.0%、10.1%、9.8% 和 41.2%，分别比 2010 年增长了 1.4%、5.2%、17.4% 和 19.7%。而 2011 年国有企业职工、城镇集体企业职工、港澳台及外资企业和其他各种经济类型企业的离退休职工分别为 3153.0 万人、836.2 万人、63.7 万人和 1082.6 万人，分别占退休职工总数的 61.4%、16.3%、1.2% 和 21.1%，分别比 2010 年增长了 2.0%、4.4%、1.2% 和 12.2%。[①]

1. 我国企业职工的退休金增长快

随着我国经济的发展和物价的变动，近年我国退休人员工资增长很快。2005～2013 年，国家已连续 9 年较大幅度调整企业退休人员基本养老金水平。

① 郑秉文 . 2012. 中国养老金发展报告（2012）. 北京：经济管理出版社：15-18.

2005 年、2007 年、2009 年、2012 年、2013 年全国企业退休职工月人均基本养老金分别为 714 元、963 元、1225 元、1721 元、1893 元。企业单位工作人员退休后的收入差异，主要取决于他们在职时的职务、任职时间、工作时间等。若不考虑西藏和青海地区的特殊津贴，人均离退休金最高的分别为北京、浙江、上海、云南、天津、山东、广东等地，都是经济较发达的地区；人均离退休金最低的分别为湖南、辽宁、海南、湖北、重庆、江西等地，大多是经济不发达的地区。

按照指数分析理论，2002～2011 年我国城镇职工基本养老金支出由 2843 亿元增加到 12 765 亿元，其中离退休人员由 4223 万人增加到 6826 万人，而养老金人均收入由 2002 年的 6732 元增加到 18 700 元。由此可见，2002～2011 年我国城镇职工基本养老金支出增加了 349%，主要是由**人均养老金支出增加 177.8%**，其次是由离退休人员增加 61.6% 所导致的支出增加。

类似地，2011 年我国城镇职工养老金征缴收入为 13 956 亿元，比 2002 年的 2552 亿元增加了 446.9%；2011 年养老保险参加人数为 2.1565 亿人，比 2002 年增加了 93.74%；2011 年人均养老保险年缴费 6472 元，比 2002 年增加了 182.3%。即 2002～2011 年我国养老保险金征缴费用增加，主要是人均保费增加所致，人员增加也占有相当比例。

2. 2011 年我国企业职工养老保险金收入偏低

据 2012 年郑秉文所著《中国养老金发展报告》，2011 年我国城镇企业职工基本养老金保险收入为 15 485 亿元，其中征缴收入、财政补助、利息收入、其他收入分别为 12 570 亿元、2096 亿元、423 亿元、216 亿元，分别占基金总数的 81.2%、13.5%、2.7% 和 1.4%；比 2010 年分别增加了 26.7%、15.5%、62.7%、184%。而在征缴收入中，2011 年正常缴费、补缴费、清欠费用、预先缴费等分别占 85%、12%、2%、1%。2011 年人均在职职工（未考虑离退休人员）年缴费 7128 元（月均每人缴费 594 元），比 2010 年高 10.32%，增加了 667 元（56）元。从 **2011 年社会养老金支出角度计算，2011 年企业单位离退休人员人均年收入为 22 248 元，合每月 1854 元，比同期机关、事业单位退休人员低 15.8%**。

3. 各地养老基金的可持续时间差异大

假如定义职工养老金可持续时间为节余基金除以 2010 年年支出，则我国城镇职工养老金可持续时间仅为 17.5 个月（表 5-10），其中广东可持续养老金最长，达到 47 个月以上，而上海可持续的时间最短仅为 6.5 个月。而节余基金超过 20 个月的支付期的地区有广东、浙江、山西、宁夏、广西、新疆和江苏；节余基金不足 10 个月的地区为陕西、福建、天津和上海等。产生差异的原因是，广东等地年轻职工（主要是外地来的民工）参保缴费的多，年老职工退休的少；

而上海等地正相反，老年退休职工多而年轻参保人数少。因此，专家提出应该提高统筹层次。

四、世界各地的社会养老保险

党的十八届三中全会决定提出，推进机关事业单位养老保险制度改革。瞄准公平，养老制度"并轨"成为方向。人民日报报社利用海外记者进行了广泛的社会调查，于 2014 年 1 月推出"关注公务员养老改革"系列报道。世界各地养老保险的情况是不一样的。[①]

1）美国。美国的雇主养老金计划主要有两种模式：一种是缴费确定计划。雇主和雇员都固定缴纳一定比例的费用，形成养老金账户，退休后获得的养老金由缴费时间、数量和投资收益高低来决定，如 401（k）计划。另一种为待遇确定计划。由雇主缴纳，雇员退休时享有的待遇是一样的，2000 年前大多数公务员都采用这种计划，只有少数地方除外。据美国劳工统计局的数据，联邦政府公务员养老金收入大幅领先于普通工人。**1995 年美国联邦政府公务员月均养老待遇为 1369 美元，而普通工人为 720 美元。2008 年美国联邦政府公务员月均养老金待遇上涨至 2550 美元，普通工人上涨为 1153 美元。**但是，企业为了激励个人的劳动积极性，工人往往有本企业的股权，通过本单位股权的买卖或股息获得部分收益。

2）德国。德国的养老保险制度分退休金和养老金两种，此外还有少量的企业补充养老和私人养老保险形式。德国公务员属于收入较高的职业，而且公务员不需缴纳失业金、养老金等社会保障费用。2011 年德国居民月平均收入水平在 2500 欧元左右。公务员退休后，其退休金可达到最后一个月工资的 72%。企业退休人员领取养老金是根据退休时的工资和工龄长短计算，相当于其退休前收入水平的 48% 左右。2012 年德国联邦公务员平均退休金为 2570 欧元，比 10 年前的 2070 欧元增长了 24%。同期，德国普通养老金增长了 8.5%。2012 年养老金缴费 45 年的普通退休职工，领取的养老金平均值为 1200 欧元左右。德国公务员退休金增长过快，引起了民众的不满。默克尔总理许诺，要让养老金分配更加公平，缩小目前养老体制中存在的这种差距。

3）日本。1961 年日本进入"国民皆年金"时代。日本退休金制度由两层构成：第一层为每个人都要加入的国民年金；第二层是国家公务员、地方公务员以及私立学校教职员参加的共济年金，以及企业员工参加的厚生年金。个别大企业还有自己的企业年金，退休金制度则为三层构造。与厚生年金相比，共济年金缴

---

① 丁小希，黄发红，刘军国等 .2014-01-06.海外公务员退休待遇比普通人高 .人民日报，第 8 版 .

费比例低而领取的退休金高。2012年4月日本政府内阁会议通过了法案，将厚生年金与共济年金"一体化"处理，分阶段提高共济年金的保险缴纳比例。2018年公务员与企业员工实现养老金"同比例缴费"，私立学校教职员在2027年实现。一般来说，日本公务员工资要比大企业员工少，但比中小企业员工要高。退休之后，日本公务员与企业员工所拿退休金约为工作时工资的一半（替代率为50%）。

4）中国香港地区。香港公务员目前存在两种养老制度，2000年之前入职的人员享受退休金制度——长俸制，2000年之后入职的则使用强制性公积金（简称"强积金"）制度。香港在2000年以前没有统一的养老金制度，只要公务员能够称职、清廉地工作，那么他退休时就可一次性领取数额不菲的退休金，而且以后每月继续领取相当于退休前工资60%～80%的退休金。长俸退休金制度给香港财政造成了很大负担，2003年特区政府开始推行公务员强积金制度。新计划规定，2000年6月及其后入职的公务员，均参加强积金制度——由第三方基金公司商业运营，钱在个人名下，政府负责监管。雇主和雇员按月各自缴纳月薪的5%。雇员到退休年龄后，可以一次性支取所有的退休金和收益。在公务员强积金计划中，雇员的月供比例维持在5%，而雇主（政府）的月供比例，按工龄为5%～25%不等。工作30年及以上的公务员，可享受政府月供25%的供款率。若某员工25岁入职60岁退休，退休时可一次性获得的退休金将相当于最后月薪的80倍，相当于7年的全额工资或14年的半额工资（养老金）。

5）英国。英国公务员和其他职业人员参加共同纳入国家统一的基本养老保险制度体系，公务员履行与其他职业相同的缴费义务，并享受相似的待遇水平，同时，公务员可自愿参加补充性职业年金，其交付标准和给付水平由所在部门决定，显示出了一定的差异性。公务员养老金与其他群体一样，统一管理。英国公务员养老金差异很大，2009～2010年警察最高，平均每年为15 636英镑，教师为10 858英镑，军人为8834英镑，国家健康服务（医务）人员为7510英镑，国家公务员为7632英镑、地方公务员为4777英镑，总平均为每年7841英镑。[①]

由此可见，为了贯彻社会保险的公平性和普遍性的原则，在国民皆年金的时代，双轨制并轨（社会保险去身份化）是一种国际发展趋势。2000年中国香港已推出该计划，2018年日本及德国等也都将推出实施该计划，英国也是最早提出并实施该计划的。首先，要有步骤有计划地分阶段实施，如事业单位和公务员的并轨，推行公务员的（职业）年金制度等。其次，要规范用工制度，规范工资制度，我国很多企事业单位，财务不规范，退休前突击提干加薪；要规范基础

---

① 龙玉其.2012.英国的公务员养老保险制度及其启示.北京行政学院学报，（5）：106-110.

退休金——不是以退休前一个月的收入，而是应该用退休前 3 年的工资计算退休金基数。再次，建立和完善多层次公务员保障制度，如国家基础养老金、职业年金、自愿参加的强迫储蓄制度。最后，我国企业社会保障缴费水平已经很高了，如要其进一步交纳企业年金，难度大；应增加公共财政对于社会养老金的补贴力度，提高基础养老金，提高退休人员的养老金"替代率"。

第三节　我国城乡居民的社会养老保障

　　城镇居民养老保障分城镇居民的最低生活保障、城镇居民基本社会保险和城镇社会救济等多个部分。社会保险是居民个人缴费、政府补贴，强制参与的。最低生活保障金比社会保险略高一些，但需要进行家产调查，并根据实际收入进行补足到最低水平。社会保险的获得与是否达到退休年龄有关，而最低社会保障的获得与否与个人财产、身体状态有关。

一、城镇居民基本社会养老保障

　　2011 年 6 月国务院颁布了《关于开展城镇居民社会养老保险试点的指导意见》，当年年末全国有 27 个省（自治区）和 4 个直辖市部分区县开展城镇居民社会养老保险试点。城镇居民社会养老保险是我国社会养老保险中开设较迟的一种社会养老保险。2011 年全国城镇居民社会养老保险基金收入 40 亿元，其中个人缴费 6 亿元；基金支出 11 亿元，累计结存 32 亿元。[①] 2012 年我国基本实现城镇居民社会养老保险制度全覆盖。年满 16 周岁（不含在校学生）、不符合职工基本养老保险参保条件的城镇非从业居民，可以在户籍地自愿参加城镇居民养老保险。2014 年年初国务院部署到"十二五"末，在全国基本实现新型农村居民社会养老保险和城镇居民社会养老保险制度合并实施，并与职工基本养老保险制度相衔接。无论在哪里缴费，无论是否间断，个人缴费部分都可以全额转移。

　　1. 城镇居民社会养老保险
　　城镇居民社会养老保险基金主要由个人缴费和政府补贴两部分构成。缴费标准目前设为每年 100～1000 元，分 10 个档次，参保人自主选择档次缴费，多缴多得。政府对符合待遇领取条件的参保人全额支付城镇居民养老保险基础养老

①　郑秉文 . 2012. 中国养老金发展报告（2012）. 北京：经济管理出版社：80-82.

金。其中，中央财政对中西部地区按中央确定的基础养老金标准给予全额补助，对东部地区给予 50% 的补助。地方人民政府应对参保人员缴费给予补贴，补贴标准不低于每人每年 30 元；对选择较高档次标准缴费的，可给予适当鼓励。对于不符合城市低保条件，年轻时没有参加社会养老保险，但年迈、失去劳动能力又没有生活来源的，按照普惠制原则，我国城市和农村一样，实行社会基础养老金制度。到 2011 年年底，我国城镇居民社会养老保险（城居保）已经覆盖了 75.3% 的（2101 个）县市。[①] 截至 2013 年年底，我国参加社会养老保险的城镇非从业居民为 2399 万人，其中按月领取社会养老保险的城镇老年居民为 1000 万人，占参保人数的 41.68%。[②] 国家为每个参保人员建立终身记录的养老保险个人账户。养老金待遇由基础养老金和个人账户养老金构成，支付终身。各地根据本地区经济发展状态，提高了基础养老金给付标准；不少地区对 80 岁以上老人设置了各种敬老金，增加老年居民的经济收入，改善城市老年居民的生活质量。2010 年 12 月开始，政府将**未参保集体企业退休人员全部**纳入城市基本养老保险范畴。

2. 城市老年人的最低生活保障

最低生活保障属于社会保障的范畴，而不属于社会保险，但其金额往往高于社会养老保险，最低生活保障对失去劳动力的城市老人的影响十分大。当城市居民实际生活水平低于当地居民最低生活保障标准，同时年迈失去劳动能力时，可以申请城市居民最低生活保障。各地的最低生活保障标准不一，具体获得"最低生活保障"的条件也有所差异。一般而言，东部城市地区消费水平高一些，最低生活保障标准也高一些。

1）享受城市最低生活保障待遇的具体条件。行政区域内持有非农业户口的城镇居民，共同生活的家庭成员人均收入低于当地城市居民最低生活保障标准，丧失劳动能力，可申办享受城市居民最低生活保障待遇。最低生活保障理论上没有年龄限制，但实际申请者和获得者都是年龄大、没有劳动能力、身体有残疾的弱势人群。

2）城市最低生活保障标准。城市最低生活保障标准也随着经济发展和物价的上升而不断调整。2010 年年末江苏省城市最低生活保障对象 43 万人，其中老年人 8.84 万人，占 20.56%；城市平均保障标准为每人每月 338 元，人均实际补差水平为每人每月 179 元。北京市民政局从 2011 年 7 月 1 日起，本市城市和农村最低生活保障标准将分别从原来的家庭月人均 480 元和 300 元，调整为家庭月

①   郑秉文 . 2012. 中国养老金发展报告（2012）. 北京：经济管理出版社：1-2.

②   养老新政：职工保城乡保可互转 . 京华时报，2014 年 2 月 27 日，第 10 版 .

人均500元和340元。即人均收入低于该标准的，同时丧失劳动能力的当地居民，可以申报最低生活保障，接收政府的检查和经济补助（补差）。

二、农村居民社会养老保险

我国农村居民职业构成复杂，农村人口职业的基本构成大致可以分为乡镇公务员及事业单位人员、乡镇企业退休人员、农村居民等。当年老失去劳动能力以后，他们享受的经济待遇是不一样的。

1）乡镇退休公务员及事业单位人员。他们大多挂靠、享受城镇公务员及事业单位编制人员的待遇。例如，乡镇干部、乡镇在编的公办学校教师和医院医生，退休以后仍可享受退休公务员待遇，他们的人数在当地农村所占比例很低。

2）乡镇企业退休人员。2000年及以前，乡镇企业退休人员较少享受到城镇职工社会养老保障，原因是当时他们没有按照国家规定缴纳相应费用。2008年以后，在普惠制福利思想的影响下，按照城乡一体化的原则，在我国东部某些地区将乡镇企业退休人员和城镇企业退休人员一视同仁；有些地区将其作为城市未参保企业退休人员纳入城市居民基本养老保险；若个人能补缴15年的企业社会保险基金，就可享有当地企业退休人员基本养老金。

1.新型农村居民社会养老保险

传统农业社会，老人晚年生活主要是依靠自己的劳动，其次是子女补贴，最后是老人年轻时的经济节余。在现代社会，老人的寿命越来越长，子女数量减少，子女就业困难；土地养老功能减弱，加上国际农产品价格下降、物价上升，老年人的终身储蓄很快被贬值。于是，2009年我国开始试行推广新农村养老社会保险（以下简称"新农保"），取代以前国家没有补贴、以储蓄为主体的"老农保"。文件规定，新农保制度实施时，已年满60周岁（女55周岁）、未享受城镇职工基本养老保险待遇的，不用缴费，可以按月领取基础养老金，但其符合参保条件的子女应当参保缴费。养老金待遇由基础养老金和个人账户养老金组成，支付终身。中央政府确定的基础养老金标准为每人每月55元。地方政府可以根据实际情况提高基础养老金标准，对于长期缴费的农村居民，可适当加发基础养老金，提高和加发部分的资金由地方政府支出。

"新农保"实施后，从2010年起江苏700多万60岁及以上的农村居民，每月领到不低于60元的基础养老金，若符合条件的子女未参保，则老年居民难以享受到这一阳光政策。

（1）2010年前我国各地区农村社会养老保险参保人数

20世纪末，我国农村社会养老保险工作的开展一直不理想，经济不发达的农村地区最低生活保障制度仍有名额限制。**"老农保"没有政府补贴，没有集体或企业补助，仅靠个人缴费，相当于将钱放入银行的存款，农民的积极性不高。此外，"老农保"覆盖率很低。**至 2002 年年底全国农村社会覆盖率只有 12.4%，2004 年江苏为 26.4%，仅占乡村老年人口的小部分。2012 年 8 月 27 日中央电视台播放一则新闻，引起了人们的热议。1996～1997 年黑龙江双城市幸福乡久援村农民每人交纳 96 元，参加"老农保"，到 60 岁后每月领取养老金 0.3 元，2005～2007 年，71 岁的农民赵申夫妻 2 人 3 年累计拿到手里的养老金一共是 21.6 元，家庭一贫如洗，为赡养赵申 90 岁的父亲赵福成，不得不外出打工；类似地，1995 年浙江台州开展"老农保"，60 岁以后每月领取保险金 2.0 元。就在最富裕的上海，2003 年 4 月某区四镇的调研表明，60 岁以上老年人为 21 078 人，参加农村养老保险的老年人占老年人总数的 13.8%，凡参加农村养老保险的老人每人每月最多领到养老金 53 元，最低 15 元，平均 29 元；参加村镇统筹的占老年人总数的 9.3%，老年人每人每月最多领到统筹金 58 元，最低 36 元，平均 42 元。[①] 为了改变这种情况，2009 年国家人力资源和社会保障部提交《关于开展新型农村社会养老保险试点的指导意见》，决定在全国 10% 的县（市、区）开展新型农村社会养老保险试点。新型农村社会养老保险制度采取社会统筹与个人账户相结合的基本模式和个人缴费、集体补助、政府补贴相结合的筹资方式。年满 60 周岁、符合相关条件的参保农民可直接领取基本养老金。试点地区的基础养老金从每月 55 元起步，地方可以在这个基础上增加但不能减少。中央财政根据地区的不同给予补贴。

（2）"新农保"的覆盖率、参加人数及基金变化

2010 年我国参加"新农保"的人数已经到达 1.026 亿人，其中领取社保金的老年人占参加"新农保"人数的 27.85%。**2011 年**我国"新农保"普遍推行，到该年年底已经覆盖了 81.50% 的县市（2273 个），其中有 683 个县合并实施了城乡居民社会养老保险。[②]2011 年年末全国参加"新农保"的人数已经到达 32 643.5 万人（表 5–12），其中 8921.78 万老年农民已经领取社保金，占参加"新农保"人数的 27.33%；2011 年"新农保"参加人数、领取"新农保"人数分别比 2010 年增加了 2.18 倍、2.12 倍。每人领取金额从 2010 年的 700 元，下降到 2011 年的 659 元。同时，"新农保"的基金收入、支出和基金节余累计年分别增加到原来的 2.36 倍、2.93 倍和 2.84 倍。2010 年人均新农保基金年收入 700 元，平均每月为 58.3 元；2010 年、2011 年"新农保"人均每年交纳基金（领取者除外）为 451 元、611 元，这包括若干补缴、趸缴等。"新农保"可持续月数（基

① 刘志红，曾岗 . 2005. 老年社会福利事业发展的分析与思考 . 中国青年政治学院学报，（4）：97-101.
② 郑秉文 . 2012. 中国养老金发展报告（2012）. 北京：经济管理出版社：1-2.

金累计结余 / 年基金支出）由 2010 年 的 25.3 个月减少到 2011 年的 24.5 个月。显然，随着参加"新农保"人数的增加，基金的可持续发展程度在减弱。截至 **2013 年年底**，我国参加社会养老保险的农村居民为 4.74 亿人，其中按月领取社会养老保险的农村老年居民为 1.28 亿人，占参保人数的 27.0%。

表 5-12 新型农村社会养老保险试点情况

项目	参保人数 / 万人	领取人数 / 万人	基金收入 / 亿元	基金支出 / 亿元	基金累计结余 / 亿元	人均收入 / （元 / 人·年）
2010 年年底	10 276.8	2 862.6	453.4	200.4	422.5	700.06
2011 年年底	32 643.5	8 921.8	1 069.7	587.7	1 199.2	658.72
年增长率 /%	218	212	136	193	184	−6

资料来源：国家统计局 . 中国统计年鉴（2012）

（3）各地"新农保"参加人数及基金平衡状态

分析表明，到 2010 年年末我国各地"新农保"参加人数为 1.028 亿人，占全国第一产业（农业）从业人口的 36.8%（表 5-13）。各地差异很大，北京、天津参加"新农保"的人数超过了当地第一产业从业人数，这说明了"新农保"的滥用。在人人皆保的状态下，对于大量的流入人口不愿回原籍办理社会保险，原籍"新农保"收入水平往往低于北京，加上北京户籍的隐性好处多，于是就在北京办理"新农保"，于是北京的退休人口越来越多。

表 5-13 2010 年年底我国各地区新型农村社会养老保险参保人数和基金收入

地区	参保人数 / 万人	参保人数占第一产业人口比例 /%	达到领取待遇年龄参保人数	领取保险人数占参保人数的比例 /%	人均保险基金收入 / （元 / 年）	基金收入 / 亿元	基金支出 / 亿元	10 年累计结余 / 亿元	11 年累计结余 / 亿元
全 国	10 276.8	36.8	2 862.55	27.9	700	453.37	200.4	422.5	1 199.2
北 京	168.51	258.8	17.75	10.5	4 023	21.20	7.14	57.22	75.36
天 津	79.40	104.6	65.62	82.7	1 484	28.48	9.74	36.42	55.97
河 北	840.31	57.2	179.47	21.4	549	24.85	9.86	20.89	47.82
山 西	249.76	39.1	68.84	27.6	492	5.74	3.39	7.96	27.17
内蒙古	168.75	29.6	41.76	24.7	692	5.57	2.89	7.66	13.24
辽 宁	146.78	21.0	33.63	22.9	702	5.50	2.36	3.14	13.22
吉 林	86.66	16.5	32.25	37.2	378	2.43	1.22	1.37	5.61
黑龙江	131.22	16.9	27.72	21.1	743	7.24	2.06	3.90	12.29
上 海	28.89	79.6	14.12	48.9	4 795	6.90	6.77	25.01	69.91
江 苏	333.49	37.8	132.41	39.7	1 187	27.85	15.72	53.93	174.94

续表

地区	参保人数/万人	参保人数占第一产业人口比例/%	达到领取待遇年龄参保人数	领取保险人数占参保人数的比例/%	人均保险基金收入（元/年）	基金收入/亿元	基金支出/亿元	10年累计结余/亿元	11年累计结余/亿元
浙　江	290.76	45.9	134.16	46.1	546	16.49	7.32	16.75	61.63
安　徽	349.35	22.7	93.03	26.6	789	13.93	7.34	10.11	37.28
福　建	273.86	43.0	57.73	21.1	646	9.40	3.73	4.59	15.69
江　西	272.28	31.4	75.23	27.6	428	6.96	3.22	4.31	23.15
山　东	919.21	45.9	318.00	34.6	573	43.72	18.23	52.66	161.50
河　南	1 211.77	44.7	251.06	20.7	645	46.57	16.2	23.18	62.82
湖　北	380.02	41.3	115.02	30.3	556	12.35	6.39	7.81	32.71
湖　南	581.81	31.1	217.79	37.4	463	17.22	10.08	8.61	25.66
广　东	157.63	10.6	51.82	32.9	673	6.48	3.49	5.03	39.85
广　西	220.36	14.0	59.56	27.0	653	8.46	3.89	4.65	16.74
海　南	62.37	28.1	17.71	28.4	593	2.52	1.05	0.98	25.66
重　庆	807.36	127.6	264.98	32.8	890	33.46	23.59	9.91	14.88
四　川	669.64	31.3	199.65	29.8	711	29.55	14.2	21.59	69.15
贵　州	223.87	18.8	63.47	28.4	589	7.06	3.74	5.24	15.69
云　南	469.45	28.1	91.68	19.5	384	11.08	3.52	7.28	24.11
西　藏	80.45	86.5	23.52	29.2	740	2.22	1.74	0.15	1.10
陕　西	439.67	51.4	97.05	22.1	453	23.81	4.40	13.44	35.16
甘　肃	185.49	25.4	37.95	20.5	933	15.69	3.54	0.82	36.26
青　海	65.05	52.7	16.80	25.8	321	1.89	0.54	1.40	5.14
宁　夏	24.71	19.3	4.73	19.1	698	0.76	0.33	0.68	5.92
新　疆	357.92	82.1	58.03	16.2	464	8.01	2.69	5.84	15.05

注：本年度"新农保"数据是指经国务院批准开展"新农保"试点地区的数据，不包含"老农保"和地方自行开展新农保试点地区的数据

资料来源：国家统计局，2011. 中国统计年鉴（2011）. 北京：中国统计出版社，表21-46；郑秉文.中国养老金发展报告（2012）. 北京：经济管理出版社

　　2010年，上海、北京、天津和江苏等地人均"新农保"收入最高，超过960元（月超过80元）；人均年"新农保"收入低于480元（月不足40元）的，在青海、云南、吉林、江西、湖南、陕西和新疆等地，显然这些地区的"新农保"水平低于全国平均水平。这既与地区经济发展水平有关，也与"新农保"试点单位扩大有关，开始试点的地区仅10%，各地都想争取，于是试点地区就扩大了，但是无论地方资金还是国家财务补贴就那么多，于是发放水平就下降了。按规

定，超过 60 岁的老年人可以不缴任何保险而获得"新农保"，而唯一的条件是本人没有参加其他任何社会保险，且家庭中其他成员都参加社会保险，这就提高了我国社会保险的参加率，提高了养老基金的积累，同时也增加了农村家庭新的矛盾。少数中青年农民认为，父母所获得的新农保主要是由于他们参加社保所致，因此参加"新农保"的费用应该由父母交付。

据《中国统计年鉴》(2013)，到 2012 年年底，我国"新农保"和"城居保"参加人数为 48 369.5 万人，比上年增加 3470 万人，年增长 7.73%；同时，达到领取保险待遇年龄的参保人数为 13 382 万人（领取率为 27.67%），比 2011 年年底增加 882 万人，年增长 7.06%。

2. 失地农民社会保险

随着城市化的发展，我国城市的地域越来越大，城市拓展到城镇和郊区。大量的农村人口离开了土地，转化为城市人口，土地是农民的生活保障。失去土地以后，他们的晚年生活如何保障，是社会和政府高度重视的。早期较多采用计划经济的方法，被征地农民的社会保障资金由村（社区）集体、个人和政府三方共同承担（如 2007 年的山东德州）。其中，村（社区）集体和个人出资部分约占 70%，从土地补偿和安置补助费中列支，政府出资部分不低于社保资金总额的 30%。男年满 60 周岁、女年满 55 周岁的参保农民次月领取养老金，养老金数额根据缴费数额及年龄计算确定。近年较多采用市场经济的方法，直接将农转非和失地农民纳入城镇职工基本养老保险体系进行管理，包括这些农民的医疗保险可享受城镇灵活就业人员基本医疗保险（如兰州）；失地农民养老保障待遇不得低于当地城镇（县政府所在地）居民最低生活保障标准，确保被征地农民的生活水平，基本生活保障和基本医疗保险不因征地而降低（2010 年的郑州）。失地农民丧失了土地保障以后，必须享有不低于城市居民的社会养老和医疗保障，否则他们将难以在城市生活。实际上，失地农民享受城镇居民社会保险还是城镇企业职工社会保险是有争议的（后者养老收入比前者高 10～15 倍），主要取决于失地者个人补缴的社会保险金数量、地区经济发展状态以及出售地块的经济价值等。

3. 农民工参保率低

我国农民工参保率低，2006～2011 年农民工参加城镇社会养老保险的人数仅分别为 1417 万人、1846 万人、2416 万人、2647 万人、3284 万人、4140 万人，参保农民工占比分别为 6.6%、8.2%、10.7%、11.5、13.6% 和 16.4%。[①] 2012

---

① 李时宇 . 2013. 双重困境下的养老保险体系改革研究——基于老龄化和城镇化的视角 . 北京：中国人民大学出版社：84-85.

年有 2.62 亿农民工，但参加社会养老保险的仅为 4543 万人，占农民工人数的 17.34%。[1] 很多农民工认为，早参加不如晚参加，晚参加不如不参加。主观原因是农民工生存、生活条件差，难以估计自己的预期寿命，有人认为现代社会饿不死人，因为政府总会管的。客观原因是我国农民工生活在社会底层，除了日常生活费外所余不多，经济困难；社会保险统筹层次低（在省市层次），社会养老保险转移困难；我国保险制度设计不完善，早缴迟缴、多缴少缴对最后养老金每年收益差异的影响不大，人们缺乏社会保险缴费的积极性。农民工参保比例低，处于城乡之间的隔心层。一些农民工分别以城市居民、农民居民的资格，更多地以企业职工的身份参加了社会保险。

　　仅依靠这些，显然难以维持农村老年人口的基本生活，政府对于农村计划生育家庭还有专门的资金补助（60 岁以上老人，每人每月 60~80 元），帮助农村计划生育家庭解决生活困难，由于篇幅关系这里从略。

三、城乡统一的居民基本养老保险

　　2014 年年初国务院发布《关于建立统一的城乡居民基本养老保险制度的意见》，农村社会养老保险和城镇居民社会养老保险两项制度合并，在全国范围内建立统一的城乡居民基本养老保险制度。据人力资源和社会保障部的统计，截至 2014 年 3 月份，全国新型农村和城镇居民社会养老保险参保人数达到 4.86 亿人，已有超过 1.33 亿的城乡老年居民按月领取养老金，制度赡养率为 27.36%。[2]在目前的居民消费水平下，居民养老保险的实际保障效果受到质疑。如果居民选择按每年 100 元最低档次缴费（2012 年人均实际缴费为 169 元），政府补贴按照 30 元计算，假定利率按照 3.5% 计算，缴费年满 15 年后，按照复利公式，个人账户养老金总金额为 2596 元，达到领取待遇年龄后，参保人能够领取养老金中的个人账户养老金部分为 18.7（2596/139）元，加上 55 元政府给的基础养老金，参保人每月能够领取的养老金总额为近 74 元，全年 888 元。据人力资源和社会保障部的统计数据测算所得，2012 年我国城镇职工人均养老金水平约为 2.06 万元，两者相差近 23 倍。民政部披露的数据显示，截至 2013 年年底，全国城市低保对象月人均保障标准为 373 元，月人均实际补助 252 元；农村低保对象月人均保障标准为 202 元，月人均实际补助 111 元。而 2013 年城乡居民实际基本养老金月人均则只有 81 元，是平均职工养老保险金的 4.72% 或农村低保金的 40%，同时还不到城市低保金的 22%。这样的养老金水平，无法负担起老年经济保障

① 养老新政：职工保城乡保可互转. 京华时报，2014 年 2 月 27 日，第 10 版.
② 李唐宁. 2014-04-14. 居民养老金不及城市低保七分之一. 经济参考报，第 3 版.

的重任；而这样的缴费水平，对于赤贫人群来说，同样是一种负担。换言之，我国 1.33 亿老年居民丧失劳动力以后，无法养活自己，仅能依靠城乡最低生活保障金的 20%～40% 维持生存，仍处于赤贫水平以下。在经济发达的农村地区或城市，老人可以通过低保进行补差；而在经济不发达的农村，尽管低于国家低保标准，但由于各种各样的原因，如低保名额限制、人情关系、略高于地方低保标准等缘故，评不上低保，老年人仅能在贫困中挣扎。因此，应该采用制度化的方法提高社会保障的"底部"，即逐步提高居民的社会保险水平。

中国社会科学院世界社保研究中心的齐传钧认为，反对"碎片化"制度，并不是要用一个制度覆盖所有人群，而是在坚持多层次、多支柱基本理念的基础上，彻底消除因为地域、户籍和职业差异而采取不同养老金制度的安排。

第四节　我国社会基本养老保险基金的构成和基金平衡

2013 年 3 月进行的十二届全国人大一次会议审议的财政预算报告首次将全国社会保险基金预算纳入，接受我国最高权力机关的监督。社会保险基金的平衡是个大问题，一方面大量空账，另一方面大量缺口，急需公共财政补贴。老龄化以后上缴各种税收的人少了，使用税收的人多了，政府财政收入少了，社会保障资金投入也会减少。如何实现基金的平衡，若提高社会保险费率就会降低企业产品的竞争性，若长期动用政府财政收入就可能会影响地区经济发展的后劲儿。

2012 年、2013 年我国社会保险基金收入预算分别为 2.98 万亿元、3.28 万亿元；从支出总计看，2012 年、2013 年支出预算分别为 2.39 万亿元、2.79 万亿元，收入高于支出。其中，整个社会保障费中规模最大的企业职工基本养老保险基金，2012 年滚动结余为 2.16 万亿元，2013 年预算为 2.4 万亿元。整个社会保障经费 2013 年年末滚动结余为 3.6 万亿元。

一、我国城镇职工社会基本养老保险基金的构成

表 5-14 给出了我国城镇（包括机关单位、事业单位、企业单位和个体单位等）职工基本养老金收入情况。2011 年我国城镇职工基本养老基金主要由缴费收入（占 82.6%）、各级政府补贴（13.4%）、利息收入（2.6%）和其他收入（1.3%）等组成；与 2010 年相比，缴费收入、政府财政补贴、利息收入和

其他收入分别增长 25.6%、16.3%、62.8% 和 172.8%（表 5–15）。在缴费收入中，2011 年正常缴费、补缴费、清欠缴费和预先缴费分别占 86%、11%、2% 和 1%；与 2010 年相比，正常缴费、补缴费、清欠缴费分别增长了 23%、50% 和 34%。以上事实说明，我国城镇职工基本养老基金构成十分稳定，缴费收入占 82%～83%，有下降趋势；政府财政补贴占 13%～15%，有下降趋势；基金利息收入占总基金收入的 2%～3%，有上升趋势。在征缴基金收入中，正常缴费占 86%～88%，有下降趋势；补缴费用占 9%～11%，有上升趋势；清缴费用占 2% 左右，有上升趋势。

表 5–14　2010 年、2011 年我国城镇职工基本养老保险基金收入中各因素所占比例

项目	2010 年		2011 年		年增长率 /%
	收入 / 亿元	比例 /%	收入 / 亿元	比例 /%	
征缴收入：	11 110	82.8	13 956	82.60	25.6
正常缴费	9 808	88.3	12 058	86.40	22.9
补缴费	1 008	9.1	1 511	10.83	49.8
清欠费用	204	1.8	273	1.96	33.8
预先缴费	76	0.7	75	0.54	−1.8
其他	14	0.1	39	0.28	171.2
财政补助	1 954	14.6	2 272	13.45	16.3
利息收入	274	2.0	446	2.64	62.8
其他收入	81	0.6	221	1.31	172.8
养老基金合计	13 419	100.0	16 895	100.0	25.9

资料来源：郑秉文 . 2012. 中国养老金发展报告（2012）. 北京：经济管理出版社：44–45

表 5–15　社会养老财政补贴在国家财政社保就业支出中所占的比例

项目	2007 年	2008 年	2009 年	2010 年	2011 年	年增长率
国家财政支出 / 亿元	49 781.35	62 592.66	76 299.9	89 874.2	109 247.8	21.71
国家财政社会保障和就业支出 / 亿元	5 447.16	6 804.29	8 306.22	9 130.62	11 109.4	19.50
国家财政中社会保障和就业支出比例 /%	10.94	10.87	10.89	10.16	10.17	—
社会养老保险中财政支出 / 亿元				1 954	2 272	16.27
中央财政中社会保障就业支出 / 亿元	342.63	344.28	454.37	450.3	502.48	10.05
中央财政中社会保障就业支出的比例 /%	2.99	2.58	2.98	2.82	3.04	—

续表

项目	2007 年	2008 年	2009 年	2010 年	2011 年	年增长率
地方财政社会保障和就业支出 / 亿元	5 104.53	6 460.01	7 851.85	8 680.32	10 606.92	20.06
地方财政中社会保障就业支出比例 /%	13.31	13.12	12.86	11.75	11.44	—
地方财政支出占总社会保障就业支出 /%	93.71	94.94	94.53	95.07	95.48	—
养老保险财政支出占国家财政中社会保障就业支出比例 /%				21.4	20.45	—
养老保险财政支出占国家财政支出比例 /%				2.17	2.08	—

资料来源：国家统计局 . 中国统计年鉴（2012）

二、我国职工社会基本养老保险基金的时序和空间变化

目前，我国养老保险制度实行的是社会统筹与个人账户相结合的发展模式，我国养老保险制度改革是从分级统筹开始的。1997 年国务院提出社会养老保险要从市（县）级统筹逐步向省级统筹过渡的方案，最终目的是实现全国统筹。截至 2007 年年底，共有 13 个省（自治区、直辖市）名义上实行了养老保险省级统筹，其中约 10 个省（自治区、直辖市）是以地市级统筹为主，其他的省（自治区、直辖市）采用的仍然是以县级统筹为主的方式。到 2012 年年底，基本实现了养老保险的省级统筹。而我国要达到全国统筹，则要求我国在全国范围内实现四个统一，即"统一制度、统一标准、统一管理、统一调度使用资金"。显然，目前我国养老保险统筹的现状与国家所设立的统筹目标差距仍较大。

1. 1989～2010 年我国职工社会基本养老保险基金收支

分析表明，1989～2010 年我国在职职工平均工资从 1935 元 / 年增长到 37 147 元 / 年，增长了 18.2 倍，年均递增 15.1%，而离退休人员平均收入年均递增 15.0%。

中国社会科学院编撰的《中国养老金发展报告》（2011）显示，从 1997 年各级财政开始对养老保险转移支付算起，补贴规模迅速扩大。**2000 年各级财政补贴金额为 338 亿元，2006 年为 971 亿元，2010 年 1954 亿元，2011 年新增补贴高达 2272 亿元，财政累计补贴金额达 1.2526 万亿元（图 5-7）**。[①] 但这些数据仍然没有包括城乡居民的社会保险补贴等。

---

① 段欣毅，仝宗莉 . 2012-06-18. 中国养老金不会缺口 18.3 万亿元 . 人民日报 .

收入：$y=2068.9e^{0.1893x}$　（$R^2=0.9972$）（2002，2003，……2012；$x=2,3,\cdots,12$）
支出：$y=1819.4e^{0.174x}$　（$R^2=0.9910$）（2002，2003，……2012；$x=2,3,\cdots,12$）

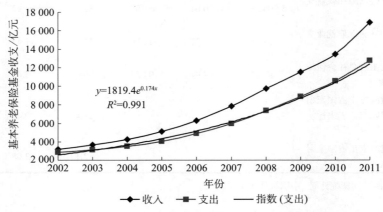

图 5-7　2002～2011 年全国基本养老保险基金收支状态

2. 2010 年我国各地区职工社会基本养老保险基金分布

2010 年年末我国养老基金收入为 13 420 亿元（表 5-10），其中超过 800 亿元的大省有广东（1139 亿元）、江苏（1019 亿元）、山东（942 亿元）、上海（890 亿元）、辽宁（834 亿元）和四川（804 亿元）等，大都是我国东部经济发达的地区。同时，社会养老保险基金积累初具规模，全国总计为 15 365.3 亿元，其中积累最多的依次有广东（2471.5 亿元）、江苏（1271.8 亿元）、浙江（1162.1 亿元）和山东（1077.6 亿元）四省区；积累较少的依次有宁夏（108.7 亿元）、海南（64.9 亿元）、青海（50.6 亿元）和西藏（9.7 亿元）四省区，基本上与各地的经济发展水平相吻合，与人口老龄化程度在大体上呈正相关。为了应付人口老龄化，减少代际冲突，按照国际惯例，我国社会养老保险模式也由原来的现收现付制度，逐渐转变为个人积累支付模式。实践证明，这种基金部分积累的预筹机制，将有利于防范人口老龄化高峰来临时的基金支付危机，又可最大限度地避免社会养老保险基金贬值的风险。

三、我国城镇职工社会基本养老保险基金中财政补贴的情况

2013 年我国国家（公共）财政收入达到 12.9 万亿元，被我国 13 亿人口平均，我国已经迈入"人均财政收入过万"的阶段，但其中政府支出中的投资和建设性（高铁、地铁、铁路、高速公路、住宅建设）支出占比超过 50%，远高于发达国家 10% 左右的比例；而我国社会福利性支出比例约为 40%，低于发达国家

60%～70% 的比例。①2010 年、2011 年我国**国家财政支出中社会保障和就业支出**分别为 9131 亿元、11 109 亿元，占当年国家财政支出的 10.16%、10.17%（表5–15）。在国家社会保障和就业支出中，中央政府支出为 450 亿元、502 亿元，分别占总支出的 4.93%、4.52%，而 2010 年、2011 年地方政府支出分别为 8680 亿元、10 607 亿元，占了绝大多数。2010 年、2011 年中央社会保障就业支出占中央财政支出的 2.8%、3.0%；而地方社会保障就业支出占地方财政支出的 11.8%、11.4%。

2010 年、2011 年**社会养老保险**中政府财政补贴分别为 1954 亿元、2272 亿元，其分别占国家财政中社会保障就业支出比例的 21.4%、20.5%；同时也占国家财政支出的 2.2%、2.1%。2010～2011 年我国财政支出增加 22%，国家财政中社会保障就业方面的支出增加不足 20%，政府对于养老保险的财政支出年增长 16%。以上事实说明，中央政府对于社会保障投入偏少，而政府财政对于养老补助的力度落后于财政支出的增长速度。这种观点和郑秉文的观点有所不同。②

四、我国城镇职工基本养老保险个人账户空账问题

2000 年国务院发布了《关于完善城镇社会保障体系的试点方案》，其中提出企业缴费比例为工资总额的 20%，纳入社会统筹账户，职工个人缴费工资的8% 纳入个人账户，属于个人所有。这两种基金实行分别管理，逐步做实个人账户。按规定，实行个人缴费制度（2000 年）前，职工的连续工龄可视同缴费年限。视同缴费年限可以与实际缴费年限合并计算发放基本养老保险金，这些个人缴费缺口由政府负责补齐和做实。实际上，我国城镇职工养老金转制是从"现收现付制"到"个人账户积累制"，于是，大多数省市养老金个人账户处于"空账"状态。2009 年，国家在辽宁、吉林、黑龙江、天津、山西、上海、江苏、浙江、山东、河南、湖北、湖南和新疆等 13 个省（自治区、直辖市）进行养老金空账做实的试点，2009 年试点地区实际共积累了基本养老保险个人账户基金 1569 亿元③，但理论个人账户累计记账额为 17 609 亿元，实际到账率为 8.9%，空帐为91.1%，达到 16 039 亿元。2011 年年底，我国养老金"空账"2.2 万亿元。主要原因是社会统筹账户不够支付当年的养老金，只能用个人账户的钱去补窟窿，支付当期养老金，这就可能给未来人口老龄化高峰期埋下了很大的隐患。按照辽宁的做法，8% 的个人账户，中央财政对 5% 中的 75% 进行补贴，地方政府补贴其

---

①　李丽辉 . 2014-02-18. 人均万元税负，高还是低 . 人民日报 .

②　郑秉文 . 2012. 中国养老金发展报告（2012）. 北京：经济管理出版社：93-95.

③　李时宇 . 2013. 双重困境下的养老保险体系改革研究 . 北京：中国人民大学出版社：35-50.

余的 25%，另外的 3% 靠基金征收的方法来弥补。

　　个人账户积累的资金如何做到保值增值是另一个大问题。现在社会保障基金大多存入银行，"新农保"基金也是如此。这样做表面上看来平安无事，但由于物价指数过高，实际上银行利息常是负利率，长此以往，社会保障基金不增反降。据统计，截止到 2010 年年底全国社会保险基金资产总额已经达到 2.4 万亿元，其中 90% 是放在银行吃利息，不到 10% 购买各种债券和委托运营，在通胀高于利息的时代，这种整体隐性亏损非常惊人。据统计自 1998 年以来，这一投资形式造成基本养老保险基金收益损失就高达 6000 亿元。

　　我国养老基金如何在安全的情况下快速增长，面临着很多问题，如投资渠道不畅、长期大量亏损、本身缩水问题，甚至挪用地方养老金直接或间接投资于风险很大的社会基础设施、房地产和股市。

　　1. 我国城镇职工养老基金个人账户的理论空账

　　基本养老保险基金收入中包括单位和职工个人缴纳的基本养老保险费、基本养老保险基金利息收入、上级财政补贴和其他收入等。假定按照规定，单位和个人缴纳基本工资的 20%、8% 分别进入统筹账户和个人账户，其中个人账户比例不变，稳定为 8/28；其次，假定当年养老保险基金积累数额全部归属于个人账户。1989～2010 年全国基本养老保险基金收支状况，给出历年收入、支出、当年积累、综合积累和个人账户的亏空估计，其中后面三栏是自行计算的。具体定义是：

　　当年积累率 = 当年养老基金积累数额 / 当年养老保险基金收入

　　理论个人账户 = 当年养老保险基金收入 × 8/28

　　个人账户亏空 = 理论个人账户 – 实际个人账户 = 理论个人账户 – 当年养老保险基金积累数

　　个人账户亏空指理论个人账户相对于全部社会养老保险基金积累后的空缺。分析表明（表 5–16）：①职工基本养老保险基金收入和支出呈现持续增长，1996年基金收入、支出双双超过 1000 亿元，2005 年基金收入、2007 年基金支出分别超过 5000 亿元的规模，2009 年、2010 年分别超过万亿元规模；②除了 1998 年外，1989～2011 年每年我国养老保险基金收入都高于支出，但是当年保险积累率太低，全部低于理论值（8/28=0.2857），其中 23 年中有 7 年低于 0.10，有 9 年在 0.10～0.19，有 7 年在 0.20～0.28；③由于当年社会保险基金积累率持续低于理论值，导致个人账户的空账规模越来越严重，1997 年空账账户超过 1000 亿元，2006 年、2011 年空账规模分别超过 5000 亿元、8000 亿元。

表 5-16 1989~2011 年全国城镇职工基本养老保险基金收支状况 单位：亿元

年份	收入（1）	支出（2）	当年积累(3)=(1) - (2)	累计结余(4)=(4)'+(3)	当年积累率(5)=(3)/(1)	理论个人账户(6)=(1)×8/28	累计个人账户亏空(7)=(6) - (3)+(7)'
1989	147	119	28	738	0.190 3	41.9	14.0
1990	179	149	29	766	0.164 9	51.1	35.6
1991	216	173	43	795	0.197 7	61.6	54.6
1992	366	322	44	838	0.119 9	104.5	115.3
1993	504	471	33	882	0.065 4	143.9	226.3
1994	707	661	46	914	0.065 5	202.1	382.1
1995	950	848	102	961	0.107 8	271.4	551.1
1996	1 172	1 032	140	1 063	0.119 4	334.8	746.0
1997	1 338	1 251	87	1 203	0.064 7	382.3	1 041.7
1998	1 459	1 512	−53	1 290	−0.036 1	416.8	1 511.2
1999	1 965	1 925	40	1 237	0.020 5	561.5	2 032.4
2000	2 279	2 115	163	1 277	0.071 5	651.0	2 520.4
2001	2 489	2 321	168	1 440	0.067 4	711.1	3 063.8
2002	3 172	2 843	329	1 608	0.103 6	906.1	3 641.3
2003	3 680	3 122	558	2 207	0.151 6	1 051.4	4 134.7
2004	4 258	3 502	756	2 975	0.177 5	1 216.6	4 595.3
2005	5 093	4 040	1 053	4 041	0.206 8	1 455.1	4 997.4
2006	6 310	4 897	1 413	5 489	0.223 9	1 802.9	5 387.3
2007	7 834	5 965	1 869	7 391	0.238 6	2 238.3	5 756.6
2008	9 740	7 390	2 350	9 931	0.241 3	2 782.9	6 189.5
2009	11 491	8 894	2 597	12 526	0.226 0	3 283.1	6 875.6
2010	13 420	10 555	2 865	15 365	0.213 5	3 834.3	7 844.9
2011	16 895	12 765	4 130	19 497	0.244 5	4 827.1	8 542.0

注：(4)'指的是第 4 列的上一年的数值

资料来源：1989~2001 年的数据源于《人力资源和社会保障事业发展统计公报》，2002~2010 年数据来源于《人民日报》2012 年 6 月 18 日的文章

2. 我国城镇职工养老金个人账户的实际空账

上节是理论分析，实际情况则更复杂。虽然国家人力资源和社会保障部要求单位和个人缴纳基本工资的 20%、8% 分别进入统筹账户和个人账户，理论个人账户为 8/28 或 28.6% 的累计。但实际上，有些企业执行的是 8/20 或 40%，如上海为 8/30.5。另外，原来我国养老金实行的是"现收现付制"，后来逐渐转变为"积累制"，这需要有个逐步过渡的过程。以深圳为例，1998 年 1~12 月深

圳本地职工和外地职工社会养老金个人账户分别为 13/19 和 7/10，1999 年 1 月~
2001 年 1 月分别调整为 12/17 和 7/10，2001 年 2 月~2006 年 6 月又分别改变
为 11/14 和 11/13，2006 年 7 月~2009 年 12 月本地、外地职工统一为 8/19，
2010 年调整为 8/21。深圳理论个人账户比例的变化，反映出了我国由"现收现
付"调整到"个人账户积累制"的整个过程。实际上，在社会保险开展早期，
为了提高企业职工上缴社会养老保险的积极性，各地都提高了个人账户的比
例，而今转制成本远没有"被消化"。个人账户实际空账规模大于理论空账水平
（8/28）。

2007~2011 年我国城镇职工个人账户实际空账规模（表 5-17）的分析表明：
① 2011 年我国城镇职工个人账户空账额累计为 22 156 亿元，比 2010 年增加了
4599 亿元，近 5 年我国个人账户空账额以平均每年 2800 亿元的规模增长，或者
说以年均 16%~27% 的速度增长，并有不断增长的趋势；② 2011 年我国城镇职
工个人账户累计为 24 859 亿元，比 2010 年增加了 4073 亿元（其中，企业部门
个人账户 2011 年基本养老金个人账户累计值为 23 562 亿元，比 2010 年增长了
3966 亿元），近 5 年我国个人空账占个人账户的比例稳定在 89%~92%，有缓慢
下降的趋势；③我国个人空账规模远大于城镇职工养老金余额规模，换言之，即
使将余额养老金全部填充于个人账户之空账仍然不够，但这些差距在减少，2007
年空账规模比当年养老金余额高 48.25%，2011 年空账规模仅比养老金余额高
13.64%。养老金余额正在逐年提高，目前已经比较接近个人账户的空账额，这
一方面是由于国家财政的大量补贴，另一方面是由于城镇职工社会保障面的迅
速扩大。此外，我国个人养老账户的年利率（2%）十分低，低于银行活期利率，
没有放置在专用账户进行投资运行，这些影响了人们参加养老保险的积极性。

表 5-17   2007~2011 年我国个人空账规模、增长速度、空账占比表

年份	个人账户空账额 / 亿元	空账增长速度 /%	空账占个人账户比例 /%	空账占养老金余额比例 /%
2007	10 957	—	—	148.25
2008	12 737	16.0	92.1	128.25
2009	14 988	17.7	90.5	119.66
2010	17 557	17.1	89.6	114.27
2011	22 156	26.2	89.1	113.64

资料来源：郑秉文 . 2012. 中国养老金发展报告（2012）. 北京：经济管理出版社：2-3

其实，养老金缺口哪个国家都有。据报道，2011 年财年美国养老金缺口大
于 1 万亿美元，欧洲 2010 年财年养老金缺口大于 1.9 万亿欧元，日本 2011 年财

年养老金缺口大于 2.5 万亿日元。[①]而我国表面上养老金是平衡的，实际上养老金个人空账缺口越来越大。2014 年 10 月对机关、事业单位人员进行了养老金改革，在职人员的养老金由财政直接缴纳转变为由个人直接缴纳、财政间接缴纳，但改革力度不大而且允许相当长的保留过渡期，在这种情况下，没有政府的财政投入，我国个人账户的缺口是不可能减少的。

五、社会养老保险中的公共财政补贴

在社会养老保险参加人数中（表 5-6），比例最高的是城乡居民，其次是企业职工，合计比例往往超过了 95%。这里通过社会养老保险精算，分别计算企业职工和城乡居民社会养老保险。他们以平均人（典型人）的年龄参加社会养老保险，以平均人的工资水平缴纳社会养老保险，按照平均预期寿命走完自己的一生。我们计算他们所需要缴纳的社会养老保险，退休后获得的社会保险金，以及政府对于养老保险的补贴，最后计算城镇企业职工和城乡居民社会养老保险所需公共财政投入，即城市化的代价。

1. 城镇职工社会养老保险精算

假如有一职工月基本工资为 3000 元，社会养老保险按照现行规定，企业缴纳 20%，职工本人缴纳 8%，缴纳 20 年，社会养老保险基金按照银行年利息计算复利（利上加利），以后各年基本工资按照每年 5% 的速度增长（表 5-18）。该职工第 $i=1$ 年缴社会养老费用为 10 080 元，按照银行年利息 $r=4\%$、5%，可计算出未来 20 年的累计养老基金（本金和利息分别为 22 087 元、26 745 元）；第 $i=2$ 年月基本工资为 3150 元，社会养老费用为 10 584 元，19 年的累计养老基金（本金和利息分别为 22 299 元、26 745 元）⋯⋯第 $i=19$ 年月基本工资为 7581 元，年社会养老费用为 25 472 元，1 年后的累计养老基金（本金和利息分别为 26 490 元、26 745 元）；到退休时的累计社会养老保险基金为

$$Y = \sum_{i=1}^{19} 0.28 \times 3000 \times (1.05)^i \times (1+r)^{(20-i)}$$

则 20 年退休以后，在年利息为 4%、5% 的情况下，该职工的累计社会养老保险基金分别为 48.45 万元和 53.49 万元，其中个人账户（8/28）为 13.8 万元、15.3 万元，其余为统筹账户基金。

---

① 啃金融. 如何筹到足够的养老金安度晚年？ http://xueqiu.com/8349714985/36297772?from=groupmessage&isappinstalled=0.

表 5-18　不同利息水平下的历年职工社会养老保险基金　　　　单位：元

年数	月工资	年交社保	年利息 4%	年利息 5%
20	3 000	10 080	22 086.5	26 745.2
19	3 150	10 584	22 298.9	26 745.2
18	3 308	11 113	22 513.3	26 745.2
17	3 473	11 669	22 729.8	26 745.2
16	3 647	12 252	22 948.3	26 745.2
15	3 829	12 865	23 169.0	26 745.2
14	4 020	13 508	23 391.8	26 745.2
13	4 221	14 184	23 616.7	26 745.2
12	4 432	14 893	23 843.8	26 745.2
11	4 654	15 637	24 073.5	26 745.2
10	4 887	16 419	24 304.5	26 745.2
9	5 131	17 240	24 538.2	26 745.2
8	5 388	18 102	24 774.2	26 745.2
7	5 657	19 007	25 012.4	26 745.2
6	5 940	19 958	25 252.9	26 745.2
5	6 237	20 956	25 495.7	26 745.2
4	6 549	22 003	25 740.8	26 745.2
3	6 876	23 104	25 988.3	26 745.2
2	7 220	24 259	26 238.2	26 745.2
1	7 581	25 472	26 490.5	26 745.2
合计			484 507	534 905

20 年后，该职工退休，社会保险替代率为 45%，退休后月收入 3400 元，**退休后由于物价缘故，社会保险基金以平均每年 4% 的速度增长**，银行年利息或货款利息 r 为 4%、5%，则第 i 年社会保险金年支付 $3400 \times 12 \times 1.04^i$ 元，第 $i+1$ 年的社会保险金节余 Y_{i+1} 为

$$Y_{i+1} = (Y_i - 3400 \times 12 \times 1.04^i)(1+r)^i \quad (i=0,1,2,3,\cdots 17)$$

假如该职工的死亡年龄等于预期寿命 78 岁，则 60 岁退休者有余寿 18 年，银行年利息 $r=4\%$、5%，到死亡时该人的社会养老保险基金（负值为亏损）为 −50.62 万元、−34.40 万元；（若以退休后 18 年计算，公共财政每年为每个职工支付 2.81 万元、1.91 万元）65 岁退休者有余寿 13 年，银行年利息为 4%、5%，到死亡时该人的社会养老保险基金为 −7.64 万元、6.37 万元（若以退休后 13 年计算，公共财政每年为每个职工补贴 5878 元、获利 4900 元）。由此可见，**社会养**

老保险基金增值（银行利息）率非常重要，增值率高则养老保险基金为补贴少；退休年龄延长，则交保时间长，领取时间短，则社会保险基金补贴少。

若退休养老基金以平均每年 2% 的速度增长，退休后保险替代率、月收入、预期寿命仍不变，考虑 60 岁退休，若在银行年息为 4%、5% 的情况下，人均累计亏损 28.63 万元（10.98 万元）（表 5-19）；若 65 岁退休，预期寿命 78 岁，在银行年息为 4%、5% 的情况下，人均累计盈利 1.86 万元（16.32 万元）。

表 5-19　退休年龄、银行利息和养老金年增率对公共财政支出的影响

单位：万元 / 人

项目		退休养老金年增长 4%		退休养老金年增长 2%	
		银行利息为 4%	银行利息为 5%	银行利息为 4%	银行利息为 5%
人均公共财政支出	60 岁退休	−50.62	−34.40	−28.63	−10.98
	65 岁退休	−7.64	6.37	1.86	16.32
人均年公共财政支出	60 岁退休	−2.81	−1.91	−1.59	−0.61
	65 岁退休	−0.59	0.49	0.14	1.26

注：人均年支出计算中，考虑预期寿命为 60 岁、65 岁退休，则分别按照 18 年、13 年计算

2. 城乡居民社会养老保险精算

假如第 i 年的社会养老保险个人账户（本金和利息之和）基金 Y_i 为

$$y_{i+1} = (x + \Delta x)(1 + r)^{n-i} \qquad (i = 0, 1, 2, \cdots, 20)$$

其中，个人每年缴费 $x = 100$，300，对应政府每年补贴 $\Delta x = 30$，50，银行（社保基金年利）利息 $r = 0.04$，0.05，累计缴费或参保 $n = 20$ 年。某居民每年缴纳 100 元社会养老保险，政府补贴 30 元，进入个人账户，连续缴纳 20 年后，在银行利息为 4%、5% 的情况下，20 年累计个人账户（ΣY_i）分别为 4026 元、4514 元；在每年缴纳 300 元的情况下，政府补贴 50 元，20 年累计个人账户为 13 936 元和 15 624 元。直接进入退休期，领取社会养老保险，直到平均预期寿命 78 岁，社保领取结束。

按照我国现行政策，该居民退休以后每月可领取养老金为 $55 + \Sigma Y / 139$，而公共财政补贴为 $55 \times 12t + \Delta xn$；其中，$t$（$= 13$，18）为退休后到死亡前（平均预期寿命）的年数。

按照现行政策，该居民社会保险包括政府每月补贴的 55 元及个人账户的 1/139。在社会保险基金年利息为 4%、5% 的情况下，该居民退休后每年可以获得社会养老金 1007.6 元、1049.7 元，月收入 84.0 元、87.5 元（缴费 300 元的情况下为 1863 元、2009 元，月收入 155 元、167 元），则该居民退休前获得财政补贴 600 元、1000 元，60、65 岁退休，退休后获得累计财政补贴 12 540 元、9240

元（缴费 300 元的情况下为 11 880 元、8580 元），该居民的财政补贴合计为 13 140 元和 9840 元（缴费 300 元的情况下为 12 880 元、9580 元）。由此可见，居民每年缴纳社会养老基金多寡，100 元或 300 元，对退休后本人生活改善的影响较大，但是对公共财政支出的影响不大；银行利息的高低，年利息 4% 或 5%，对退休后居民生活的影响小，对公共财政支出的影响也很小。

3. 城乡居民和职工社会养老保险差异分析

某职工按照国家规定缴纳工资的 28% 作为社会养老保险基金，保险金（银行）年利息为 4%，在"利上加利"的情况下，工作 20 年后 60 岁退休，退休养老金年均增加 2%，活到预期寿命（78 岁）时，公共财政对于养老保险的累计补贴为 28.6 万元。而某居民每年缴纳社会养老保险基金 300 元，政府每年通过财政补贴 50 元，连续缴纳 20 年以后，在 60 岁退休，假如同样活到 78 岁时，公共财政支出将支出 1.29 万元。其间的差异就是社会养老保险的社会差异：如果退休年龄为 60 岁，则平均每个城镇企业职工将比城乡居民多得财政补贴 27.3 万元。这就是城市化以后社会养老保险的代价。若我国 2 亿农民居民全部转变为城镇职工，则社会养老保险将多支付 55 万亿人民币。

实际的情况则非常复杂，我国经济发展水平、社会养老保险缴费率、保险替代率、社保基金发放增长率、通货膨胀率都在不断发生变化，本节仅通过理想情况说明了未来发展的可能性。

第五节　结论和讨论

本章首先进行了社会养老保障的国际比较，具体比较了各国社会养老保障资金占财政收入的比例，发达国家的社会福利和社会养老保险状态，以及欧洲社会保障政策的失误和教训。其次，研究了我国城镇职工社会养老保险，具体包括城镇职工社会养老保险的构成和进展，我国机关、事业和企业单位退休职工的社会养老保险。再次，研究了我国城乡居民社会养老保险（城居保、新农保）。最后，研究了我国社会养老保险管理和基金平衡，具体包括我国城镇职工基本养老保险基金的构成，职工社会基本养老保险基金的时序变化和空间分布，城镇职工基本养老保险基金中的政府财政补贴情况，以及我国城镇职工基本养老保险个人账户空账问题。本节弄清了社会保险的如下事实。

一、主要研究结论

1）老龄化及其相伴随的社会保障和社会福利，是影响经济社会发展的重要而不是唯一的原因。各国社会保障占财政收入的比例差异大（中位数为 16%），**老龄化水平每提高 1 个百分点，社会保障资金占财政收入的比例将提高近 2.9 个百分点**。老年人口的增加要求社会保障支出扩大，从而增加国民收入中消费的比例，影响了国家经济积累规模和投资能力。政府不得不大量印发货币——采取货币宽松政策，大量的货币发放造成币值下降，货币流通过剩，银行利率下降；同时，国外热钱涌入，银行汇率下降。2012 年我国各地区老年人口每增加 100 万人，则该地社会保障和就业的财政支出将增加 49.23 亿元，同时公共财政支出将增加 484 亿元。

2）**我国离退休人员增加迅速**。1989～2010 年我国城镇参保人数（含在职和**离退休人员）年均递增 7.42%；**而同期参保后的**离退休城镇职工人数、参保的在职职工**分别年均递增为 9.75%、7.21%（而我国年人口增长率为 0.5%～0.9%）。即在职参保人数增长低于离退休人员增长幅度。2005 年以后，由于人口老龄化的影响，无论是参保职工人数还是参保后退休人口数量都出现爆发式（指数）的增长状态。2005～2010 年、2010～2014 年我国城镇职工参保人数年均分别增长1643.8 万人、3235 万人。2002～2011 年我国城镇职工基本养老金（当年值）收入年均递增 10.04%。2011 年我国机关和事业单位、企业单位离退休人员的年均收入分别为 26 107 元、18 096 元。2002～2011 年我国城镇职工基本养老金总收入、总支出分别增加 446.9%、349%，其中人均养老金年缴费、支出分别增加182.3%、177.8%，离退休人员、养老保险参加人数分别增加 61.6%、93.7%。即2002～2011 年我国养老保险金征缴（支出）费用增加，主要是人均保费（征费）增加所致，人员增加为次要。

3）**企业退休职工替代率低**。2011 年年底，我国城镇职工社会养老保险**参加人员**（包括离退休人员）中，企业单位、事业和机关单位、个体身份和银行系统职工等系统参加社会基本养老保险的人员分别占参保人数的 72.00%、7.24%、20.69% 和 0.08%。2011 年年底，我国城镇职工享受社会养老保险的**离退休人员**为 6826 万人，其中企业单位、事业和机关单位及个体身份分别占离退休人员的75.23%、7.43% 和 17.26%。**2009 年年末，我国机关、事业、企业单位离退休职工收入替代率分别为 60.2%、62.7% 和 46.4%**，企业单位职工退休金替代率偏低。2011 年企业单位离退休人员人均年收入为 22 248 元，比机关、事业单位人员低 15.8%。

4）**"城居保"和"新农保"覆盖面广，但老年人难以维持生计**。到 2011 年年底，**我国"城居保"、"新农保"分别覆盖了 75.3%、81.5% 的县市**。2011 年年末全国参加"新农保"的人数已经到达 32 643.5 万人，其中 27.3% 的老年农民已经领取社保基金。2010 年人均新农保基金年收入 700 元，月均为 58.3 元，但收入过低，不足农村低保金的 40%。

5）**国家对于社会保障的投入过少**。2010 年、2011 年我国社会养老保险中政府财政补贴分别占国家财政中社保就业支出比例的 21.4%、20.5%；或占国家财政支出的 2.2%、2.1%。2010～2011 年我国财政支出增加 22%，国家财政中社会保障就业方面的支出增加不足 20%，养老保险财政补贴年增长 16%。以上事实说明，政府对于社会保障投入偏少，对铁路、公路和基本建设投入过多，而公共财政对于养老补助力度落后于财政支出的增长速度。

6）**农民工参加社会养老保险的比例低**。2012 年城镇基本养老保险和"新农保"的参保率分别呈上升趋势，其中城镇职工人均年养老金水平达 2.09 万元，"新农保"为 859.2 元。2012 年中国城镇化率达到 52.57%，但只实现了 35% 的户籍人口城镇化率，2.17 亿的农民工难以享受到城镇基本社会公共服务，主要原因是社会保险转移困难。

7）**退休年龄对社会保障（企业退休）金的影响十分大**。假设某员工月薪 3000 元，年增 5%，按目前规定缴纳养老金，养老金以年利 4% 增长，20 年后养老金为 48.45 万元，若养老金替代率为 45%（目前为 40%～45%），并且年增 4%，60（65）岁退休，到预期寿命 78 岁为止，需要公共财政补贴 50.62 万元（7.64万元）。可见退休年龄延长 5 年，则每个企业职工可以减少财政支出 43 万元。

8）**居民养老金过低和企业职工差异大**。目前的居民养老金仅为农村低保金的 20%～40%。某居民年缴养老金 300 元，政府补贴 50 元，社保基金以 4% 的年速复利增长，参保 20 年累计达 13 936 元，按现行政策，60（65 岁）岁退休后可获月养老金 155 元，到预期寿命 78 岁止，需要公共财政补贴 12 880 元（9580元）。居民财政养老补贴仅为企业职工补贴的 2.6%～12.6%。

二、讨论

经济发展有惯性。经济增长快的时候，一切债务、社会福利开支等都一带而过；而当经济形势恶化时，什么问题都出来了。冰冻三尺非一日之寒，一旦问题浮出水面，往往让人措手不及，经济持续恶化。显然，老龄化及其相伴随的社会保障和社会福利，是影响经济社会发展的重要而不是唯一的原因。正确的产业发展政策，增加公共财政对于社会保险的投入、采取合适的社会保障制度，促进社会消费政策，都是经济可持续发展的利器。

我国社会养老保险经过多次改革，碎片化的趋势有所改善，大致可以分为几个大的种类，但是社会保险责任没有划清，企业负担过重。笔者个人认为，应该划分为三支柱的社会养老保险：①体现公平的**国家年金**。不分城乡人人皆有，解决基本的吃饭问题（逐步到达当地最低生活标准）。②**企业年金**。解决退休职工的基本生活（累计达到当地最低工资标准水平的 1.0～2.0 倍）。③个人配套年金或**强迫储蓄**，国家采取免税政策，用以提高和改善退休人员的生活质量，税前列支。其中个人配套年金或**强迫储蓄**和**企业年金**进入个人账户，所有个人不能提前支取，可以继承；**国家年金**进入社会统筹账户。这样可以明确国家、企业、个人的养老责任。国家在社会养老中的定位，是扶贫救济、解决老年人的基本吃饭问题和公务员的养老问题；企业对于年金支付有一定的弹性区间，主要解决老年人退休后的基本生活问题；强迫储蓄可以提高其退休后的晚年生活质量。这样累计的社会养老保障可达当地最低工资标准的 2～8 倍。

社会保障和经济发展是一个十分复杂的问题。**一种观点认为，社会保障与经济发展有关**。过度的社会保障，导致地区经济发展受阻。社会保障犹如"鸡肋"，欲降不能、欲留困难。各国建立社会保障制度时正好是经济发展顺利之时，但社会保障制度是刚性的，制定政策时经济发展较好、全民支持，但遇到困难要削减时必然会遭到全民的反对。由俭入奢易，由奢入俭难。政府欲对富人加税，遇到的是集体软抵抗，富人外流避税[①]；政府欲进行社会医疗保险改革，但既得利益者不愿意。这充分说明了社会保障的刚性，可上不可下。因此，社会保障项目的设立、资金的投入应该有节制，有大局观念，有长久可持续发展的眼光。另一种观点认为，社会保障与经济发展无关。同样是人口老龄化，同样是高社会福利国家，但有些发展得比较好，有些却出现了严重的经济社会问题。美国、日本、欧洲这些奉行里根经济学的非福利国家和地区或是"**去福利化**"的国家和地区都出了严重的问题；而北欧、加拿大、澳大利亚这些福利国家反而继续保持着旺盛的经济活力，这其实与我们的思维定式有很大不同。原来认为高福利必然高负债，国富必然民穷。但现实案例至少可以说明，一个国家是否欠债与福利多少没有关系，高福利国家也可以不欠债，低福利国家照样可以欠债。[②] 德国人口老龄化仅次于日本，为世界第二，但经济发展在欧洲处于较好的状态（首先德国得益于东西德的合并，劳动力和资源得到了很好的匹配；其次德国领导人对老龄化

---

① 据《现代快报》2012 年 12 月 1 日报道，自所得税税率最高档定为 50% 以来，英国有 2/3 的百万富翁离开该国。2009～2010 年税收年度，1.6 万以上的人向英国税收和海关署申报的年收入超过 100 万英镑。引入了高税率后，降到了 6000 人，高税率减少了政府收入，富人通过移民和掩盖收入来避税。2013 年 4 月英国最高税率下调至 45%，申报年收入超过 100 万英镑的人数回升至 1 万人。

② 侯隽.2011-12-27.中国富豪移民纽约陷纠结人生　称高福利看上去很美.中国经济周刊.

后果高度重视和警觉；再次得益于德国高端制造业和独特的职业教育培训制度）；澳大利亚和加拿大的自然资源十分丰富，引进大量劳动力以后，减缓了老龄化的步伐，同时提高了经济发展活力。相反，2010 年**西班牙人口** 4710 万人，老龄化系数为 16%，人均 GDP 为 31 130 国际美元；32 万人的冰岛，老龄化系数仅为 12%，享有高度生活水准的发达国家，以及世界排名第一的人类发展指数（2009 年），人均 GDP 为 3.9 万美元，2009 年经济危机爆发，冰岛受创最深，积欠大量英国公债，难以归还，冰岛币值大幅贬值；2010 年希腊 1056 万人 65 岁以上老龄系数为 19.4%，人均 GDP 为 2.7 万美元，政府债务占 GDP 的 132.4%。葡萄牙（Portugl）、意大利（Italy）、希腊（Greece）和西班牙因面临严重经济问题，被称作金猪（pig）四国。**斯洛文尼亚** 2010 年为 210 万人，老龄化系数仅为 16%，2008 年人均 GDP 为 26 910 国际美元，也出现了严重的经济问题。21 世纪初期，由于欧盟次贷危机的影响，近几年**斯洛文尼亚的**经济水平有所下降，经济出现了严重衰退，致使其银行体系亏损严重，国际信用评级屡遭下调。于是，政府推出新政：①大幅度提高各种税收，如商品增值税、个人所得税、一般商品税；开征新税（如房产税）。②减少财政开支，机关、事业单位人员实行无差别化（年龄、工龄、文化程度、职称等）工资。③增加年轻人就业。[①] 然而，能否奏效还很难说，类似的还有意大利和希腊等。

---

① 赵嘉政.2013-05-13.过渡难关、斯洛文尼亚开征房产税.光明日报，第 8 版.

第六章

人口老龄化与社会医疗保险

近年来，随着社会经济的发展，我国医疗卫生事业发展迅速，国民健康水平不断提高，我国卫生费用发生了结构性变化。按照《健康中国2020战略研究》报告，我国城镇和农村居民基本医疗保障覆盖率分别从2003年的55%和21%，提高到2011年的89%和97%。2002年我国医疗卫生费用中个人支出比例为57.7%，政府预算卫生支出和社会卫生支出分别为15.7%和26.6%；2011年个人卫生支出比例下降到34.9%，政府预算和社会卫生支出比例分别提高到30.4%和34.7%。

客观而言，社会医疗保险比社会养老保险的设计难度小。社会养老保险需要资金多年积累，不是现收现付，涉及保险资金的平衡和贬值，尤其是在物价变动较大的情况下。另外，交付社会养老保险的参保人不能立刻获得社会养老保险的收益，影响了他们参加社会养老保险的积极性。因此，相对于社会养老保险而言，社会医疗保险基金平衡难度小。但是，随着人口老龄化的到来，随着人们生活水平的提高和医疗卫生事业的发展，我国社会医疗保险面临着保费大幅度增长等状态。由于篇幅的缘故，这里主要研究与老龄化有关的社会医疗保险。

我国社会医疗保险发展得比养老保险更为完善，具体表现如下。

1）制度保障的建设。我国已经建立了以职工基本医疗保险、城镇居民基本医疗保险、新型农村合作医疗为主体，城乡医疗救助制度为兜底，商业健康保险及其他多种形式医疗保险为补充的医保制度体系，为城乡居民"病有所医"提供了制度保障。

2）社会医保险覆盖率高。2011年年底我国城乡居民参加"职工医保、城镇居民医保、农村居民新农合"三项基本医保人数超过13亿人，医保覆盖率提升到 95% 以上，全国基本医疗保障水平大幅提升。2009～2011 年，医疗卫生服务利用人口增加，全国医疗机构总诊疗人次由 2008 年的 35.3 亿人增加到 2011 年的 62.7 亿人，每年平均增长 21.1%；入院人数从 11 483 万人增加到 15 298 万人，年均增长 10.0%。

3）财政投入增加，个人支出比例下降。2009～2011 年，全国财政医疗卫生累计支出 15 166 亿元，其中中央财政 4506 亿元。居民个人支出下降，政府卫生支出占**卫生总费用**的比例上升。新农合政府补助标准从 2008 年的每人每年 80 元提高到 2011 年的 200 元、2012 年的 240 元；城镇居民医保、新农合政策范围内住院费用报销比例分别从 2008 年的 54%、48% 提高到 2011 年的 70% 左右。[①] 2011 年《中国统计年鉴》显示，1990～2000 年我国卫生总费用（当年值）年均增长 19.89%（表 6-1），其中个人支出年均增长（26.06%），高于同期政府卫生支出、社会支出的 14.25%、14.87%；**人均卫生总费**用年均增长 18.66%；2000～2009 年我国卫生总费用年均增长 16.07%，其中政府卫生总费用年均支出（23.71%）高于社会支出和个人支出的增长速度（20.24% 和 10.36%）；个人人均卫生总费用增长 15.41%。这说明 1990～2000 年我国卫生费用的主要承担者是老百姓，而 2000～2009 年逐渐向政府财政转移。我国卫生总费用占 GDP 的比例，也由 1990 年的 4.00% 增长到 2000 年的 4.62% 和 2009 年的 5.15%。

表 6-1　1990～2009 年我国政府部门、社会和个人现金卫生总支出费用及其比例

年份	卫生总费用（当年值）/亿元	政府卫生支出		社会卫生支出		个人现金卫生支出		人均年卫生总费用/（元/人）
		绝对数/亿元	占卫生总费用比例/%	绝对数/亿元	占卫生总费用比例/%	绝对数/亿元	占卫生总费用比例/%	
1990	747.4	187.3	25.1	293.1	39.2	267.0	35.7	65.4
2000	4 586.6	709.5	15.5	1 171.9	25.6	2 705.2	59.0	361.9
2009	17 541.9	4 816.3	27.5	6 154.5	35.1	6 571.2	37.5	1 314.3

资料来源：国家统计局.中国统计年鉴（2011）.北京：中国统计出版社：表 21-24

但由于中国人多、老龄化发展快、地区经济发展不平衡，社会医疗保险存在的问题也很多。

1）医疗需求井喷、费用控制困难。2005～2010 年全国慢性病患病率从 15% 增加到 20%，患病人次达 2.7 亿人，每年新增 1700 万例，年均增长 6.3%；同期人们的健康意识增加，医疗需求井喷式增长，但却缺少正确的健康保健知识指导，经常受到网络的误导。**2010 年全国卫生总费用达 19 980 亿元，人均费用 1491 元，其中个人年支付 526.3 元，政府支出 427.9 元。**

---

① 张蕾，张悦如.2012-08-18.健康中国 2020 战略研究报告.光明日报，第 4 版.

2）医疗救助任务繁重。低收入重病患者、重度残疾人、低收入家庭老年人等特殊困难群体纳入保障范围。2011 年全国城乡医疗救助总人次达 8887 万人，与 2008 年相比增长了 54%，平均每年增长 15.5%。2009～2011 年全国共安排医疗救助资金 376 亿元，占全国各级财政补贴的 2.48%。

3）大医院"看病难、看病贵"的状态依旧，医患矛盾和冲突严重。"病有所医"是人类社会生存与发展的必备条件之一，也是人口老龄化过程中日益显现的一个重要问题。医疗支出与年龄的关系非常密切，健康，死亡、慢性病及失能的风险都与年龄密切相关。因此，医疗支出随着老龄化水平的提高而增长。

第一节　社会医疗保险的国际比较

目前，发达国家的医疗保障制度有 4 种类型：第一种为**国家（政府）医保模式**，如英国、加拿大、澳大利亚、北欧等。医疗保险作为社会福利向全民提供，通过高税收方式筹资。个人看病、检查免费，药品收费但有补助，总免费程度较高。第二种为**社会保险模式**，如德国、日本等。由雇主和雇员双方缴费，政府适当补贴，全社会共同分担风险，相对比较灵活。第三种为**商业保险模式**，也称为私人医疗保险模式，由非营利性机构主持私营医疗保险占了 60%。以美国为代表，主体是纯商业保险模式，看病费用高，但是老年人、退伍军人等拥有国家特殊医疗保障政策。第四种为**前 3 种模型的混合体**。

一、世界各国医疗保险的模式

人民日报驻外记者的调查显示，在若干发展中国家，如波兰、拉脱维亚、立陶宛、爱沙尼亚等国，实行强制医疗保险或者**复合型医疗保险**，医疗保险费由单位替员工缴纳，个人基本不需缴保费，在公立医院看病时基本医疗免费，特殊病种的手术费、医药费需个人承担。中国、阿根廷、印度尼西亚等国实行**社会医疗保险制度**，企业、个人支付部分保费，看病时个人自付部分医疗费用。显然，各国经济实力是实行社会医疗保障的基础，而社会制度、传统文化是实行社会医疗保障的前提。

1. 各国国民个人所承担的医疗费用比例

若从世界范围看，目前有 130 多个国家和地区通过建立医疗保险制度解决了居民的看病就医问题，大多数发达国家建立了覆盖全民的医疗保险体系，实行医疗保险制度，人们以不同的方式缴纳医疗保险费用，并承担部分看病费用。而据《中国卫生统计年鉴》（2010）记载，在全世界 193 个国家的卫生费用支出中，没有一个国家个人看病完全不花钱。在英国和加拿大基本医疗服务免费，政府出了大部分经费，而每个参保的人也都以税收的形式出小部分钱，对于基本医疗保险目录外的医疗服务，参保者要自己出钱。在经济合作组织成员国，个人卫生支出约占卫生总费用的 20%～30%，主要用于购买高端的医疗服务。**英国、日本、美国、印度等人口大国，2007 年个人卫生支出占卫生总费用的比例分别为 18.3%、18.7%、54.5%、73.8%（而 2001 年我国个人卫生支出占 60%，2011 年为 35.5%）。**

人民日报驻外记者对全球 70 多个国家和地区的医疗制度进行调查发现，仅有古巴实行真正意义上的全民免费医疗。其他免费医疗国家，如加拿大、英国、西班牙、俄罗斯、南非等国，全体国民确实无需缴纳医疗保险费就可获得基本免费治疗，实际上看病时免除的是检查、治疗费，仍需支付药费、挂号费等费用。[①] 表 6-2 给出的 21 个国家数据分析表明，这些国家个人、政府卫生支出比例的中位数分别是 30%、14.1%，而平均数分别是 37.8% 和 12.8%。没有免费的午餐，政府仅是制定社会医疗制度进行平衡，政府不能随便印制钞票，公共财政收入源于国家的各种税收。

表 6-2　世界各国国民个人医疗状况　　　　单位：%

地区	个人卫生支出比例	政府卫生支出比例	备注
加拿大	30.0	18.1	持医疗卡到医院看病，门诊、检查、住院免费，门诊购药自费
美国	54.5	19.5	老人、军人、残疾人公共医疗；企业提供健康保险费用的 20%～50%，职工参加商业疾病保险，按照合同免除部分住院费、医疗费等
日本	18.7	17.9	保险费占工资的 3%～10%，按年龄个人承担部分医疗费，6～70 岁承担 30%，70～74 岁承担 20%，75 岁以后承担 10%
比利时	25.9	14.4	强制性社会医疗保险，按规定 24 种医疗服务个人承担医疗费用的 25%，而住院费用等需参加补充医疗保险（个人需缴纳 90～300 欧元/年）
德国	23.1	18.2	个人付挂号费，其余费用全免。社会保险为月收入的 15.5%，其中个人和公司各付一半
西班牙	28.2	15.6	公共医疗服务全免费，医药费自理
瑞典	18.3	14.1	检查、化验费免，挂号费、医药费由个人承担，住院缴 80 克朗/天；个人所得税占收入的 30%～50%，其中大部分用于医疗保障
英国	18.3	15.6	公立医院预约和治疗免费，大部分处方药免费，老人、儿童、低收入群体全免费

---

① 李红梅，蒋安全，施晓慧等．2012-03-26. 哪些国家提供免费医疗. 人民日报，第 4 版.

续表

地区	个人卫生支出比例	政府卫生支出比例	备注
阿根廷	49.2	13.9	公立医疗服务体系覆盖 65% 的人口。公立医院看病，仅门诊费自理。社会医疗保险由员工 3% 的工资支付
波兰、捷克、罗马尼亚	29.1	10.8	公立医院的基本医疗免费，特殊病种治疗费、医药费需个人承担。单位缴纳最低工资的 6% 给国家健康基金，个人不缴费
白俄罗斯	25.1	9.9	医疗、药品基本免费
俄罗斯	35.8	10.2	医院看病免费、医药自费，住院期间所有费用全免
乌克兰	42.4	9.2	医院看病免费、医药自费，住院期间所有费用全免
格鲁吉亚	81.6	4.2	仅有 25% 的公民有医保，对部分穷人实行免费医保
南非	58.6	10.8	免费医疗和医保两种方式，医保费用自付，公立医院看病仅缴挂号费，私立医院需要医疗保险
墨西哥	54.6	15.5	加入大众医疗保险，全家看病不交费，包括住院期间伙食费、救护车费等。私企员工缴社会医保，用工薪税支付部分保费，其余纳入大众医保，年缴 65～1000 美元保费
印度	73.8	3.7	无社会保险，但公立医院可免挂号费、检查费和少数药品费用，其余自理
印度尼西亚	45.5	6.2	公务员、警察和军人医保由个人交纳工资的 2%，穷人可申请免费医保
古巴	4.5	14.5	不缴社会保险，但医院各种检查、住院治疗、手术、药品、饮食均免费

资料来源：李红梅，蒋安全，施晓慧等 . 2012-03-26. 哪些国家提供免费医疗 . 人民日报，第 4 版

2. 人口老龄化与人均医疗费支出

　　世界银行提供了 2008 年中国、美国、俄罗斯等 43 个主要国家和地区的 65 岁老年人口比例（表 6-3），以及这些国家的人均医疗费支出、社会保障占财政收入的比例、消费构成情况等。21 世纪初，世界各国医疗支出占该国 GDP 的比例大致为 10%，年人均医疗支出为 644～750 美元，但有逐渐增加的趋势。主要原因之一是老年人口随着年龄增长，身体日趋衰弱多病，医疗费用也随之增加。相关分析表明（表 6-1），2008 年 65 岁以上老年人比例与 2004 年、2005 年、2006 年 43 个国家或地区医疗支出占 GDP 的比例的相关系数分别为 0.650、0.670、0.664。而与 2004 年、2005 年、2006 年 43 国人均医疗支出的相关系数分别为 0.716、0.717、0.709，均高于显著性水平为 0.01 相关系数临界值（0.393）。**这充分说明人口老龄化是引起人均医疗支出，以及地区医疗支出占地区生产总值比例增加的主要因素之一**（其他还有物价上涨、人们对于健康的重视、先进医疗技术

发展等）。回归分析进一步表明，65 岁以上老年人口比例每提高 1 个百分点，该国家或地区人均医疗费用支出平均增加 212 美元，同时医疗支出占 GDP 的比例平均将提高 0.36 个百分点。

表 6-3　世界各国医疗支出占 GDP 的比例及人均医疗支出与人口老龄化

地区	医疗支出占 GDP 的比例 /%			人均医疗支出 / 美元		
	2004 年	2005 年	2006 年	2004 年	2005 年	2006 年
世界	**9.9**	**9.9**	**9.8**	**644**	**686**	**724**
高收入国家	**11.1**	**11.2**	**11.2**	**3609**	**3813**	**3998**
中等收入国家	**5.4**	**5.4**	**5.3**	**97**	**115**	**131**
低收入国家	**5.1**	**5.2**	**5.3**	**17**	**19**	**22**
中国	4.7	4.7	4.6	71	81	94
孟加拉国	3.4	3.1	3.2	13	12	12
文莱	2.5	2.2	1.9	531	549	571
柬埔寨	6.5	6.4	5.9	25	29	30
印度	4.0	3.8	3.6	25	27	29
印度尼西亚	2.1	2.2	2.5	24	28	39
伊朗	6.1	6.6	6.8	146	184	215
以色列	8.1	8.1	8.0	1516	1596	1675
日本	8.0	8.2	8.1	2901	2908	2759
哈萨克斯坦	3.8	3.9	3.6	109	148	190
韩国	5.4	5.9	6.4	770	973	1168
老挝	4.4	4.3	4.0	20	22	24
马来西亚	4.5	4.1	4.3	221	222	259
蒙古	5.4	4.6	5.7	38	41	70
缅甸	2.2	2.1	2.2	5	5	5
巴基斯坦	2.2	2.1	2.0	13	15	16
菲律宾	3.4	3.3	3.8	36	39	52
新加坡	3.4	3.3	3.3	869	916	1017
斯里兰卡	4.1	4.0	4.2	45	51	62
泰国	3.5	3.5	3.5	90	98	113
越南	5.7	6.0	6.6	31	37	46
埃及	6.1	6.1	6.3	67	78	92
尼日利亚	4.1	3.9	3.8	21	28	33
南非	8.0	8.0	8.0	364	406	425
加拿大	9.8	9.9	10.0	3043	3469	3917
墨西哥	6.5	6.4	6.6	429	474	527
美国	15.2	15.2	15.3	6014	6350	6719
阿根廷	9.6	10.2	10.1	383	484	551
巴西	7.7	7.9	7.5	279	371	427
委内瑞拉	4.9	4.5	4.9	211	247	332
捷克	7.2	7.1	6.9	771	868	953
法国	11.1	11.1	11.0	3628	3812	3937

续表

地区	医疗支出占 GDP 的比例 /%			人均医疗支出 / 美元		
	2004 年	2005 年	2006 年	2004 年	2005 年	2006 年
德国	10.6	10.7	10.6	3494	3628	3718
意大利	8.7	8.9	9.0	2556	2708	2813
荷兰	9.0	9.1	9.4	3386	3560	3872
波兰	6.2	6.2	6.2	411	495	555
俄罗斯	5.2	5.2	5.3	212	277	367
西班牙	8.2	8.3	8.4	1992	2168	2328
土耳其	5.9	5.7	4.8	324	383	352
乌克兰	6.5	7.2	6.9	89	132	160
英国	7.9	8.0	8.2	2881	3044	3332
澳大利亚	8.8	8.7	8.7	2869	3142	3302
新西兰	8.5	8.9	9.3	2068	2403	2421
相关系数	0.6498	0.6695	0.6640	0.7162	0.7165	0.7093

资料来源：World Bank WDI Database

二、若干发达国家的医疗保险

人口老龄化加重了社会医疗保障费用的社会负担，各国人口老龄化的社会背景、经济条件，以及人口老龄化的速度、程度和时间跨度不一样，决定了各自不同的医疗制度改革取向、资源分配方式和创新特色。

1. 德国的医疗保险

德国的医疗保险主要提供咨询服务、治疗服务和病休、生育补贴。德国的医疗保险是围绕疾病诊治和健康恢复，对个人及其家属实行的一种保险。根据法律规定，工人和规定工资收入标准范围内的职员必须参加医疗保险，不在此范围内的可自愿参加医疗保险。其主要向投保人提供四大服务，即咨询服务、治疗服务、病休补贴和生育补贴，目的在于向公民提供在其患病时的生活和医疗保障。资金来源主要靠投保人缴纳的保险费，保险费约为职工工资的 12.3%，由劳资双方各付一半。当职工月收入低于某标准时，受保人可少缴或免缴。年金领取者，交纳年金的 6.4%，同时雇主也缴纳年金总额的为 6.4% 左右。

2. 美国的医疗保险

目前，美国是唯一没有实施全民社会健康保险的发达国家，卫生服务机构以私立为主，大多数国民通过自愿参加商业性医疗保险获得卫生服务。2011 年美国的医疗保险支出达到 2.7 万亿美元，占当年 GDP 的 1/6，人均 8650 美元。美国企业职工参加医疗保险；而没工作或从事临时工作的人没有医疗保险，政府只为 65 岁以上的老人、残疾人和贫困线以下的穷人提供医疗保险，其他人要买商业性的医疗保险。但美国商业保险公司考虑到企业利润，仅愿意将医疗保险卖给收入高、身体健康的人。由此造成近 4700 万人没有医疗保险，约占美国人口的 15%，其中 8 成为工薪阶层。此外，还有 4000 万美国人的医疗保障履盖不全面，合计约占美国人口总数的 1/3。[①]

美国政府主办的医疗保险主要针对老年人、穷人和伤残退伍军人，具体包括：①医疗照顾计划，只有退休后才能享受。②医疗救助计划，对符合贫困救助标准的特殊人群提供免费医疗保障。③长期护理保险。人口老龄化使得美国长期护理的社会需求迅速上升，从 20 世纪 80 年代开始，由投保人通过购买护理保险合同的方式自愿参加，承保被保险人接受个人护理服务而发生的费用。健康状况差的人投保费用高。年龄越大、最高给付额越高、给付期越长、等待期越短，所需缴纳的保险费用就越高。

美国的公费医疗保险制度由政府负担的"老年保健医疗制度"和政府与州各负担一半的"医疗补助制度"（低收入者医疗补助制度）两种制度组成。老年保健医疗制度规定，如果公民缴纳社会保障税 10 年以上，65 岁之后就可以免费得到公费医疗的保险。但这个项目并非完全免费，享有该项目的老年人每年只要支付 100 美元，就仅需负担医疗费的 20%；60 天之内的住院仅收取 800 美元。但是，美国各州的经济状态不一，具体规定疾病种类的不同，所规定的 20% 个人负担额也有所变动。另外，根据医院方面处理方法的不同，老年保健医疗制度的补贴额度也会有变动。同时，在过高的医疗费和保险公司所支配的美国医疗体系中，公费医疗保险制度给美国联邦政府和州政府双方的财政造成了压力，已成为一个严重的问题。

2005 年美国享有老年保健医疗制度资格的人为 4230 万人，比 2000 年增加了 6.6%，联邦政府的医疗费支出数额达到了 2946 亿美元。同时，享有医疗补助制度资格的人为 5340 万人，伴随着贫困人数增长了 50.4%，联邦政府的医疗费支出额达到 1980 亿美元。另外，在老年保健医疗制度的全部财政支出中，约有 50% 被用于"老年人之家"等医疗设施建设，这也是造成财政恶化的原因之一。

1983 年美国卫生部门引进"诊断关联群定额支付制度"(DRG，即按病种付费)，将按照"实际服务数额"支付转变为"确定病种"支付方式。卫生部门将所有的疾病分为 468 种类型，根据疾病的诊断类型（如感冒、阑尾炎、肺炎等）而不是实际花费的数额，政府向医院支付规定数额的资金。

① 徐启生 . 2012-08-22. "医改法案"牵动美国选情 . 光明日报，第 8 版 .

在按照服务实收数额支付制度的时期，服务量越多，医院方面的收入就会越高。但是在这种按照疾病种类的定额支付制度，医疗服务的量越少，医院方面的收入就会越高。在定额支付体制中，医院必须削减医疗服务成本而提高利益，这种制度的目的是减少住院费用。**在这种体制引入的一年之后，老年保健医疗制度患者的平均住院天数就从之前的 9.6 天减少到了 7.4 天，平均减少了 20% 以上，康复时期的患者也从普通医院转移到了康复机构进行治疗或者家庭治疗**，不仅减少了平均住院天数，还减少了住院人数。DRG 制度实施前（1983 年），美国有 5843 所医院，病床总数为 120 万张；而实施后（1996 年）医院减少了 11.7%，病床减少了 28.3%。在这种制度下，病症越轻、医院治疗成本也就越低，医院为了赚取实际成本与政府定额支付数额之间的差额利润，经常不愿意接收重症患者而发生纠纷。[①]

社会医疗保险涉及**患者、医者和付款方**等三者的利益，在事关生命的医疗领域难以用"市场机制"来运行。**政府**既要监管医者，节省医疗费用，又要保证医疗效果或患者的利益；**患者**既要获得最有效的医疗，又要少缴社会医保费用；**医院**既要面临支付医生高额工资及医院设备费用，又要面临激烈的市场竞争。在激烈的市场竞争中，医院的运营方式不得不从非营利型转变为股份有限公司型，其结果是服务质量日渐低下。而面对日益复杂的医疗体系，政府经常管理失控，由此造成医疗保险资金大幅度上涨。

3. 日本的医疗保险

第二次世界大战后，日本逐步建立了一个医疗体制健全、医疗质量和服务水平较高的国民医疗保障体制。日本于 20 世纪 70 年代步入老龄化社会，采取护理保险制度，以及与覆盖全民的医疗保险体系的有机结合，取得了较大成效。政府主办的社会医疗保险主要包括以下几项。

1）**高龄者医疗保险制度，又称老人保健制度。**该制度规定 70 岁以上的高龄者及 65 岁以上的瘫痪老人无论以前加入何种医疗保险，其医疗费用最终都通过老人保险制度予以给付。资金由国家财政、地方财政及老人保健公积金三方面构成。

2）**退休者医疗制度。**被雇佣者保险的参加者及其家属在退休后，其年龄尚未达到高龄者医疗保险制度要求的，自动转入退休者医疗制度。

3）**老年护理保险制度。**随着老龄化和少子化问题的突出，日本政府于 2000 年开始实施老年护理保险制度。该制度由政府强制实施，40 岁以上公民无论身体状况好坏均要参加。日本老年护理保险制度体现了老年福利制度与老年医疗保

---

① 堤未果 . 2010. 贫困大国美国 . 殷雨涵，谢志海译 . 北京：北京科学技术出版社 .

健制度的结合，扩展了服务内容，适应了老年人对医疗保健服务多层次的需求，减少了医疗费用的浪费，提高了老年人的保健水平。2002 年、2003 年日本老年人口医疗费用，如表 6-4 所示。

表 6-4　2002 年、2003 年日本老年人口医疗费用　　　　单位：%

项目		2002 年				2003 年			
		一般诊疗费	住院费	门诊费	牙科诊疗费	一般诊疗费	住院费	门诊费	牙科诊疗费
假定 0～14 岁人均年医疗费用为 1	0～14 岁	1.00	1.00	1.00	1.00	1.00	1.00	1.00	1.00
	15～44 岁	0.84	1.19	0.68	1.45	0.81	1.08	0.69	1.36
	45～64 岁	2.12	3.15	1.64	2.27	2.16	3.27	1.69	2.27
	65 岁以上	5.99	10.11	4.10	2.64	6.09	10.85	4.00	2.55
	70 岁以上	6.85	11.96	4.51	2.55	6.92	12.65	4.37	2.45
	75 岁以上	7.72	14.11	4.80	2.36	7.71	14.92	4.51	2.18
假定平均年医疗费用为 1	0～14 岁	0.46	0.30	0.61	0.55	0.45	0.28	0.61	0.55
	15～44 岁	0.39	0.35	0.42	0.80	0.37	0.30	0.42	0.75
	45～64 岁	0.97	0.93	1.01	1.25	0.97	0.92	1.03	1.25
	65 岁以上	2.75	3.00	2.52	1.45	2.74	3.07	2.43	1.40
	70 岁以上	3.15	3.55	2.77	1.40	3.11	3.58	2.66	1.35
	75 岁以上	3.55	4.19	2.95	1.30	3.47	4.22	2.74	1.20

资料来源：厚生劳动省大臣官房统计情报部人口动态·保健统计课保健统计室．国民医疗费．表 20-5

　　老龄化和社会医疗保障的关系密切。由于老年人和家庭年轻人居住在一起，日本老年人和子女的经济往来十分密切，老年人生活费用很难独立计算和估计，但是老年人的医疗费用是可以独立计算和分析的。**2002 年 65 岁以上日本老年人的一般诊疗费、住院费、门诊费和牙科诊疗费分别是 14 岁以下人均费用的 6 倍、10 倍、4 倍、2.6 倍，而 75 岁以上老人的一般诊疗费、住院费、门诊费和牙科诊疗费分别是 14 岁以下人均费用的 7.7 倍、14 倍、4.8 倍和 2.4 倍**（表 6-4）。若与人均水平相比，日本 65 岁以上老年人口的一般诊疗费、住院费、门诊费和牙科诊疗费分别是各年龄平均水平的 2.75 倍、3.00 倍、2.52 倍和 1.45 倍。以上事实说明，**老年人住院费随年龄增长十分迅速，其次是一般诊疗费**。中国人口的文化和体质与日本人相差不大，由此可估计出相应中国老年人未来所需医疗费用，随着人口老龄化和高龄化，我国未来的社会医疗保险费用将成倍地增长。

第二节　我国台湾地区的人口老龄化及社会医疗保险

大陆和台湾同宗同室，接受相同的文化熏陶，同是龙的传人，同信仰孔孟之道。台湾人口老龄化及其对社会保障的影响，可能对中国大陆将要遇到的问题有所启示。

一、台湾地区的人口和人口老龄化

台湾地区面积为 3.6 万平方公里，略大于海南岛（不包括卫星岛）的 3.39 万平方公里，2010 年平均每平方公里 640 人。2010 年台湾有 2316.2 万人，人口出生率为 7.21‰，死亡率为 6.30‰，人口自然增长率为 0.91‰。2010 年台湾妇女一般生育率为 27‰，2009 年台湾地区男女性出生时的预期寿命分别为 75.9 岁、82.5 岁。[①]

1. 台湾地区妇女生育减少

1960 年台湾实行计划生育，地方政府提出"二个恰好，一个不少"的政策，1990 年政府开始鼓励百姓生育，总和生育率为 1.18。2009 年台湾妇女总生育率是 1.0（2014 年为 1.16），粗生育率下滑到 8.29‰，年生育 19.1 万多人（2012 年、2014 年分别为 23 万人、21 万人），成为亚洲生育率最低的地区，比日本、中国香港地区的总和生育率（1.4、1.3）还低。如果生育率下滑趋势不变，台湾的人口自然增长率将从目前的 2.05‰ 左右，到 2017 年将接近零；其后人口进入负增长。台湾人口总数将从目前的 2312 万人，自然增加到 2017 年的 2327 万人高峰后，开始逐年下滑。到 2020 年台湾的人口总数将回到 2325 万人左右，相当于 2015 年的水平。[②]

随着性别平等观念的持续普及，妇女劳动参与率稳定升高，尤其是服务业社会更适合女性投入就业市场，台湾妇女劳动参与率目前为 49.99%。随着生育率的下降，台湾家庭规模持续缩小，目前为 3.0 人，仍有明显的下降趋势；结婚不生育的现象更普遍，丁克家庭增多。离婚率持续上升，目前粗离婚率为 2.48‰，单亲家庭随之增加；由于性观念的开放、妇女经济自主及生育科技的进步，结婚率下降，单身户持续增加。

[①]　国家统计局 . 2011. 中国统计年鉴（2011）北京：中国统计出版社 .
[②]　林万亿 . 2004-10-22.2020 年台湾的社会福利愿景，谁来照顾老人 . 中国时报，A4 版 .

2. 台湾地区的老龄化程度

1993 年台湾 65 岁以上人口占总人口的比例达到 7%，进入人口老龄化，2010 年台湾 65 岁以上老年人口占 10.74%，人数超过 226 万人。据推算，台湾在 2018 年 65 岁以上人口比例将超过 14%，达到高龄社会；在 2026 年 65 岁以上人口比例超过 20%，达到超高龄社会。其变迁速度，从老龄化社会进入高龄社会估计约 25 年左右，与日本相当；但高龄社会到超高龄社会只有 8 年的时间，比日本的时间还短。而欧美发达国家从高龄社会到超高龄社会一般都为 75～50 年。

同时，台湾老年人与子女同住的比率将持续下滑，从 2008 年的 56.94%，每年以 1% 的速度降低，到了 2020 年老年人与子女同住的比率预估下降到 44%。2008 年台湾空巢老人和孤寡老人家庭占同龄老人的 39.7%，2020 年将上升到 54%，成为主流。医疗技术的提高，导致平均预期寿命升高，老年人数量增多；同时，初婚年龄后延，未婚比率上升，生活水平上升，离婚率上升，从而导致出生人数减少，老龄化水平提高。

从绝对人数的变化而言，台湾 15 岁以下人口从 1975 年的 573.76 万人递减到 2010 年的 362.43 万人，平均每年递减 1.30%；60 岁以上、65 岁以上、80 岁以上人口则分别年均递增 3.77%、4.31% 和 7.09%。这说明和大陆一样，台湾高龄老年人增长速度高于低龄老年人，后者又高于总人口的增长速度（表 6-5）。

表 6-5　1975 年、2010 年台湾地区人口年龄构成及增长率

项目	0～14 岁	15～64 岁	60 岁以上	65 岁以上	80 岁以上	85 岁以上
1975 年 / 万人	573.76	991.74	96.26	56.81	5.49	1.76
2010 年 / 万人	362.43	1 704.99	351.52	248.79	60.49	24.08
年均增长率 /%	−1.30	1.56	3.77	4.31	7.09	7.77

从相对人数而言，台湾地区 0～14 岁少年儿童人口比例从 1975 年的 35.4% 下降到 2010 年的 15.1%，平均每年下降 0.56 个百分点；60 岁以上老年人口比例从 1975 年的 5.8% 上升到 2010 年的 15.9%，平均每年上升 0.26 个百分点；而长寿水平，又称高龄老人比（80 岁以上老年人口占 60 岁以上老年人口的比例）从 1975 年的 5.7% 上升到 2010 年的 17.1%，平均每年上升 0.32 个百分点。

二、台湾地区的经济发展

1. 台湾地区的 GDP 和人均 GDP

台湾经济发展很快，若以美元计算，1991 年台湾地区的 GDP 为 1837 亿美元，增长到 2000 年的 3139 亿美元，2005 年的 3550 亿美元，2010 年的 4432 亿

美元；1991～2000 年台湾 GDP 年增长率为 5.5%，2000～2010 年增长率为 3.52%（2014 年为 3.51%）。1991 年、2000 年、2005 年、2010 年台湾地区人均 GDP 分别为 8982 美元、14 188 美元、15 676 美元和 19 155 美元。1991～2000 年、2000～2005 年台湾人均 GDP 年增长率分别为 4.68%、3.05%。2010 年台湾地区人均 GDP 居世界第 37 位，同期香港、中国大陆分别居第 23 位、95 位；2012 年台湾人均 GDP 仍居世界第 36 位，而香港、中国大陆分别居第 24 位、84 位。按照相关统计年鉴资料，台湾自有住宅率为 84.89%（大陆为 94%），人均住宅面积为 43.64 平方米（大陆城镇为 26.11 平方米）；2011 年台湾平均每 3.3 人、1.95 人拥有一辆汽车、摩托车（大陆分别为 13.7 人、12.2 人）；2012 年台湾每年人均出国、国内旅游 0.5 次、11.7 次（大陆分别为 0.06 次、2.1 次）。当然，大陆人口、土地、社会财富比台湾多，经济社会情况也比台湾复杂得多。

2. 政府财政赤字

受民主化运动及人口老龄化的影响，1990 年后台湾陷入"福利竞争"的陷阱，地方政府竞相对辖区内老年人口及需要照顾者提供福利以改善政府形象。有条件的富裕地区如此，无条件的贫困地区也如此，这样使得政府的财政缺口越来越大。同时，由于老龄化和经济发展的双重影响，台湾居民赋税负担有明显的下降，由 1992 年居民税收占当年 GDP 的 18.83%，下降到 2002 年占当年 GDP 的 11.7%。但是，其伴随着政府财政赤字的增加，1991 年台湾财政赤字为 207 亿美元，占当年 GDP 的 11.2%；2004 年财政赤字增加为 2254 亿美元，占 GDP 的 67.6%。1991～2004 年台湾省政府财政赤字年均增长 20.2%，同期 GDP 年均增长 4.69%。[①] 即政府财政赤字随着人口老龄化呈现出快速增长的趋势，是同期 GDP 增长的 4 倍以上。与其他工业化地区类似，我国台湾地区的财政赤字与人口老龄化密切相关，主要在养老金、健康照护及社会服务等三方面。台湾是一个高储蓄地区，但 1992 年出现政府财政赤字以后，居民储蓄率随之下降，储蓄金额出现负增长，虽然政府举债的对象仍主要是"台湾银行"。

三、台湾地区的社会医疗保险[②]

由于老年人口的增加，台湾养老金财政支出呈现出快速增长态势，成为财政上的沉重负担。2009 年台湾实行了全民参保，但年金给付的额度差距甚大。军人、公务员、教师的所得替代率（原收入的）为 80% 以上。劳工有 6% 的劳

① 徐伟初 . 我国老年人口社会保障服务的财政挑战与对策研究 . 台湾省财政部 2016 年度委托研究计划期末报告 .

② 黄润龙，刘敏 . 2014. 老龄化后的社会医疗保障——以台湾地区为例 . 人口与社会，（4）：67-70，80.

工退休金、7.5%～13% 的劳工保险老年给付，合计替代率为 45%～60%，其余自雇者、家庭主妇、无职业者可加入国民年金，若投保 40 年可领取每月 8986 台币（合 1890 元人民币）的老年给付，约是劳工平均薪资的 25%。[①]

1. 社会医疗机构和医务人员数

受老龄化的影响，台湾医疗护理事业发展很快。1995～2009 年台湾地区医疗机构、每万人病床数和每万人拥有医务人员年均增长分别为 1.67%、1.81% 和 4.39%（表 6-6）。分析表明，这些增长与台湾老年人口数量及老年人口比例高度相关，相关系数都在 0.99 以上。

表 6-6　1995～2009 年台湾地区医院、病床和医务人员情况

年份	医疗机构 / 所	病床数 / 张	每万人病床数 / 张	从业医务人员数 / 人	每万人拥有医务人员 / 人
1995	16 109	112 379	52.77	118 248	55.37
1996	16 645	114 923	53.39	123 829	57.53
1997	17 398	121 483	55.87	137 829	63.39
1998	17 731	124 564	56.80	144 070	65.70
1999	17 770	122 937	55.65	152 385	68.98
2000	18 082	126 476	56.78	159 212	71.47
2001	18 265	127 676	56.98	165 855	74.02
2002	18 228	133 398	59.23	175 444	77.90
2003	18 777	136 331	60.31	183 103	81.00
2004	19 240	143 343	63.18	192 611	84.89
2005	19 433	146 382	64.29	199 734	87.72
2006	19 682	148 962	65.12	206 959	90.47
2007	19 900	150 628	65.61	214 748	93.54
2008	20 174	152 901	66.37	223 623	97.07
2009	20 306	156 740	67.79	233 553	101.02
年增长率 /%	1.67	2.40	1.81	4.98	4.39
$R_{65\ 岁以上人口}$ ($n=15$)	0.987	0.992	0.983	0.999	0.999
$R_{65\ 岁以上比例}$ ($n=15$)	0.985	0.992	0.985	0.998	0.998

资料来源：徐伟初 . 我国老年人口社会保障服务的财政挑战与对策研究 . 台湾省财政部 2016 年度委托研究计划期末报告

在健康护理花费方面，老年人健康差，慢性病发生率高，长期卧病的失能者、需要护理者增多，医疗护理的支出高，几乎与养老金的支出相当。根据经济合作与发展组织的估计，**七大工业国老年人的公共健康支出，2003 年已占 GDP**

[①]　林万亿 . 2012. 台湾的社会福利：历史与制度的分析 . 台北：台湾五南出版社 .

的 6%。美国中长期老年人护理的支出，约占 GDP 的 4%。对中国台湾而言，60 岁以上的人，89% 的人有一种以上的慢性病，72% 的人有两种。据估计，目前台湾老人中需要不同程度长期护理者至少为 17.2 万余人，占老年人口的 8.2%。台湾医保看病大致为每次 150 台币（合 31 元人民币），自费看病为 500 台币（合 104 元人民币），大病开刀手术，有医保的在 10 000 台币（合 2080 元人民币）以内。

　　2003 年台湾人均医疗费用随年龄的变化表明（图 6-1），45 岁以上人口医疗费用随年龄增长十分迅速，人口每增长 1 岁则医疗费用平均增长 5%。2003 年台湾人均年医疗费用支出为 17 272 台币，约合 4112 元人民币。10～14 岁人口年平均医疗费用最低，为平均数的 33%。若以平均值为 100% 计算，则 49 岁以下人均年医疗费用低于平均数，60～64 岁年医疗费是人均医疗费的 2 倍，70～74 岁、75～79 岁和 80 岁以上老年人年医疗费用分别增长到平均医疗费用的 3.2 倍、4 倍和 4.8 倍。由于男性工作量大、工作风险多，15～59 岁男性的医疗费用高于女性，14 岁以下及 60 岁以上女性医疗费用则要高于男性。

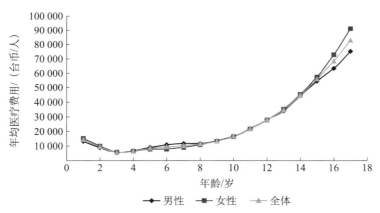

图 6-1　2003 年台湾地区各年龄组人口的年均医疗费用

2. 社会医疗保险财务状态

　　台湾地区社会健康保险参保率为 98%，年缴费为基本工资的 4.25%，2002 年提高为 4.55%，2002 年后则提高部分自负比例，严控审查特约医疗的申报费用，在总额支出的规范下，适当提高自费比例来解决社会医疗保险财务的失衡。台湾医疗社保的财务失衡在 1999 年即已相当明显，当年亏损 210 亿新台币，2000 年有 10 亿新台币的盈余，但 2001～2005 年分别出现 15.6 亿新台币、15.7 亿新台币、4 亿新台币、4 亿新台币及 63 亿新台币的收支缺口。其中 2003 年及 2004 年的缺口缩小，除了反映当局于 2002 年调涨费率及部分负担外，也因为 2003 年 SARS 爆发，导致一般疾病需求降低。据统计，全民健康保险施行的 10

年内，**台湾社会医疗保险支出以平均每年 5.9% 的增长率上升，高于人均 GDP 增长率（4.82%），因此收支失衡是必然的现象**。1975～2010 年台湾 65 岁以上、80 岁以上、85 岁以上老年人口分别以年均 4.31%、7.09% 和 7.77% 的速度增长。台湾人口老龄化是导致社会医疗保险支出上涨的主要原因之一，老年人口健康情形差，对医疗服务的需求高，由此导致医疗费用大幅度提高。

3. 长期护理保险

目前，台湾老年人口的长期照顾责任主要落在失能老人的家属上，虽然通过医疗保险对慢性病患的住院服务提供居家照顾补助、中低收入家庭老人的机构式及居家照顾等，但是对于护理之家每月 2 万～4 万台币的收费水平来说，完全由住院老人或老人的家庭支付，对大部分个人和家庭都会构成沉重的负担。因此，老人失能的风险会导致个人或家庭倾家荡产。2006 年台湾有 2.87% 的人，亦即 66 万人需要长期护理服务[①]，其中 52.9% 是 65 岁以上的老人，2011 年老年人比例上升到 54.8%，预测在 2016 年、2021 年、2026 年、2031 年，65 岁以上老年人比例分别上升为 59.44%、64.61%、70.20% 和 74.73%。老年人口比例越高，需长期护理的老年人比例越高。

四、台湾地区社会医疗保险所面临的问题

台湾地区的医院已经实行电子医疗病历和分级诊疗转院制度，以保证合理的诊疗时间（大致为人均 30 分钟）及各级医院的诊疗质量，注重和患者的双向交流和互动。这样避免了"大医院医生吃不消，小医院医生吃不饱"的状况，让医学专家、教授集中精力解决疑难病症。然而，面对可预见的高龄社会，台湾面临的主要挑战可以分为以下 3 个层面。

1）老年社会所需求的医疗资源特别庞大，对社会医疗保险制度而言，按规定医疗支出上涨就得提高年费率以平衡保险资金。不过费率调整十分困难，过去 11 年仅调整过一次，上升 0.3 个百分点。收入少于支出的结果是现金流量不足，必须靠借款来满足财务需求。另外，少子化现象使老年人口的家庭成员面对老人疾病时的负担和压力沉重，未来能分摊社会医疗保险的能力更低，所以应该增加政府投入。

2）台湾地区老年护理劳动力短缺，致使外来劳动力大量迁入担任帮佣及看护，预估未来外地移入人口将占台湾地区总人口数的 20% 以上。这将导致人口结构的改变，对台湾地区支出结构会产生相当程度的影响，而外来劳动力在台湾

---

① 　徐伟初 . 我国老年人口社会保障服务的财政挑战与对策研究 . 台湾省财政部 2016 年度委托研究计划，期末报告 .

的所得大部分都汇回其来源国，不在台湾消费或储蓄，对总体经济的消费面以及投资活动都会产生负面的冲击，进而影响政府税收，导致债务上升，或者限缩政府支出的能力。大陆是否也会出现类似的情况呢？

3）老年人口比例提高，整体人口中的劳动力相对下降，所得税减少，再加上老年人口的消费结构单一、精神文化方面消费水平低，进而影响地区的消费税收入。因此，在支出方面，老龄化社会需要更高的政府支出水平，而在收入方面，老龄化社会使政府面对税收萎缩的困境，双重交逼，使政府财政收支产生缺口，对早已债台高筑的政府财政造成了更大的压力。

第三节　我国社会医疗保险的现状及发展

老年人对于社会医疗的依赖很大，甚至超过对于社会养老的依赖程度。吃不穷、穿不穷，一场疾病全家空。疾病、养老和住房成为压在国人头上新的"三座大山"。老龄化引起社会医疗资金、诊断治疗人数增长，无论在理论上还是在实践上都可以获得十分满意的解释。

一、老人数量、老龄化水平与卫生费用、病床数的相关关系

相关关系能够最直接地说明老年人口与卫生费用等经济社会变量之间的关系，正相关关系表示随着老年人口（比例）的增长，我国的卫生费用增加。

1. 随着老龄化的发展，我国卫生费用、人均卫生费用随时间呈增长态势

1982～2012 年我国 65 岁以上老年人口数量每增加 100 万人，则我国卫生总费用增加 352.2 亿元（相关系数 $r=0.920$），同时我国人均卫生费用增加 26.1 元（$r=0.924$）；1982～2012 年我国 65 岁以上**老年人口比例**每增加 1 个百分点，则我国卫生总经费增加 6111 亿元（$r=0.934$），同时我国人均卫生费用增加 452 元（$r=0.938$）；卫生费用占 GDP 的比例增加 0.44 个百分点。

2. 随着老龄化的发展，我国社会服务机构病床数随时间呈现出增长态势

1991～2012 年我国 65 岁以上老年人口每增加 100 万人，则我国床位数量将增加 6.11 万张（$r=0.945$），或每千老年人口养老床位增加 0.361 张（$r=0.946$）；1991～2012 年我国 65 岁以上老年人口比例每增加 1%，则我国社会服务机构床位数将增加 103.9 万张（$r=0.957$），然而，社会床位数量随着老龄化变化，更适

宜于用指数曲线来描述（图 6-2）。

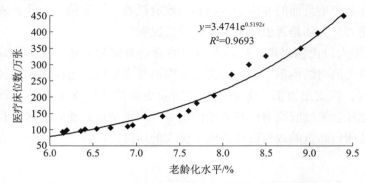

图 6-2　1991～2012 年我国社会床位数与老龄化的关系

3. 我国老龄化高的地区，社会服务机构床位（老年养老床位）多

2012 年我国 31 个省（自治区、直辖市）65 岁以上老年人口比例每上升 1 个百分点，每千老年人口养老机构床位将增加 2.99 张（$r=0.547$），社会服务机构床位将增加 4.30 万张（$r=0.611$），更适合于表达为社会床位数随各地老龄化程度呈现出乘幂形式的变化（图 6-3）；而 65 岁以上老年人口每增加 100 万人，则社会服务机构床位增加 423 张（$r=0.826$）。

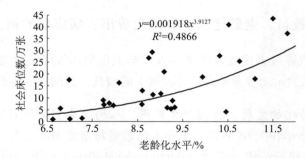

图 6-3　2012 年我国 31 个省（自治区、直辖市）社会床位数和老龄化的关系

以上事实说明，随着老年人口数量的增加、比例加大，社会服务机构床位增多，特别是老年人口养老机构床位增加，我国卫生总费用和人均卫生费用增加。

二、我国社会医疗保险的发展

我国社会医疗保险由原来的城市"公费医疗"和农村的"合作医疗"发展而来，目前大致可以分为城市职工社会医疗保险、城市居民社会医疗保险（城居保）和新型农村居民合作医疗保险（新农合）等 3 类，还有少量的公费医疗、大病社会医疗保险等其他形式的社会医疗保险。各种社会医疗保险的缴费水平不一，医疗保险规定及报销的比例不一。而公务员的公费医疗和职工社会医疗保险有合并的趋势，城居保和新农保有合并的趋势。

客观而言，社会医疗保险基金平衡比社会养老保险基金平衡容易，因为医疗保险基金是短时间的平衡，不涉及基金的保值增值，不涉及代际财富的转移。另外，社会医疗保险可以用"起付线、限高线、报销比例、报销药品目录"等一系列参数控制相关费用，但社会医疗保险的碎片化程度比社会养老保险严重。

1. 我国的社会医疗保险政策

改革开放以后，我国城市化进展迅速，随着出生人数的减少，老龄化发展快。原有的国家"统包统揽，实报实销"的"公费医疗"制度，因其覆盖面过窄，仅限于机构单位、事业单位、国有企业、集体所有制企业职工，而广大农村居民享受不到政府医疗补贴。同时，国家对劳保、公费医疗包揽过多，对医患双方缺乏有效的制约机制，医疗费用增长过快，浪费严重。1986~1990 年我国每年医疗费用开支以 27% 的幅度递增，政府财政不堪重负，且因管理和服务的社会化程度低、社会互济功能差等弊端，已失去作为经济发展和稳定社会的基石作用。1978 年世界卫生组织提出了"2000 年人人享受卫生保健的战略目标"，1994年国务院在镇江、九江进行试点，1996 年年初在 50 多个城市进行扩大试点工作，探索建立社会统筹和个人账户相结合的医疗保险制度。1998 年国务院颁布了《关于建立城镇职工基本医疗保险制度的决定》，职工医疗保险制度进入了全面推进的新阶段，并且确定了实现人人享有基本医疗保障的目标，建成覆盖全体居民的制度框架。

2009 年 4 月，中共中央出台了《关于深化医药卫生体制改革的意见》，将"基本医疗卫生制度作为公共产品向全民提供"作为医疗改革的核心理念。2009~2011 年中央政府在农村投资 430 亿元，支持 2233 所县级医院、6200 多所中心乡镇卫生院、2.5 万个村卫生室的建设；在城市投入 41.5 亿元，支持 2382所社区卫生服务中心建设。3.6 万名基层医疗机构在岗人员进行了全科医生转岗培训。我国城镇居民医保和新农合政府补助标准从 2008 年的每人每年 80 元提高到 2012 年的 240 元，城镇居民医保和新农合政策范围内住院费用报销比例分别从 2008 年的 54%、48%，提高到 2011 年的 70% 左右。[①]

经过多年坚持不懈的探索，我国已建立了以城镇职工医疗保险、城镇居民医疗保险和新型农村合作医疗这三大制度为主体，以住院统筹医疗保险、大病医疗救助、公务员医疗补助、企业补充医疗保险等制度为补充的多层次的医疗保障

---

① 詹媛 . 2012-08-16. 织就世界最大医保网 . 光明日报，第 9 版 .

体系。截至 2011 年 12 月底，全国城镇职工、居民医保、新农合的参保人数超
过 13 亿人，覆盖率达到 95% 以上。下面分别讨论我国城镇职工基本医疗保险、
城镇居民基本医疗保险和新型农村合作医疗状态。

2. 我国社会医疗保险的财政支出（补助）

在 2013 年公布的我国公共（政府）财政决算中[①]，2012 年我国社会医疗保障
分财政对于基本医疗保险基金的间接补助，以及财政对于社会医疗保障的直接补
贴，两项合计为 3742 亿元，占国家公共财政支出的 2.97%（表 6-7）。其中财政
对于社会医疗保障的补助占 98%，在公共财政对于医疗保障的补助中，对于社
会医疗保险的补助最高为 2975 亿元，占 79.5%；对于城乡医疗救助的补助为
171.3 亿元，占 4.6%；对于其他医疗保障支出的补助为 595.3 亿元，占 15.9%。
2012 年公共财政对于新型农村合作医疗、城市居民基本医疗保险及事业单位医
疗保险的补助分别占社会医疗保险补助的 70.4%、16.2% 及 12.4%。

表 6-7　2012 年我国公共财政支出中关于社会医疗保障的项目

项目	公共财政支出 /亿元	比 2011 年增加 /%	占财政比例 /%	占医疗财政比例 /%
合计	**3 741.62**	**12.8**	2.97	100.00
对基本医疗保险基金的补助	84.21	25.7	0.07	2.25
对社会医疗保障的补助：	3 657.41	12.5	2.90	97.75
事业单位医疗费用	279.01	0.5	0.22	7.46
机关单位医疗补助	78.73	5.3	0.06	2.10
新型农村合作医疗	2 035.10	17.1	1.62	54.39
城镇居民基本医疗保险	469.16	30.9	0.37	12.54
优抚对象医疗补助	28.82	−0.6	0.02	0.77
城市医疗救助	**65.10**	**0.4**	**0.05**	1.74
农村医疗救助	**106.16**	**2.3**	**0.08**	2.84
其他医疗保障支出	**595.33**	**−1.4**	**0.47**	15.91

资料来源：国家财政部网站 .http://yss.mof.gov.cn/2012qhczjs/index.html

3. 各地老年人口数量对医疗卫生支出的影响大

2013 年国家统计局给出了 2012 年我国各地区财政支出中的医疗卫生支出
数量。分析表明，医疗卫生支出与各地老年人口数量老龄化程度相关十分密切，
其间的相关系数分别是 0.923、0.441。老年人口数量对医疗卫生支出的影响远

---

① 国家财政部 . 财政统计年鉴（2013）.http://yss.mof.gov.cn/2012qhczjs/index.html.

大于老龄化系数的影响。平均而言，**2012 年我国各地区 65 岁以上老年人口每增加 100 万人，则该地医疗卫生方面的财政支出将增加 39.15 亿元**（决定系数 R^2=0.8514）。但是，老年人口数量与医疗卫生支出的关系，更适合于表现为乘幂型指数（图 6-4），若不考虑奇异点广东省的情况，则其方程相关指数（决定系数 R^2）将提高到 0.9212。若用模型表示，2012 年我国各地老年人口数量（ x ）与该地医疗卫生财政支出（ y ）的模型为

$$y=70.672+0.3915x, \quad (R^2=0.8514)$$

或 　　　　　$$y=5.3193x^{0.6344} \quad\quad (R^2=0.9162)(x: 各地 65 岁以上老年人口万人数)$$

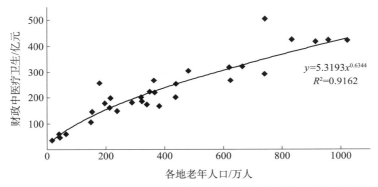

图 6-4　2012 年我国 31 个省（自治区、直辖市）老年人数量与同期医疗卫生财政支出的关系

以上事实说明，无论在时间范畴上还是在空间范畴上，医疗卫生财政支出都随着人口老龄化程度的提高、老年人口数量的增加而增加。

三、我国城镇职工基本医疗保险

按照《国务院关于建立城镇职工基本医疗保险制度的决定》（国发〔1998〕44 号）的要求，给出了城镇职工基本医疗保险制度框架。职工用人单位缴费率控制在职工工资总额的 6%，职工缴费率一般为本人工资收入的 2%。具体分为个人账户和统筹账户：个人缴费全部划入个人账户，单位缴费 6% 的部分按 30% 左右划入个人账户。个人账户可以用来在定点药店买药，以及门诊费用的支付和住院费用中个人自付部分的支付。个人账户可以结转使用和继承，账户的本金和利息归个人所有。单位缴费 6% 的其余部分划入社会统筹基金账户，该账户由医保中心管理，按照"以收定支、收支平衡"的原则，根据各地的实际情况和基金的承受能力，确定起付标准和最高支付限额。在职工就医（住院）的时候，向定点医院出示医保卡证明参保身份，在结账时，先剔除"非医保用药（乙类）费用"及"其他非医保范围费用"；然后，根据就诊医院等级，减去相应**医保起付**

标准（门槛）（如一、二、三级医院分别减去 500 元、1000 元、2000 元）和**最高支付限额**；最后，根据在职职工、退休或者失业人员等具体身份及就诊医院级别，按照一定比例（如一、二、三级医院居民分别报 90%、80% 和 70%）进行报销。而现在很多直接由医保中心和医院结算，不需要个人先支付再报销，个人自付的部分仍用自己的医保卡或者现金支付。

1. 城镇职工医疗保险参保人数增长快

我国城镇职工基本医疗保险起源早、历史长，发展得比较成熟。我国城镇职工基本医疗保险参保人数逐年增加（表 6-8），全国城镇职工基本医疗保险参保人数从 1994 年的 400.3 万人增长到 2011 年的 25 227.0 万人，平均每年增加 1460 万人，年均增长率为 27.60%；其中在职职工参保人数由 374.6 万人增长到 18 948.2 万人，年均增加 1093 万人，年均增长率为 25.96%；退休人员参保人数由 25.7 万人增长到 6279.0 万人，年均增加 368 万人，年均增长率为 38.19%；在职职工医保参保人数、退休人员比由 14.58：1 变化为 3.02：1。1996～2005 年全国参加基本医疗保险的在职职工人数增长速度大致低于退休人员增长速度；而后政府调整了社会医疗保险政策，扩大了医疗保险参保率，同时提高了就业率，目前在职职工参保人数增长速度略大于退休职工增长率。

表 6-8　1994～2011 年我国城镇职工基本医疗保险参保情况

年份	年末参保总人数		在职职工参保人数		退休人员参保人数		在职、退休人员比
	总人数 /万人	增长率 /%	在职职工参保人数 / 万人	增长率 /%	退休人员参保万人数 / 万人	增长率 /%	
1994	400.3	—	374.6	—	25.7	—	14.58：1
1995	745.9	86.33	702.6	87.56	43.3	68.48	16.23：1
1996	855.7	14.72	791.2	12.61	64.5	48.96	12.27：1
1997	1 762.0	105.91	1 588.9	100.82	173.1	168.37	9.18：1
1998	1 877.7	6.62	1 508.7	−5.05	369.0	113.17	4.09：1
1999	2 065.3	9.99	1 509.4	0.05	555.9	50.65	2.72：1
2000	3 787.0	83.36	2 862.8	89.66	924.2	66.25	3.10：1
2001	7 285.9	92.39	5 470.7	88.90	1 815.2	96.40	3.01：1
2002	9 401.2	29.03	6 925.8	26.60	2 475.4	36.37	2.80：1
2003	10 901.7	15.96	7 974.9	15.15	2 926.8	18.24	2.72：1
2004	12 403.6	13.78	9 044.4	13.41	3 359.2	14.77	2.69：1
2005	13 782.9	11.12	10 021.7	10.81	3 761.2	11.97	2.66：1
2006	15 731.8	14.14	11 580.3	15.55	4 151.5	10.38	2.80：1
2007	18 020.0	14.55	13 420.0	15.89	4 600.0	10.80	2.92：1
2008	19 995.6	10.96	14 987.7	11.68	5 007.9	8.87	2.99：1
2009	21 937.4	9.71	16 410.5	9.49	5 526.9	10.36	2.97：1

续表

年份	年末参保总人数		在职职工参保人数		退休人员参保人数		在职、退休人员比
	总人数 /万人	增长率 /%	在职职工参保人数 / 万人	增长率 /%	退休人员参保万人数 / 万人	增长率 /%	
2010	23 734.7	8.19	17 791.2	8.41	5 943.5	7.54	2.99∶1
2011	25 227.0	6.30	18 948.2	6.50	6 279.0	5.64	3.02∶1
年增量			1 088.5		369.9		
年均增长率 /%			27.29		40.51		

资料来源：国家统计局，2010. 中国统计年鉴（2010），北京：中国统计出版社，表 8-13；2011 年度《人力资源和社会保障事业发展统计公报》；中国统计年鉴（2011）：表 21-39

1998～2010 年我国年末**医疗保险参保职工** y 以平均每年 1440 万人的速度增长，可用如下模型表示 : $y=1440.3x-2877156$（$R^2=0.9936$，$n=13$）（年度 $x=1998$，1999，…，2010）。

1995～2010 年我国年末**医疗保险参保退休人数** y 以每年 412 万人的速度增长，可用如下模型表示：$y=412.38x-823125$（$R^2=0.9677$，$n=15$）（年度 $x=1995$，1996，…，2010)。而且，按照我国职工人口年龄构成，老龄化使近年退休职工有增长的趋势（图 6-5 ）。

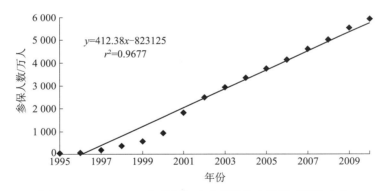

图 6-5　1995～2010 年我国年末参保退休人数随时间的变化

2. 医闹事件不断

人口老龄化造成患病人数增多，医患矛盾增多。医患冲突不断的原因是多方面的：①**患者方面**。赚钱不容易，花了大量的款项，没有到达预期治疗效果，甚至病人死了，钱没了，人也没了，感到感情受到欺骗，早知如此，不如不治，认为医生没有履行告知义务或抢救不力。②**医者方面**。医疗效果往往因人而异，作为一门科学，治疗效果本身是不可知的，有时病情发展快，很多情况来不及告诉患者；医护人员患者多、工作压力大，容易造成疏忽。③**体制方面**。我国医药不分，医院门诊费用过低、检查费用高；大医院患者很多，医生诊疗病情的时间很短，以至于排队 4 小时，看病 4 分钟；很多医院不属于行政事业单位编制，需要自负盈亏养活自己，不得不通过引进大量仪器设备、增加检查费来维持运转；少数医生和药贩勾结，索要提成，经常开大处方，患者成为待宰的羔羊，患者不知医院是卖药的还是看病的；有大量的进口药、新药、特效药，甚至常用药都不在基本药品名单目录上，以至于无法报销。实际上，医学是一门科学，医学治疗效果并不确定，很多疾病是无法治愈的，有些疾病则要通过个人免疫力的调整、自身身体各部分功能的调整来治愈。另外，应该提高诊疗费、降低治疗费，使医药分离，控制药价批零差价；通过报销比例，严格控制转院到大医院的就诊人数，提高诊疗质量。同时，作为医者应加强与患者的沟通和交流；作为政府应积极开展并扩大"大病社会保险"报销的范围和比例，增加社会医疗救助强度，切实减轻患者的经济负担。

　　3. 畸高的医保结余

　　2001～2010 年的 10 年中，随着人口老龄化程度的发展，城镇职工医疗保险参保总人数由 7285.9 万人增长到 23 734.7 万人，年均增长 1644.9 万人；基金收入由 383.6 亿元增长到 4308.9 亿元，基金支出由 244.1 亿元增长到 3538.1 亿元，累计结余由 253.0 亿元增长到 5047.1 亿元（表 6–9）。从 2001～2010 年的情况看，社会医疗保险基金收入、支出和累计结余年均分别增长 30.8%、34.6% 和 39.5%，社会医疗保险基金收入、支出和累计结余年均分别增长 436 亿元、366 亿元和 533 亿元，这说明近年无论是基金收入额还是增长率均大于基金支出。到 2012 年年底，全国城镇基本医疗保险累计结余 7644.5 亿元。1999 年至今，除 2010 年外，城镇基本医疗保险基金结余率都在 20% 以上。而按照发达国家的经验，若要保证医疗保险的效率性和公平性，医疗保险结余率一般要控制在 10% 以下。我国的比例是这个限度的 2 倍甚至 3 倍多，所以被专家称为"畸高"。在看病难、看病贵已经成为我国当下最棘手的社会问题的情况下，如此高的医疗保险结余却处于冬眠状态，这反映了医保统筹、覆盖和流转设计上的问题——很多药品不在报销目录上，社会保险比例低，医疗保险缴费高。

表 6-9　2001～2012 年全国城镇企业职工基本医疗保险基金收支　　单位：亿元

项目	2001年	2002年	2003年	2004年	2005年	2006年	2007年	2008年	2009年	2010年	2012年
基金收入	383.6	607.8	890.0	1 140.5	1 405.3	1 747.1	2 214.2	2 885.5	3 671.9	4 308.9	6 938.7
基金支出	244.1	409.4	654.0	862.2	1 078.7	1 276.7	1 551.7	2 019.7	2 797.4	3 538.1	5 543.6
累计结余	253.0	450.7	671.0	957.9	1 278.1	1 752.4	2 440.8	3 303.6	4 275.9	5 047.1	7 644.5

资料来源：历年《中国统计年鉴》.北京：中国统计出版社

畸高的医疗保险结余从何而来？首先是报销的比例不高，覆盖的项目和药品十分有限。在医疗收费单"全自费"的特效药、新药品和部分医疗检查均由个人承担，能报销的大多是日常用药、医疗材料收费。其次，医疗保险统筹层次不高也是产生畸高结余的重要原因，大概超过 8 成的城镇居民医疗保险、城镇职工医疗保险基本实现了地市层面的统筹，而"新农合"一般还处于县级的统筹层次。这种各地条块分割的低统筹现状，使异地结算变得阻碍重重。最后，医疗保险的流转障碍，也造成了医疗保险实际覆盖率不足的问题。2011 年前后国家人口和计划生育委员会的一项统计显示，我国 52% 的就业流动人口未参加任何社会保险，其实这个庞大的人群没有获得应有的福利。若不提高报销比例和统筹层次，医疗保险基金被"挪用"和"寻租"的问题会随之而来。①

4. 城镇医疗保险参保人数及比例的地区差异大

2010 年全国城镇参加基本医疗保险的人数为 4.33 亿人（2012 年、2013 年年末参加人数分别为 53 641 万人、57 322 万人），其中城镇职工占 55%，为 2.37 亿人，城镇居民占 45%，为 1.95 亿人；在参加医疗保险的城镇职工中，退休职工占 25%，为 0.59 亿人（表 6-10）。各地区差异很大，退休职工参保比例过高（＞32%）的地区，分别在天津、辽宁、吉林、青海和四川等地；退休职工参保比例过低（＜22%）的地区，则分别在浙江、北京、山东和广东等地，大多是外来职工偏多的地区。这是由于人口流动，对于大量流入人口地方政府未予统计。2010 年我国医疗保险参加人数集中在广东、江苏、山东、辽宁、河南和四川等人口大省，这 6 个地区的社会医疗保险参加人数都超过了 2000 万人。

表 6-10　2010 年各地区城镇职工、居民基本医疗保险参加人数

地区	年末参保人数合计/万人	城镇职工/万人	在岗职工/万人	退休人员/万人	退休比例/%	城镇居民/万人	职工参保比例/%
全　国	43 262.9	23 734.7	17 791.2	5 943.5	25.0	19 528.3	54.9
北　京	1 207.3	1 063.7	848.5	215.1	20.2	143.7	88.1
天　津	960.9	470.0	312.5	157.5	33.5	490.9	48.9
河　北	1 518.1	848.0	610.0	238.0	28.1	670.0	55.9
山　西	923.5	562.0	422.0	140.0	24.9	361.5	60.9
内蒙古	886.4	433.5	308.9	124.7	28.8	452.8	48.9
辽　宁	2 056.2	1 408.7	944.6	464.1	32.9	647.5	68.5
吉　林	1 333.8	550.1	370.3	179.9	32.7	783.7	41.2
黑龙江	1 560.8	873.7	595.3	278.4	31.9	687.1	56.0

① 刘文嘉.2013-12-04.畸高的医保结余因何而来.光明日报，第 2 版.

地区	年末参保人数合计/万人	城镇职工/万人	在岗职工/万人	退休人员/万人	退休比例/%	城镇居民/万人	职工参保比例/%
上　海	1 665.2	1 405.9	1 017.1	388.8	27.7	259.2	84.4
江　苏	3 249.4	1 848.3	1 405.1	443.2	24.0	1 401.2	56.9
浙　江	1 963.8	1 344.4	1 117.6	226.8	16.9	619.4	68.5
安　徽	1 529.3	598.5	429.2	169.3	28.3	930.9	39.1
福　建	1 200.6	546.6	425.9	120.7	22.1	654.0	45.5
江　西	1 326.4	532.1	365.6	166.5	31.3	794.3	40.1
山　东	2 770.6	1 541.3	1 224.6	316.7	20.5	1 229.3	55.6
河　南	2 043.7	957.4	698.7	258.7	27.0	1 086.4	46.8
湖　北	1 860.0	847.8	608.0	239.8	28.3	1 012.3	45.6
湖　南	1 894.5	777.4	540.5	236.9	30.5	1 117.2	41.0
广　东	5 043.2	3 000.0	2 685.6	314.5	10.5	2 043.2	59.5
广　西	935.2	413.5	290.5	123.0	29.7	521.7	44.2
海　南	323.3	166.9	123.7	43.2	25.9	156.4	51.6
重　庆	830.8	406.2	280.6	125.6	30.9	424.6	48.9
四　川	2 063.1	1 051.9	703.6	348.3	33.1	1 011.2	51.0
贵　州	602.5	293.5	205.3	88.2	30.1	309.0	48.7
云　南	820.5	414.8	293.3	121.4	29.3	405.7	50.6
西　藏	38.6	23.5	16.9	6.6	28.1	15.1	60.9
陕　西	947.2	474.2	322.9	151.2	31.9	473.1	50.1
甘　肃	588.8	290.2	204.4	85.9	29.6	298.6	49.3
青　海	140.3	78.7	53.5	25.2	32.0	61.6	56.1
宁　夏	188.3	94.1	67.7	26.4	28.1	94.2	50.0
新　疆	790.5	417.7	298.8	119.0	28.5	372.7	52.9

资料来源：国家统计局.2011.中国统计年鉴（2011）.北京：中国统计出版社，表21-42

在参加基本医疗保险的人群中，退休职工所占比例不一。退休职工占比高（大于32%）的主要在天津、四川、辽宁、吉林、青海等流出人口多、老龄化程度高的老工业基地；退休职工占比低（低于22%）的主要在广东、浙江、北京、福建和山东等流入人口数量多、老龄化相对不高的新兴发达地区。

5. 城镇职工基本医疗保险各项费用支付比例提高，保障能力明显增强

随着人口老龄化的发展，我国职工医疗保险费用也越来越高。2007～2011年的5年间，我国城镇职工医疗保险享受待遇人次年均增长21%。2011年享受待遇10.9亿人次，比上年增加了1.5亿人次，增长了15.7%。2007～2011年的5年间，全国城镇职工医疗保险费用由1471亿元增长到4353亿元，年均增长576.4亿元。从2007～2011年城镇职工医保住院费用的支付比例来看，政策范围内住院费用支付比例和实际支付比例分别提高了7.9个和6.9个百分点。2011年

次均住院费 8780 元；政策范围内住院费用支付比例为 81%，实际住院费用支付比例为 73%，比上年提高了 2 个百分点。

除了人口老龄化的影响外，主要影响因素还有基金支付比例提高。2010 年职工医疗保险参保人员出院 2628 万人次，90% 的地区最高支付限额达到当地职工年平均工资的 6 倍；绝大多数地区出台了肾透析、肿瘤门诊放疗、化疗等门诊大病费用由统筹基金按比例支付的政策。另外，还有封顶线上升和起付线下降，报销范围扩大、参保人员报销比例提高。职工医保封顶线上升：从初期平均工资 4 倍提高到 6 倍，加上工资水平自身上涨等因素，5 年实际增幅超过 1 倍；起付线下降：10 年前按职工平均工资 10% 确定的起付线，多数地区始终未做调整，随着工资水平的提高，目前实际下降到在岗职工平均工资的 3% 左右。

四、我国城镇居民基本医疗保险

职工社会医疗保险的成功经验，很快被推广到城镇居民社会医疗保险和农村居民社会医疗保险领域。社会医疗保险的政府补贴远低于社会养老保险，于是各地陆续推出了城市居民社会养老保险。以江苏省扬州市为例[①]，普通（包括老年居民）居民每年实际缴费 160 元，其中政府补贴 160 元；未成年人每年缴费 60 元，政府补贴 30 元，就可以参加居民社会医疗保险。所不同的是，若干参数——**报销的起付标准、最高限额和各种身份、就诊医院的具体报销比例等**，按照"大数定理"，基本是稳定的，同时可以根据本地财政收支、上年社会医疗保险执行情况进行适当调整。

2007 年我国开始推行覆盖城镇非从业人员的城镇居民基本医疗保险，标志着一个覆盖全体国民的基本医疗保险制度体系已显雏形。近期，城镇居民基本医疗保险制度已从扩面征缴开始走向规范化运作。2010 年我国城镇居民医疗保险的参加人员住院 884 万人次，次均住院费用为 5468 元，政策范围内基金支付比例为 59%；大多数地区统筹基金最高支付限额达到居民可支配收入的 6 倍；80% 的地区建立了门诊统筹。目前，其发展特点如下。

1. 城镇居民医疗保险参加人数增长明显，人均筹资水平提高

据《人力资源和社会保障事业发展统计公报》，我国城镇居民社会医疗保险参加人员从 2007 年的 4291 万人增长到 2011 年的 22 116 万人，年均增长 3565 万人；其中 2011 年新增参保的 2588 万人中，有 2000 万人是原新农合参保人员。居民人均筹资水平从 2007 年的 119 元提高到 2011 年的 246 元；参加医疗保险的

---

① 扬州市人民政府. 扬州市市区城市居民医疗保险暂行办法.http://www.110.com/fagui/law_330722.html.

居民人均财政补助从 2007 年的 57 元提高到 2011 年 184 元，而居民人均缴费水平稳定在 51～62 元。

2. 城镇居民享受医疗保险待遇人次与住院费用支付比例迅速增长

2007～2011 年我国城镇居民享受医疗保险待遇的人数分别为 364 万人、3035 万人、7383 万人、9750 万人及 13 493 万人。居民医疗费用总额和次均住院费用同时逐年增长，2011 年城镇居民医疗费用总额 780 亿元，较上年增长 35.4%，次均住院费 5551 元。2007～2011 年政策范围内住院费用政策内支付比例分别为 54%、54%、56%、59% 和 62%，而 2007～2011 年实际住院费用医保支付比例为 46%、45%、48%、50% 和 53%。[1] 即随着国家经济的好转，居民住院费用医疗保险支付比例逐步提高，但总体提高速度仍不够快。

3. 居民医疗保险参加人员数据比较，有升亦有降

2007～2011 年的 5 年中，城镇居民医疗保险**住院率**由 2007 年的 1.40% 提高到 2011 年的 5.29%，5 年提高了 3.85 个百分点；**次均住院费用**由 2007 年的 4477 元增长到 2011 年的 5551 元，年均增加 214.8 元（表 6-11）。2007～2011 年的 5 年中，职工医疗保险和居民医疗保险次均住院费用、住院率呈上升趋势，次均住院数量呈下降趋势。但 2007 年居民医疗保险次均住院费用比职工医疗保险低 1983 元，到 2011 年则低 3229 元，差距拉得更大。2007 年居民医疗保险**住院率**比职工医疗保险低 8.55 个百分点，2011 年则低 7.16 个百分点，变化幅度并不大；**居民医疗保险次均住院数量**由低于职工医疗保险 3.5 个百分点降低到 0.4 个百分点和提高到 3.7 个百分点，变化亦不大。由此推断，城镇居民医疗保险实行的时间短，由于医疗保险政策和待遇给付标准所限，居民卫生保健意识和医疗消费水平还低于城镇职工，居民医疗保险次均住院数量略低于职工。

表 6-11　2007～2011 年我国城镇居民和职工社会医疗保险参保人员待遇比较

项目		2007 年	2008 年	2009 年	2010 年	2011 年	随时间的变化
次均住院	职工医保	6 460	7 147	7 630	8 413	8 780	上升
费用 / 元	居民医保	4 477	4 851	4 819	5 468	5 551	上升
住院率* /%	职工医保	9.95	9.80	11.14	11.69	12.45	上升
	居民医保	1.40	2.47	3.72	4.53	5.29	上升
次均住院 /	职工医保	16.1	16.0	15.4	15.0	14.4	下降
天	居民医保	12.6	11.8	10.6	11.1	10.7	总体下降

注：* 为卫生统计的每百名居民住院人数
资料来源：国家统计局 . 2011. 中国统计年鉴（2011）：北京：中国统计出版社，表 8-19；2011 年度《人力资源和社会保障事业发展统计公报》

① 《中国统计年鉴》（2011），2011 年度《人力资源和社会保障事业发展统计公报》。

　　2013 年 7～11 月江苏省老年协会对苏南、苏中、苏北 3468 名老年人进行了"老有所医"情况的调查。调查显示，人们养老最担心的问题，不是"吃饭、住宿、娱乐"，而是"生病或不能自理时，没人照顾"。江苏老年人中有 98% 有了基本医疗保障，但保障水平不高，55% 的老年人需自付 30% 以上的医疗费用，其中约 23% 的老年人需自付 50% 以上的医疗费用。同时，有 4% 的老年人年看病费用在 1 万元以上，16% 的老年人年看病费用在 5000～9999 元，36% 的老人年看病费用在 2000～4999 元。当生病时由子女照顾的占 52%，由老伴照顾的占 41%，请保姆或亲戚照顾的占 3%，靠邻里、社区照顾的各占 2%。[①] 由此可见，社会医疗保障问题是多元的，除了医疗费用外，老人照顾和老人护理等劳动力都是十分棘手而必须要考虑的问题。现在是低龄老人照顾高龄和失能老人，养老护理员高度缺乏，若干年后是否会出现今日日本、中国台湾等地的类似问题？

　　以南京为例，由于大量的社会医疗保险经费剩余，经市政府同意，南京提高了 2014 年度城镇居民基本医疗保险筹资标准和门诊医疗待遇。

　　2014 年度南京市居民医疗保险筹资和财政补助标准：老年居民筹资标准由 720 元提高到 780 元，其中个人缴费由每年 360 元提高到 380 元，财政补助由 360 元提高到 400 元；其他居民筹资标准由每年 720 元提高到 780 元，其中个人缴费由 440 元提高到 460 元，财政补助由 280 元提高到 320 元；学生儿童筹资标准由 380 元提高到 460 元，其中个人缴费由 100 元提高到 120 元，财政补助由 280 元提高到 340 元；大学生筹资标准由 380 元提高到 420 元，其中个人缴费仍为 100 元，财政补助由 280 元提高到 320 元；参保居民中享受最低生活保障待遇、二级以上重度残疾人、重点优抚对象、特困职工家庭子女、孤儿个人不缴费，所需费用由财政予以补助。提高老年居民等门诊医疗待遇：从 2014 年 1 月 1 日起，将老年居民和其他居民门诊起付标准由 300 元调整为 200 元，扩大了老年居民和其他居民门诊基金支付费用段范围，从原来的 300～800 元调整为 200～800 元，基金支付比例不变（社区医院报销 60%，非社区医院报销 50%）。[②] 这意味着居民的医疗保险报销待遇水平也将随之水涨船高，目前南京居民参加医疗保险的人员已超过 100 万人。

五、我国新型农村合作医疗保险（新农合）

　　新农合是在老农合的基础上，为适应社会主义市场经济体制要求和农村经济社会发展水平而建立起来的。与之相适应的是农村卫生服务体系，我国从

---

①　项凤华 . 2013-10-13. 空巢老人占了近一半，最担心的是生病没人照顾 . 现代快报，第 A8 版 .

②　项凤华 . 2013-12-13. 南京提高医保筹资标准 . 现代快报，第 f5 版 .

2002 年首先在浙江、吉林、湖北和云南 4 省重建农村合作医疗制度，称之为新农合。新农合不同于以往农村合作医疗制度的关键在于，主动适应农民的需求，它的主要特点有：①以政府主导下的农民医疗互助共济取代了老农合，依靠乡村社区自行组织；②以中央、地方财政和农民个人缴纳各 1/3，新筹资方式改变了以往个人缴纳、村级补贴和各级政府不出资的状况；③新农合以"大病统筹"为主扭转了过去仅解决小病小伤、农村居民抗疾病风险能力差的局面；④以县为单位进行统筹和管理，超越了原来的以村（少数以乡）为单位的运作范围。

2004～2010 年的 7 年中，我国开展新农合的县（区、市）由 333 个增加到 2678 个（表 6-12）；参加新农合的农村居民由 0.80 亿人增加到 8.36 亿人，年均增长 1.08 亿人；参合率（参加新农合的比例）由 75.2% 增长到 96.0%；人均筹资水平由每年 50.4 元增长到 156.6 元；当年新农合基金支出由 26.37 亿元增长到 1187.8 亿元，年均增长 165.9143 亿元；补偿受益居民由 7.6 亿人次增长到 10.87 亿人次，尽可能地满足广大农民群众的基本医疗需求。与此同时，新农合在不同地区还不同程度地存在农民"政策理解不深透，资金筹集不充分，大病保障难兑现，服务管理不到位"的状况，直接影响到制度供给的可持续发展。特别是实施基本药物制度以后，乡镇卫生院的功能有所弱化，手术数量亦有所下降，导致一些二级医院纷纷向社区卫生服务中心转移，不少居民将目光转向三级医院，原本在二级医院可以享受到的基本药物制度零差率的药品，到了三级医院费用增加，群众就医负担加重。所以，亟待通过不断总结经验，进一步实行倾斜政策，提高医疗费用的报销比例，逐步解决农民看病难、看不起病的问题。

表 6-12　2004～2010 年我国新型农村合作医疗制度执行情况

年份	开展新农合县（区、市）数 / 个	参加新农合人数 / 亿人	参合率 /%	人均筹资 / 元	当年基金支出 / 亿元	补偿受益人次 / 亿人次	次均支出 元 / 次	人均支出 元 / 人
2004	333	0.80	75.2	50.4	26.37	0.76	34.7	33.0
2005	678	1.79	75.7	42.1	61.75	1.22	50.6	34.5
2006	1451	4.10	80.7	52.1	155.80	2.72	57.3	38.0
2007	2451	7.26	86.2	58.9	346.63	4.53	76.5	47.7
2008	2729	8.15	91.5	96.3	662.00	5.85	113.2	81.2
2009	2716	8.33	94.2	113.4	922.90	7.59	121.6	110.8
2010	2678	8.36	96.0	156.6	1187.80	10.87	109.3	142.1

资料来源：国家统计局 . 2011. 中国统计年鉴（2011）. 北京：中国统计出版社，表 8-18

在统筹城乡发展中，我国新农合与城镇居民医疗保险有整合为城乡居民医疗保险的趋势。实际上，推进新农合与城镇居民医疗保险并轨，实现城乡居民基本医疗保险统一行政管理，统一筹资标准，统一待遇水平，统一经办规范，统一信息系统，不仅可以降低城乡分散化保障过高的执行成本，更重要的是能促使城乡居民基本医疗保险公平和效率的统一。两项制度整合为城乡居民医疗保险合并重在提高受益水平和优化运行机制。

六、我国社会医疗保险变化的趋势

我国人口老龄化最显著的特点是速度快、规模大，在经济不是很发达的情况下到来。对老年群体的健康寿命及其生活质量的影响是显而易见的，其根源在于个体老龄化过程引致的总体健康水平不断下降，突出地反映在医疗供求矛盾在短期内难以化解。

从某种意义而言，人们的寿命取决于各器官的衰老和退化速度。按照医学常识，人体各部位功能退化的开始年龄大致有如下规律：人在 20 岁肺功能开始下降、脑细胞数量开始下降；25 岁皮肤开始老化；30 岁头发开始脱落，**皮肤胶原蛋白减少，皮肤开始松弛，色斑、皱纹出现**；35 岁**男性雄激素减少，女性卵巢开始衰老**，生育能力开始下降，乳房衰老，骨骼、肌肉开始老化；40 岁眼睛衰老，视力退化，心脏、牙齿开始老化，记忆力退化明显；50 岁女性绝经，男性肾脏功能、前列腺开始老化，**喉咙内的软组织弱化**；55 岁肠子开始衰老，听力开始衰退，女性骨骼衰老（疏松）；60 岁嗅觉和味觉开始退化（**味蕾较成人少一半**），阿尔茨海默病发病率增加；65 岁人的声带、膀胱开始退老；70 岁肝脏开始老化；80 岁阿尔茨海默病发病率大大增加。由于遗传，生活方式和保健的差异，每人各器官衰老程度有所不同。人的成长、老龄化过程就是和器官老化作斗争的过程。现代科学技术和医疗技术提供了器官移植和器官抗衰老技术，可以部分地医治某些器官疾病，延长人的寿命，减缓人类衰老的步伐，但是**人的衰老是逐步、全面的，也是不可逆、不可恢复的。**

1. 人类的疾病谱系变化，老年人群慢性非传染性疾病逐渐增多

随着自然环境的变化和物质生活条件的改善，人类的疾病谱系正在发生明显的变化。在传染性疾病、营养不良及寄生虫病等逐渐减少的同时，慢性非传染性疾病——高血压、糖尿病、心脑血管病、恶性肿瘤，以及呼吸系统疾病等逐渐增多，成为我国居民疾病中的头号杀手，老年人是最易于受到侵袭的群体。事实上，慢性病是一种长期累积性疾病，年龄越大，患慢性病的可能性越大，累积慢性病的种类也越多，疾病严重程度也越高。老人患病率明显高于其他年龄组人口，年龄越高，患病率也就越高。老年人寿命的延长并不等于健康寿命的延长，即长寿不等于健康。资料显示，我国 60 岁以上老年人发病率比中青年人要高 3~4 倍，住院率要高 2 倍，且老年病多为肿瘤、心脑血管病、糖尿病、骨质

疏松病及呼吸系统疾病等。

　　仅以 2008 年的江苏为例。2008 年江苏省老年人口死亡比例最高的前 4 种疾病分别是恶性肿瘤、脑血管病、心脏病和呼吸系统疾病，分别占老年人口死因的 26.41%、25.07%、16.43% 和 16.27%，合计占死亡老年人的 84.18%；每年有 3.13% 的（全省每年估计 37.9 万人）老年人死于这 4 种疾病（表 6-13）。这说明随着信息的发展和受教育程度的提高，卫生知识普及程度提高，人们防病治病的意识提高，原来传染病致死、细菌、病毒感染致死的比例已经大为降低。现在面临的是典型的老年病，病程长、病人恢复慢、医疗花费高，对社会医疗保障、家庭养老制度都提出了极大的挑战。另外，随着人均寿命的延长，老年人发生残疾的风险也在逐步增大，伤残期延长。我国男性平均伤残期已增加 1.5 年，近 6 年女性伤残期增加则超过 1 年。比较第一次和第二次全国残疾人抽样调查数据发现，中低龄人口中残疾人口的比例下降，而老年残疾人口比例上升了 13 个百分点，尤其是中高龄老年残疾人口比例上升得更快。[①]

表 6-13　2008 年江苏 60 岁以上老年人前 10 位主要死亡原因

项目	死亡率 /（1/10 万）			构成比 /%		
	合计	男性	女性	合计	男性	女性
恶性肿瘤	982.25	1324.27	681.20	26.41	31.85	20.43
脑血管病	932.42	953.56	913.81	25.07	22.94	27.41
心脏病	611.22	613.02	609.64	16.43	14.75	18.41
呼吸系统疾病	605.25	691.14	529.66	16.27	16.62	15.89
损伤和中毒外部原因	111.89	123.73	101.46	3.01	2.98	3.04
内分泌、营养和代谢疾病	97.02	80.44	111.61	2.61	1.93	3.35
消化系统疾病	78.82	83.26	74.91	2.12	2.00	2.25
神经系统疾病	38.23	37.28	39.07	1.03	0.90	1.17
泌尿生殖系统疾病	34.56	39.61	30.11	0.93	0.95	0.90
精神障碍	32.44	23.67	40.15	0.87	0.57	1.20

资料来源：江苏省卫生厅内部统计资料

　　男女性死亡原因有少许差异（表 6-13），男性老年人口死亡比例最高的前 4 种疾病分别是恶性肿瘤、脑血管病、呼吸系统疾病和心脏病，分别占老年人口死因的 31.85%、22.94%、16.62% 和 14.75%，合计占男性死亡老年人的 86.16%。每年有 3.58% 的（估计全省 20.1 万人）男性老年人死于这 4 种疾病。尤其是男性恶性肿瘤和呼吸系统疾病死亡率高于全省平均，可能与男性抽烟、喝酒及生活不良嗜好有关。女性老年人口死亡比例最高的前 4 种疾病分别是脑血管病、恶性肿瘤、心脏病和呼吸系统疾病，分别占女性老年人口死因的 27.41%、20.43%、

---

① 　杨立雄 . 2013. 老年福利制度研究 . 北京：人民出版社：87.

18.41% 和 15.89%，合计占女性死亡老人的 82.14%。每年有 2.91% 的（估计全省 17.8 万人）女性老年人死于这 4 种疾病。女性因脑血管病死亡的人数比例高于因恶性肿瘤造成的死亡率，而且女性死亡的原因明显较男性分散。

2. 老年人群医疗服务需求迅速上升，伴随着医疗费用负担不断加重

据卫生部统计，我国老年人群中 60%～70% 有慢性病史，人均患有 2～3 种疾病，60 岁以上老年人慢性病患病率是全部人口的 3.6 倍，年人均患病天数是一般人群的 2.2 倍。老年人是慢性病和高危重病高发人群，慢性病是一种长期累积难以治愈的终身性疾病，并伴有严重的并发症甚至残疾，年龄越大慢性病的发生率越高，医疗服务需求必然迅速上升。由于老年人口的增加，参保人群中老年人群所占比例逐渐增大，人均支出的医疗费用普遍偏高，导致了医疗保险基金负担不断加重。有研究表明，以医疗服务不变价计算，**人口老龄化导致的医疗费用负担年均递增 1.54%，我国 15 年后老年人口的医疗费用将增加 26.4%，而退休人群的医疗费支出大约要占医疗保险基金的 70% 以上。**[①]同时，由于医学技术的发达，部分老年疾病可以通过手术或药物得到一定的治疗、控制，使原来被压缩的医疗需求得以释放，对医疗保险的需求进一步增加，医疗费用成本随之扩大，必然导致医疗费用消耗的大幅度增长。**2011 年占参保职工 25% 的退休人员的医疗费用为 2608 亿元，增长了 20.5%，占医疗总费用的 59.9%。而 75% 的未退休参保**在职职工医疗费用为 1745 亿元，仅占医疗总费用的 40.1%。高额医疗费用的支出和老年人口占参保人员比例的增加，加大了医疗保险基金支出的负担，从医疗保险基金的收支来看，基金收入的增长率小于医疗费的增长率，基金结余逐年减少。退休人员围绕医疗保险消费的其他相关指标也都有不同程度的增长，如门诊就医次数、人均住院费，且总体呈现出继续增长的态势，部分统筹地区医疗保险基金已经亮出红灯，难以真正实现医疗保险基金"收支平衡，略有结余"。按照目前新农合的筹资标准来计算，医疗保险基金筹集的增长速度相对于老龄化引起的医疗费用增长速度将呈减缓状态，新农合基金有可能出现入不敷出的现象。

我国第六次人口普查资料显示，生活水平低、贫困人口比例高的人群，健康状态越差。2010 年，在我国 60 岁以上老年人口中，生活不能自理的占 2.9%，女性占 3.4%；而生活能自理但不健康的比例为 13.9%，女性占 15.4%。但是，在依靠最低生活保障的老年人中，生活不能自理的比例占 7.5%，不健康的占 35.1%，分别比平均状态高 159%、153%。贫困人口受教育程度低，对于保健和疾病知识了解得相对少，又缺乏必要的治病资金，于是小病拖至成大病，最后花了很多钱却治疗不好。

---

① 中国劳动咨询网 . 人口老龄化对医疗保险制度的挑战及对策 . http://www.51Labour.com.

2012 年 7 月，广州市居民医疗保险基金缺口 1.3 亿元，广州市人力资源和社会保障局公布了《关于调整广州市城镇居民基本医疗保险有关规定的通知（征求意见稿）》，拟提高居民医疗保险个人缴费标准和政府资助标准，解决基金入不敷出的问题，但上涨方案立刻遭到了一片反对声。鉴于社会各界的反应，广州市政府表示，医疗保险基金缺口暂由政府给予补贴，个人缴费暂不上调。但这只是暂时的、局部的，个人缴费标准未调整，居民医疗保险基金的运营压力依然存在。①

3. 在现行医疗保险中逆向选择

由于目前城镇居民医疗保险和新农合均遵循自愿参保原则，这在很大程度上取决于参加的预期效用与预期成本的对比。参保居民的预期效用就是能够减轻疾病的经济负担，而产生效用的前提条件就是患病风险，故身体健康、疾病风险小的年轻人，利用医疗服务的概率低，预期效用低，因而更倾向于不参保。与之相反，身体健康状况差、疾病风险大的中老年倾向于参保。这样就极易产生参保者的逆向选择，必将使得参保者的平均医疗费用水平高于整体人群的费用水平，实际支出总额就可能超过预计的缴费水平，直接影响到制度供给的可持续性，或减少对参加者的医疗费用补偿比例。很多人认为，政府的钱款是无限的。社会保障基本面的扩大是社会保障成功的重要组成部分，但社会保障必须保证正常的缴费面和费率上涨幅度，否则社会保障基金将难以维持。

4. 公务员社会医疗保险——以社会医疗保险取代公费医疗

目前，我国社会医疗保障有 4 种基本形式：公费医疗、城镇职工基本医疗保险、城镇居民基本医疗保险、新农合。这种"碎片化"的制度安排不仅有损公平与效率，也削弱了医疗保险基金的共济能力。**参加居民医疗保险的主要是困难群体，疾病患者、老年人参保的比较多，消费次数多，额度高，入不敷出也就在所难免**。要从根本上解决这一问题，应该将公务员纳入城镇职工基本医疗保险，确保财政补贴更多惠及最需要的社会群体；同时，要扩大参保缴费规模，提高医疗保险基金的抗风险能力。

1998 年 12 月国务院发布《关于建立城镇职工医疗保险制度的决定》（国发〔1998〕44 号），要求在全国范围内进行城镇职工医疗保险制度改革，所有用人单位（包括机关事业单位）及其职工全部参加城镇职工基本医疗保险制度。这个计划经济体制下的城市医疗保障制度在运行长达 40 多年之后，开启了转向医疗社会保险制度改革的新路径。全国大部分地区根据文件精神，陆续取消公务员的公费医疗，对在职和退休公务员实行社会医疗保险。到目前为止，北京、上海、

---

① 张枫逸 . 2012-08-10. 叫停上涨医保费只是逗号 . 光明日报，第 2 版 .

天津、重庆、山西、吉林、黑龙江、内蒙古、辽宁、浙江、安徽、福建、河南、湖南、广西、海南、四川、云南、西藏、甘肃、青海、宁夏、新疆、河北等24个省（自治区、直辖市）的公务员已取消公费医疗。这一改革举措的推出，不仅可以化解众多矛盾和问题，也有效地避免了财政方面入不敷出的状况，主动适应了多种所有制经济共同发展的实际情况，形成了医疗费用多方分担的筹措机制，充分体现了社会公平。

5. 努力建构与全面建设小康社会相适应的老年医疗保障服务体系

我国人口老龄化伴随着生育子女减少这一社会基础，在面对竞争日益激烈的社会主义市场经济环境下，一对年轻夫妇既要工作，又要照顾一个孩子和双方的4个老人，若含祖辈乃至其计有8个老人，无论是从经济负担还是精力上都显得力不从心。而长期住院护理或享受专业护理机构护理所需的费用又非普通家庭所能够承受，必然导致较高的人均预期寿命和较低的人均健康预期寿命并存，老年人生活质量堪忧。

首先，实行长期护理保险作为法定养老保险的补充，提供老年群体护理保障迫在眉睫。可借鉴各地大病保险和日本的具体做法，先由40岁以上人员自愿交费参加，政府加以补助，将此类保险出让给商业保险部门管理经营，逐步完善以后，政府将其纳入社会医疗（护理）保险，鼓励更多的人自愿参加此类保险，最终使其走向规范，转化为准强制社会保险。

其次，根据不同经济类型地区老年人群最基本的医疗保险需求，通过制定老人医疗服务专项政策，将各种碎片化的制度有机地合并起来，建立专门的老年医疗照顾计划、私人医疗保险和医疗补助制度，形成以老年人医疗为重点的社会医疗服务体系。政府从税收等方面给予优惠政策，将之纳入社会保障运作体系。

再次，建立集医疗、预防、保健、康复及健康教育于一体的老年社区卫生服务体系或家庭全科医生制度，一方面通过社区积极开展保健宣传、建立健康档案，做好疾病预防和保健工作，引导人们合理就医，控制老年参保职工医疗费用上升的势头。另一方面分流三级医院常见病患者，做到门诊社区医疗，通过减免挂号费、诊疗费，降低自付比例等具体措施，促使参保人员特别是老年参保人员就近在社区就医，实行重病、大病逐级转诊制度，形成小病在社区大病进医院的保障机制。

最后，推进社会医疗保险多层次、基金筹集多渠道、医疗费用分担责任制，保健服务家庭－社区－社会和医疗机构全方位供给的现代化医疗保障体系，经常为人们提供医疗咨询。

第四节　人口老龄化与商业健康保险

　　社会医疗保险与包括大病医疗保险在内的商业健康保险关系十分微妙，一方面社会保险会对商业健康保险产生一定的替代作用，即挤出（相互矛盾、排挤）效应；另一方面社会保险通过大病再保险等方法强化了商业健康保险，即挤入（相互促进）效应。在人口老龄化以前，我国社会保险普及面不高，商业人寿保险和健康保险曾是商业保险的主要品种。目前，在社会保险日趋成熟和发展的今天，商业人寿保险和健康保险仍是社会保险的重要补充，其覆盖面广，并且满足了高端人士的不同保险需求。

　　1995年以来，台湾地区的保险公司顺应全民社会医疗保险的实施纷纷开发出配套商品，以满足消费者多样化的医疗需求。其总保费的持续增长，一方面表明了保险公司对社会医疗保险实施这一医疗政策变革的适应性，另一方面也表明了民众医疗需求的庞大和保险观念的不断普及。据台湾地区财团法人保险事业发展中心相关统计资料，**1989年台湾地区的商业健康保险保费收入仅为26亿元新台币，到2008年增长到1937亿元新台币，19年增长了73.5倍，年均增长25.5%**。另有报道，台湾全民医疗保险实施以来，**商业健康保险占人身保险的总保费收入的比例不断增加，由1995年的6.03%，上升至1998年的9.62%，2001年更是上升至13.76%**。而全民社会医疗保险实施后，台湾地区商业健康保险的保费收入仍处于稳定增长，1995~2008年商业健康险平均增长率为20.5%。[①]

一、我国人口老龄化与商业健康保险的纵向（时序）关系

　　自1982年开始我国人寿保险（以下简称寿险）取得了巨大发展。养老商业保险或者寿险兼有长期稳定的储蓄、理财、防止通货膨胀和财富增值等作用，因此备受人们喜爱。我国寿险保费收入在1997年市场份额首次超过财产险以后，一直占据了保险市场的大半壁江山，并一直保持高速增长。随着我国寿险市场的发展，针对我国寿险需求的研究也随之丰富起来。人寿保险的需求一方面是为了消除由于寿命的不确定带来的风险，另一方面寿险具有储蓄和保障的作用。

　　从《中国统计年鉴》等资料来看，2002~2010年中国保险公司资产增长很快，这种增长与人口老龄化是同步的，而保险公司资产增长又和经济增长相耦

---

　　① 　朱铭来，龚贻生，吕岩．2010.论台湾地区全民健康保险财务危机——经验与教训之借鉴．保险研究，（6）：107-117.

合。2002～2010 年中国保险公司年平均增长率为 29.7%，而其中财产险公司每年增长 25.5%，寿险公司平均每年增长 30.2%；2004～2010 年中资保险公司资产增长 26.8%，而外资保险公司平均每年的增长率竟高达 36.1%。

保费和赔付款是商业保险公司运行的重要指标，2009～2010 年全国保险公司业务经济技术指标情况表明：① 2009 年、2010 年人寿保险公司的保费收入分别是财产保险公司的 2.72 倍和 2.61 倍，说明人们已充分认识到身体健康、生活质量和寿命是人生最大的财富。②在人寿保险公司的保费构成中，2009 年寿险保费收入和健康险保费收入分别占公司保费收入的 91.6% 和 6.5%，而 2010 年的份额增长到 92.2% 和 6.0%，说明人们更愿意投资于寿命不确定性的风险。③就保费绝对值而言，2009～2010 年我国寿险保费的年增长率高达 29.8%，健康险年增长率高达 19.0%，主要是因为寿险具有储蓄功能（表 6-14）。那么，这种增长是否和人口老龄化有关呢？

表 6-14　2009～2010 年全国保险公司业务经济技术指标

项目	2009 年		2010 年		2009～2010 年增长	
	保费 / 亿元	赔付款增长率 /%	保费 / 亿元	赔付款增长率 /%	保费 / 亿元	赔付款增长率 /%
合计	11 137.3	28.1	14 528.0	22.0	30.4	2.4
人寿保险公司：	8 144.4	18.3	10 501.1	13.2	28.9	-6.9
寿险	7 457.4	17.0	9 679.5	11.5	29.8	-12.6
健康险	530.8	34.5	631.7	36.9	19.0	27.3
人身意外伤害险	156.1	22.9	189.8	22.8	21.6	21.3
财产保险公司：	2 992.9	54.7	4 026.9	45.1	34.5	10.8
其中，企业财产保险	221.4	57.6	271.6	43.2	22.7	-8.2

资料来源：国家统计局，2011.中国统计年鉴（2011）.北京：中国统计出版社，表 19-16

杨舸等认为 [1]，保险的购买不仅仅是出于投保人本人的需要，同时也是为了满足其被抚养人（如妻子、子女）获得保障的需要，投保人家庭成员的风险偏好也会影响保险需求。实证分析表明，GDP 的增长和寿险业自身的发展是寿险需求增长的根本原因，银行利率和少年儿童赡养（抚养）率对寿险需求也有显著的影响，社会的老龄化、预期通货膨胀率和不断提高的教育水平对寿险需求的作用并不（很）显著。我们认为，商业保险尤其是健康险和寿险的高速发展，主要是我国经济发展、个人收入提高所致，而人口老龄化对其有一定的影响。

---

[1]　杨舸，田澎，叶建华 . 2005.我国寿险需求影响因素的实证分析 . 中国软科学，（3）：50-54.

二、我国人均商业健康保险费收入的地区分布

商业保险作为社会保险的补充，以平安保险的重大疾病保险规定为例，参保人缴纳 8 年就可享受 20 年的保险，每年（月）缴费透明，无论是健康期满还是不幸身故，都有原缴费的 105% 的本金和利息。社会养老保险虽然有国家财政补贴，但发展不完善、透明程度不高、无任何利息，如社会养老保险统筹层次低难以进行跨省转移，这就给商业养老保险创造了发展机会。

我国 31 个省（自治区、直辖市）的人均商业保险费收入计算表明，2010 年我国人均保费收入为 1084.4 元，其中人身险保费为 793.6 元，财产险保费为 290.8 元。[①] 2010 年我国 31 个省（自治区、直辖市）的商业保险收入，与人口老龄化水平、人均 GDP 的线性相关系数分析表明（表 6-15），人均商业保险保费增加不仅与人口老龄化（65 岁以上老人比例）有关，而且与我国的经济发展有关：①经济发达地区（人均 GDP）人均保费高，尤其是人均财产保费高；经济欠发达地区则人均保费低，即我国商业保险的保费收入主要受地区经济发展态势的影响。②相对经济发展的影响。人口老龄化对人均保费的影响相对为小。③各地区人口老龄化对人身保险的影响，大于人口老龄化对于财产保险的影响。这表明目前较高的社会保障已经使人们减少了对商业人身保险的依赖，挤出效应很明显。

表 6-15　2010 年我国 31 个省（自治区、直辖市）商业保费收入与老龄化及经济发展态势的关系

项目	人均保费收入	人均财产保费收入	人均人身保费收入
与 65 岁以上人口老龄化的相关	0.236 5	0.134 1	0.265 1
与各地区人均 GDP 的相关	0.794 7	0.827 3	0.772 9

三、商业健康保险对社会医疗保险的"挤入"效应

社会医疗保险对商业健康保险的"挤入"效应表现在：社会医疗保险可以帮助和引导民众了解疾病、关注健康，认识到人身伤害和疾病风险的危害性与严重性，建立起风险意识，并积极普及保险知识，推广健康保险教育，加深民众对健康保险产品的认知程度，进而挖掘出大批潜在的健康保险客户，扩大对商业健康保险的现实需求。社会医疗保险实施过程中可以考虑和商业健康保险实现资源共享，以开发出对应的多元化的健康保险产品，从而降低产品的研发成本。二者对医疗费用的控制方法亦可以相互借鉴，从而节省卫生资源，增强偿付能力。

---

① 原始资料源于：国家统计局 . 2011. 中国统计年鉴（2011）. 北京：中国统计出版社，表 19-19.

1. 经济发展和人们健康意识的提高促进了商业健康保险的发展

国家的财力有限，而人们对风险的认识不一，对保险的需求不一，人们的财富数量不一，有部分对保险有特殊需求的人，除了社会保险以外还需要购买商业健康保险，这样就推动了我国商业健康保险的发展。尤其是出生减少、人口老龄化，经济发展水平提高以后，人们对自己的健康意识、保健意识和保险意识增强，人们为自己或子女或老人购买商业人寿和健康保险的数量增加，从而促进了商业保险的发展。这与人寿保险中含有储蓄功能有较大关系，而近 10 年健康保险的个人险保单数在四大险种中位居首位，在团险的覆盖人数上，健康保险也高于人寿保险和伤害保险。这一方面表明地区商业健康保险的发展呈现出稳定的态势，并且在覆盖范围上拥有相当的规模；另一方面也表明商业健康保险对居民的健康保障和医疗费用给付发挥了重要的作用。

2. 社会保险促进了商业健康保险的发展

社会保险有强制性、普及性，以社会服务为主要宗旨；而商业健康保险以精算为基础，有长久的发展经验，以商业盈利为主要宗旨。但是，其共同作为一种"保险"，无论社会保险还是商业健康保险都是帮助人们控制"疾病风险"和"意外风险"。**社会保险与商业健康保险本身有着密切的联系，社会保险的发展一方面推动了商业健康保险的发展，另一方面又抑制了商业健康保险的发展。**完善的社会医疗保险抑制了人们对于商业人寿保险的需求，但是社会医疗保险是一种基本保险，投入资金和投保疾病类型有限，而目前空气、水、食品等污染严重，癌症、心血管、脑血管等大病随时可能发生，一旦发生重大疾病，有些患者的家庭就会家破人亡，社会保险也无能为力。为此，江苏省在太仓进行试点以后，提出采用"大病保险"模式，即利用社会保险资金对居民的大病进行商业性再保险。由社会保险机构划拨一定的资金给商业保险单位，受保居民一旦出现某些特定的大病、绝症，可以享受一定程度的商业医疗保险。商业健康保险负责制定保险准则，经社会保障部门批准后，社会保险部门划拨大病保险经费（如总费用的10%），一旦人们发生大病、绝症等，由商业保险部门进行考察和赔付，每年进行结算，账目透明。当商业保险公司的该项目经费出现亏损时，50% 的债务转移给社会保险机构支付；若该项目经费出现盈利，50% 的利润转移给社会保险机构，每年结算一次。这样社会保险有效地转移和控制了居民大病的经济风险，而商业健康保险获得了资金，得到了发展机遇。统计表明，2009～2011 年在社会医疗保险发展的同期，我国商业健康保险也得到了积极发展。2011 年全国近百家保险公司经营健康险业务，保费收入达 691.7 亿元，同口径比 2008 年增长了

39.4%，放大了基本医疗保险的保障效果。[①] **2012年8月国家发展和改革委员会、卫生部[②]、财政部、人力资源和社会保障部、保险监督管理委员会等6部门公布了《关于开展城乡居民大病保险工作的指导意见》。针对一些治疗价格特高的大病（如癌症、白血病、尿毒症等），我国将建立补充医疗保险报销制度，在基本医疗保险报销的基础上，再次给予报销，要求实际保险比例不低于50%。**2013年大病医疗保险试点悄然展开，截止到2013年第三季度，全国有23个省份出台了大病保险实施方案，确定120个试点城市。以北京为例，大病医疗保险所需资金来源于城镇居民医疗保险基金的5%，新农合基金的5%，不增加居民个人缴费负担。**由于专业性很强，大病医疗保险由商业保险部门承办。**2013年1~6月中国人寿保险公司新增的大病保险业务报表显示，前6个月该公司收入保费5.2亿元，营业支出5.95亿元，半年亏损7500万元。[③] **不少地方商业机构的经营难以为继，主要原因是大病保险不是一般的健康保险，没有事前的核保要求，不管是否有既往病史都要纳入保障范围，在风险管控和产品设计方面对保险业提出了更高的要求，长期亏损必然会影响商业保险公司参与的积极性。**另外，大病花费往往高达数十万元，即使提高保险比例，贫困家庭仍难以承受，有可能会有一些富裕参保者将大量医保资金用于晚期癌症等治疗，浪费了国家医疗保险资金，影响了公平医疗。

3. 政府责任意识也促进了商业健康保险的发展

老年人口增加导致相应的家庭风险、社会风险增加，江苏无锡民政局联合慈善总会改革公共服务供给方式，具体采取"政府掏一些，社团捐一些，企业让一些，市民配一些"，形成社会保险救助模式，让所有市民都享受普惠制的社会保障的同时，促进了商业健康保险的发展。**2012年无锡市民政局公开招标，引入商业险机制，探索自然灾害公益保险做法，即由政府为每个无锡户籍人口每年花1元钱参保，一旦发生自然灾害，被投保市民将获得保障。**该险种一推出就吸引了9家商业保险公司，最终中国人民财产保险股份有限公司无锡分公司顺利中标。随后，无锡市民政局又陆续在更多公共领域引入了公益险这一机制，**先后建立了养老机构综合责任险、安康关爱老年人意外伤害保险、低保对象人身意外伤害保险、城乡居民自然灾害住房财产保险和公益配套险等5个险种。**这些公益险大都由政府埋单，如养老机构综合责任险，按100元/（人/年）标准，由市福彩

---

① 李斌，吕诺，孙铁翔.2012-08-29.破解医改难题　造福亿万群众——中国医改纪实.光明日报，第4版.

② 现为国家卫生和计划生育委员会.

③ 陈恒.2014-01-09.4问大病医疗保险.光明日报，第15版.

公益金承担 70%，养老机构自筹 30% 投保。机构养老老人意外身故、致伤，最高赔付 6 万元 / 人，丧葬费最高赔付 2000 元 / 人；残疾伤害费最高赔付 8000 元 / 人，意外医疗补助最高赔付 1.5 万元 / 人，意外伤害住院补贴补助最高赔付 5400 元 / 人，骨折最高赔付 4000 元 / 人。[①] 目前的公益险一个险种对应一家商业保险公司，因为一旦出现赔付率过高可能导致赔本，保险公司次年就可能放弃续约，所以为了增强公益险的可持续性和安全系数，从 2014 年起，相关公益险将转变为由 3 家保险公司联办共保，这样既可以分摊市场风险，也增强了公益险的安全系数。**如果保险公司在实施公益险和配套险一年后实现了盈利，那么就必须拿出部分盈利专门用于公众的防灾宣传。**这样走市场化道路既减轻了社会救助的负担，又促进了商业健康保险的发展。若从世界范围来看，无论多么全面的社会保险制度，都无法涵盖所有的医疗需求，而所余之需求，除患者自付外，大部分由商业健康保险进行补偿。所以，随着人口老龄化的发展，这必然将促进我国商业健康保险的大发展。

第五节　结论和讨论

人口老龄化对社会医疗保险、国家卫生费用、社会服务机构床位等的影响机制是明确的，影响方向是确定的。但是，老龄化单独的直接影响小，而老龄化夹杂着我国经济的快速发展、人民生活水平的迅速提高，对于社会医疗保险发展的间接影响很大。换言之，**社会医疗保险的推行和发展主要原因是经济发展，但是人口老龄化推动了社会医疗保险快速、健康、稳定的发展。**

一、我国医疗费用随人口老龄化的增长

若将我国人均医疗支出分成两部分，即分年龄医疗支出变化影响部分和年龄构成影响部分，那么后一部分——2010 年我国各年龄组人均医疗费用支出 y（元）随年龄 x（岁）变化如表 6–16 所示，假定在医疗费用随时间不变的情况下，其随着年龄构成变化迅速，在低年龄段变化小，而在高年龄段变化十分迅速。

---

① 唐奕 . 2013-12-30. 从道德抚慰到机制保障——无锡慈善救助 . 现代快报，A10 版 .

表 6-16　2010 年我国年人均医疗费用支出及联合国对于中国人口的预测（中方案）

项目	年人均医疗费用支出 / 元	中国总人口及构成比例预测				
		2010 年	2015 年	2020 年	2025 年	2030 年
总人口 / 万人		135 982.2	140 158.6	143 286.5	144 898.5	145 329.6
0～4 岁 /%	38.65	6	7	6	5	5
5～14 岁 /%	52.54	12	12	12	12	11
15～24 岁 /%	121.99	18	14	11	11	12
25～34 岁 /%	309.80	15	17	17	13	11
35～44 岁 /%	734.95	18	15	14	16	16
45～54 岁 /%	1 567.12	13	16	16	14	13
55～64 岁 /%	2 535.78	10	11	12	14	15
65 岁以上 /%	3 897.58	8.4	9.5	11.7	13.5	16.2

资料来源：邱杨 .2015. 我国人口老龄化对医疗支出的影响研究，人口与社会，（2）：95-102；Population Division of the Department of Economic and Social Affairs of the United Nations Secretariat, World Population Prospects: The 2012 Revision

　　若使用数学模型进行拟合，发现其非常适合于二次曲线变化，其拟合程度高达 99.77%，方程可表示为

$$y=1.23\,(x-13.96)^2-21.83 \qquad (R^2=0.9977)$$

即在 14 岁时人均医疗支出费用最低，40 岁以上人均医疗支出随年龄增长十分迅速。按照该模型 35 岁、45 岁、55 岁及 65 岁人口每增长 1 岁时，人均医疗费用将每年分别增加 50 元、75 元、100 元、125 元左右（图 6-6）。

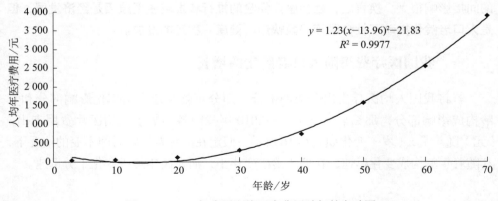

图 6-6　2010 年我国人均医疗费用随年龄变动图

　　按照联合国对中国人口预测的方案，2010～2015 年、2015～2020 年、2020～2025 年、2025～2030 年中国总和生育率分别为 1.66、1.69、1.72、1.74，

我国人口老龄化程度如表 6-16 所示。在此情况下，2010～2030 年由于年龄变化导致的我国人均年政府、社会和个人医疗费用支出变化如表 6-17 所示，大致是 2010～2030 年 20 年增长 41.19%，平均每年增长 1.74%。而据本章第一节统计，1990～2009 年我国年均卫生总费用（包括政府、社会和个人）支出，从 1990 年的 65.37 元增长到 2009 年的 1314.3 元，平均每年增长 17.11%，其中 3～5 个百分点是由于通货膨胀，如果 1.7 个百分点是由于老龄化的影响，则经济发展和医疗费用本身增长的影响将达到 10～12 个百分点 / 年。所以，仅考虑老龄化导致的人口年龄构成变化引起的人均医疗费用增长，是远远不够的。这就是老龄化研究的困境，老龄化对人均医疗支出肯定是有负面影响的，但是其影响远不如经济发展、通货膨胀、医学科学进步等影响数量大。

表 6-17 2010～2030 年年龄构成变化（中方案）导致的人均医疗费用支出变化

单位：元

年份	总支出	政府支出	社会支出	个人支出
2010	994.63	285.46	358.07	351.1
2015	1083.29	310.9	389.98	382.4
2020	1193.27	342.47	429.58	411.87
2025	1297.28	372.32	467.02	441.59
2030	1404.31	403.04	505.55	472.13

资料来源：邱杨 . 2015. 我国人口老龄化对医疗支出的影响研究，人口与社会，（2）：95-102

表 6-18 给出了 2010～2030 年由于人口年龄构成变化所导致的人均医疗费用的增长状态，由表可见，这种增长很大比例是由于 65 岁以上老年人口比例增长所造成。

表 6-18 2010～2030 年老龄化所导致的医疗费用支出增长情况（联合国中方案）

年份	2010～2015	2015～2020	2020～2025	2025～2030	2010～2030
年龄结构导致医疗费用增加 / 元	88.65	109.98	104.01	107.04	409.68
65 岁以上人口变化导致医疗增加 / 元	42.89	87.8	70.01	104.31	305.02
65 岁以上人口医疗费用增加占年龄增量比例 /%	48.38	79.83	67.31	97.45	74.45

资料来源：邱杨 . 2015. 我国人口老龄化对医疗支出的影响研究 . 人口与社会，（2）：95-102

二、主要结论

随着人们寿命的延长和医疗科学技术的发展，传染病、孕产妇疾病、婴儿疾病导致的死亡率不断下降，而慢性病导致的死亡比例已占死亡人数的80%，人生中有80%的医疗费花费在60岁以后，或全社会80%的医疗费是为老年人花费的。[①] 老年疾病往往涉及心脑血管、呼吸、肾脏、骨科等，具有多种疾病共存、多重用药、长期慢性并伴有认知和情感障碍等特点。而我国对此重视不够，英国老年医学专业医生人数仅次于内科医生和外科医生。本章结论如下。

1）世界各国国民个人医疗状态的研究表明，个人付款最低的是古巴（4.5%），付款最高的是印度和格鲁吉亚（74%～82%）；政府补贴最多的是美国、德国和加拿大（18%以上），而在印度和格鲁吉亚政府补贴最少（6%）。美国医疗保险是商业性的，投保率高，但政府补贴不少。德国对于政府开支限制严格，社会保障项目受限。日本正面临着日益严重的少子高龄化问题，工作挣钱的年轻人越来越少，需要花钱治病、养老的老龄人越来越多，社会保障项目扩张严重，结果导致社会保障入不敷出。我国台湾地区少子老龄化现象严重，1990年后陷入"福利竞争"陷阱，居民税收占GDP的比例，由1990年的19%下降到2002年的不足12%，1991～2004年台湾地区GDP年均增加4.7%，但财政赤字年均增长20.2%，台湾地区"中央和地方"财政赤字占GDP的比例由1991年的11.2%上升到2004年的67.6%。老龄化以后，**社会医疗保险支出以平均每年5.9%的增长率上升，高于人均GDP的增长率。**

2）随着老龄化的深入发展，我国卫生费用、人均卫生费用和社会服务机构病床数随时间呈现出增长态势；同时，我国老龄化越高的地区，社会服务机构床位（老年养老床位）越多。这说明我国人口老龄化发展推动了我国社会服务机构床位的建设，同时增加了我国卫生费用和人均卫生费用的投入。2012年我国各地区65岁以上老年人口每增加100万人，则该地医疗卫生方面的财政支出平均增加39.15亿元人民币予以适应。

3）我国现行医疗保障制度与发达国家的差异在于管理体制与机制缺位。我国现行的医疗保障程度滞后于经济社会发展水平，主要是人们日益增长的医疗服务需求与松散状的医疗保障体系供给的矛盾。第一，在医疗保障体制上不健全，在运行方式上拘泥于门诊和住院治疗，卫生保健系列服务（如按摩、心理治疗、护理、理疗康复等）基本空缺，以药养医的状况未有改观。第二，监管机制缺失，"过度医疗"既有弄虚作假、存心骗保，也有制度上的漏洞引发的过度消费。由于经济利益的驱使，医疗卫生投入体制等因素的影响，部分医疗机构把大量不必要的检查、昂贵的药品费用转嫁到医疗保险患者身上，常常出现大处方、滥检查的现象，导致医疗费用增长明显超越了社会经济承受能力。第三，计划经济体

---

① 朱海洋，叶辉，严红枫．2014-03-24．老年医疗要迈过哪些坎儿．光明日报，第12版．

制下的医疗保障城乡差别、行业差别、身份差别依然存在，事实上的医疗待遇不公平有悖于市场经济下的劳动用工制度改革和深化。越贫困的人员对于社会医疗保险的依赖性越强，但实际贫困人员的社会保险待遇低。医疗费用花费过大，导致医闹事件不断。第四，在养老保险金不足的情况下，我国社会医疗保险基金盈余逐年增多，一方面我国大量医疗保险基金沉淀在国库，无法使用；另一方面农村及基层医疗住院报销比例低至40%，很多药品因不在报销目录上而完全自费，很多疾病让老百姓倾家荡产，没有达到真正的"保障"功能。同时，企业承担的社会保险金高，导致商品成本高而影响了企业的发展。第五，医疗保障经济分担责任不明确，基金收缴与支付精算化管理不到位，医疗救助体系不完善，医疗资源流失或使用不当造成浪费严重。民办医院比例低，医院之间缺乏应有的竞争和活力。

4）社会保险对商业健康保险有挤出（排挤）效应，又有挤入（相互促进）效应。台湾地区的资料表明，全民社会医疗保险实施后，台湾地区商业健康保险的保费收入仍处于稳定增长；1989～2008年台湾地区的商业健康保险保费收入年均增长25.5%；自台湾全民医疗保险实施以来，商业健康保险占人身保险的总保费收入的比例由1995年的6.03%，上升至2001年的13.76%。2009～2010年我国保险指标的情况表明，人们已充分认识到身体健康、生活质量和寿命是人生最大的财富，人们更愿意投资于寿命不确定性的风险。2009～2010年我国寿险保费的年增长率高达29.8%，健康商业保险年增长率高达19.0%。2010年我国31个省（自治区、直辖市）的分析表明，经济发达地区人均保费高，尤其是人均财产保费高；人口老龄化对人均保费的影响相对较小；人口老龄化对人身保险的影响已经大于其对于财产保险的影响。社会医疗保险对商业健康保险的"挤入"效应表现在：经济发展和人们健康意识的提高促进了商业健康保险的发展，社会医疗保险促进了商业健康保险的发展，政府责任意识也促进了商业健康保险的发展。因此，人口老龄化使人们对社会医疗保险高度依赖的同时，也影响了商业健康保险的发展。

三、双轨制并轨问题

人口老龄化对社会经济的影响也是完全一样，与国家经济社会机制、国家和政府体制和国家经济运行状态、人口老龄化程度等密切相关。老龄化将造成社会保障开支增加、年轻劳动力减少，但是各地应付老龄化的政策不一、社会保障程度不一，老龄化对某些国家的影响十分严重（如日本、希腊、西班牙等），而对另外一些国家则影响不明显（如美国、德国、法国）。其间的差异在于社会保障的政策和保障水平的差异，以及本国的经济发展水平。

城乡并轨：由于城乡两元制，我国社会医疗保障城乡居民、城乡职工缴费数量不一、享受待遇不一，起付线、封顶线及具体住院和门诊报销比例不一，最终造成"马太效应"——穷者越穷、富者越富。因此，政府应该加强对贫困人口的社会医疗救助。

企业和事业单位的并轨：事业单位和公务员原来享受公费医疗，而企业职工享受社会医疗保险。公费医疗报销比较高但没有大病社会医疗保险，社会医疗保险则相反。很多地方已经逐步采取了一系列步骤，促进企事业单位社会医疗保险的并轨。社会医疗保险的并轨比养老保险的并轨难度要小，并轨的前提应该是增加公共财政对社会保险的投入，同时应该提高职工的医疗保险报销比例。

第七章

人口老龄化与社会救助、社会福利

除了经济收入、经济发展、社会消费、银行储蓄、劳动力就业、社会保险等影响人口老龄化以外，影响人口老龄化的经济社会变量还有很多，如城市化水平、社会救助、社会福利等。社会老年人口增加以后，贫困的老年人随之增加，社会救助所需的资金、人力和物力可能会随之增加，财政中关于社会救助的支出也会随之增加。另外，由于社会保险覆盖范围有限，人们生活质量的上升要求提高整个老年人口的福利待遇，这就往往要求增加老年人的社会福利水平。

第一节　人口老龄化与社会救助

与社会保险和社会福利不同，社会救助是国家通过国民收入的再分配，对因自然灾害或其他经济、社会原因而无法维持最低生活水平的社会成员给予救助，以保障其最低生活水平的制度。由于老年人口贫困比例高于常人，人口老龄化对于我国社会救助有着直接的影响。社会救助通常被视为政府的当然责任或义务，采取的也是非供款制与无偿救助的方式，目的是帮助社会脆弱群体摆脱生存危机，进而维护社会秩序的稳定。[①] 社会救助一直是社会保障中最基本的扶贫赈灾任务之一，社会救助是一项十分复杂的工作。按照救助时间来分，可以分为定期救助和临时救助；按照救助的手段来分，有现金救助、实物救助、服务救助和

---

① 郑功成 . 2005. 社会保障学 . 北京：中国劳动社会保障出版社：260.

以工代赈等；按照救助的实际内容来分，有生活（流浪乞讨）救助、灾害救助、失业救助、住房救助、医疗救助、教育救助、临时救助、法律援助和扶贫开发等。而最低生活保障制度是稳定常态的社会救助方式。

1993 年，我国政府首先开始对城市社会救济制度进行改革，尝试建立最低生活保障制度。1999 年我国所有城市和有建制镇的县城均建立了最低生活保障制度，同年，政府正式颁布了《城市居民最低生活保障条例》，为城市贫困居民提供最基本的生活保障。2007 年 7 月国务院颁布了关于在全国建立农村最低生活保障制度的通知（国发〔2007〕19 号），对农村居民的最低生活保障进行了规范和指导。本节以最低生活保障为例说明老龄化对社会救助的影响状态。随着我国经济的快速发展，城乡老年人经济社会的两极分化严重，虽然我国社会保障已从社会救助阶段发展为社会保险阶段社会救助仍非常重要。

一、基本概念

1）**最低生活保障制度**。最低生活保障制度简称低保，是在特困群众定期定量生活救济制度的基础上逐步发展和完善的一项规范化的社会救助制度，被喻为维护社会稳定、保障人民基本生活的最后一道"防护网"。在我国未被其他保障制度所覆盖或者保障不足的人，以家庭为单位，只要人均收入低于当地最低生活标准又丧失劳动能力，便可领取可以维持基本生活的补助。这项制度采取普遍性的全面保障原则，不需要个人承担任何缴费义务，体现的是公民基本的生存权利、国家的责任和社会的文明与进步。

2）**最低生活保障对象**。家庭年人均纯收入低于当地最低生活保障标准的居民，主要是因病残、年老体弱、丧失劳动能力，以及生存条件恶劣等原因造成生活常年困难的居民。显然，城乡老年居民、残疾人士、下岗职工及低收入群体等是主要的受益群体。

3）**最低生活保障标准**。由县（区）级以上地方政府按照能够维持当地居民全年基本生活所必需的吃饭、穿衣、用水、用电等费用确定，并报上一级地方人民政府备案后公布执行。农村最低生活保障标准要随着当地生活必需品价格的变化和人民生活的水平提高适时进行调整。各地根据具体生活水平，推出本地的低保标准。发达地区生活水平高，低保标准高；贫困地区生活水平低，低保标准低。我国东、中、西部城乡的发展水平不一、低保标准不一，各年度各地各项基本生活费用计算比较麻烦。例如，2013 年南京市的低保标准就有 6 个，城市居民 3 个，居住在主城区、郊区、郊县，其低保标准分别为每月 600 元、560 元、460 元；农村居民同样为 3 个，居住在主城区、郊区、郊县，其低保标准分别为每月 590 元、480 元、420 元。① 低于这个标准又丧失劳动能力的，可以获得相应的社会最低生活补贴。但是其对当地居民的界定十分严格，一般要求是户籍居民或常住居民。各地政府根据财力增加了对低保对象的资助力度，南京原鼓楼区为低保家庭增发低保补充金，每人每月是 130 元（以实物加购物券的形式发放）；为低保家庭大重病患者每人每天送一瓶牛奶；为低保家庭尿毒症患者资助每周进行两次透析；2013 年低保家庭春节慰问金按每户 1～3 人的标准，分别为 1150元、1950 元、2400 元，比南京市同期分别高 400 元、600 元、800 元。因此，鼓楼区也是南京市、江苏省老年人口密度最高的地区之一。

　　最低生活标准和贫困标准都是刻画贫困人群的标准。前者是实际评估标准，各地因地制宜，标准很多，后者是理论评估（研究讨论）标准。为了进行全国性的评估，学者提出了全国统一的贫困评估标准，该贫困标准在我国东部地区是低于当地最低生活标准，中西部往往是高于当地最低生活标准。杨立雄于 2011 年对我国老年贫困人口规模进行测算，采用农村贫困线和"1 天 1 美元"两个标准，测得农村老年贫困人口规模在 1400 万人以上；采用城镇最低生活保障数据和"1天 2 美元"两个标准，测得城镇老年贫困人口规模在 300 万人左右，全国老年贫困人口规模近 1800 万人，老年贫困发生率为 10.77%。有人将社会收入中位数或平均收入的 50% 定义为贫困线，2011 年我国农村贫困线为每年 3097 元；同年我国低保人口必需食品支出为 2015 元，必要最低生活费支出为 3358 元，恩格尔系数为 60%。② 而按照全国民政事业统计季报，2011 年第 4 季度全国农村低保的标准为人均每月 143.2 元，折合每人每年 1718.4 元。农村低保家庭的认定，要求具有农村户口，以户计算的人均收入低于本地低保线，并且属于老年、重残、重病和丧失劳动能力的人才可申请。由此可见，我国贫困人口数量与贫困标准密切相关。

　　我国农村贫困标准：在考虑国家的宏观政策因素和政府财力水平的前提下，结合我国整个经济发展状况和农村的具体情况，从 1990 年开始通过价格指数调整，依人均年纯收入计算确定 300 元为贫困线，1991 年为 308.7 元、1992 年为325.2 元、1993 年为 368.4 元、1994 年为 448.2 元、1995 年为 514.5 元、1996 年为 546 元、1997 年为 550 元、2000 年为 625 元、2003 年为 637 元。2007 年建立两个标准——绝对贫困标准、低收入标准，其年人均收入分别低于 785 元、1067元；2008 年将两个标准统一为年人均收入低于 1067 元；2009 年、2010 年均按人均收入低于 1196 元。2011 年 11 月，将农民人均纯收入 2300 元作为新的国家扶贫标准，这个标准比 2009 年提高了 92%，有利于提高农村居民的收入水平，扩

---

① 丁亚平 . 2013-09-11. 南京市低保标准提高啦 . 现代快报，f3 版 .

② 罗微，董西明 . 2012. 农村低保制度与新农保制度衔接研究 . 农村经济，（9）：73-76.

大农村老年扶贫济困的覆盖面。我国贫困标准的不断提高主要取决于我国物价水平和经济发展水平，与人口老龄化也有关系。经济发展水平的提高使公共财政收入增加而有更多的款项救助农民，由于物价水平的提高，为了维护人们的生活水准，贫困标准必须有所提高。

最低生活保障水平和社会养老保险虽都属于社会保障，但是参加社会养老保险的前提是，没有参加其他社会保险，并且履行缴费义务，到了法定年龄，领取社会养老保障资金，与家庭收入、个人收入无关；而最低生活保障水平无需个人缴费，是低水平"补齐"，与年龄无关，而与实际劳动能力和实际收入水平有关。就目前老年人的经济收入水平而言，从高到低依次是事业单位和公务员的社会保险收入（退休费）、企业职工社会保险费、城乡最低生活保障水平、城乡居民基础养老金。此外，老年人还有计划生育家庭的扶助奖励政策，该基金具有"叠加"性质。以下将讨论的问题是，我国用于社会救助的公共财政支出有多少？人口老龄化对社会救助或者最低生活保障水平的影响有多大？

二、用于社会救助的公共财政支出统计分析

按照 2013 年 7 月国家财政部公布的 2012 年国家公共财政决算表（表 7-1），2012 年我国公共财政支出中用于社会救助的款项为 2080.66 亿元，比 2011 年增加了 4.4%，占当年公共财政支出的 1.65%。其中对于城乡居民最低社会保障补助占"大头"，分别为 666.36 亿元、698.71 亿元（分别占社会救助财政支出的 32.03%、33.58%）；城乡居民生活救助补助分别为 72.56 亿元、196.3 亿元（分别占社会救助财政支出的 3.49%、9.43%）；城乡居民医疗救助分别为 65.1 亿元、106.16 亿元（分别占社会救助财政支出的 3.13%、5.10%）；自然灾害生活救助、补充道路交通事故社会救助基金分别为 272.02 亿元、3.45 亿元（分别占社会救助财政支出的 13.1%、0.17%）。这说明我国社会救助虽然不足社会保障公共财政支出资金的 2%，年增长速度缓慢，但对基层百姓生活的影响极大，尤其是城乡居民的最低生活保障在社会救助中发展稳定，评比科学，符合公平、公正、公开的原则，在社会救助中所起的作用和所占的比例大。

表 7-1　2012 年我国用于社会救助的公共财政（决算）支出

项目	2012 年 /亿元	2011 年 /亿元	占 2012 年财政支出比例 /%	2012 年社会救助构成 /%
合计	**2080.66**	1992.97	**1.65**	**100.00**
城市居民最低生活保障：	**666.36**	675.14	**0.53**	**32.03**
城市居民最低生活保障金支出	653.57	675.18	0.52	
城市居民最低生活保障对象临时补助	12.79	12.79	0.01	

续表

项目	2012 年 /亿元	2011 年 /亿元	占 2012 年财政支出比例 /%	2012 年社会救助构成 /%
其他城市生活救助：	**72.56**	63.32	**0.06**	**3.49**
流浪乞讨人员救助	31.81	20.20	0.03	
其他城市生活救助支出	40.75	43.12	0.03	
自然灾害生活救助：	**272.02**	231.70	**0.22**	**13.07**
中央自然灾害生活补助	109.51	72.33	0.09	
地方自然灾害生活补助	39.53	22.33	0.03	
自然灾害灾后重建补助	114.06	129.76	0.09	
其他自然灾害生活救助支出	8.92	7.20	0.01	
农村最低生活保障：	**698.71**	665.44	**0.55**	**33.58**
农村最低生活保障金支出	686.71	665.42	0.55	
农村最低生活保障对象临时补助	12.00	12.00	0.01	
其他农村生活救助：	**196.30**	185.19	**0.16**	**9.43**
农村五保供养	124.06	111.87	0.10	
其他农村生活救助支出	72.24	73.41	0.06	
补充道路交通事故社会救助基金：	**3.45**	3.34	**0.00**	**0.17**
交强险营业税补助基金支出	3.36	3.26	0.00	
交强险罚款收入补助基金支出	0.09	0.07	0.00	
城市医疗救助	**65.10**	64.84	**0.05**	**3.13**
农村医疗救助	**106.16**	103.77	**0.08**	**5.10**

资料来源：国家财政部网站 .http://yss.mof.gov.cn/2012qhczjs/index.html

三、我国老年最低生活保障人口

1. 我国城乡最低社会保障人口数量

据国家民政部发布的社会服务发展统计公报，2012 年各级财政共支出农村低保资金 718.0 亿元，比上年增长了 7.5%。当年全国农村低保平均标准 172.3 元 /人·月，比上年提高了 349.4 元，增长了 20.3%；全国农村低保人均月实际补助水平为 104.0 元。2012 年年底我国共有**城市低保**对象 1114.9 万户、2143.5 万人。全年各级财政共支出城市低保资金 674.3 亿元，比上年增长了 2.2%。2012 年全国城市低保每人每月平均 330.1 元，比上年增长了 14.8%；实际城市低保月人均补助水平 239.1 元。2012 年年底，全国有**农村低保**对象 2814.9 万户、5344.5 万人，比上年同期增加了 38.8 万人，增长了 0.7%。另外，国家财政部 2010 年的统计数据表明，我国公共财政对于城市低保的补助力度越来越大，2007 年、2008 年、2009 年、2012 年公共财政对于城市低保的补助分别为 296.04 亿元、411.70 亿元、517.85 亿元、666.36 亿元，年均增长了 17.62%。2005～2012 年我国社会救助情况，如表 7-2 所示。

表 7-2　2005～2012 年社会救助情况　　　　　　　　　单位：万人

项目	2005 年	2006 年	2007 年	2008 年	2009 年	2010 年	2011 年	2012 年
城市最低生活保障人数	2234.2	2240.1	2272.1	2334.8	2345.6	2310.5	2276.8	2143.5
农村最低生活保障人数	825.0	1593.1	3566.3	4305.5	4760.0	5214.0	5305.7	5344.5
农村五保供养人数	300.0	503.3	531.3	548.6	553.4	556.3	551.0	545.6
合计	3359.2	4336.5	6369.7	7188.9	7659.0	8080.8	8133.5	8033.6

资料来源：民政部 .2012 年社会服务发展统计公报 . http://cws.mca.gov.cn/article/tjbg/201306/ 20130600474746.shtml

2005～2012 年社会救助人数是不断增长的（表 7-2），按照几何平均法（仅考虑最初和最终数据），城乡最低生活保障人数分别以平均每年 –0.59%、30.6% 的速度增长，而农村五保供养人数以平均每年 8.92% 的速度增长；若以方程平均法（综合考虑各年度数据）计算，其年均增长速度分别为 0.35%、34.3%、11.8%。**这说明近年城市最低生活保障人数基本已经饱和，而农村低保人数仍呈较大幅度上升。社会救助人口的增加和老龄化有关，老年人口中贫困人口比例高；但从总体来看，我国社会救助农村最低生活保障人数所占比例越来越高，主要是由于出生人数减少、城市化发展，年轻人流动到城镇工作，造成农村空巢化和空心化，生活困难的老年人口增加，同时，贫困标准的提高使农村最低生活保障人数增加迅速。** 由此可见，老龄化对社会救助的直接影响大，并且其通过城市化和人口就业等经济发展对社会救助产生影响。

2. 我国城乡低保人口的构成

民政部网站的资料反映，2012 年第 4 季度我国**城市低保人员为 2142.47 万人**，其中灵活就业人员为 459.25 万人，比例最高的为 21.4%；未登记失业人员和登记失业人员分别为 417.14 万人和 399.19 万人（19.5%、18.6%）。**老人低保为 336.38 万人**（15.7%），在校学生低保人员为 314.01 万人（14.7%）。这些低保参加人数占低保总人口的 90%。由此可见，**在城市低保人员中，失业人口为主体，老年人口比例并不高**。而同期，在我国**农村低保人员为 5340.92 万人，其中老年人为 2017.21 万人，占 37.8%**，未成年人为 639.84 万人，占 12.0%；残疾人为 452.79 万人，占 8.5%。由此可见，在农村低保中，老年人的比例十分高，在我国城市化过程中，首先离开农村的是男性成年人，其次是女性成年人和小孩，农村出现了空心化现象。

3. 我国各地区低保人口数量与人口老龄化

各地最低生活保障人数与人口老龄化、经济发展水平的关系十分复杂。2012 年我国低保人口 7483.4 万人，占全国人口的 5.53%；我国 60 岁以上的低保老年人 2353.6 万人，占全国老年人口的 12.14%。2012 年我国城镇低保老年人占城镇人口的 3.01%，农村低保老年人占农村人口的 8.31%。而同时城镇低保人口中老年人占 15.7%，农村低保人口中老年人占 37.8%（表 7-3）。因此，老年人口多而城市化水平低的地区，低保人口比例高。那么，低保人口是否与人口老龄化水平有关呢？我们做了大量的线性相关分析。

表 7-3　2012 年全国各地区居民最低生活保障情况

地区	2010 年 60 岁以上 / 万人	2010 年 60 岁以上 /%	2012 年 低保人数 / 万人	低保老年人 / 万人	城市低保老年人 / 万人	城市低保中老年人比例 /%	农村低保中老年人比例 /%	人均 GDP/（万元 / 人）
全　国	17 759	13.32	7 483.4	2 353.6	336.4	15.7	37.8	2.97
北　京	246	12.54	17.3	3.7	1.4	12.3	37.8	7.20
天　津	168	13.02	26.8	4.5	1.8	10.9	26.6	7.13
河　北	934	13.00	285.5	134.5	12.3	15.9	58.7	2.84
山　西	412	11.53	239.6	92.8	9.3	10.5	55.4	2.58
内蒙古	284	11.48	204.3	73.9	11.4	14.0	50.7	4.72
辽　宁	675	15.43	196.0	53.0	14.3	13.6	42.7	4.22
吉　林	363	13.21	168.7	55.3	15.4	16.8	52.0	3.16
黑龙江	499	13.03	271.9	67.0	17.6	11.5	41.4	2.71
上　海	347	15.07	25.7	1.4	0.4	1.6	31.9	7.33
江　苏	1 257	15.99	175.0	59.0	8.6	23.2	36.5	5.27
浙　江	756	13.89	65.1	22.9	1.7	22.4	36.9	5.09
安　徽	893	15.01	296.1	104.9	23.1	28.2	38.2	2.08
福　建	421	11.42	90.9	24.2	3.7	21.6	27.8	3.99
江　西	510	11.44	248.2	62.6	18.6	19.0	29.3	2.12
山　东	1 413	14.75	303.7	147.6	7.6	14.4	55.8	4.09
河　南	1 197	12.73	505.7	201.2	21.7	16.3	48.2	2.46
湖　北	797	13.93	360.0	108.9	22.1	17.1	37.7	2.76
湖　南	956	14.54	422.8	129.9	29.1	20.0	36.3	2.42
广　东	1 015	9.73	215.5	56.9	7.3	19.8	27.8	4.41
广　西	604	13.12	383.9	139.3	12.9	25.0	38.0	2.08
海　南	98	11.33	40.5	9.6	2.7	17.2	27.9	2.38

续表

地区	2010年60岁以上/万人	2010年60岁以上/%	2012年低保人数/万人	低保老年人/万人	城市低保老年人/万人	城市低保中老年人比例/%	农村低保中老年人比例/%	人均GDP/（万元/人）
重　庆	502	17.42	125.9	32.2	9.7	18.8	30.4	2.75
四　川	1 311	16.3	619.9	213.8	30.0	16.1	42.4	2.14
贵　州	446	12.84	566.8	177.0	8.4	15.8	32.8	1.32
云　南	509	11.06	531.3	139.5	13.7	14.7	28.7	1.57
西　藏	23	7.67	37.7	12.4	0.8	17.7	35.1	1.69
陕　西	480	12.85	280.5	68.0	5.6	7.5	30.3	2.71
甘　肃	318	12.44	431.8	83.2	8.8	10.0	21.7	1.61
青　海	53	9.45	62.6	8.9	2.0	8.6	17.5	2.40
宁　夏	61	9.67	54.0	16.5	3.5	19.5	36.0	2.68
新　疆	211	9.66	229.7	48.6	10.6	11.3	28.1	2.49

资料来源：民政部 . 中国民政统计年鉴（2013）

1）2012年我国各地老年人口比例与老年人口低保比例（60岁以上低保人数占当地60岁以上人口比例）呈现出显著负相关（n=31，r=-0.5339）。60岁以上老年人口比例高的地区大都是经济社会发达地区（重庆、四川和江苏等地），老年人口低保比例低；相反，老年人口比例低的地区大都是经济社会欠发达地区，经济发展水平低，年轻人比例高，导致老年人口参加低保人口的人口比例低（西藏、宁夏、青海和新疆等地）（图7-1）。而各地老年人口比例与低保中老年人口比例的关系不大（r=0.1466），与城市低保中老年人口比例关系不大（r=0.1250），与农村低保中老年人口比例关系不大（r=0.2732）。

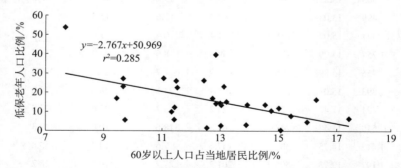

图7-1　60岁以上老年人口占居民比例与60岁以上老年低保占低保人员比例

2）老年人口数量与本地低保人口数量有关。2010年我国31个省（自治区、直辖市）60岁以上老年人口数量与当地老年低保人口数量呈现正比现象，其相关系数为0.6739。山东、河南、四川等老年人口数量多，老年低保人口数量也十分大；青海、西藏、宁夏和海南等地的老年人口数量少，老年低保人数也比较少。

60 岁以上老年人口每增加 100 万人，低保老年人口便增加 10.4 万人（图 7-2）。

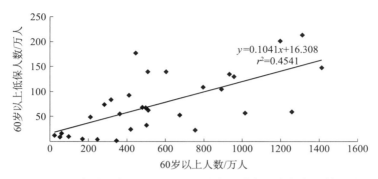

图 7-2　2010 年我国各地区 60 岁以上老年人数与老年低保人数的关系

3）各地人均 GDP 与各地城乡低保标准、低保人数关系密切。各地区人均 GDP 与农村、城市低保标准密切相关（$r=0.9149$、0.8626）；人均 GDP 与城市低保人数、60 岁以上老年低保人数呈现高度负相关（$r=-0.580$，-0.492），人均 GDP 与低保人口占当地居民比例、老年低保人口占当地老年居民比例呈现高度负相关（$r=-0.722$，-0.654）。这说明在经济发达地区，人均 GDP 高的地区，城乡低保标准高，城市居民中低保人数少，老年人口低保人数少，低保占居民人数的比例低，同时老年低保人数占老年人口的比例低；反之亦然。从实际情况来看也是如此，最低生活保障标准与各地经济发展水平呈正相关，与老年受助人数呈负相关，也就是说经济发达的地区，最低生活保障标准高，老年受助人数少，如上海、北京、天津、江苏和浙江等。

以上事实说明，无论是低保标准还是低保参加人数，受经济发展的影响都比较大，而相对受人口老龄化的影响不是很大。实际上，经济发展繁荣了市场、提高了生活水平，使低保标准提高，低保人数减少，同时经济发展改善了医疗卫生条件，提高了人们的预期寿命，促进了人口老龄化。**因此，无论是人口老龄化，还是参加低保人数的减少，都是经济发展的产物。**

第二节　人口老龄化与社会福利

社会福利有广义和狭义之分，广义的社会福利包括社会保险、医疗保健、教育、住房、收入供养、社会工作等各方面；狭义的社会福利局限于为特殊需要的人群提供的某种基准之上的津贴和福利，本节中的社会福利是指后者。社会福利包括老年社会福利、青少年社会福利、妇女儿童社会福利、低收入群体社会福利、残疾人社会福利等。老年社会福利则指政府或社会通过家庭政策、社会组织等为老年人提供各种资金、津贴和服务，如现金资助、高龄津贴、交通、公园、游览费用减免，政府的各种购买服务，以及政府和社会对于社会养老服务设施建设的投入和补助等。

一、发达国家和地区的老年人社会福利

长期以来，世界各国为提高老年福利水平做了许多努力，包括制定法律、兴建设施和提供服务等。下文将以日本、澳大利亚、瑞士、英国和中国香港等地为例予以介绍。

1. 日本的老年人社会福利

1963 年颁布实施的《老人福利法》，确立了日本老年人社会福利制度的基本框架。该法明确了老年人福利的责任主体，要求通过老年人福利机构和其他福利服务等措施，保障老年人的身心健康、生活安定；规定国家和政府应该承担老年人社会福利费用的主要责任，强调民间和个人应适当负担义务；要求国家和社会应通过兴建老人福利设施，收养因经济和健康原因无法在家中养老的老年人。其中，国家和社会应开展的老年人福利服务的内容，包括开展家庭福利服务；组织派遣家庭服务员协助老年人处理入浴、饮食、排泄等生活问题；兴建托老所和保健训练中心，为居家养老的老年人提供福利服务；开展向老年人捐赠或租借保健护理器械和生活用品的服务；要大量建立老年人福利院，为有困难的老年人提供收养、护理和康复等服务；还要开办各类学习讲座，组织老年人俱乐部，充实老年人的精神生活，活跃老年人的社交活动。[①]该法还通过老人福利院、福利服务和开展终身教育等福利措施，来保障老年人的身心健康和生活安定。

另外，日本从 20 世纪 80 年代末开始提出居家养老和社区养老，**政府向需要护理的家庭派遣家庭服务员**，为老年人提供养老服务；对由**家人护理老人的情况**，政府支付"慰劳金"。通过这种方式，既鼓励了亲属为老人提供护理服务，又给予家属一定的经济补偿，为老年人家庭的经济提供了保障。日本实行社会福利提供主体多元化制度，中央政府、地方政府、民间福利团体、市民共同提供老年福利服务。日本老年服务行业拥有一批专业工作人员队伍，这些工作人员在上岗前要接受专门的培训，并取得资格证书。[②]

---

① 贾晓九 . 2002. 日本的老年人社会福利事业 . 社会福利，（6）：50-54.

② 曹艳春，王建云，汪婷 . 2013. 老年福利国际比较及经验借鉴 . 长沙民政职业技术学院学报，（6）：6-10.

最后，日本为老年人提供保健等教育权益，1982 年制定了《老人保健法》；2000 年 4 月通过了《介护保险法》；为鼓励企业雇佣高龄长者，实施《高龄继续就业补助制度》。

2. 澳大利亚的老年社会福利

澳大利亚老人福利法规定：凡在本国居住 10 年以上，男年满 65 岁，女年满 60 岁均可享受老人福利。例如，老年人津贴每月 600～640 澳元；住房补贴每月 80～120 澳元；社区照顾，提供老年人生活起居、购物等服务；凡是男 60 岁、女 55 岁就发给老年人优惠卡，可享受 60 多种优惠，如购物可享有 10%～25% 的税收优惠，乘交通工具，每天只需 1 澳元即可坐一天火车、公共汽车或轮渡。[①]

3. 瑞士的老年社会福利

瑞士的老年社会福利制度起点高，发展比较完善。老年人可以在公立医院获得免费医疗。在家进行治疗的老年人，由政府提供治疗费用和护理费用，社区医生和护理人员进行入户治疗。在日间照料机构中，护理人员分为护士和护理员两类。老人则按身体状况分为 8 个等级，平均每个老人一个护理人员，护理人员为老年人提供非常专业的服务。瑞士 26 个州，每个州都根据本州的具体情况，制定出了符合当地实际情况的老年福利政策和发展规划。其老年服务管理机构分为国家级、地区级和县级 3 个等级，在国家级部门，分别设置了负责社会保险、生活照料、医疗公共卫生等老年事务管理的 3 个部长。在地区级和县级，也设置了相应的机构和管理人员。[②]

4. 英国的老年社会福利

英国的高等教育机构、继续教育机构、地区教育局和志愿团体等为老年人提供继续教育，为老年人减免学费。在交通方面，英国设置了老年人优惠票价制度，并制定保障老年人出行方便的政策。英国建设了特制过街横道，涂有醒目的红、黑间隔色彩，标注有"保护老年步行者安全"的大字，最好的停车点留给老年人和残疾人。英国建造了适合老年人行走的地下过街通道、过街天桥等，在马路边并设有交通管理人员协助老年人通过。

英国的医疗机构都配备老年健康访问员、家庭助手、护士等，定期在医生的指导下去老年人家中探视，对老年人开展保健指导，为老年人提供入户的医疗护理，帮助老年人增加疾病预防知识，为老年人提供治疗、康复、营养等方面的

---

① 温长洛 . 1998. 澳大利亚的社会福利概况及其启示 . 中国社会工作，（4）：59-60 .

② 曹艳春，王建云，汪婷 . 2013. 老年福利国际比较及经验借鉴 . 长沙民政职业技术学院学报，（6）：6-10 .

建议，记录老年人的身体状况与需要，定期向医疗机构或老年人主治医生进行汇报，以便政府相关管理部门、医疗机构等及时掌握老年人的健康状况。在英国，若干社区设有"周日医院"和"日诊医院"。其中，"周日医院"是指老年人周一入院，周五出院，周六和周日在家接受家属的护理。"周日医院"使老年人在享受医疗治理的同时，可以与家人共度周末，加强亲友间的联系。"日诊医院"是医院每天清晨用救护车把患病老年人接到医院接受治疗，晚上将其送回家。"日诊医院"能使还在上班的子女安心上班，晚上又可以和老人团聚。[①]

5. 中国香港地区的老年社会福利

我国香港地区社工的专业化程度高、薪金高，他们拥有社会工作较高的专业文凭或长期的工作经验，常为居民提供专业的社会服务。香港的义务工作者积极投身到老年服务行业中来，自愿性很高，为香港的老年服务行业提供了有力的支持。香港的老年福利保障体系直接由各类福利性津贴和补助组成。现有老年人大多没有固定的退休金收入，但在这种养老体系中，有一些保证老年人基本生活需要的现金保障项目。

1）公共援助计划。公共援助计划是一项申请人必须接受经济状况调查并且援助金额多少是根据受助者个人或家庭的收入和需要状况而定的经济保障项目。对于基本援助金额，香港当局制定了具体数目，用以帮助老人应付衣、食、燃料、电费等方面的必需开支。

2）特别需要津贴计划。特别需要津贴计划的实施目的在于，帮助老年人及伤残人士解决各种特殊的需要。其中，包括高龄津贴、高额高龄津贴、伤残津贴和高额伤残津贴，高龄津贴和伤残津贴都与公共援助的基本金额挂钩。近20年来，香港对于高龄津贴的发放年龄由最初的70岁逐步降低至66岁，极大地扩展了该项津贴的覆盖范围。香港还有一项规定，要求70岁以下的申请者必须申报收入，经鉴别合格后才可领取高龄津贴。

3）意外赔偿计划。意外赔偿计划中包括紧急救援服务、暴力及执法伤亡赔偿计划和交通意外伤亡援助计划。[②]

二、我国的老年社会福利

在社会养老服务福利中，我国坚持政府与社会力量相结合。政府、非营利组织、慈善机构、民间力量、家庭亲友等共同参与老年人社会福利建设。依靠正式的和非正式的社会福利制度，共同提供多元化的服务。

①　曹艳春，王建云，汪婷. 2013. 老年福利国际比较及经验借鉴. 长沙民政职业技术学院学报,（6）: 6-10
②　高雨芹. 2010. 港台与内地老年福利津贴经济保障对比. 前沿,（15）: 132-134.

随着经济的快速发展，我国老年人的生活状态获得了普遍改善，不同社会阶层的民生问题已经在持续的发展和进步中全面升级，城乡老人由温饱进入小康阶段后，已经不再满足一般意义上的生活水平提高，而是要求社会公正，追求共建、共享、共富和有安全保障、自由、平等、体面尊严的高质量生活，从而对建设健全的社会福利体系的呼声日益高涨，人们期望通过这一制度来解除生活上的后顾之忧，并确立长久的、稳定的安全预期。老年人对社会福利的普遍需求与升级，构成了加快老年人社会福利制度建设与发展的原动力。[①]

我国老年社会福利的内容极其丰富，具体内容有高龄补贴、交通（园林）费用减免、政府购买的"为老服务"项目、政府资助各种老年社会福利机构的建设等。首先，进行了政策法律文件建设，对各地老年社会福利进行规划和指导。目前，相关法规不少，民政部发布了《老年人社会福利机构基本规范》（2001）、《社会福利机构管理暂行办法》（2002）以及民政部《社区老年福利服务"星光计划"实施方案》、《关于"社区老年福利服务星光计划"项目管理的意见》等。各省出台了很多配套文件，以江苏为例，江苏省政府下发了《省政府关于加快发展社会福利事业的通知》（苏政发〔1999〕92号），印发了《江苏省关于进一步做好老年人优待和服务工作的通知》（苏政办发〔2007〕98号）、《江苏省老龄事业发展"十一五"规划》的通知（苏政办发〔2007〕117号），2010年12月下发了江苏省《社会福利机构管理暂行办法》实施细则，对社会福利机构及其行为进行规范。然后，政府进行了一系列的制度和实体建设。

1. 高龄津贴

2012年年末，我国80岁以上高龄老年人有2244万人，占总人口的1.66%。高龄老年人尤其需要医疗保健、生活照料等方面的福利援助。2009年9月，民政部推广"高龄津贴"制度，但进展仍让人"不太满意"。2010年6月，民政部进行了检查，通报指出，全国高龄津贴仅6个省份完全达标——按照民政部规定的3个标准（全省统一发文、80岁以上、按月）发放；1个省份不完全达标；7个省份没有统一的省级高龄津贴政策；山西、内蒙古、河南等16个省份百岁老人给津贴（每月200元、300元）。随着经济的好转，各省（自治区、直辖市）逐步惠及全体高龄老年人，用于解决高龄老年人的基本生活问题，向适度普惠制社会福利发展。如江苏省对80~89岁，90~99岁，100岁以上本地户籍老人，每月分别发放50元、100元及300元以上尊老金，而这与其本人经济收入，身体状态及生活地点无关。

---

①　杨立雄. 2013. 老年福利制度研究. 北京：人民出版社：92-95.

2. 交通（园林）票价减免

为了丰富老年人的精神文化生活，同时考虑到老年人的经济收入低、消费低等，各地政府主办的公园和风景名胜区等，对老年人免费开放。图书馆、博物馆、文化馆、美术馆、纪念馆、展览馆、科技馆等公益性文化设施，对老年人实行免费开放或票价优惠，并设置明显的标志。大致是 60 岁以上老年人门票减半，70 岁以上老年人全免费。社会投资的旅游景点和文化服务单位，对老年人提供优惠服务。公共体育场馆设施为老年人健身和老年文艺团体活动提供方便及优惠服务。影剧院对老年人实行票价优惠，为老年文艺团体演出和老年组织举办大型活动优惠提供场地。各地各部门为老年人参加老年大学（学校）学习提供方便和支持。为了老年人出行方便，各地政府对老年人进行**交通费减免**。

3. 政府资助各种老年社会福利机构建设

各级政府纷纷出台了文件，动员社会力量加快发展老年人社会福利机构的意见，承诺了政府对社会参与福利机构建设实行资金扶持责任。一方面，政府直接出资兴建了一大批护理院、老年公寓、老年医院、社区日间老人照料中心等。另一方面，鼓励社会各界参与社会福利事业的发展，对新建福利机构按床位进行资助。例如，南京市政府下发了宁政发〔2006〕226 号文，按城区、郊区、县每张床位一次性分别给予 4000 元、3000 元、2000 元的资助，对改、扩建新增床位达到一定规模标准的，一次性分别给予 2000 元、1500 元、1000 元的资助。建立福利机构运营补贴制度，为稳定福利机构的运营，对非政府组织和个人运营的福利机构，每收住 1 名本市户籍老年人，给予每月 60～100 元的补贴。

南京市 ×× 区出台政策规定，从 2005 年下半年开始，对社会力量兴办社区托老服务机构的，每兴办一个服务机构，在通过有关部门验收后，一律给予10 000 元的开办补贴；后续补助则根据日间照料老人数、临时寄托床位数参照机构养老床位补贴给予适当常规性补贴。

在这些政策的激励下，各种居家养老服务中心，大量养老院、护理院、老年公寓等建成。同时，有社区老年人活动室，老年人活动的组织——老年人各种歌咏、旅游、书画、棋牌等，老年大学的开办等，以及老年人家庭设施的无障碍改造和社区无障碍道路铺设等。

4. 政府购买各种"为老服务"项目

随着家庭人数的减少，老年人口年龄的增加，老年人生活困难越来越大，同时政府机构的"瘦身"导致人手不足，各级政府从老年人的利益出发，采取公开招标的方法，向非政府民间企业购买"为老服务"项目。这种政府购买项目有很强的"碎片化"倾向，各地的差异很大。地方经济发展快，领导对老年人问题重视，因此老年人支持程度高的项目则开展得比较好，吸引的老年人口也多。

南京市××区政府通过年度财政预算，向非政府民间组织购买居家养老服务，且购买资金逐年递增。2003年政府出资15万元，为100位老年人购买居家养老援助服务；2004年将购买经费纳入区财政预算，出资35万元，为220位老年人购买服务；2005年经费增加到100万元，通过购买**计时老年人生活照料、上门探访和安康通呼叫**3种方式的服务，解决了930位独居老人的基本养老服务问题（如夏洗澡、冬理发、打扫卫生）；2006年，资金预算增至120万元，为1300位居家老人提供各种援助服务，但经济欠发达的县区就没那么幸运了。

老年人做饭菜很不方便，尤其是高龄老年人，但每天必须买菜、洗菜、烧菜、做饭等。于是很多社区就考虑开办老年人食堂，承办老年人伙食。老年人牙口不好，而对饭菜的温度和营养特别挑剔，因此，老年食堂成本高、利润少。为了做好这项工作，各社区投入了人力、物力、财力，有些地方的福利彩票也予以了支持。老年人健康对于其晚年生活质量的影响很大，地方政府每年或每隔1年为退休老年人进行免费体检。对于老年农民体检，则往往局限于近1~3年内没有门诊或住院费用的。

无锡市采取"个人出资、政府补贴、引用商业保险模式"，较好地解决了"老人意外保险"的问题。60周岁以上老年人花40元就可办理一年的意外保险，如果因意外伤害住院，就可到商业保险公司额外享受每天20元的意外住院津贴（年累计不超过180天）；而一旦身故或伤残，可得到最高2万元的赔偿①，也可购买数份保险，以增加保险额度。这种保险由当地人力资源和社会保障局进行再保险——如果商业保险公司亏损，则有社保资金介入补贴50%；若保险盈余过多，则转移部分资金给人力资源和社会保障局或给"风险"宣传部门。

三、我国老年社会福利支出增长快，人均比例低

据江苏省老龄办的《老年人口信息和老龄事业发展状态报告》，2010年江苏建有社区居家养老服务中心4762个，省财政安排4000万元专项资金，采取以奖代补的方式，扶持新建2000个社区居家养老服务中心。同时，省政府投入1亿元实施以农村敬老院新建、扩建为主的"关爱工程"，2010年年末，江苏农村敬老院达1485所、18.15万张床位。

2008年以前，我国老年福利财政支出无任何数据可寻。2009年以后的全国公共财政支出决算中，在社会福利项目下分老年福利、儿童福利、殡葬、假肢矫

---

① 60岁以上老人可买意外险．江南晚报．http://www.wxrb.com/node/finance/finance2/2013-1-6/H86B-210H9395334.html.

形、社会福利事业单位、其他社会福利支出等 6 个基本项目。**我国老年人福利支出由 2009 年的 23.80 亿元增长到 2012 年的 92.41 亿元，年均增长 40.4%，超过同期社会福利年增长速度（28.7%）；我国老年人福利占社会福利的比例也由 2009 年的 21.6% 增长到 2012 年的 30.6%。**但我国人均老年人福利太低，2011 年、2012 年人均老年人社会福利分别为 3.74 元、6.82 元；社会福利占财政支出的比例太低，2011 年、2012 年我国老年福利占当年国家财政支出的 4.58‰、7.28‰；社会福利占 GDP 的比例更低，2011 年、2012 年全国社会福利占当年 GDP 的 0.11‰、0.18‰（表 7-4）。而 2007 年经济合作与发展组织成员国的老年人福利占 GDP 的比例平均为 21.33%，大多数国家超过了 20%，仅有韩国（7.92%）和墨西哥（7.83%）低于 10%，而法国（30.89%）和瑞典（30.17%）甚至超过了 30%。[①] 因此，必须厘清我国老年人社会福利的具体内涵、外延，分设并细化我国财政支出中老年人福利状态下的具体开支项目，以及各省（自治区、直辖市）的（老年）社会福利开支状态。

表 7-4　2009～2012 年我国财政社保中老年人福利支出

年份	社会福利 /亿元	老年福利 /亿元	老年福利占比 /%	人均老年福利 /（元/人）	老年福利占 GDP 的比例 /‰
2009	110.05	23.80	21.6	1.78	0.069 8
2010	147.58	30.04	20.4	2.24	0.074 8
2011	233.01	50.36	21.6	3.74	0.106 4
2012	302.07	92.41	30.6	6.82	0.178 1
年均增长 /%	28.72	40.37	—	3.00	0.093 1

资料来源：2009～2012 年全国公共财政支出决算表；国家统计局 . 2013. 中国统计年鉴（2013），北京：中国统计出版社

第三节　结论和讨论

　　自 20 世纪 80 年代以来，我国一直强调"效率优先，兼顾公平"的原则，该原则在基层逐渐演变为"唯效率论"或"唯 GDP 主义"，经济发展成为考核官员的唯一指标，部分地方政府的职责演变为"政府公司"。随着我国经济实力的增

---

① 杨立雄 . 2013. 老年福利制度研究 . 北京：人民出版社：80-82.

强，经济落后与财力薄弱已经不能作为地方政府忽视国民社会保障需求增长的正当理由。要继续保持经济的可持续发展，必须选择内需驱动型经济发展模式，而该模式只能建立在给国民以稳定的安全预期之基础上，只有健全的社会保障体系才能真正给全体国民带来普遍的生活安全感与稳定预期。[①]

1）我国老年人口贫困比例高于常人，老龄化对社会救助有着直接的影响。2012年，我国公共财政支出中用于社会救助的款项为2080.66亿元，比2011年增加了4.4%，占当年公共财政支出的1.65%。其中，对于城乡居民最低社会保障补助占社会救助财政支出的65.6%；自然灾害生活救助占13.1%；城乡居民生活救助、医疗救助分别占12.9%、8.2%。

2）近年来，城市最低生活保障人数已经基本饱和，而农村低保人数仍呈较大幅度上升。社会救助人口的增加和老龄化有关，老年人口中贫困人口比例高。以2012年第4季度为例，我国城市、农村低保人员中老年人低保分别占15.7%、37.8%。从总体来看，我国社会救助农村最低生活保障人数所占比例越来越高，主要是由于出生人数减少、城市化发展，年轻人流动到城镇工作，造成农村空巢化和空心化，生活困难的老年人口增加，同时，贫困标准的提高使农村最低生活保障人数增加迅速。

3）我国各省（自治区、直辖市）老年人数量与当地老年低保人口数量呈现正相关现象；我国各地老年人口比例与老年人口低保比例呈现显著负相关。60岁以上老年人口每增加100万人，低保老年人平均增加10.4万人。老年人口比例高的地区大都是经济社会发达地区，老年人口低保比例低；相反，老年人口比例低的地区大都是经济社会欠发达地区，经济发展水平低、年轻人比例高，导致老年人口参加低保的人口比例低。我国各地区人均GDP与农村、城市低保标准密切相关；人均GDP与城市低保人数、老年低保人数呈现高度负相关。这说明济发达的地区，最低生活保障标准高，老年人受助人数少。

4）老年人社会福利则指政府或社会通过家庭政策、社会组织等为老年人提供的各种资金、津贴和服务，如现金资助、高龄津贴、交通、公园、游览费用减免，政府的各种购买服务，政府和社会对于社会养老服务设施建设的投入和补助等。发达国家和地区注重对老年人福利的立法，全方位地执行和精细化管理。老年人福利的内容涉及老年人健康管理，对老年人进行生活料理和护理，鼓励老年人学习就业，为老年人提供交通和购物优惠等。

5）我国老年人社会福利内容包括高龄补贴、交通（园林）费用减免、政府购买大量的"为老服务"项目，政府资助各种老年社会福利机构的建设等。我国

---

① 杨立雄.2013.老年福利制度研究.北京：人民出版社：94.

老年人福利支出由 2009 年的 23.80 亿元增长到 2012 年的 92.41 亿元，年均增长 40.4%，超过同期社会福利年增长速度（28.7%）；老年福利占我国社会福利的比例也由 2009 年的 21.6% 增长到 2012 年的 30.6%。但我国人均老年福利太低，2011 年、2012 年人均老年社会福利分别为 3.74 元、6.82 元；社会福利占财政支出的比例太低，2011 年、2012 年我国老年福利占当年国家财政支出的比例分别为 4.58‰、7.28‰；社会福利占 GDP 的比例更低，2011 年、2012 年全国社会福利占当年 GDP 的比例分别为 0.11‰、0.18‰，远低于 2007 年经济合作与发展组织国家老年社会福利占 GDP 的平均水平（21.33%）。因此，应该厘清我国老年社会福利的具体内涵、外延，分设并细化我国财政支出中老年福利状态下的具体开支项目，以及各省（自治区、直辖市）的（老年）社会福利开支状态。

我国社会老年福利还比较薄弱，尤其是在农村地区，很多地方老年社会福利发展不平衡，政府做秀，做表面文章；老年社会福利机构床位利用率低。

第八章

人口老龄化与产业结构调整

　　目前，通用的产业结构分类方法是，产品直接取自自然界的部门称为第一产业，主要是指农业生产；对初级产品进行再加工的部门称为第二产业，主要指工业和建筑业；为生产和消费提供各种服务的部门称为第三产业，主要指服务业和流通部门，分别被简称为农业、工业、服务业。产业结构是指各产业的构成比例及各产业之间的联系和关系。决定和影响一个国家或地区产业结构的因素是极其复杂的，不同学者有不同的观点。

　　产业结构调整理论可归纳为三大类：一是需求结构，包括中间需求和最终需求的比例、个人消费结构、消费和投资的比例和投资需求；二是供给结构，包括劳动力供给、资金供应状况、生产技术体系和自然资源的拥有状况；三是国际贸易，即在开放条件下来自外部的影响产业结构变动的因素。其中，需求结构和供给结构是国家内部因素对产业结构的影响，而人口年龄结构的变化就仅仅是国家内部因素。[①] 人口在经济体中既是消费者又是生产者，因而人口结构状况及其变动从供给和需求方面影响着产业结构。人口老龄化导致社会保障支出快速膨胀，养老保险金和医疗保险金的快速增加，为造就一个适合老龄化下的和谐社会而出台的各种政策和措施，都会对产业结构调整产生影响。[②]

　　本章首先讨论我国 GDP 随时间变化的情况；其次，讨论我国三大产业的劳动力构成及产值构成随时间、地区变化的特点；再次，探讨了世界各国产业构成和老龄化的关系，以及我国 31 个省（自治区、直辖市）产业构成和老龄化的关系；最后，从理论上分析三大产业构成与人口年龄构成的内在联系。

---

　① 邬以钧，邱钧 . 2001. 产业经济学 . 北京：中国统计出版社：84-88.

　② 杨光辉 . 2006. 中国人口老龄化与产业结构调整的统计研究 . 厦门大学博士学位论文：5-7.

第一节　我国 GDP 产值和就业构成随时间变化的特点

一、我国就业人口产业构成变化趋势

1952～2010 年我国就业人口产业构成分析表明 [①]，我国第一产业就业人口比例出现稳定下降的趋势，从 1950 年的 84% 下降到 2010 年的 37%。第三产业就业人口比例从 1950 年的 9% 稳定上升到 2010 年的 35%，接近并很快超过第一产业人口比例（图 8-1）。而第二产业就业人口比例随时间变化比较复杂，20 世纪 50～60 年代第二产业就业人口比例为 7%～10%，略低于服务业人口比例；1970～1995 年第二产业人口比例超过第三产业就业人口比例，1995 年以后第二产业就业人口比例又落后于第三产业人口比例。若与发达国家相比，2008 年美国第一、二、三产业就业人口比例分别为 1.4%、20.6% 和 78.0%；英国分别为 1.4%、21.4% 和 76.9%；韩国则分别为 7.4%、25.9% 和 66.6%。这说明我国第一产业比例（2010 年为 37%）仍然过高，工业从业人员比例（28%）偏高，第三产业就业人数（35%）严重不足，有很大的发展空间，我国城市化水平低。当然，这是全国的基本情况，各地区的差异还很大。

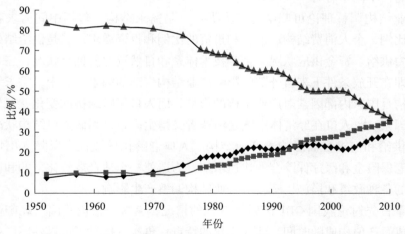

图 8-1　1952～2010 年我国就业人口的产业构成随时间变化图

---

① 年底年 GDP 比例（时点）资料来源于《中国统计年鉴》（2011），表 4-3。

二、我国 GDP 的产业构成变化

1978~2010年我国GDP的产业构成变化分析表明[①]，我国工业产值比例一直稳定在40%~50%。农业产值比例从1978年的30%及以上稳定下降到2010年的10%左右（图8-2）。而第三产业产值比例从1978年的25%逐步上升，在20世纪80年代中期超过了农业产值，而后又稳定上升到21世纪初的40%以上，现在已经十分接近并有超过工业产值的趋势。到2010年，我国第二、三产业分别占GDP的45%左右，第一产业占10%左右。

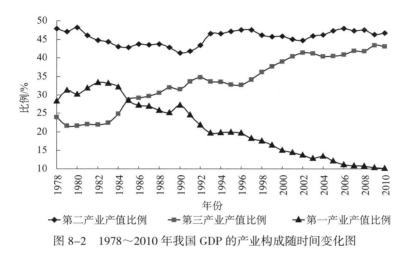

图 8-2　1978~2010 年我国 GDP 的产业构成随时间变化图

我们注意到我国老龄化程度自20世纪60年代以后一直稳定升高，与我国第一产业产值的持续下降及第三产业产值的上升变化趋势十分一致。那么，第三产业和第一产业的发展是否与我国人口老龄化发展相关或是一种耦合，值得研究。

第二节　我国就业人口和产值的产业构成随地区的分布

一、我国就业人口产业构成的分布特点

2010年年底我国就业人口已经达到7.61亿人，其中第一、二、三产业从业

① 1978~2010 年 GDP 比例（时期），资料来源于《中国统计年鉴》（2011），表 2-2。

人员分别达到 2.79 亿人、2.18 亿人、2.63 亿人，分别占就业总人口的 36.7%、28.7% 和 34.6%。

1）就业人口总数分布状态。我国就业人口数量与地区人口总数密切相关。2010 年年末我国就业人口超过 4000 万人的地区有河南（6042 万人）、广东（5777 万人）、山东（5655 万人）、四川（4998 万人）、江苏（4732 万人）和湖南（4008 万人），这 6 省的就业人口占全国就业人口总数的 41%。而就业最少的分别为西藏（175 万人）、甘肃（294 万人）、宁夏（326 万人）和海南（446 万人），都是人口数量少的地区。

2）我国各地区产业人口构成分布状态。2010 年年底**农业就业人口比例**过半的地区出现在云南（59.4%）、广西（53.3%）、西藏（53.1%）、新疆（51.2%）和甘肃（51.1%），都在我国西部地区；而非农化程度高（不足 30%）的省区，除了上海、北京、天津外，浙江（15.9%）、江苏（18.7%）、广东（25.7%）、福建（29.2%）和湖北（29.5%）大都在我国东部经济发达、交通通畅的地区。**第三产业就业（服务业）**人口比例最高的有北京（74%）、上海（59%）、天津（44%）、辽宁（43%）和湖北（41%），大都在城市化程度比较高的东部地区；服务业人口比例最低的有广西（26%）、河南（26%）、云南（27%）和河北（28%）。第二产业就业人口最多的在浙江（48%）、江苏（45%）、天津（41%）、上海（38%）、福建（37%），都在东部地区；而工业就业人口比例最低的在西藏（11%）、贵州（12%）、海南（12%）、云南（14%）和新疆（14%），大都在我国西部地区。由此可见，我国东部交通便捷、气候温和，第二、三产业比较发达，我国西部地区区域辽阔、自然资源丰富，第一产业就业人口比例比较高。

3）**劳动力构成与人均 GDP 有关**。分析进一步指出，2010 年我国 31 个省（自治区、直辖市）第一产业劳动力比例低则人均 GDP 高（相关系数为 -0.788），第三产劳动力比例高则人均 GDP 高（相关系数为 0.591），反之亦然。这说明各地区的人均 GDP 主要依赖于第三产业的发展，而农业就业人员的减少对于人均 GDP 有正贡献。

4）**地区产业人口比例构成与城市化水平之间的关系**。我国产业就业人口比例与城市化水平有关，城市化水平比较高的地区，如北京、上海和天津等，第一产业人口比例低（$r=-0.881$，$n=31$），第二、三产业人口比例高（$r=0.536$、$r=0.773$）；相反城市化水平低的地方，第一产业人口比例高，第二、第三产业人口比例低。所以，各地区为了发展经济，都采取了城市化策略，鼓励农转非等手段，推动第三产业发展。

5）**产业人口比例构成与老龄化水平之间的关系**。假定某地（省）65 岁以上老龄化程度大于等于 9%，称为高度老龄化地区；而某地老龄化程度低于等于

8%，称为轻度老龄化地区；其间称为中度老龄化地区。统计 2010 年年末不同老龄化程度下的产业人口比例，分析发现高度老龄化的地区，第一产业从业人数比例低（低于 30%），第二、三产业从业人数比例最高的。（分别高于 30%、40%），大多是经济发达地区；而轻度老龄化的地区，第一产业从业人数比例最高（高于 45%），第二产业从业人数比例最低（低于 20%），大都是经济欠发达地区。2010 年年底我国各地区按产业分的就业人口比例，如表 8-1 所示。

表 8-1　2010 年年底我国各地区按产业分的就业人口比例

地区	65 岁以上人口 / 万人	65 岁以上人口比例 /%	就业人员 / 万人	第一产业比例 /%	第二产业比例 /%	第三产业比例 /%
全　国	11 309.0	8.87	76 105.0	36.7	28.7	34.6
北　京	170.6	8.70	1 317.7	4.9	20.9	74.1
天　津	110.2	8.52	520.8	14.6	41.0	44.4
河　北	592.1	8.24	3 790.2	38.8	33.3	28.0
山　西	270.7	7.58	1 665.1	38.3	26.4	35.2
内蒙古	181.8	7.36	1 184.7	48.2	17.4	34.4
辽　宁	451.0	10.31	2 238.1	31.3	26.2	42.5
吉　林	230.1	8.38	1 248.7	42.0	21.3	36.6
黑龙江	318.8	8.32	1 743.4	44.4	19.4	36.2
上　海	233.0	10.12	924.7	3.9	37.6	58.5
江　苏	856.6	10.89	4 731.7	18.7	45.3	36.1
浙　江	508.3	9.34	3 989.2	15.9	48.0	36.1
安　徽	605.7	10.18	3 846.8	40.0	29.4	30.6
福　建	291.1	7.89	2 181.3	29.2	37.4	33.4
江　西	338.7	7.60	2 306.1	37.6	29.7	32.7
山　东	942.6	9.84	5 654.7	35.4	32.5	32.0
河　南	786.0	8.36	6 041.6	44.9	29.0	26.1
湖　北	520.3	9.09	3 116.5	29.5	29.1	41.3
湖　南	642.4	9.78	4 007.7	46.7	21.5	31.8
广　东	704.0	6.75	5 776.9	25.7	34.9	39.4
广　西	425.3	9.24	2 945.3	53.3	21.0	25.6
海　南	67.6	7.80	445.7	49.8	12.0	38.2
重　庆	333.5	11.56	1 912.1	33.1	29.1	37.8
四　川	880.6	10.95	4 997.6	42.9	23.1	34.1
贵　州	297.8	8.57	2 402.2	49.6	11.9	38.5
云　南	350.7	7.63	2 814.1	59.4	13.6	27.0

续表

地区	65 岁以上人口 / 万人	65 岁以上人口比例 /%	就业人员 / 万人	第一产业比例 /%	第二产业比例 /%	第三产业比例 /%
西　藏	15.3	5.09	175.0	53.1	11.1	35.8
陕　西	318.4	8.53	1 952.0	43.9	25.0	31.2
甘　肃	210.5	8.23	1 431.9	51.1	15.1	33.8
青　海	35.4	6.30	294.1	41.9	22.6	35.5
宁　夏	40.4	6.41	326.0	39.4	26.4	34.2
新　疆	135.0	6.19	852.6	51.2	14.1	34.8
高度老龄化	581.8	10.1	3 487.7	27.4	30.6	42.0
中度老龄化	337.2	8.40	2 272.0	38.0	29.4	32.6
轻度老龄化	221.0	7.00	1 638.3	46.8	18.5	34.6

资料来源：国家统计局 . 2011. 中国统计年鉴（2011）. 北京：中国统计出版社，表 4-4

二、我国 GDP 产业构成的地区分布特点

1）GDP 总量。GDP 是我国国内一年里生产的所有最终商品和服务的总价格，其代表着经济发展水平。全国东部人口大省一般也是 GDP 大省。以 2010 年为例，中国 GDP 总量最高的省份分别为广东、江苏和山东，三省的 GDP 总量都超过 4 万亿元人民币；浙江、河南和河北次之，GDP 为 2 万亿元，这 6 个省占全国 GDP 总量的 45.3%。2010 年 GDP 总量最低的地区，分别在西藏、青海和宁夏等地。

2）人均 GDP 分布。由于 GDP 与人口有关，人均 GDP 更能代表地区的经济发展水平。2010 年我国人均 GDP 最高（超过 4 万元）的地区分别为上海、北京、天津、江苏、浙江、内蒙古、广东、辽宁、山东和福建，几乎都在我国东部沿海地区；我国人均 GDP 最低的地区分别为贵州、云南、甘肃、西藏、安徽和四川等，大致为沿海地区之半。

3）产业产值分布。我国第一产业产值比例最高的地区为海南、新疆、广西、云南、甘肃、湖南和四川，都是农业发达地区；我国第二产业产值比例最高的地区在河南、山西、青海、重庆、内蒙古、江西、山东和辽宁；我国第三产业产值比例最高的地区在北京、上海、西藏、贵州、海南、天津和广东等，都是服务业强、旅游资源丰富的地区。

4）地区产值构成与人均 GDP 之间的关系。2010 年年底我国 31 个省（自治区、直辖市）地区产值构成与人均 GDP 有关，第二产业产值比例高则该地区人均 GDP 高，反之亦然（表 8-2）。

表 8-2　2010 年我国各地区的地区生产总值及产业构成比例

地区	GDP/ 亿元	人均 GDP/（元 / 人）	第一产业比例 /%	第二产业比例 /%	第三产业比例 /%
北　京	14 113.58	75 943	0.9	24.0	75.1
天　津	9 224.46	72 994	1.6	52.5	46.0
河　北	20 394.26	28 668	12.6	52.5	34.9
山　西	9 200.86	26 283	6.0	56.9	37.1
内蒙古	11 672.00	47 347	9.4	54.6	36.1
辽　宁	18 457.27	42 355	8.8	54.1	37.1
吉　林	8 667.58	31 599	12.1	52.0	35.9
黑龙江	10 368.60	27 076	12.6	50.2	37.2
上　海	17 165.98	76 074	0.7	42.1	57.3
江　苏	41 425.48	52 840	6.1	52.5	41.4
浙　江	27 722.31	51 711	4.9	51.6	43.5
安　徽	12 359.33	20 888	14.0	52.1	33.9
福　建	14 737.12	40 025	9.3	51.0	39.7
江　西	9 451.26	21 253	12.8	54.2	33.0
山　东	39 169.92	41 106	9.2	54.2	36.6
河　南	23 092.36	24 446	14.1	57.3	28.6
湖　北	15 967.61	27 906	13.4	48.6	37.9
湖　南	16 037.96	24 719	14.5	45.8	39.7
广　东	46 013.06	44 736	5.0	50.0	45.0
广　西	9 569.85	20 219	17.5	47.1	35.4
海　南	2 064.50	23 831	26.1	27.7	46.2
重　庆	7 925.58	27 596	8.6	55.0	36.4
四　川	17 185.48	21 182	14.4	50.5	35.1
贵　州	4 602.16	13 119	13.6	39.1	47.3
云　南	7 224.18	15 752	15.3	44.6	40.0
西　藏	507.46	17 319	13.5	32.3	54.2
陕　西	10 123.48	27 133	9.8	53.8	36.4
甘　肃	4 120.75	16 113	14.5	48.2	37.3
青　海	1 350.43	24 115	10.0	55.1	34.9
宁　夏	1 689.65	26 860	9.4	49.0	41.6
新　疆	5 437.47	25 034	19.8	47.7	32.5
高度老龄化	20 271.5	36 963.3	6.9	49.4	43.8
中度老龄化	11 634.1	35 232.3	12.2	51.1	36.6
轻度老龄化	9 940.7	28 414.1	14.1	45.7	40.2

资料来源：国家统计局 . 2011. 中国统计年鉴（2011）. 北京：中国统计出版社，表 2-15

5）**各地区产值构成比例与城市化水平的关系**。**城市化水平高**的地区，如北京、上海和天津等，人均 GDP 水平高（$r=0.939$，$n=31$），第一产业产值比例低（$r=-0.730$），第三产业产值比例高（$r=0.550$）；相反，**城市化水平低**的地方，第一产业产值比例高，第三产业产值比例低。而城市化水平与 GDP 水平和第二产业产值比例关系不大（$r=0.335$、$r=-0.111$）。

6）**地区产值构成比例与老龄化水平之间的关系**。统计 2010 年年末不同老龄化程度下的地区产值构成比例，**分析发现高度老龄化（65 岁老龄化程度高于等于 9%）的地区，第一产业产值构成比例低（低于 7%）**，服务业产值构成比例最高（高于 40%）；而轻度老龄化（老龄化程度低于 8%）的地区，农业产值构成比例高（高于 14%），工业产值构成比例最低（低于 46%）。

第三节   人口老龄化程度与产业构成的关系

本节从区域经济发展的角度分析人口老龄化对产业结构变动的影响。由人口年龄结构压力所引发的经济产业结构的调整，一般是通过各区域经济的不平衡增长表现出来的，并进一步表现为人口迁移流动和区域城市化发展，进而对各区域人口老龄化发展的进程产生影响。反之，各地区需要依据所处的人口年龄构成，对区域经济产业结构进行适时的调整。只有区域产业结构经过合理调整，才能从根本上解决人口老龄化所带来的就业压力、劳动生产率降低、老年人口赡养系数上升后的负担、社会保障和福利开支增大，以及储蓄和资本投资减少等负面经济影响。经济产业结构的调整与人口老龄化的发展是相互影响、相互制约的，是区域经济发展重要影响因素的两个方面。

人口老龄化程度和产业结构在地理区域联系方面的复杂程度，远大于其在时间序列上的复杂程度。人口老龄化本质上是与卫生健康投入、人口迁移及生育政策调整等有关，而影响后者的就是经济和社会发展。这里首先讨论世界各国人口老龄化和产业构成的联系，其次分析 2010 年我国 31 个省（自治区、直辖市）的情况。

一、世界各国人口老龄化程度与产业构成的空间关系

2008 年 37 个国家和地区的就业人口产业构成分析表明，劳动力产业结构和人口老龄化程度密切相关，尤其是第一、三产业劳动力比例与老龄化程度的相关

系数分别高达 −0.652、0.545，其超过了显著性水平为 95%、99% 的相关系数临界值（0.325、0.418）。这说明随着人口老龄化的发展，农业就业人口比例不断下降，服务业劳动力比例不断上升（表 8-3）。另外，工业劳动力比例与人口老龄化的关系不大，第一、三产业就业人口比例对人口老龄化的影响十分大，这和时间序列的分析结果基本一致；而产业构成对人口老龄化的影响是持续的，2005 年劳动力产业构成仍然对 2010 年人口老龄化有着重要的影响。**这说明无论是人口老龄化还是劳动力产业构成，其变化都是缓慢而持续的，而且是相互影响的，老龄化对劳动力的产业构成提出了新的要求，就业人口产业结构的调整又进一步影响并促进了人口老龄化进程。**

表 8-3　各国家和地区按三大产业分就业人员构成与老龄化程度　　　单位：%

国家和地区	第一产业		第二产业		第三产业		2010 年 65 岁以上老龄化程度
	2005 年	2008 年	2005 年	2008 年	2005 年	2008 年	
日本	4.4	4.2[①]	27.9	27.9[①]	66.4	66.7[①]	23
德国	2.3	2.2	29.7	29.7	67.8	68	20
意大利	4.2	3.8	30.8	29.7	65	66.3	20
法国	3.6	3	23.7	23.1	72.3	72.9	17
西班牙	5.3	4.3	29.7	27.8	65	67.9	17
英国	1.3	1.4	22.2	21.4	76.2	76.9	16
荷兰	3.2	2.7	19.6	18.2	72.4	73.1	15
捷克	4	3.3	39.5	40.5	56.5	56.1	15
加拿大	2.7	2.5[①]	22.5	21.6[①]	74.7	75.9[①]	14
澳大利亚	3.6	3.4[①]	21.1	21.2[①]	75	75.1[①]	13
波兰	17.4	14.7[①]	29.2	30.7[①]	53.4	54.5[①]	13
俄罗斯	10.2	9.0[①]	29.8	29.2[①]	60	61.8[①]	13
美国	1.6	1.4[①]	20.6	20.6[①]	77.8	78.0[①]	13
新西兰	7.1	7.2[①]	22	21.9[①]	70.6	70.5[①]	13
中国香港	0.3	0.2[①]	15	14.2[①]	84.7	85.6[①]	13
韩国	7.9	7.4[①]	26.8	25.9[①]	65.1	66.6[①]	11
阿根廷	1.1	0.8[②]	23.5	23.7[②]	75.1	75.2[②]	10
以色列	2	1.6[①]	21.7	21.9[①]	75.6	75.6[①]	10
新加坡		1.1[①]		22.6[①]		76.2[①]	9
中国内地	44.8	38.1	23.8	27.8	31.4	34.1	9
中国澳门	0.1	0.1[①]	25	21.2[①]	74.7	78.6[①]	8

续表

国家和地区	第一产业		第二产业		第三产业		2010 年 65 岁以上老龄化程度
	2005 年	2008 年	2005 年	2008 年	2005 年	2008 年	
巴西	20.5	19.3[2]	21.4	21.4[2]	57.9	59.1[2]	7
泰国	42.6	41.7[1]	20.2	20.7[1]	37.1	37.4[1]	7
土耳其	29.5	26.2	24.8	25.7	45.8	48.1	7
墨西哥	14.9	13.5[1]	25.7	25.9[1]	58.9	59.9[1]	6
斯里兰卡	30.3	31.3[1]	25.2	26.6[1]	38.4	38.7[1]	6
委内瑞拉		8.7[1]		23.3[1]		67.7	6
印度尼西亚	44	41.2[1]	18.7	18.8[1]	37.2	39.9[1]	6
马来西亚	14.6	14.8[1]	29.7	28.5[1]	55.6	56.7[1]	5
南非	7.5	8.8[1]	25.6	26.0[1]	66.6	64.9[1]	5
伊朗	24.9	22.8[1]	30.4	32.0[1]	44.6	45.1[1]	5
埃及	30.9	31.2[2]	21.5	22.0[1]	47.5	46.6[2]	4
巴基斯坦	43	43.6[1]	20.3	21.0[1]	36.6	35.4[1]	4
菲律宾	37	36.1[1]	14.9	15.1[1]	48.1	48.8[1]	4
蒙古	39.9	40.6	16.8	15.2	43.3	44.2	4
孟加拉国	48.1		14.5		37.4		4
乌克兰	19.4	16.7[1]	24.2	23.9[1]	56.4	59.4[1]	3
与老龄化相关系数	−0.687	**−0.652**	0.393	**0.290**	0.601	**0.545**	

注：①指 2007 年数据，②指 2006 年数据
资料来源：国家统计局．2011．中国统计年鉴（2011），北京：中国统计出版社，附录 2-2

二、1982～2010 年我国人口老龄化水平与产业构成之间的时序关系

自 20 世纪 70 年代以来，我国老龄化程度不断加强，同时我国经济发展加速，第一产业劳动力（产值）比例不断下降而第三产业劳动力（产值）比例不断上升。由此是否可以推论，人口老龄化过程与经济发展或产业结构调整有关？

分析表明，1982～2010 年我国老年人口系数与第一产业产值比例、劳动力比例呈现出负相关，系数分别为 −0.955、−0.969（$n=19$，$r_{0.05}=0.456$，$r_{0.01}=0.575$）；而与第三产业产值比例、劳动力比例呈现出正相关，相关系数分别为 0.938、0.979。这说明我国老龄化程度发展，我国第一产业劳动力（产值）比例不断下降和第三产业劳动力（产值）比例不断上升，**即农业、服务业劳动力构成对人口老龄化具有较大影响**（表 8-4）。

表 8-4　1982～2010 年我国人口老龄化程度与产业构成的联系　　　单位：%

年份	老龄化程度	GDP 构成			劳动力构成		
		第一产业	第二产业	第三产业	第一产业	第二产业	第三产业
1982	4.9	33.4	44.8	21.8	68.1	18.4	13.5
1987	5.4	26.8	43.6	29.6	60.0	22.2	17.8
1990	5.6	27.1	41.3	31.6	60.1	21.4	18.5
1995	6.2	19.9	47.2	32.9	52.2	23.0	24.8
1996	6.4	19.7	47.5	32.8	50.5	23.5	26
1997	6.5	18.3	47.5	34.2	49.9	23.7	26.4
1998	6.7	17.6	46.2	36.2	49.8	23.5	26.7
1999	6.9	16.5	45.8	37.7	50.1	23.0	26.9
2000	7.0	15.1	45.9	39.0	50.0	22.5	27.5
2001	7.1	14.4	45.1	40.5	50.0	22.3	27.7
2002	7.3	13.7	44.8	41.5	50.0	21.4	28.6
2003	7.5	12.8	46.0	41.2	49.1	21.6	29.3
2004	7.6	13.4	46.2	40.4	46.9	22.5	30.6
2005	7.7	12.1	47.4	40.5	44.8	23.8	31.4
2006	7.9	11.1	48.0	40.9	42.6	25.2	32.2
2007	8.1	10.8	47.3	41.9	40.8	26.8	32.4
2008	8.3	10.7	47.5	41.8	39.6	27.2	33.2
2009	8.5	10.3	46.3	43.4	38.1	27.8	34.1
2010	8.9	10.1	46.8	43.1	36.7	28.7	34.6
相关系数		**−0.955**	0.568	**0.938**	**−0.969**	0.783	**0.979**

1982～2010 年 29 年的历史资料分析表明，全国老龄化系数每增加 1 个百分点，我国第一、二、**三产业劳动力**将减少 7 个、增加 2 个和增加 5 个百分点予以适应；或者全国老龄化系数每增加 1 个百分点，我国第一、二、**三产业的产值**将减少 5.8 个、增加 0.86 个和增加 4.9 个百分点予以适应。我们认为，人口老龄化和产业结构调整是相互的。若考虑全国第一、二、三产业劳动力每增加 1 个百分点，则我国老龄化系数将减少 0.133 个、增加 0.343 个和 0.184 个百分点；或者我国第一、二、三产业的产值每增加 1 个百分点，则我国老龄化系数将减少 0.158 个、增加 0.374 个和 0.179 个百分点。

线性相关系数仅能说明统计上的关系，经济发展有其固有的发展规律，人口老龄化也有人口自身的发展规律。我国的改革开放促进了经济发展和产业结构调整，同时也促进了我国人们生育观念的改变，国家计划生育政策的推行，使得人口老龄化程度不断提高。因此，除了纵向（时序）关系以外，必须讨论人口老龄化和产业调整的横向（地区间）关系，此外，还应进一步探索人口老龄化和产业结构调整的机制和原理。**实际上，人口老龄化是伴随着城市化、非农化和服务业的发展而发展的。**

三、2010 年我国各地区老龄化水平与产业构成之间的空间关系

我国各地区的社会经济情况比较复杂，由于国内迁移流动政策放宽，劳动力流动迁移数量增加，有些迁移和流动并非人们理智的选择，造成老年人口比例变化不仅是经济变化的结果，同时也是社会变化的结果，尤其是受人口迁移的影响较大。例如，2000 年上海老年人口比例为全国第一，而 10 年后由于优厚的社会保障和社会经济环境，吸引了大量流动人口，从而导致 2010 年老年人口系数不增反减，户籍人口老龄化和常住人口老龄化程度出现分离。

为了研究我国各地区人口老龄化和产业构成的关系，首先，这里计算了 2010 年我国 31 个省（自治区、直辖市）就业人口产业构成（表 8–1）与 65 岁以上老年人口数、老年人口比例的相关系数（表 8–5）。分析表明，无论是 65 岁以上老年人口数量还是 65 岁以上老年人口系数，都与地区 GDP 总量具有较高的相关程度；而与人均 GDP 几乎无线性相关关系。其次，我国各地区 65 岁以上老年人口数量或老年人口比例与地区生产总值（GDP）构成关系密切，而与 GDP 三大产业构成关系较弱。最后，我国各地区 65 岁以上老年人口数量对于地区生产总值（GDP）的产业构成的影响（第 2 行），要高于老年人比例对于 GDP 总值的产业构成的影响（第 1 行）。分析可见，地区 GDP 高、经济发达地区，老年人口数量多、老年人口比例高。第一产业和第二产业发达的地区，老年人口数量大、老龄化程度高。

表 8–5 2010 年年底我国 31 个省（自治区、直辖市）三次产业就业人员
与当地老龄化水平的相关关系

地区	相关系数	产业就业人数 / 万人			产业就业人数比例 /%		
		第一产业	第二产业	第三产业	第一产业	第二产业	第三产业
65 岁以上人口比例 /%	**0.454**	**0.342**	**0.420**	**0.494**	**−0.368**	**0.413**	0.124
65 岁以上人口人数 / 万人	**0.965**	**0.827**	**0.891**	**0.927**	−0.113	**0.440**	−0.290
65 岁以上人口比例 /%	0.331	0.098	**0.424**	**0.411**	**−0.720**	**0.629**	**0.432**

注：显著性水平在 0.05、0.01 状态下，临界相关系数分别为 $r_{0.05}=0.355, r_{0.01}=0.456$（$n=31$）

这说明我国就业人口数量多的地区，65 岁以上老年人口数量也较多（老龄化地区就业机会多）；而就业人口数量与老年人口（或老年人口比例）的关系，要强于就业人口比例与老年人口（或老年人口比例）数量的关系。

此外，**我国各地区老年人口数量、老年人口比例与该地城市化水平线性相关关系不明显**（$r=-0.070$、$r=0.294$，$n=31$）。实际上，由于年轻人大量流出，我国农村人口多的地区老龄化程度十分严重。

2010 年第三产业人数与该年 65 岁以上老年人口数量关系密切（图 8-3），老年人每增加 100 万人，则第三产业人口往往需要增加 199 万人与之适应，其间决定系数为 86%，说明第三产业人口数量差异的 86% 可由老年人口差异所决定。若不考虑奇异点广东省，决定系数更是高达 91%。这说明老龄化以后，大量的就业人口将转移到服务业，如护理保健人员、社会工作者、家政员、炊事饮食服务人员等。

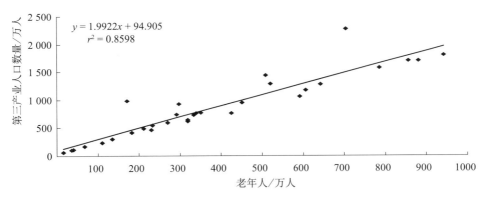

图 8-3 2010 年我国 31 个省（自治区、直辖市）老年人口数量与第三产业人口数量关系图

四、定性讨论

人口老龄化促进了产业结构的调整。人是消费的主体，不同年龄的人口有不同的消费需求。与其他年龄人口相比，老年人口在衣、食、住、行、医疗、保健、生活服务和文化娱乐等方面都有其特殊需要。由于老年人的收入数量、收入来源、身体素质、起居习惯、运动量、生理特点及业余嗜好等都与中青年不同，老年人的消费结构与中青年也不大相同。老年人的饮食是以营养价值较高、清淡、时鲜的蔬菜，瓜果、豆类制品为主；老年人的穿着是以舒适柔和、朴素大方的棉纺织物为主。随着老龄化的到来，老年用品市场、花鸟市场、补品市场、各种特殊需要商品市场等将取代少儿市场而日趋繁荣。老年的医疗消费、老年社会保险、老年旅游业、老年保健市场和护理市场等大量的需求将推动社会生产。为

了满足老年人的各项需求，国家和政府必须对产业结构进行不断的调整，发展为老年人服务的老龄产业，以适应人口年龄结构进一步老龄化的趋势。实际上，我国老龄化伴随着农业人口的大规模转移，同时伴随着城市服务产业的大发展。老年群体需求的扩大，是社会经济发展的机遇和挑战。美国的资料分析表明，老年人口是个比较富裕的群体。庞大的老年人群，可以形成可观的消费市场。如果能够充分重视老年人的特殊需要，大力发展"银发"经济，便可以达到扩大内需、拉动经济增长的目的。乐观老年学认为，老龄产业的兴起和发展极有可能成为国民经济中一个新的，充满活力的经济增长点。[①] 人口老龄化和产业构成有着密切的关系，老龄化社会需要第三产业作为支撑，社会服务业好的地区和服务业人数多的地区，老龄人口数量多。

第四节　人口老龄化与产业构成的内在联系探索

人口年龄构成往往通过劳动力供给和商品需求两个方面影响产业构成。首先，人口年龄结构的变动使劳动力的数量和质量发生了变化。劳动力的数量决定了一个国家或地区的产业构成，若劳动力的数量较少，该国产业中的劳动密集型产业的规模就会受到限制；反之，若劳动力的数量很多，劳动密集型产业的大力发展就有可能。同时，为了解决大量劳动力的就业问题，大力发展劳动密集型产业也就成为最优选择。**其次，从商品需求角度**分析人口老龄化对产业结构变动的**影响。人口年龄结构的变动带来消费需求及其结构的变动。**直接影响对生产消费品的产业结构，间接影响为消费品提供中间产品的产业结构。人口老龄化导致社会保障支出快速膨胀，养老保险金和医疗保险金的快速增加。为了造就一个适合老年人生活、居住的社会环境，调整、充实、建立一个适合老龄化社会的体制，增进老年人与社会、社区的密切联系，促进老年人与青年人的交往、联系，使老年人保持晚年的身心健康，也需要提出相应的政策和措施。这些也都会对产业结构调整产生重大影响。

一、人口老龄化对产业结构提出了新的要求

老年人口的增多，使劳动人口减少，而劳动人口的老龄化可能使劳动人口的知识更新速度减慢，使经济发展所需要的高技术人员相对缺失，由此造成了就

---

① 李承惠 . 2004.老年人的特殊需求与银发经济开发 . 北京统计，（3）：21-23.

业结构的改变。研究表明，人口老龄化影响抚养人口和被抚养人口、消费人口和生产人口之间的比例关系，而消费结构的变化必然会影响到产品结构、就业结构、投资结构等的变化，从而引起产业结构的调整和优化，最明显的就是人口老龄化必将催生老龄产业的兴起和蓬勃发展。[①] 人口老龄化对产业结构调整的影响主要是通过劳动力的供给和消费需求方面体现出来，人口老龄化进程的加深将成为制约产业结构调整的重要因素。[②] 人口老龄化对产业结构既有积极的影响也有消极的影响，积极的影响是老年人口的增加推动老年产业的发展，从而推动第三产业的发展，而消极的影响主要是老龄化导致劳动力和投资的减少，不利于产业结构高级化。[③] 本书认为，人口老龄化对服务业、建筑业和农业有着深刻的影响。

1. 人口老龄化对服务业的要求

随着老年人口的增加，为老年人口提供服务的第三产业随之增加。老年人餐饮不方便，医疗需求量大，退休以后闲暇时间增多，对文化娱乐等休闲消费和旅游消费的需求量增加，随着身体衰弱、疾病和风险增加，**各种商业保险需求增加，在市场经济的情况下各种涉老产业尤其是第三产业快速发展。**

1）**社会服务需求**。随着年龄的增长，老年人的身体机能不断退化，自理能力也不断下降，特别是高龄老年人，在日常生活中是需要他人照料的。而我国家庭结构的核心化，家庭成员对老年人的照料越来越少。因此，随着老龄化的发展，对家政服务、家庭护理、托老所、居家养老服务等社会服务的需求会不断增长。

2）**休闲娱乐需求**。老年人闲暇时间较多，在物质水平达到一定程度后，老年人就希望利用这些闲暇时间丰富自己的精神文化生活。休闲娱乐往往就成了老年人的首选，特别是对于身体还比较健康的低龄老年人来说，他们更愿意利用还能自由活动的时间发挥所长，丰富自己的生活。因此，老年人对于旅游、健身、文娱活动等的需求较大。

3）**医疗保健需求**。老年人需求最多的是，了解自身体状况的变化，由于身体机能的不断退化，老年人的保健意识会不断加强，保健器材和保健品的支出会不断增多。随着年龄的增长，老年人容易患有各种慢性病，这些身体上的不适会使得老年人更加容易产生焦虑、孤独等心理上的疾病，老年人在心理上变得更加脆弱，从而使他们在医疗服务方面会提出更高的要求。[④] 2005 年，Lukas Steinrnann，Harry Telse 和 Pcter Zweifel 使用瑞士的数据分析了老龄化对未来医疗

①　王立勋. 2010. 人口老龄化对北京市产业结构调整的影响. 人口与经济，（s）：21-22.

②　姜旭. 2007. 人口老龄化对辽宁产业结构调整的影响. 辽宁经济，（5）：14-15.

③　刘柏霞，张红宇. 2009. 辽宁人口老龄化对产业结构转型的影响. 沈阳大学学报，（6）：96-99.

④　陆熠. 2011. 上海市人口老龄化对消费结构的影响研究. 四川省社会科学院硕士学位论文.

费用的影响，他们认为尽管老龄化不会直接对医疗消费支出产生影响，但是老年人的医疗消费支出的增长快于年轻人，因此老龄化的加剧会间接地增加医疗消费支出。

2. 人口老龄化对建筑业的要求

老年人口增加以后，对原来的居住形式提出了新的要求，我国原来设计的六七层无电梯的老工房、老小区，难以适应老年人退休后的休闲生活，于是房产开发商对老工房进行适老性改造，成功开发了很多老年宜居小区——楼层不高、无障碍设施完善、环境优美、公共交通方便、收费不高、养老服务好。例如，美国亚利桑那州养老社区太阳城，日本的港北新城太阳城，南非约翰内斯堡太阳城，菲律宾太阳城，荷兰的弗莱德利克斯堡太阳城等。人口老龄化促进了建筑业的发展，同时也促进了房产交易的增加。

3. 人口老龄化对农业的要求

人老以后体力衰退得很快，对田野的农业生产劳动感到日益困难，很多老年人逐渐减少并退出农业劳动，同时农村引进大量的机械替代人工，由此造成农业产业劳动力递减，第二产业迅速发展。

二、产业结构调整通过人口流动和迁移影响人口老龄化

关于珠江三角洲的研究指出，在人口老龄化的背景下，劳动力资源由无限供给转为相对稀缺，生产扩张所需要的劳动资源配置因而会受到限制。人口老龄化导致劳动力无限供给的消失对珠江三角洲地区实现由劳动密集型向资本密集型，甚至向技术与知识密集型的产业结构成长起着客观的推动作用，从而在整体上推动了产业结构的高级化。[①]

1. 良好的养老服务和社区建设吸引了大量老年移民

产业结构变化产生了各种宜居地区，各种宜居地区吸引了不同年龄的人群，造成大规模的迁移和流动，从而影响了人口年龄结构。例如，20世纪60年代初，美国房地产商发现，亚利桑那州土地便宜、阳光充沛、气候适宜，于是在该地凤凰城西北12公里，开发了规模为10平方公里的养老社区——太阳城，目前该社区已经吸引了16万老年居民，从而改变了当地居民的年龄构成。其成功的经验导致各国纷纷仿效，日本、南非、菲律宾、荷兰等国都建立了类似的太阳城，并随之出现了大量老年移民。

---

① 胡春林.2011.珠三角地区产业结构转型研究——基于人口老龄化背景.当代经济，（10）：75-77.

随着人口老龄化的发展，中国也建设了大量类似的养老基地，如北京顺义潮白河畔的东方太阳城、上海的绿地 21 城孝贤坊、杭州金家湾金色年华退休生活社区等。2010 年人口普查资料发现，我国东北、西北寒冷的气候不适宜老年人养老，于是不少东北、西北老年人重返关内，回到沿海经济发达地区及气候温暖地区，广东省已经成为我国首个人口过亿的省份；类似地，西部山区的老年人为了获得较高的生活质量、较好的社会服务和社会保险，迁移到我国东部发达地区，尤其是上海、北京、天津和浙江等。

2. 良好的社会保障和产业结构吸引了大量中青年移民

良好的产业结构也促进了经济的发展，改善了社会保障，从而吸引了大量中青年劳动力的流入，由此造成在中青年流出地加重了人口老龄化现象，如 2010 年的四川、重庆、安徽等地；而在中青年流入地减缓了人口老龄化，如 2010 年的上海、广东、浙江、北京、天津等地。通过以上讨论，可以认为**人口老龄化对产业结构的影响是主要的，而产业结构变化对人口老龄化的影响是次要的**。

第五节　结论和讨论

关于人口老龄化对产业结构影响的研究并不少，但基本都是从经济学角度集中研究对产业结构调整的影响，是在老龄化的背景下讨论我国产业结构的调整。而对于人口老龄化究竟是通过怎样的途径和方式影响产业结构变化的却是比较模糊的，也没有形成体系。我们认为，人口老龄化对我国经济社会的影响是多方面的，包括劳动力供给、劳动生产率、消费结构、储蓄率和社会养老保险等。产业结构是一个国家经济的重要组成部分之一，人口老龄化对产业结构的影响必定会影响国家经济。老龄化对产业结构影响的研究主要有 3 种观点。

第一种观点认为，人口老龄化对产业结构调整的影响是不利的。其认为人口老龄化导致社会劳动力减少，市场需求相对减少，投资资金相对减少，以及社会技术供给缺乏，这些都对产业结构的调整产生了不利影响[1]；从劳动力供给的质和量、社会需求的状况，以及投资资金的供给上来说，人口老龄化制约了产业结构的调整[2]；人口老龄化导致我国劳动力短缺，劳动年龄人口比例下降，老年

---

① 鲁志国. 2001. 简论人口老龄化对我国产业结构调整的影响. 深圳大学学报（人文社会科学版），（2）：45-51.

② 元佳珺. 2009. 简述人口老龄化对我国产业结构调整的影响. 知识经济，（18）：90.

赡养系数和供养系数上升，以及劳动力成本加大，从而对我国产业结构的调整产生了负面的影响。[①]

第二种观点认为，人口老龄化对产业结构调整的影响是积极的。老龄化促使老年市场的形成和老年产业的发展，从而推动第三产业的发展，促使劳动力的产业转移，直接促进了产业结构的调整与优化，提高了劳动力素质。老龄化从多方面影响产业结构，并推动产业结构的调整。[②]

第三种观点并不认可老龄化对产业结构的影响是积极的还是消极的，而是在老龄化的背景下研究我国产业结构的优化升级。面对老龄化的挑战，需要加快产业结构的调整与升级，开发利用人力资源，把劳动力的数量优势转化为劳动力资源优势。积极发展老龄产业，改善供给结构，满足老年人不断增长的物质和文化需求，实现老龄事业与经济社会协调发展。[③] 杨光辉则以统计学的方式研究了我国人口老龄化与产业结构调整之间的关系，并从需求、供给、区域经济发展和城市化的角度分析了人口老龄化对产业结构变化的影响，认为妥善地应对人口老龄化问题，需要人口政策、产业政策和区域政策的协调。[④] 研究指出，人口老龄化造成的人口年龄结构的改变，对我国劳动力供给的影响最为深刻，意味着我国将无法继续利用充足劳动力带来的"人口红利"。中国人口年龄结构的改变从就业结构、分配领域和消费结构等方面冲击着我国的产业结构。因此，我国的老龄化对产业结构调整提出了相应的要求，产业结构不仅要在三次产业间实现升级，还要通过技术研究、人力资本积累等方式实现各产业内部的优化。[⑤]

老龄化主要是通过供需结构来影响产业结构的。随着老龄化程度的日益加深，在需求方面，老年人的消费总量不断上升，消费需求集中在社会服务需求、休闲娱乐需求和医疗保健需求方面，老年人口的增加使养老保险和"老年产业"的投资需求上升，而需求是推动产业发展的最重要的动力，无论是老年人消费需求还是社会投资需求，都指向了服务业、文化娱乐业、医疗保健业、保险业、房地产业、生活用品制造业等，推动了第三产业的迅速发展，也使第二产业保持在一个稳定的发展阶段；在供给方面，老龄化减少了适龄劳动人口，使社会劳动生产率降低、劳动成本提高。

本章研究了人口老龄化影响产业结构变化的内在机制，并分析了产业结构的具体表现，以弥补过去此领域研究的空缺。通过以上的实证分析，有以下几

① 毕玲娜. 2010. 人口老龄化与产业结构调整. 中国城市经济，（12）：327-328.
② 钟若愚. 2005. 人口老龄化影响产业结构调整的传导机制研究：综述及借鉴. 中国人口科学，（增）：169-174.
③ 陈敦贤. 2002. 中国人口老龄化与产业结构调整. 中南财经政法大学学报，（3）：60-64.
④ 杨光辉. 2006. 中国人口老龄化与产业结构调整的统计研究. 厦门大学博士学位论文.
⑤ 腾菲. 2011. 中国人口老龄化背景下的产业结构调整. 吉林大学硕士学位论文.

个结论。

1）人口老龄化与产业结构的时序关系分析表明，中国老年人口系数与第一、三产业产值比例、劳动力比例有关。人口老龄化程度高的地区，第一产业产值的比例、劳动力比例往往偏低，第三产业产值的比例、劳动力比例往往偏高。

2）2008年世界37个国家和地区就业人口产业构成，与2010年这些国家的老龄化程度密切相关。老龄化程度高的国家和地区，第一产业劳动力比例偏低，第三产业劳动力比例偏高。

3）由于户口的困扰，我国老年人口的人口流动和迁移异常少，从而使得人口老龄化和产业构成的关系不是很明晰。2010年中国31个省（自治区、直辖市）人口老龄化与该地区产业构成的关系十分复杂，其大致可用图8-4的模型表示。老年人口数量与就业人口数量、就业人口产业构成关系密切，与地区GDP总量及三大产业GDP总量密切相关；而老年人口比例与就业人口总量、就业人口产业构成有一定的相关关系，与地区GDP总量及三大产业GDP总量也有一定的相关关系。

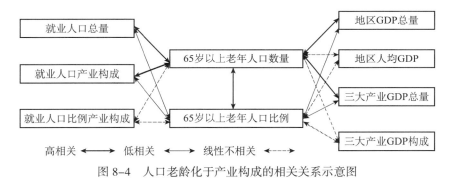

图 8-4 人口老龄化于产业构成的相关关系示意图

第九章

人口老龄化与城市化、失业率

人口老龄化对经济的影响是多元而复杂的，如人口老龄化造成生育减少、城市年轻人减少，城市就业率增加、失业率减少，间接促进了城市化进程；人口老龄化还造成社会保障开支增加，或使物价指数提高而形成通货膨胀，或老龄化造成消费总水平下跌，物价指数下降，形成通货紧缩；老龄化造成的社会养老保障费用增加，是否会造成政府债务增加，或者政府债务增加是否会影响社会养老金的发放？这是本章将要探讨的内容。

第一节　人口老龄化与城市化

城市化可以促进人们生活质量的提高，改善农村居民的医疗卫生条件和生活水准，有利于促进老龄化的发展。我国政府提出，逐步放开小城镇的户口，实现人口的梯度转移，但响应者不多。首先，农村土地的政府收购成本越来越高，大多数农民（工）愿意留条根在农村，年轻人到城市没有一技之长，除了苦力没有其他生计途径；而老年人收入低微，对于城市生活不适应，更愿意叶落归根，于是农村老年人口比例大。其次，实行梯度转移的"经济成本"也远高于一次性转移，特大城市——北京、天津、深圳、广州等就业机会多，于是成为流动人口的首选地。显然，城市规模大、经济收入高、社会保障好，生活成本相对较低。

一、人口老龄化与城市化关系的统计分析

城市化是人类从农业社会向工业社会转化的必然过程，是提高社会劳动生产力，合理配置资源的有效手段。城市化和人口老龄化的关系十分复杂，从本源上分析它们都是经济社会发展的产物。2009 年城市化水平与 2010 年各社会经济变量的线性相关系数计算表明（表 9-1），城市化与经济发展水平、人们的受教育程度、出生率、工业化水平等线性相关关系密切。城市化与经济发展水平、人们的受教育程度、出生率、工业化发展等是高度相关或互为因果。

表 9-1　影响我国城市化水平的相关社会经济变量

地区	2009 年城市化水平 /%	人均 GDP/（元 / 人）	大专及以上 /%	出生率 /‰	死亡率 /‰	自然增长率 /‰	第二产业人口比例 /%	65 岁以上人口比例 /%
全　国			8.93	11.9	7.11	4.79	28.7	8.87
北　京	85.0	75 943	31.50	7.48	4.41	6.81	33.3	8.71
天　津	78.0	72 994	17.48	8.18	5.58	2.60	26.4	8.52
河　北	43.0	28 668	7.30	13.22	6.41	6.81	17.4	8.24
山　西	46.0	26 283	8.72	10.68	5.38	5.30	26.4	7.58
内蒙古	53.4	47 347	10.21	9.30	5.54	3.76	26.2	7.56
辽　宁	60.4	42 355	11.97	6.68	6.26	0.42	19.4	10.31
吉　林	53.3	31 599	9.89	7.91	5.88	2.03	21.3	8.38
黑龙江	55.5	27 076	9.07	7.35	5.03	2.32	37.6	8.32
上　海	88.6	76 074	21.95	7.05	5.07	1.98	48.0	10.12
江　苏	55.6	52 840	10.81	9.73	6.88	2.85	29.4	10.89
浙　江	57.9	51 711	9.33	10.27	5.54	4.73	37.4	9.34
安　徽	42.1	20 888	6.70	12.70	5.95	6.75	29.7	10.18
福　建	51.4	40 025	8.36	11.27	5.16	6.11	32.5	7.89
江　西	43.2	21 253	6.85	13.72	6.06	7.66	29.7	7.60
山　东	48.3	41 106	8.69	11.65	6.26	5.39	29.0	9.84
河　南	37.7	24 446	6.40	11.52	6.57	4.95	21.5	8.36
湖　北	46.0	27 906	9.53	10.36	6.02	4.34	34.9	9.09
湖　南	43.2	24 719	7.59	13.10	6.70	6.40	21.0	9.78
广　东	63.4	44 736	8.21	11.18	4.21	6.97	12.0	6.75
广　西	39.2	20 219	5.98	14.13	5.48	8.65	21.0	9.24
海　南	49.1	23 831	7.77	14.71	5.73	8.98	29.1	7.80
重　庆	51.6	27 596	8.64	9.17	6.4	2.77	11.9	11.56
四　川	38.7	21 182	6.68	8.93	6.62	2.31	13.6	10.95
贵　州	29.9	13 119	5.29	13.96	6.55	7.41	11.1	8.57
云　南	34.0	15 752	5.78	13.10	6.56	6.54	13.6	7.63

续表

地区	2009 年城市化水平 /%	人均 GDP/（元 / 人）	大专及以上 /%	出生率 /‰	死亡率 /‰	自然增长率 /‰	第二产业人口比例 /%	65 岁以上人口比例 /%
西　藏	23.8	17 319	5.51	15.80	5.55	10.25	25.0	5.09
陕　西	43.5	27 133	10.56	9.73	6.01	3.72	22.6	8.53
甘　肃	32.6	16 113	7.52	12.05	6.02	6.03	26.4	8.23
青　海	41.8	24 115	8.62	14.94	6.31	8.63	14.1	6.30
宁　夏	46.1	26 860	9.15	14.14	5.1	9.04	26.4	6.41
新　疆	39.8	25 034	10.64	15.99	5.43	10.56	14.1	6.19
$r_{与城市化}$	1.000	0.934	0.847	−0.708	−0.521	−0.478	0.506	0.292

资料来源：国家统计局 . 2010. 中国统计年鉴（2010）. 北京：中国统计出版社；国家统计局 . 2011. 中国统计年鉴（2011）. 北京：中国统计出版社

1. 城市化水平与经济发展程度

我国城市化水平和经济发展关系密切，若以 2010 年人均 GDP 为例，人均 GDP 高的省（自治区、直辖市），城市化水平高（图 9-1）。仅一个变量就解释了城市化水平差异的 87.3%，人均 GDP 每增加 1 万元，则城市化水平将增加 7.9 个百分点。例如，北京、上海、天津 3 个直辖市人均 GDP 最高，同时城市化水平最高。经济高速发展为外来人口提供了大量就业机会，吸引了大量的外来劳动力；经济发展相对落后的地区，劳动力大量流出。但城市化水平与地区 GDP 的相关系数仅为 0.326，未能通过统计的显著性检验。

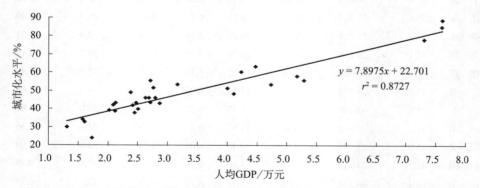

图 9-1　2010 年我国 31 个省（自治区、直辖市）人均 GDP 与城市化水平的关系

2. 城市化水平与文教卫体

城市的发展促进人口的聚集，而人口聚集促进了第二、三产业的发展，促进了文教卫体等社会福利事业的发展，而社会福利的发展又反过来吸引大量流入

人口，促进了城市化水平的提高。城市化程度高的地区往往是高等院校集中的地区，如上海、北京、天津、江苏、浙江等，因此这里将大专以上人口的比例作为该地文教卫体发展水平的代表。分析表明，大专以上人口比例高的地区，城市化水平高，其间的相关系数高达 0.847，2010 年的大专文化程度的人口每增加 1 个百分点，则该地的城市化水平平均提高 2.36 个百分点。

3. 城市化水平与出生率

城市文明程度高，孩子抚养成本高，年轻人结婚迟，生育政策要求高，人口生育率低。线性相关系数分析表明，城市化水平和人口出生率的相关系数高达 −0.708，同时死亡率、自然增长率与城市化水平的相关系数分别为 −0.521、−0.478，这说明城市化水平高的地区，出生率低，死亡率低，自然增长率低；而城市化水平低的地区则相反。若城市化水平上升 1 个百分点，则地区出生率、死亡率和自然增长率分别下降 1.31 个、0.24 个、0.87 个千分点。

4. 城市化水平与产业构成

人口城市化促进了产业结构的调整。我国的改革开放促使农业劳动生产力大幅度提高，大量的年轻农业人口进入城市从事第二、三产业的工作，在促进城市化的同时调整了产业结构，使加工业和服务业获得了很大的发展。人口普查资料和每年抽样调查资料都证明了这一点。2010 年我国 31 个省（自治区、直辖市）的城市化水平与该地的加工业人口比例呈现出高度正相关关系，相关系数高达 0.506，**即城市化水平促进了工业化水平，工业化同时提高了城市化水平。工业化水平每提高 1 个百分点，则城市化水平提高 0.84 个百分点；相反，若工业化水平每提高 1 个百分点，则城市化水平提高 0.31 个百分点。**

人口城市化同时促进了人口的高度聚集，降低了服务业发展的成本，推动了第三产业的发展；反过来，服务业吸纳了大量的新劳动者，推动了城市化进程。遗憾的是，2010 年我国 31 个省（自治区、直辖市）的城市化水平和第三产业人口比例的线性相关系数为 0.191，未能通过统计显著性检验，若服务业从业人数比例每提高 1 个百分点，则该地城市化水平平均提高 0.45 个百分点。

人口城市化是农村人口或农业人口不断迁移或流动到城市的过程，是第一产业从业人口不断减少的过程，也是第一产业从业人数比例不断降低的过程。统计表明，2010 年我国 31 个省（自治区、直辖市）的城市化水平和第一产业（农业）人口比例的线性相关系数为 −0.477。农业从业人数比例每下降 1 个百分点，则该地城市化水平平均提高 0.59 个百分点；相反，城市化水平每上升 1 个百分点，则该地农业从业人数平均下降 0.39 个百分点。

5. 城市化水平与老年人口比例

城市化水平和老年人口比例是否有关系？从我国城市发展的规律而言，城市通过文教卫体各种水平的配套，提高人们的生活质量和孩子抚养成本，同时城市较高的社会保障降低了人们的生育需求，因此城市化有利于提高该地的老龄化水平，如 2000 年我国老龄化程度最高的分别是上海、北京、天津、江苏和浙江等城市化水平高的地区。另外，城市化吸引了大量年轻的流动人口，改变了城市人口的年龄构成；同时，在城市化水平低的地区，年轻人大量流出和迁出，导致这些地区的空巢化和老龄化。所以，2010 年人口普查调整了统计口径，调查了各地常住人口状态，上海、北京、天津等地的人口老龄化水平随即下降。这种常住人口与户籍人口老龄化之间的较大差异，完全是流入人口年轻化所造成的。

2010 年我国 31 个省（自治区、直辖市）的城市化水平和人口老龄化水平的线性相关系数为 0.292，未能通过统计显著性检验，这并非表示城市化水平高低对人口老龄化没有影响，而是说明城市化对人口老龄化影响的方向、大小完全不同，问题比较复杂。

二、人口老龄化与城市化的内在联系

1. 老年人与城市化

2012 年我国常住人口城市化率为 52.6%，而户籍人口城市化率仅为 35.3%，大量的农民不愿离开土地，不愿离开"农村"，尤其是老年农民仅占流动人口的 2% 左右。老年人希望生活在自己熟悉的文化社会圈子里。人们向往城市生活，因为城市文明吸引着他们，在那里有完善的文化、卫生和公共服务设施，法制和平等观念深入人心。居住时间长了以后，老年人会感到城市生活的不适应，虽然城市的机会成本更低，竞争更自由、更公平，公共服务设施、城市文化氛围也远远高于农村。而城市的高房价、拥堵、雾霾……，更重要的是城市是青年人的战场，很多农村老年人无法享受到城市的社会医疗保险，看病难以报销，即使"城乡一体化"以后，报销比例仍很低（城市三级医院住院看病，农村仅能报销 50% 及以下）；城市里人与人之间的关系冷漠，就是住了隔壁几十年的邻居都不知姓名、工作单位；城市生活成本高，如物业费、各种管理费等，人老了以后经济收入下降；同时，老年人丢失了自己生活的圈子和好友，丧失了原来的休闲生活方式，生活节奏被打乱。老年人身体弱，很多楼房没有电梯，高楼下不来，环境不熟悉，城市规矩多，马路怎么走、商店怎么逛、公园怎么锻炼都有规矩，老年人不习惯。更重要的是，入城以后老年人责任大，如带孙子、孙女的问题，孙子女的安全问题、教育问题；与子女或儿媳、女婿的相处问题；城市生活习惯和农村生活习惯的冲突；此外，一线城市对居民的居住、户口都有一定的空间要求，为了突破这个规定，子女将老人接到城市，不是让老人享受生活，而是为了帮助子女占房，老年人无法融入周围的环境，又得不到子女的照顾，于是"用脚投票"、"逃离"，就成为老年人对城市化的选择。但是，老年人又能躲到哪里去呢？城市化、土地集成化高效使用是国家的政策，孩子离开了农村，农村住宅地很快被征用，老年人被迫上楼集中居住，在农村普遍没有电梯，下楼对于农村老年人来说，成了很大的困难。为此，应该开放老人户口政策，使外地老年人尽快地融入到当地老年人的生活之中，让他们在城市生活中找到归属感。另外，更要增加城市的文化氛围，让老年人拥有自己的精神家园。

2. 城市化加速了农村的老龄化和空巢化

受城市社会福利和社会保障的吸引，越来越多的农村居民离开了农村进入城市，最早离开农村的是年轻人、中年人，农村剩下孩子、老人和妇女，于是就出现了空巢化、空心化（没有年轻人）和老龄化。但各地户口的"含金量"不同，城市规模越大，户口的含金量越高。这些含金量表现为，各地社会保障差异、重点学校和医院数量及质量、各地交通便利程度；也表现为各地对老年服务的投入，对于低收入经济的补助、社会医疗报销便利程度、报销比例大小不一；具体就体现在各地的房价差价上。一般而言，由于就业率和收入水平差异，中小城市和小城镇户口对于迁移农民缺乏吸引力。

农民同样幻想着农村土地能增值。城乡经济社会差异越大的地区，年轻人离开农村的时间越早，走得越远。相反，在城郊地区，随着城市规模的扩大，城郊土地数量越来越少，土地价值越来越高，一些农民不愿迁移而坐等"拆迁"或土地被收购等发财机会。同时，我国的城市化是不彻底的城市化，"户口"及其附属的社会福利，使无城市生活经验和无一技之长的农民难以完全融入城市生活，仅能以流动人口的身份"暂时"在城市生活，这种暂时性加大了城乡老龄化程度的不确定性。

3. 城市化对老龄化的内在影响

城市化推动了卫生技术的发展，造成人口寿命的延长和死亡率下降，以及人口顶端老龄化。城市化还造成了妇女生育成本上升，妇女生育意愿下降，加上国家生育政策的限制，城市生育率下降，形成人口年龄金字塔的低端老龄化或相对老龄化（少子老龄化）。因此，**户籍人口的城市化与老龄化密切相关**。

第二节　人口老龄化与地方债务

　　政府债务亦称公债，是指凭借其信誉，政府作为债务人与债权人之间按照有偿原则，筹集财政资金，维持市政正常运转和市政建设、交通设施建设等的信用方式，也是政府调度社会资金，弥补财政赤字，并借以调控经济运行的一种特殊方式。政府债务包括政府在国内外发行的债券，或向外国政府和银行借款所形成的政府债务。[①] 政府债务也可分中央政府债务和地方政府债务两部分。人口老龄化与地方债务的关系问题包括两个部分：地方债务是否由老龄化造成；地方债务对老龄化以后的社会保障的影响有多大。

　　据报道，2012 年年底美国政府债务负担为 16.39 万亿美元，而当年 GDP 为 15.68 万亿美元，债务占当年 GDP 的 104.5%；2014 年更是增长为 106.7%。日本政府债务大约是 GDP 的 240%，而 1997 年韩国仅国外债务就占 GDP 的 1/3。[②] 美国底特律破产案为国内一些过度举债的城市敲响了警钟：中国地方政府是否投资过度，中国人口老龄化是否会导致政府开支过大，出现类似的状态？城外失火殃及池鱼，或称蝴蝶效应。

一、我国债务数量分析

　　我国城市化发展、社会保障项目的增加，资金开支范围的扩大，增加了公共财政开支，并可能增加政府债务，而债务对于政府正常运行、国计民生有着直接的影响。我国的债务大多用于国家经济建设投资，若投资得当以后能够为政府提供大量的社会资源和经济收益，增加今后经济发展的后劲儿；若投资不当，则会形成大量的人力资源、人民财产的浪费，并可能造成后患。

1. 我国政府债务现状

　　国家审计署于 2013 年 8～9 月组织全国审计机关，对中央、31 个省（自治区、直辖市）和 5 个计划单列市、391 个市（地、州、盟、区）、2778 个县（市、区、旗）、33 091 个乡（镇）（分别简称中央、省级、市级、县级、乡镇）的政府债务情况进行了全面审计。审计内容包括政府负有偿还责任的债务，以及债务人出现债务偿还困难时，政府需履行担保责任的债务（以下简称政府负有担保责任的债务）和债务人出现债务偿还困难时，政府可能承担一定救助责任的债务。

---

①　百度百科 . 政府债务 . http://baike.baidu.com/view/859902.htm.

②　王传军 . 2014-05-02. 国际货币基金组织高官：对中国经济有信心 . 光明日报，第 8 版 .

调查表明，截至 2013 年 6 月底（表 9-2），全国各级政府负有偿还责任的（直接）债务 206 989 亿元，负有担保责任的（间接）债务 29 256 亿元，可能承担一定救助责任的（间接）债务 66 505 亿，合计 30.3 万亿元。地方政府负有偿还责任的（直接）债务 108 859 亿元。**到 2013 年 6 月底，我国人均政府债务为 2.2 万元人民币，政府债务占 2012 年 GDP 的 58.3%（直接债务为 39.9%，间接债务为 18.4%）。**[①] 债务增长速度：与 2012 年年底相比，全国政府负有偿还责任的 (直接) 债务上升 8.6%，其中地方部分上升 13.1%，中央部分上升 4.0%。**截至 2013 年 6 月底，省、市、县三级政府负有偿还责任的债务余额，比 2010 年年底增加了 38 680 亿元，年均增长 20.0%。其中，省级、市级、县级年均分别增长了 14.4%、17.4% 和 26.6%。**

表 9-2　截至 2013 年 6 月我国政府的政府性债务规模　　单位：亿元

项目	合计	中央政府	地方政府				
			小计	省级	市级	县级	乡级
合计	302 750	123 841	178 909	51 940	72 903	50 420	3 647
其中：负有偿还债务责任	206 989	98 129	108 859	17 781	48 435	39 574	3 070
负有担保责任的债务	29 256	2 601	26 656	15 628	7 424	3 488	116
可能承担救助责任的债务	66 505	23 111	43 394	18 531	17 044	7 358	461

资料来源：国家审计署 . http://finance.ifeng.com/news/special/xgdfz/

地方政府性债务支出主要投向市政建设（34.6%），其次是交通运输设施建设（24.4%），再次是土地收储（11.2%），这 3 项占债务的 70% 以上，而涉及社会保障和民生的，如保障性住房、生态建设和环境保护等不足 10%，具体直接涉及人口老龄化的比例则更低。

城市化水平提高以后，大量人口向城市聚集，城市住宅大量建设，随之增加的是交通压力和就业压力，这就给城市基本建设、公共设施建设提出了新的要求，为发展交通、改善民生，各地大量引进人才，扩建了很多医院、学校，开建了地铁、高速公路等，于是不得不大量举债经营。

2. 江苏省财政债务

近年来，江苏 GDP 总量一直处在全国各地中的第 2 位，江苏很可能是国内地方债务最严重的省份。房地产的发展及南京青奥会的召开，促进了江苏大量的市政建设，也使江苏大气环境污染达到了史无前例的地步。南京市是省会城市中

---

① 国家审计署 . 2013-12-30. 全国政府性债务超 20.6 万亿债务率 113.41%. http://finance.ifeng.com/news/special/xgdfz.

债务压力最高的若干城市之一。根据 Wind 数据统计，截至 2013 年 8 月初，江苏省城投债的发行余额达到 3263 亿元，其中 2013 年以来新增发的城投债共计 835.5 亿元，这两个数据在 29 个省级地区中均位居第 1。在江苏 13 个地级市中，除南京外共有 6 个城市实际累计债务占当年财政总收入的比例已经超过 100%。截至 2012 年 7 月，苏州市城投债余额为 428 亿元（2010 年财政收入 2760 亿元），为江苏省最高；南京城市投资债务余额达到 418 亿元（2010 年财政收入 1851 亿元），常州和无锡分别为 354 亿元和 340 亿元（2010 年财政收入分别为 842 亿元、1580 亿元），而扬州城投债余额为 126 亿元。从城市投资债务占当地年财政收入的比例看，占比最高的是镇江，超过了 100%，常州则达到了 93.40%，扬州市为 56%。[①] 而城市投资债务一般只能占当地政府债务总额的 50%。无论从债务率、偿债率指标来看，还是从偿付的时间分布来看，多个城市的地方性债务都具有较大的偿债压力，经济发达的苏南地区地方政府的偿债风险更大。以镇江市为例，2014 年、2015 年、2016 年、2017 年、2018 年以后**到期需要偿付的债务**分别为 185.57 亿元、205.37 亿元、222.77 亿元、228.07 亿元和 258.07 亿元。而 2009 年、2010 年镇江财政收入仅分别为 296 亿元、382 亿元。如果不卖地或不实行"房地产税"，地方政府几乎无任何良方。深圳"用益信托网"的数据显示，2012 年江苏省的各级政府占据了中国售出的投资信托基金的 30%，而**通过信托途径，政府付出贷款利率更高，一般给投资者 10% 的回报率，而银行贷款约为 6% 的利率。**

二、地方债务形成的原因

地方债务形成的深层次原因是，1994 年分税制改革后出现"收入上移、支出下移"的趋势。中央财政收入加大，地方在财政收入相对缩小的情况下，事权却加大。但地方政府如何"搞钱"？除了卖地，就是举债。为了满足发展需要，一些地区向银行直接贷款或以土地抵押等方式质押贷款。地方债投入的最主要领域在基础建设方面。地方债务形成的浅层次原因是，2008 年世界金融危机时，为了防止 GDP 下滑太快，我国投入 4 万亿元加快基础设施建设。但是，实际上政府未能正确处理内需、投资、出口三者的关系。当房地产被调控内需难以拉起，而出口增长又无法实现时，政府只能一级要求一级，以考核等形式抓政府投资，导致投资异常增大、效率极低，政府负债逐年提高。[②] 目前，其呈现出骑虎难下的态势。

---

① 赵士勇 . 2013-08-07. 江苏 6 个地级市负债率超 100%，学者称是危险信号 . 华夏时报 .

② 张艳蕊 . 2013-08-06. 媒体公布内地省会中债务压力排名最高 10 城市名单 . 中国企业报 .

由此可见，首先，我国政府债务的形成主要是市政基础建设，虽与社会福利有关，但并非民生工程或老年人口设施；其次，我国各地经济发展快慢转换、财政收入盈亏转换十分迅速，往往超过了想象；最后，各地政府已经认识到改善民生的重要性，财政收支的压缩仍然要保民生、增加消费。综合而言，目前政府债务并非老年社会保障所直接引起的。

我国的债务结构与美国不一样，如中国的土地税购房时 70 年一次性缴完，购房者不受通货膨胀的影响；而美国每年对房产和土地进行评价，对房地产每年进行评估，对房主进行每年征收 1%～3% 的税费不等，但美国的房子包括下面的土地都是自己的，我国的土地是国家的。美国这种持续性的征收加重了人们的经济负担。此外，中国政府是一元化领导，权威性强，政府对自然和社会资源的调配能力强，很多方面听取了专家的意见。我国税率和社会保障费率高，因此虽然退休年龄早，但缴费高可适当弥补其损失。

三、老龄化不是影响我国财政赤字的直接原因

以 2010 年为例，我国 31 个省级财政全年预算收入为 40 613.0 亿元（占当年 GDP 的 9.29%），其中税收收入占地方财政预算收入的 80.52%。2010 年我国预算支出为 73 884.4 亿元（占 GDP 的 16.91%），即预算透支 33 271.4 亿元，占全年预算收入的 81.92%。

1. 地方财政赤字（债务）数量大

2010 年我国 31 个省级政府财政透支总和占当年全国 GDP（437 042 亿元）的 7.61%，财政透支超过 2000 亿元的省（自治区、直辖市）有河南（2035 亿元）、四川（2696 亿元），透支超过 1000 亿元的省（自治区、直辖市）有湖南、湖北、黑龙江、吉林、辽宁、山东、内蒙古、河北、江西、安徽、云南等 16 个，其余 13 个省（自治区、直辖市）财政透支在 1000 亿元以下。就**财政透支占当地 GDP 的比例**而言，透支比例占当地 GDP 比例 20% 以上的有西藏、青海、甘肃、贵州、宁夏、新疆 6 个西部省（自治区、直辖市），2010 年财政透支占 GDP 比例为 10%～19% 的省（自治区、直辖市）有云南、陕西、四川、海南、广西、江西、安徽、湖南、黑龙江、吉林、内蒙古和山西等，其余 13 个省（自治区、直辖市）2010 年度财政透支占当年 GDP 的比例为 10% 以下。**无论是财政透支的绝对值还是相对值，都不是老年人口数量和比例高的地区。显然，财政透支的主要原因是各地的基本建设和民生工程，也包括各地"维稳费用"等，也有少数地方将"财政透支"作为下一年度增加财政开支的理由。各地直接用于老年人口，或应对人口老龄化的比例还很低。**

2. 地方财政债务增长快

2012 年 11 月～2013 年 2 月，国家审计署组织特派办对 15 个省、3 个直辖市本级及其所属共计 36 个地方政府，审计了 2011 年以来政府性债务。审计发现，这 36 个地区 2012 年年底债务余额共计 3.85 万亿元，债务规模增长较快，**2010～2012 年债务余额年增长率为 6.27%，其中 4 个省和 8 个省会城市本级债务余额年增长率超过了 9.54%。**[①]

3. 财政支出直接用于老龄化的比例低

以江苏为例，"社会养老服务体系"作为省民生幸福工程的六大体系之一，2013 年江苏"社会养老服务体系"财政预算支出为 4.3 亿元，占民生幸福工程资金 394.42 亿元的 1.09%，占省财政总支出 8597.49 亿元的 0.05%。[②] 按 2013 年江苏 60 岁以上老年人口为 1580 万人（2012 年为 1480 万人）计算，**平均每个老人全年社会养老服务经费为 27.2 元，老年人月均经费不足 2.3 元，仅够老年人全年洗一次澡或剃一次头。**即使将"社会养老服务体系"经费加上"社会保险体系"经费和"基本医疗卫生体系"经费，2013 年江苏该 3 项财政预算支出之和也仅为 160 亿元，占民生幸福工程资金的 40.8%，或者占 2013 年江苏财政支出的 1.87%。每个老年人的年人均经费仅为 1013 元（其中，医疗卫生体系应包括所有人群）。与基本建设投入相比，江苏省对于"社会养老服务体系"的资金投入严重不足。而且对这些经费的具体用途未加以说明，透明度差，如是否包括养老服务及管理人员工资、社会养老服务体系的硬件建设等。由此可见，人口老龄化对财政支出、财政透支的直接影响小。

第三节 人口老龄化与城镇登记失业率

人口老龄化和城镇失业率呈现出了复杂的关系。一方面，**失业率与人口老龄化成反比**，理论上分析人口老龄化以后大量中老年退出就业岗位，年轻人就业率提高，社会失业率降低。另一方面，**实践中发现失业率与老龄化成正比**，统计上分析发现失业人数多的地区（山东、湖北、湖南、江苏等），政府压力大，计划生育工作抓得比较紧，生育率低，老年人口数量多，老年人口比例高；失业人数少的地区（西藏、青海、海南、宁夏等），政府压力小，计划生育工作比较宽

---

① 王珂. 2013-6-11. 36 个地方政府性债务余额已达 3.85 万亿元. 人民日报.
② 鹿伟. 2013-1-22. 121 个省级部门集体"晒账本". 现代快报，f3 版.

松，老年人口数量少，老年人口比例低。

　　《中国统计年鉴》（2011）给出了 1990 年、2005 年、2009 年和 2010 年我国各地区城镇登记失业人员及失业率数据。2010 年 65 岁以上人口老龄化水平与 1990～2010 年失业人数的相关系数分析表明，**人口老龄化水平越高的地区（省市），城镇登记失业人数越多**。2010 年我国 31 个省（自治区、直辖市）65 岁以上人口老龄化水平与 1990 年、2005 年、2009 年和 2010 年该地区失业人口数的线性相关系数分别为 0.572、0.561、0.534 和 0.509，2010 年我国 31 个省（自治区、直辖市）65 岁以上老年人数与 1990 年、2005 年、2009 年和 2010 年该地区失业人口数的线性相关系数分别为 0.798、0.739、0.832、0.837。相关系数十分稳定，有 99% 的把握认为其间的相关系数确实存在。**实证分析支持第一种看法，即老龄化和失业率成正比**。散点图（图 9-2）的分析表明，2010 年各地区老年人口数量与失业人口数量呈线性关系，决定系数高达 70% 以上，即各地老年人口数量可解释失业人口变化方差（差异）的 70%。失业人口多的地方，大都是老年人口数量多、经济发达、迁入人口数量多、生活条件好的人口大省；城镇登记失业人口数量少的地区，大都是经济欠发达、迁出人口数量多、生活条件差的人口小省。而老年人口每增加 100 万人，则失业人口平均增长 4.8 万人。

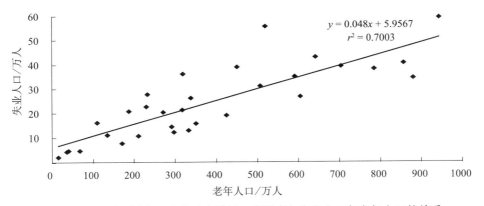

图 9-2　2010 年我国 31 个省（自治区、直辖市）失业人口与老年人口的关系

　　劳动力数量涉及人口存量，受老龄化变化的影响较缓慢。重要的是未来劳动力需求未知，信息产业的发展使劳动力需求大为减少，人们遇到史无前例的生育低值，生育子女成本史无前例地高昂，同样人类也面临着史无前例的、自发的人口递减。人口学家追求了多少代的人口零增长不期而至[①]，而真正到来时却束手无策，没有获得的都是美好的。劳动力的缺乏主要是结构性矛盾，我国缺乏高

---

　　①　1992～2007 年俄罗斯人口递减了 632 万，而近 10 年日本、德国总人口都出现了静止。

科技创新领军人员以及基层为老服务人员。**老龄化以后，各地管理人才、技术人才（白领）从来就不缺乏，大学生就业困难。**同时，各地护理人员、养老服务人员短缺。欧洲如此、美洲如此、阿拉伯石油输出国如此，新加坡、日本如此，中国台湾也是如此。这是社会差异、文化差异，还是老龄化的影响，还是两者兼而有之？

实际上，劳动力老龄化以后，青年劳动力比例低，而社会接受新事物和掌握新技术的能力和工作效率降低。在现代社会中，新兴产业和行业不断涌现，传统产业和行业逐渐衰退、消失，劳动者的职业变换日益频繁，老年劳动力对职业变动的适应能力差，较难适应产业结构的调整。另外，在人口老龄化进程中，老年人口比例不断上升，优秀、年轻的劳动力减少，影响了生产的发展。[①] 而年轻人减少，社会就业不足，将引起农业、渔业、食品加工业、制造业等产业人口不足，尤其是工作条件艰苦的领域人手严重不足。劳动力不足推动劳动力用工成本上升，企业营运成本增加，产品缺乏竞争性。企业招工难，从我国东南沿海蔓延到中西部城市；用工荒持续时间从区域性、结构性已逐渐变成常态化，企业面临着被迫转移产业的压力。[②] 农民工无限供给转变为有限供给，我国农业劳动力不再是一个取之不尽的蓄水池了。广东省人力资源和社会保障厅表示，2014年春节后用工缺口达12.33万人，比2013年增加1万人；某人社局的调查显示，2014年武汉企业劳动力缺口为9万～11万人，比上年增加1万～2万人。在新生劳动力供给方面，大学生将占50%左右，并将成为一种常态；农民工总量尤其是跨省流动农民工增速进一步减缓。[③]

第四节　人口老龄化与物价指数

2002年，Miles经过分析认为，老龄化会影响通货膨胀或失业率，老年人更在乎降低通货膨胀率，而年轻人更在乎降低失业率。[④] 2004年，Bean分析认为，老龄化通过影响通货膨胀与失业率的相关性来影响货币政策传导机制，劳动力供给弹性增大，通货膨胀与失业率的可替代性降低，二者的关系曲线更加扁平

① 王伟. 2003. 日本人口结构的变化趋势及其对社会的影响. 日本学刊，（4）：127-139.

② 徐寿松，李柯勇，叶锋. 2012-02-08. 结构性工荒已常态化，转型无退路. 现代快报，f12版.

③ 邱玥. 2014-2-22. "农民工"都去哪儿了? 光明日报，第2版.

④ David. M.2002. Should monetary policy be different in a greyer world? *In*: Auerbach A, Hermann, H. Aging, Financial Markets and Monetary Policy. Springer.

化；老年人对低通货膨胀更为偏好，人口老龄化使得保持低通货膨胀显得更为必要。① 老龄人口拥有较多的存量金融或物质资产，其退休金相对于在职人员的工资等劳动收入来说，是比较少的。年轻人拥有更多的人力资本，工作收入高，从长期来看，工资收入与通货膨胀是呈正相关的。老年人更多地依靠养老金或者积蓄而生活，而养老金给付标准的调整一般是滞后的，也是不足的。② 老年人应对通货膨胀的能力弱一些。对于年轻人来说，就业的压力更大，由于他们的收入水平处于上升期或处于高位，能够较好地抵御通货膨胀的压力，但对失业问题更敏感。换言之，老年人货币存量多、流量少，希望保持社会物价稳定，以获得最大经济收益；而年轻人货币存量少而流量多，希望增加社会就业机会、降低失业率，如果有一份稳定的工作则不愁吃喝。

　　人们的工资是刚性的，老年人的社会保障待遇、社会保险收入也是刚性的，老年人有着一辈子的积蓄，而当年轻人收入不稳定时，往往通过"啃老"来继续"剥削"老年人；而作为一个社会，当社会消费水平下降时，往往通过通货膨胀来使得老年人口财富贬值，刺激老年人提现金消费。这样老年人就面临着两难选择，要么多年积蓄的货币贬值，要么就是盲目消费或者将资金或财富交予子女管理。老龄化程度高的地区可能是货币贬值快的地区，但是物价水平同时是受供销、人们的消费习惯、社会货币供应量等多方面影响的。

一、老龄化可能引发通货膨胀，造成物价指数上涨

　　无论工资制度还是社会保障，都关系到国计民生，都是刚性的。如何调动年轻人的积极性，增加年轻人就业机会，如何打开老年人的钱包，促使他们消费，具体办法就是通货膨胀，因为很多发达国家设有遗产继承税。只有这样，才能够使年轻人不断地增加工作机会、增加工资收入，人们将银行里的款项不断取出进行消费或投资。老龄化高的发达国家，如日本、美国、西欧各国家和地区的银行利率都非常低，企业融资成本低，市场竞争力强。而我国银行在实行高利率的同时，通过金融政策进行调整和发放大量人民币，企图降低企业融资成本，但并非所有企业都能够获得银行的低利率贷款。于是，一方面老龄化使社会消费萎缩，大量社会产品消费不足，物价指数持续走低（低于3%），而导致通货紧缩；另一方面由于企业贷款困难，货币不得不大量超发，使人民币不断贬值，为了保值人们纷纷购买房地产，造成房地产业一枝独秀。

　　① Charles B. 2004. Global Demographic Change: Some Implications for Central Banks. Speech at FRB Kansas City Annual Symposium, Wyoming.

　　② 高见. 2009. 老龄化对中国通货膨胀与失业率关系的影响. 南方金融，（2）：8-13.

二、人口老龄化与物价指数无关

实证分析表明，2000 年全国 31 个省（自治区、直辖市）人口老龄化与 2010 年居民消费价格指数和商品零售价格指数呈负相关，2000 年我国人口老龄化程度高的地区，居民消费价格指数和商品零售价格指数低；反之，价格指数偏高。其相关系数勉强通过了 5% 的显著性检验（表 9–3）。2000 年我国流动人口比较少，老龄化严重的地区大多是经济发达、城市化水平高的地区，同时也是通货膨胀控制得比较好的地区。

表 9–3　2000 年、2010 年我国各省（自治区、直辖市）人口老龄化与
2010 年价格指数的关系

项目	居民消费价格			商品零售价格		
	总指数	城市	农村	总指数	城市	农村
2000 年 65 岁以上人口老龄化	−0.331 7	−0.258 8	−0.237 3	**−0.355 1**	−0.325 0	−0.106 9
2010 年 65 岁以上人口老龄化	−0.235 5	−0.165 1	−0.178 1	−0.166 4	−0.161 7	0.012 5

注：$r_{0.05}(n=31)=0.355$, $r_{0.01}(n=31)=0.456$。

同样，在不同时间，物价指数与老龄化变化关系不大。1995～2010 年我国城市、农村居民消费价格指数和商品零售价格指数，与我国人口老龄化程度线性相关系数的计算表明，其间的相关性不明显，不能通过显著性检验（表 9–4）。即人口老龄化与居民消费价格指数、商品零售价格指数高低无关。决定我国居民消费价格指数和商品零售价格指数的是我国的货币发行量、商品供应量、社会消费水平和经济发展程度等。这说明人口老龄化将降低居民消费价格指数和商品零售价格指数，但是价格指数下降的幅度与老龄化水平的关系不确定。

表 9–4　1995～2010 年价格指数高低与老年人口数量及比例的线性相关关系

项目	居民消费价格			商品零售价格		
	总指数	城市	农村	总指数	城市	农村
与 65 岁以上老年人口的相关	−0.303	−0.339	−0.250	−0.166	−0.167	−0.143
与老年人口比例的相关	−0.290	−0.326	−0.236	−0.152	−0.153	−0.130

注：$r_{0.05}(n=16)=0.514$, $r_{0.01}(n=16)=0.641$。
资料来源：国家统计局 . 2011. 中国统计年鉴（2011）. 北京：中国统计出版社，表 4–18，表 3–9

在老龄化社会，就业机会增多，失业率容易控制，而通货膨胀则不容易控制，治理通货膨胀的代价更高；反之，在人口结构年轻的社会，需要就业的人口

多，失业率难以控制，而通货膨胀相对容易控制。

相关分析表明，无论在时间范畴内还是在空间范畴内，我国人口老龄化与居民消费价格、商品零售价格指数关系不大。社会物价水平是通过社会供给、社会消费和政府调控等多种手段控制的，并非完全采用市场化手段，因此掩盖了实际供需矛盾，缓减了物价上涨的空间。例如，2012 年北京公共交通物价补贴达到 179 亿元人民币，达到当地当年社会保障费用的 2/3，这在任何国家和地区都是难以想象的。另外，人口老龄化对社会物价水平的影响确实比较小，我国人民币对内不断贬值、对外不断升值，本身是社会物价调整需求和国际外贸环境影响的结果，老龄化的发展是社会经济发展的结果。或许两者有交集，但影响似乎不大。

另外，CPI 指数和人们感觉到的实际物价差异越来越大。按照 2010 年物价指数，CPI 大致由食品、娱乐教育文化服务、居住、交通通信、医疗保健、衣着、家庭设备及维修、烟酒等 8 大类 251 小类 700 多种商品所构成，但是，其服务和住房比例小，权重调整缓慢，人们感觉到物价上涨较快。

长久以来，我国人民币一直面临着"对外升值、对内贬值"的压力。1994 年人民币以 8.619 元兑换 1 美元；1994～2004 年是缓慢升值期，人民币升值到 8.278 元兑换 1 美元；2004～2013 年是快速升值期，人民币进一步升值到 6.131 元 / 美元。人民币升值虽然增加了我国居民出国出境消费，但对国内 GDP 增长的贡献不大，并遭到国内外贸企业的一致反对。于是，国家不得不采取货币宽松政策，大量发行人民币，推动人民币的贬值。但是人民币贬值并未达到刺激消费的目的。国人增加工资、奖金以后，除了购置房产以外，仍是将钱存入银行进入国库，由于人们（特别是老人）的生活习惯，消费没有大量增加，物价指数的增加幅度不大。

第五节　本章小结

本章研究了人口老龄化与城市化水平、政府债务、社会失业率和物价指数之间的关系，主要结论如下。

1）2010 年我国 31 个省（自治区、直辖市）的城市化水平和人口老龄化水平的线性相关系数未能通过统计显著性检验，这说明城市化对老龄化影响的方向、大小不同。城市化水平和老年人口比例是否有关系？从我国城市发展的规律而言，城市通过文教卫体资源的配置，提高人们的生活质量和孩子抚养成本，同时城市较高的社会保障降低了人们的生育需求，因此城市化有利于提高该地的老龄化水平，例如，在2000年我国老龄化程度最高的分别是上海、北京、天津、江苏和浙江等城市化水平高的地区。另外，城市化吸引了大量年轻的流动人口，改变了城市人口的年龄构成；同时，在城市化水平低的地区，年轻人大量流出和迁出，导致这些地区的空巢化和老龄化。所以，2010年人口普查调整了统计口径，调查了各地常住人口状态，上海、北京、天津等地的人口老龄化水平随即下降。**这种常住人口与户籍人口老龄化之间的较大差异，完全是年轻人口流入过多所造成的**，即城市化水平与户籍人口老龄化水平相关。

2）到2013年6月底，中国政府债务占2012年GDP的58.3%（直接债务为39.9%，间接债务为18.4%），我国人均政府债务为2.2万元人民币。2010年年底～2013年年中，省、市、县三级政府负有偿还责任的债务余额年均增长20.0%。其中，省级、市级、县级债务年均分别增长14.4%、17.4%和26.6%。我国债务支出主要投向市政建设，其次是交通运输设施建设、土地收储，这3项就占债务的7成以上，而涉及社会保障和民生的，如保障性住房、生态建设和环境保护等，不足10%。各地直接用于老年人口，或直接应对人口老龄化的比例还很低。目前，中国政府债务仍在可控范围之内，中央及地方政府债务对我国养老保障的直接影响尚不明显。

3）老龄化导致年轻人减少，失业率下降；同时老龄化地区也是经济发达地区，成功地吸引了大量的流动人口，弥补了劳动力空缺。相关分析表明，**人口老龄化水平越高的地区（省市），城镇登记失业人数越多**。失业人数多的地区（如山东、湖北、湖南、江苏等），政府压力大，生育率低，老年人口数量多，老年人口比例高；失业人数少的地区（如西藏、青海、海南、宁夏等），政府压力小，老年人口数量少，老年人口比例低。

4）人口老龄化与居民消费价格、商品零售价格指数的关系不大。我国社会物价水平是由社会供给、消费和政府调控等多种手段实行，并非完全采用市场化手段，因此掩盖了部分供需矛盾，缓减了物价上涨的空间。

第十章

老年人口消费、储蓄和社会保险的实地调查

　　我国人口收入和消费支出调查大多以家庭为单位，很少按年龄分类，因此缺乏权威性的全国老年人收入、消费支出和社会保险方面的调查数据。实际上，中国老年收入存在着多方面的差异，如退休时间差异、城乡差异、东西部差异、工作单位所有制差异，以及老年人年龄和性别差异等。**时间差异**是指具体退出劳动的年份或时间，我国经济发展很快，人员工资或经济收入的增加也很快，享受的退休待遇也不同，虽然退休人员后期收入有所增加，但退休人员收入增加幅度不及在职人员收入增长幅度。**城乡差异**是指城市居民和农村居民之间社会基本养老金的差异，城市居民中具有较高的职工比例，平均退休金高；农村居民中退休职工比例低，平均退休收入低。**东西部差异**源于东西部在职职工收入差异，东部及中部经济发达地区在职人员经济收入高、退休人员收入高；而西部地区普遍收入偏低，仅新疆、西藏和青海等少数地区有一定的生活补贴。**工作单位所有制差异**源于退休前职工工作性质和身份的不同，导致其上缴社会保险数量和时间长度有差异，即城乡居民，企业、事业单位和公务员退休以后的收入差异。老年人个人收入不同，则决定了其个人和家庭消费支出、储蓄水平不同。实际情况十分复杂，统计仅给出了综合平均情况，人与人之间的差异也很大。**本章研究的问题是，不同老年家庭构成情况下的个人收入和支出、家庭收入和支出，不同家庭构成情况下的老年人社会保险情况及其规律。**

第一节　基本调查情况

参照国家老龄办科研所的做法，本节将老年人口分为家庭分散居住老人和机构集中居住老人，分散居住老人又分为纯老家庭老人、含老家庭老人，纯老家庭可细分为孤寡（单独）老人家庭及空巢（夫妻俩老）老人家庭。含老家庭指老年人和子女或其他家庭成员在一起的家庭，具体包括空心家庭——老人和未成年留守儿童组成的家庭；集中居住老人指居住在各种养老院、敬老院、老年公寓、颐老院、老年医院等的老人，集中居住老人家庭一般子女少、年龄大、身体状况差。

国家统计年鉴也有家庭或个人的经济收入、社会保障的数据，但很多统计没有分年龄，在统计调查中很多人感到"被平均"，数据失实屡有发生。在国家人口计生委宣教司、江苏省老龄办、安徽省人口计生委宣教处和贵州省人口计生委宣教处等单位的支持下，2010 年夏天我们组织南京师范大学社会学系研究生，分别到我国江苏、安徽、山东、山西、贵州等 5 个省 10 个市的城市和农村，深入到老年公寓、敬老院、老年家庭、老年活动中心等，对 1592 名老年人（家庭）进行了实地调查。其中东部地区调查了江苏苏州市、无锡市、南京市、常州金坛市、泰州姜堰市、山东临沂市等地，收集问卷 654 份，占调查总量的 41.1%；中部地区调查了安徽马鞍山市、山西临汾市等地，收集问卷 406 份，占调查总量的 25.5%；西部地区调查了贵州贵阳市、黔南布依族苗族自治州等地，收集问卷 532 份，占调查总量的 33.4%。本次调查问题具体包括 60 岁以上老年人口的个人及家庭背景、个人及家庭经济收入和支出、社会保险、健康状态、子女联系和闲暇时间分布等基本问题，加上附加题，合计 80 多个基本问题（附录 2）。我们将 1592 份问卷 80 多个问题编码输入计算机，通过 SPSS 软件汇总，处理结果如下。

1）**参调老年人地区及家庭构成。**本次调查孤寡（单独）老人家庭 394 人（户）、空巢老人家庭 698 人（户）、含老家庭 347 人（户）、集中居住老人 153 人（户）分别占调查总数的 24.7%、43.8%、21.8% 和 9.6%（表 10-1）。但是，各地区调查老年人家庭的数量比例不一。

2）**老年人年龄、性别构成。**本次调查的六旬老年人比较多，六旬老年人占 48%，七旬老年人占 37%，高龄老年人占 15% 左右。男性老年人占 55.3%，女性老年人占 44.7%。这和全国老年人口构成基本一致，本次调查的男性和六旬老年人略多一些，主要是由调查性质所决定的，我们直接对老年人进行调查，需要老年人的配合，偶尔也有家属代答代填。2011 年我们调查的老年人居住地区和居住状态，如表 10-1 所示。

表 10-1　2011 年调查老年人居住地区和居住状态情况

地区	孤寡老人 / 人	空巢老人 / 人	含老家庭 / 人	集中居住 / 人	合计 / 人	占比 /%
东部	99	309	151	95	654	41.1
中部	89	210	91	16	406	25.5
西部	206	179	105	42	532	33.4
合计	394	698	347	153	1592	100
占比	24.7	43.8	21.8	9.6	100	——

本次调查 1589 名老年人婚姻状态中，已婚的占 58.5%，丧偶的为 32.2%，再婚和离异的分别占 2.3% 和 2.2%，终身未婚的占 4.8%。参加调查的老年人平均每人（户）生育子女 3.32 人，本地居住子女 2.83 人，即每个家庭平均有 0.5 个孩子离开本地，在外地工作或学习。

第二节　不同老年人家庭的经济收入水平

老年人的低消费水平是由长时间低收入所决定的。2006 年 5 月有人在河北高阳县庞佐乡进行代际关系调查，当问及老年人"每月花多少钱"时，有 18 位老年人回答"几乎不花钱"，占调查样本的 40%。[①] 老年人的收入不仅用于自身的消费，而必须考虑家庭消费。乡村老年人由于子女生活困难，他们不得不承担照顾或供养已成年的子女或孙子、孙女的任务，而对自身的消费尽量压缩，出现了大量零消费现象（即衣食住行自给自足，不需要向他人购买）。

一、不同老年人个人的收入水平

大多数老年人经济收入多元且难以确定，而农村老年人的经济收入，主要源于社会养老保险。2011 年夏我们调查时发现，社会养老保险仅限于国家层面的试点单位，很多农村地方没有开展基本社会养老保险。

---

① 张岭泉，邬沧萍，段世江．2008.解读农村老年人的"零消费"现象.甘肃社会科学，（1）：211-214.

1. 老年人个人经济收入的地区差异——东高西低

不同地区老年人的个人收入支出、家庭收入支出是不同的。本次调查表明，2011 年**老年人个人月均收入为 1532 元**，家庭收入为 5778 元（表 10-2）。我国东部空巢老人个人月收入（2663 元）比孤寡老人（1575 元）、老年人平均**收入水平（1532 元）**分别高 69%、74%，孤寡老人则接近平均收入，集中居住的老人则比平均水平低 17%，即空巢老人的个人经济收入最高，集中居住老人的个人经济收入最低。

表 10-2　2011 年 7 月我国老年人居住状态与月经济收入

项目	老年人个人月收入 /（元 / 月）					老年人家庭总收入 /（元 / 月）		
	孤寡	空巢	含老	集中	合计	空巢	含老	合计
东部	3 136	**2 663***	—	1 144	2 164	5 566	3 842	4 993
中部	2 207	—		1 259*	2 018	10 225	12 653	10 902
西部	574	—		1 682	770	1 093	1 219	1 140
非农户口	1 722	2 670*	—	2 048	1 887	7 435	10 974	8 322
农业户口	1 463	—	616	604	1 230	4 443	2 416	3 648
合计	1 575	**2 663***	1 315	1 305	1 532	**5 949***	5 446	5 778

注：—表示调查样本量少于 15 人，*表示调查样本量在 15～40 人，其余则表示调查样本量多于 40 人

我国东部和中部地区老年人**个人月收入**差异小（分别为 2164 元和 2018 元），而西部地区老年人收入明显偏低（770 元），这可能与样本点的选取有关。**就不同地区孤寡老人个人月收入而言**，我国东部地区经济收入（3136 元）高于中部地区（2207 元），中部地区又高于西部地区（574 元）。集中居住老人的经济情况比较复杂，既包括农村五保老人，又包括老年公寓、养老院、老年医院的城市老年人等，老人月收入和支出差异也很大，城市地区高一些。实际上，我国老年人口的经济收入和当地经济发展及当地职工收入密切相关，地方经济发展快、职工收入高的地区（如我国东部），在相同替代率的情况下，老年人退休后的收入也比较高。

2. 各地区老年人年收入差异——东部地区老年人的贫富分化及西部地区老年人的绝对贫困

2011 年我国老年人贫困（个人月经济收入少于 500 元）比例，西部最高达57.0%，东部其次为 37.2%，中部为 24.3%（表 10-3）；富裕老人（个人月收入高于 3000 元）比例东部最高达 15.0%，中部为 10.3%，西部最低为 2.1%。这说明**相对于我国中部地区而言，我国西部地区老年人属于绝对贫困，贫的多、富的少；东部地区由于外来人口数量增多，老年人经济收入是两极分化，贫的多、富的也多。**

表 10-3　我国东中西部老年人个人月收入

项目	东部				中部			西部		
	孤寡	空巢	集中	合计	孤寡	集中	合计	孤寡	集中	合计
500 元以下 / 人	34	0	43	**77**	22	2	**26**	126	8	**135**
501～1500 元 / 人	30	4	34	**68**	49	9	**59**	53	17	**71**
1501～3000 元 / 人	13	6	10	**31**	7	4	11	14	13	**27**
3001 元以上 / 人	13	7	9	**31**	10	1	**11**	1	4	5
合计 / 人	90	17	96	207	88	16	107	194	42	238
500 元以下比例 /%	37.8	0.0	44.8	37.2	25.0	12.5	24.3	64.9	19.0	56.7
3001 元以上比例 /%	14.4	41.2	9.4	15.0	11.4	6.3	10.3	0.5	9.5	2.1

注：某些老年人家庭户（人）数合计少于 15 则未考虑，故小计并非简单汇加

3. 老年人个人收入来源——东部地区老年人收入多元化，西部地区老年人对子女的依赖性大

老年人收入来源统计表明（表 10-4），我国东、中、西部地区老年人退休工资及社会保险比例相差不大，大都在 59%～63%。我国东部地区老年人收入多元化，积蓄、利息或房产收益的比例最高（14%），而依靠自己劳动所得比例（2%）和依靠其他社会保障（社会救助）比例（3%）为最低；我国西部地区则相反（分别为 3%、7% 和 13%），西部地区老年人对子女经济上的依赖性最大（16%），自己劳动所得比例高，对土地、房产的依赖小。另外，相对于其他老人家庭，孤寡老人退休工资或养老保险比例最低（50%），积蓄利息或房产收益最高（14%），劳动所得（兼职）最高（8%），子女亲属提供的比例最低（10%）；而集中居住老人基本与之相反。

表 10-4　老年人个人收入来源统计　　　　　单位：%

项目	退休工资或养老保险	积蓄利息或房产收益	劳动所得（兼职）	子女提供	其他社会保险	其他
东部	**59.9**	**14.3**	**1.9**	**9.5**	**2.8**	**11.6**
中部	**62.5**	**5.8**	**6.1**	**8.9**	**7.0**	**9.7**
西部	**58.7**	**3.1**	**6.9**	**15.7**	**12.7**	**3.0**
孤寡老人	50.0	14.1	7.9	10.4	7.5	10.1
空巢老人	**74.4**	**7.2**	**4.9**	**12.2**	**0.6**	**0.7**
集中居住	68.9	5.7	1.6	12.9	8.3	2.6
合计	**58.2**	**9.7**	**6.1**	**9.7**	**7.7**	**8.4**

注：中部、西部地区空巢家庭登记人数少而未做统计（下表同）；其他中包括土地征用补偿商业保险等款项

二、不同老年人家庭的收入水平

2011 年空巢老人和集中居住老人**家庭经济收入**分析表明（表 10-5），相对于我国中部地区，我国东部地区老年人家庭月收入低于 500 元的比例最低，不足 14%；高于 3000 元的比例最高，接近 47%，富裕程度最高。西部地区老年人家庭月收入低于 500 元的比例最高，高达 42%；月经济收入高于 3000 元的比例仅为最低，为 8%。我国东西部地区的经济差异，主要是由全国经济发展特点所决定的。我国对外向型经济的依赖性较强，近海交通方便的东部地区获得了很好的发展机遇。我国西部贵州等地区，山路崎岖，交通不方便，老年人生活十分不便。与老龄化水平有关，我国东部地区计划生育工作力度强，老龄化水平高；西部地区则卫生医疗条件相对较差，老龄化水平相对低。

表 10-5　2011 年我国不同地区老年人家庭月收入（家庭户数）

项目	东部			中部			西部		
	空巢	集中	合计	空巢	集中	合计	空巢	集中	合计
500 元以下	38	19	**57**	20	34	**54**	73	36	**109**
501～1500 元	50	29	**79**	43	21	**64**	57	36	**93**
1501～2000 元	60	25	**85**	64	12	**76**	18	17	**35**
3001 元以上	129	65	**194**	83	20	**103**	14	7	**21**
合计 / 个	277	138	**415**	210	87	**298**	162	96	**258**
500 元以下比例 /%	13.7	13.8	**13.7**	9.5	39.1	**18.1**	45.1	37.5	**42.2**
3001 元以上比例 /%	46.6	47.1	**46.7**	39.5	23.0	**34.6**	8.6	7.3	**8.1**

1. 老年人家庭收入与家庭规模大小有关

调查同时表明，中部地区老年人家庭收入明显高于我国东部老年人家庭收入（分别为 10 902 元、4993 元），同时远高于西部地区老年人家庭收入（1140元），这可能和家庭人数密切相关。我国东部地区计划生育政策执行得较好，家庭规模小，城市化水平高；而西部地区人口流出数量多，老年人家庭人口少。另外，本次调查的群体主要是老年人，在调查过程中，老年人对年轻人的收入不了解，现在钱够用了，谁也不关心家中其他成员的收入和支出，即使大城市的夫妻之间也是如此。这也说明了经济调查的难度。

2. 老年人家庭经济收入的城乡差异

我国的城乡二元社会（不同城乡户口）影响了老年人年轻时的受教育情况、工作状态、经济收入和消费习惯。城乡差异主要出现在集中居住老年人及含老家庭中，而孤寡老人个人收入和家庭收入的城乡差异相对而言不是很大。调查表明，**城镇老年人个人经济收入是农村老年人的 1.5 倍左右（实际超过 2 倍）**，由于城乡人力资源投资（受教育）的差异及家庭规模差异，城镇老年人家庭经济收入是农村老年人家庭收入的 2.3 倍（实际超过 3 倍）。城乡差异又与人们的受教育程度、工作机会密切相关。

本次调查的 1590 个老年人户口状态分析表明，53.5% 属于农业户口，46.3% 属于非农户口，0.2% 属于户口未定（口袋户口）。老年人的受教育程度和老年人居住地点、户口性质、人口密度、公共设施建设等密切相关。事实是，在非农老年人人口中，高中及以上人口比例高达 31%，而农业户口老年人仅为 2%；农业户口老年人中小学及以下程度的占 84% 以上，而非农户口老年人则不足 49%（表 10-6）。受教育程度低既是老年农业人口贫困的原因又是贫困的结果。

表 10-6　不同户籍老年人的受教育程度

项目	非农户口 / 户	农业户口 / 户	人数 / 人	比例 /%
小学以下	236	420	660	41.5
小学	123	296	420	26.4
初中	149	117	266	16.7
高中 / 中专	129	16	145	9.1
大专及以上	97	2	99	6.2
合计	734	851	1590	100

第三节　不同老年人的月消费水平

无论个人消费还是家庭消费都和收入密切相关，收入决定消费。本次调查表明，我国**老年人个人月收入**为 1532 元，月消费为 708 元，家庭收入为 5778 元，家庭月支出为 1386 元（表 8-2 和表 8-6）；老年人个人消费占个人收入的 46%，老年人家庭消费低于家庭收入。分析其原因，参加本次调查的主要是老年人，他们对于子女在外的消费情况不甚清楚。

一、老年人消费支出——空巢老人消费水平高，孤寡老人消费低

老年人消费水平是一个十分复杂的问题，其不仅与老年人的收入有关，与子女经济状态有关，而且与老年人的家庭构成有关。

1. 不同老年人家庭构成情况下的支出水平差异

2011 年 7 月空巢老人（981 元）**月消费水平**比孤寡老人（546 元）及老年人

平均水平（708 元）分别高 80% 及 39%（表 10-7）。为何空巢老人收入和消费水平高于孤寡老人呢？我们认为，孤寡老人平均年龄高于空巢老人，退休时间早，基本收入低，尤其是配偶去世以后，身心欠佳；而空巢老人往往是东部城市或经济发达地区的退休老人，身边子女少，不需要照顾第二、第三代，老年人身体佳，消费水平高。而集中居住老人不需要带第三代（孙子、孙女），属于"享清福"的，消费水平高。

表 10-7 2011 年 7 月我国老年人个人和家庭月消费数量　　　　单位：元 / 月

项目	个人月消费支出				家庭月消费		
	孤寡家庭	空巢家庭	集中居住	合计	空巢家庭	集中居住	合计
东部	635	981*	864	874	1557	2040	1717
中部	695	—	779*	694	1353	1516	1398
西部	441	—	1199	569	856	833	848
非农业户口	764	1167*	1336	1027	1864	2172	1940
农业户口	381	—	563	432	759	1187	927
合计	546	981*	944	708	1315	1533	1386

注：—表示调查人数少于 15 人；*表示调查样本量为 15～40 人，其余则表示调查样本量多于 40 人

2. 老年人家庭构成与退休前老年人的职业有关

本次调查的 1590 个老年人退休前的职业中，农民占 52.5%，企业单位职工占 20.3%，事业单位职工不足 10%，6.5% 为无业，4.1% 为各级公务员，还有少量农民工、个体工作者等（表 10-8）。而公务员、企事业单位职工退休后大多进入空巢家庭的二人世界；而农民由于家庭子女多、社会保障条件差，大多和子女家庭合居，或者进入孤寡老人状态、集中居住状态；无业老年人集中居住的比例和孤寡比例也较高。

表 10-8 退休前不同职业老年人的居住状态

项目	孤寡 / 人	集中居住 / 人	空巢 / 人	合居 / 人	小计 / 人	比例 /%
农民	220	72	334	208	834	52.5
企业单位职工	55	38	171	58	322	20.3
事业单位职工	19	20	84	28	151	9.5
无业	57	12	19	15	103	6.5
公务员	6	3	43	13	65	4.1
个体	10	2	18	10	40	2.5
农民工	7	2	13	8	30	1.9
其他	19	4	16	6	45	2.8
合计	393	153	698	346	1590	100
比例 /%	24.7	9.6	43.9	21.8	100.0	

随着我国经济发展水平的提高，老年人个体的收入水平和消费水平也都有所提高，且收入水平的提高略快于消费水平的提高。

二、东部地区老年人高收入低消费，西部地区老年人低收入低消费

老年人个人消费调查表明，2011年东部地区老年人消费为每月874元，中部地区、西部地区分别为694元、569元；与中部地区相比，我国东部地区和西部地区老年人消费分别为126%和82%。而我国东中西部地区**孤寡老人个人消费**分别为635元、695元和441元；与中部地区相比，我国东部和西部地区老年人消费分别为91%和63%。即相对于中部地区而言，我国东部地区老年人是高收入低消费，西部地区老年人是低收入低消费。

与收入类似，我国东部地区老年人高消费（月高于2000元）的比例最高（9%），老年人低消费（低于500元）的比例也较高（43%）；而我国西部地区老年人高消费的比例最低（2%），低消费的比例最高（63%）（表10-9）。这说明政府应该高度重视西部地区老年人的生存状态。西部年轻人不甘贫困，很多流动到中东部地区工作，导致**西部地区老年人面临经济上贫困、生活上无助、生病无人照顾，如果没有政府介入，老年人的生活难以得到根本改善。**

表10-9　2011年我国东、中、西部地区老年人个人月消费情况

项目	东部/人				中部/人			西部/人		
	孤寡	空巢	集中	合计	孤寡	集中	合计	孤寡	集中	合计
1～500元	50	1	37	**88**	35	1	**36**	142	6	**148**
501～2000元	34	11	50	**95**	49	14	63	52	30	**82**
2001元以上	4	15	7	**28**	1	1	2	0	4	**4**
合计	88	17	94	**199**	85	16	**101**	194	40	**234**
500元以下比例/%	56.8	5.9	39.4	**43.2**	41.2	6.3	**37.5**	73.2	15.0	**63.0**
2000元以上比例/%	4.5	88.2	7.4	**8.7**	1.2	6.3	**1.9**	0.0	10.0	**1.7**

老年人家庭月消费调查表明，我国东部地区老年人家庭消费为每月1613元，比中部地区老年人家庭（1391元/月）高16%，或比西部地区老年人家庭（834元/月）高93%（表10-10）。老年人家庭月消费低于500元的低消费，我国东、中、西部地区分别为15%、7%和47%；而老年人家庭月消费高于3000元的高消费分别为13%、4%和3%。当然，老年人家庭消费情况不仅与老年人收入有关，而且与老年人家庭人数有关，更重要的是与样本调查人群的地理分布有关。我国西部老年人收入低、消费低，农村妇女生育多、经济发展迟缓，应该得到政府有关方面的重视。

表 10–10   2011 年我国不同地区老年人家庭月消费

项目	东部 / 户数			中部 / 户数			西部 / 户数		
	空巢	集中	合计	空巢	集中	合计	空巢	集中	合计
1～500 元	51	10	**61**	18	4	**22**	83	39	**122**
501～2000 元	123	48	**171**	122	41	**163**	57	44	**101**
2001～3000 元	77	52	**129**	62	38	**100**	16	13	**29**
3001 元以上	25	27	**52**	8	3	**11**	6	1	**7**
合计	276	137	**413**	210	86	**296**	162	97	**259**
平均消费 / 元	1447	1949	**1613**	1338	1520	**1391**	840	825	**834**
500 元以下 /%	18.5	7.3	**14.8**	8.6	4.7	**7.4**	51.2	40.2	**47.1**
3 000 元以上 /%	9.1	19.7	**12.6**	3.8	3.5	**3.7**	3.7	1.0	**2.7**

三、老年人消费构成——饮食衣着、医疗保健、住房、水电及通信所占比例大

老年人个人支出分析表明（表 10–11），大致平均每月支出为 866 元，其中饮食衣着消费、医疗保健、住房水电通信分别占 53%、14%、14%，合计占 81%，而保姆护理家政服务、旅游文化娱乐、补贴子女和其他支出分别占 5%、2%、7% 和 6%。其中，空巢老人支出最多（1907 元 / 月），集中居住老人消费次之，孤寡老人的个人消费最低。我国东部地区老年人消费支出比中部地区高 65%，而中部地区老年人消费比西部地区老年人高 29%。考虑到东、中、西部老龄化的差异，说明随着老龄化程度的加深，旅游文化娱乐在老年人消费中所占的比例越来越大。

表 10–11   2011 年 7 月老年人个人月支出消费统计   单位：%

项目	饮食衣着消费	医疗保健	保姆护理家政服务	旅游文化娱乐	补贴子女	住房、水电、通信	其他支出
东部地区	50.8	13.3	5.3	2.6	8.6	14.5	4.7
中部地区	57.9	10.5	2.0	1.9	10.2	9.6	7.9
西部地区	52.2	16.0	5.6	0.4	3.3	14.8	8.1
孤寡老人	57.3	14.4	2.1	1.0	5.3	10.5	9.3
空巢老人	44.2	17.1	7.9	7.1	11.7	8.2	3.8
集中养老	48.2	11.8	7.3	0.9	6.9	21.3	3.8
合计	52.8	13.5	4.7	1.8	7.4	13.7	6.1

2011 年我国老人家庭平均月支出为 1419 元（表 10–12），其中饮食衣着消费、医疗保健、住房水电通信和其他支出分别占 62%、12%、11% 和 11%，合

计占家庭消费的 96%，其余保姆护理家政服务、旅游文化娱乐分别占 1% 和 3%。我国东部地区老年人家庭中旅游文化娱乐消费比例、保姆护理家政服务费用比例略高一些，而住房水电通信费用比例相对低一些。而我国西部地区则相反，老年人家庭中保姆护理家政服务费用比例低，而老年人医疗保健费用比例、住房水电通信费用比例相对高；饮食衣着消费比例低一些。空巢老人医疗保健费用比例、保姆护理家政服务比例、旅游文化娱乐消费比例略高一些；饮食衣着消费比例低一些。

表 10-12　2011 年 7 月老年人家庭月支出消费统计　　　　单位：%

项目	饮食衣着消费比例	医疗保健比例	保姆护理家政服务比例	旅游文化娱乐比例	住房、水电、通信比例	其他支出比例	家庭总支出/（元/月）
东部地区	63.1	11.8	1.7	4.0	10.1	9.2	1779
中部地区	67.2	11.8	0.0	0.4	11.8	8.8	1395
西部地区	50.9	13.7	0.0	2.2	11.7	21.4	854
空巢老人	59.8	13.2	1.0	3.3	10.8	11.8	1342
集中居住	67.0	10.1	0.7	1.5	10.9	9.7	1577
合计	62.4	12.1	0.9	2.6	10.9	11.1	1419

应该注意的是，东、中、西部三个地区老年人家庭的医疗保健比例都超过了 10%，西部地区甚至高达 13.7%，远远超过了 2009 年我国人均消费结构中医疗保健支出所占的比例（9.3%）。这也说明了随着老龄化程度的加深，医疗保健在整个家庭消费中所占的比例将不断上升。

老年人另一个主要消费渠道是对子女家庭的补贴。中国人家的观念十分强，又没有财产继承税，家庭经济生活中父子、母子往往是不分家的。2009 年，我国大学毕业生中有多达 16.51 万"啃老族"，然而今天，越来越多的年轻人却主动辞职回家，加入了"啃老族"的队伍。中国社会科学院社会学研究所景天魁指出，"中国有 65% 以上的家庭存在'老养小'现象，30% 左右的青年基本靠父母供养"。"啃老族"的与日俱增并迅速扩大，表明它已从一种"家庭现象"演化成"社会问题"。[①]"啃老族"可以分为失业、待业人员群体和低收入就业人员群体。北京大学社会学系陆杰华认为，城市独生子女多，家庭规模在缩小，家庭观念也在转变，"啃老"问题值得关注。有人编了"啃老"歌谣："一直无业，二老啃光，三餐饱食，四肢无力，五官端正，六亲不认，七分任性，八方逍遥，久坐不动，十分无用。"[②]

①　邢娇娇 . 2012-03-19. 解决"啃老"问题不能靠简单惩罚 . 光明日报，第 7 版 .
②　滕朝阳 . 2011. 孺子可教——一个父亲的育儿笔记 . 北京：新华出版社 .

第四节　不同老年人家庭的社会保险和储蓄率

社会保险包括社会养老保险、医疗保险、工伤保险、失业保险、生育保险等 5 个基本险。2011 年我们调查的主要是前两种，其中社会养老保险包括城镇企业职工基本养老保险、机关事业单位养老保险、城镇居民养老保险、新型农村养老保险、失地农民养老保险等。社会医疗保险包括职工基本社会医疗保险、城市居民基本医疗保险和新农合，有些地方还有大病补充医疗保险等。每种社会保险适合的人群不一，缴费数量、比例及社会保险程度不一。

一、老年人参加的社会保险

2011 年对老年人口社会保险的调查发现，我国社会医疗保险比社会养老保险覆盖面更宽一些。中部、东部地区老年人社会医疗保险差异不大，而西部地区社会养老保险覆盖率（53%）有待于提高；在各种老年人群体中，孤寡老人的社会保险程度较低，空巢老人的家庭保险程度较高，集中养老老人居中（表 10-13）。分析认为，空巢家庭往往是年轻老人的家庭，子女一般不多，子女出去工作以后，享受二人世界，他们文化程度高、信息多，社会保险比例高；而孤寡老人年事已高，子女不管，身体衰弱，对社会保险往往处于不知如何申领、无法申领的状态，在西部地区更是如此；集中居住老人有很多同龄人，可以相互提携，他们的社会保险往往处于中间状态。

表 10-13　2011 年 7 月我国老年人个人参加的社会保险情况　　　　单位：%

项目	东部地区		中部地区		西部地区	
	社会医疗保险	社会养老保险	社会医疗保险	社会养老保险	社会医疗保险	社会养老保险
孤寡老人	91.8	74.5	93.0	82.6	62.3	30.0
空巢老人	95.8	89.6	100.0	88.5	100.0	54.7
集中养老	86.1	82.4	99.0	82.7	100.0	57.3
合计	91.6	84.6	98.2	85.7	100.0	53.3

此外，西部地区社会医疗保险覆盖率似乎比较高，但实际保险金给付比较低，关键是要发展"内涵"，提高老年人的医疗保险水平和社会养老水平。我国农村基本养老保险每个月 60～70 元，既不够吃饭又不够看病。尤其是在贵州农村地区，很多地区不属于社会养老试点地区，地方经济欠发达，对于少量的社会救助名额和大量需要救助的老年人，无论是社会养老保险还是社会医疗保险，地

方政府都要增加投入。

对于新农合，2012 年标准已提高到 290 元 / 人，其中财政补助 240 元 / 人，个人缴费 50 元 / 人。也就是说，农村老年人只要缴纳 50 元的医疗保险费用，若生病住院就可以享受优惠，"乡镇一级医院（卫生院）、县城一级二级医院、城市一级二级医院、城市三级医院起付线以上的报销比例分别为 85%、80%、75%、70%"[①]。门诊费报销只限于村卫生所和乡镇卫生院，而且报销比例不高。但是，农村很多老年人的慢性病所用的药物都不在报销范围内。很多老年人常年服用的慢性病的药物都是全额的，价格非常昂贵。部分老年人由于付不起，甚至垫不出医药费就放弃治疗，以至于小病拖得病情越来越严重。在调查过程中，我们就遇见两位老人，没文化，缺乏对疾病的了解，小病拖成大病，最后病情严重了，到诊所拿点药，稍微缓和一点儿，又停药了，因为医药费太贵，支付不起。她们本身收入极低，又非常节俭，不愿拖累子女，自己的病一般都是一拖再拖，非得等到扛不过去了，再去看医生。

二、老年人口的储蓄率

老年人口的储蓄包括储蓄存量和储蓄流量，前者指累计的储蓄或存款数量，后者指年度或季度的储蓄或存款数量。而本章中的储蓄指的是老年人个人申报的收入，减去个人自报同期消费的余额，储蓄率指储蓄额占收入的百分比。实际情况是非常复杂的，尤其是在农村，农产品未销售变现以前无法转变为实际收入；类似于农民的支出，除了日常消费以外，还有生产资料的投资，这种投资不是传统的储蓄。因此，这里储蓄数量和储蓄率绝对数量偏高，这里计算的储蓄率可能比实际储蓄率高 20 个百分点，但不妨进行相对数量的比较研究。

本次调查分析表明，老年人储蓄率为 54%，月消费为 46%，即收入的 54% 进行了储蓄。孤寡老人、空巢老人储蓄率偏高（大于 60%），集中居住老人的储蓄率低（28%），我国东部、中部地区老年人储蓄率高于 60%，西部地区仅为 26%。虽然老年人储蓄率为 50% 左右，但我国东部地区的孤寡老人的储蓄率最高，接近 80%，西部地区孤寡老人的储蓄率最低，仅为 23% 左右。老年人消费领域狭窄，消费水平低，收入低但十分稳定。中国人的基本单位是家庭而不是个人，无论老年人消费还是储蓄，都和子女家庭、子女工作状态及子女收入等密切相关。老年人对于未来缺乏信心，不知道未来身体状态如何，也使他们有意识地增加储蓄。

居民储蓄率和居民年龄有关，总体来说，我国老年居民的储蓄率随着年龄

---

① 周荣蓉 . 2012. 安徽省新型农村合作医疗制度研究 . 安徽农业科学，（28）：14076-14078.

的增加而下降。年龄大了收入相对减少，而医疗保健、养老服务等消费却增加了。调查表明，60～89岁的老年居民的储蓄率大致都高于60%，90岁以上老年居民的储蓄率低于40%，这一调查结果与我国高储蓄率的现状大致相符。这种变动状况可能与以下情况有关：随着老龄化程度的加剧，老年人一方面使用毕生的积蓄购买养老服务，从而降低总的储蓄水平且抑制储蓄增长速度；另一方面由于老年人始终要为自己的晚年生活多留有余款，在老龄化前半期储蓄又会有所增加。

三、老年人口的现金和存款保管人

老年人存款和现金保管是有差异的，保管人一般具有支配权和优先使用权。分析表明，老年人自己保管现金的比例比保管存款的比例略高一些（二者分别为91.2%、87.5%），子女保管现金或存款的比例不超过10%（二者分别为6.9%、9.4%）。另外，老年女性现金保管比例高于男性，而老年男性存款保管比例高于女性。最后，儿子保管的比例（5.1%、7.3%）高于女儿保管的比例（1.8%、2.1%）（表10-14）。座谈反映，刚退休时，老人身体相对健康，现金和存款都由老人自己保管；年龄逐渐大了，身体不佳特别是脑子不灵以后，为了使用方便，现金一般自己保管，存款由子女保管。这也从另一方面反映了老年人的传统观念，即儿子是自己人，跟自己的姓；女儿是外姓人——"嫁出去的女儿泼出去的水"，对儿子的信任大于对女儿的信任，尤其是在全国的中西部地区更为明显。

表 10-14　老年人对现金和存款的保管状态

项目	老爷爷	老奶奶	儿子或媳妇	女儿或女婿	保姆	其他	合计
现金/人数	688	716	78	27	1	29	1539
管理/%	44.7	46.5	5.1	1.8	0.1	1.9	100
存款/人数	642	635	106	31	0	46	1460
保管/%	44.0	43.5	7.3	2.1	0	3.2	100

据《中国老龄事业发展报告（2013）》蓝皮书，截止到2012年年底，我国60岁以上老年人口为1.94亿人，比上年增长了891万人，占总人口的14.3%。按照2010年的普查口径，估计2012年年末全国失能老人达到3750万人，如果每个失能老人每年的社会医疗保险费用为4万元，仅这一部分，国家的社会医疗保险就为1.5亿元。当然，人的社会地位越高，社会保险待遇越好，人的预期寿命越长。所以，在社会和家庭不堪重负的情况下，很多人选择"活得长、死得快、少受罪"。

本次调查表明，如果条件许可老年人选择居住在自己家、与儿子媳妇居住、与女儿女婿居住、居住在养老院的比例分别为 65%、19%、3% 和 13%。由此可见，对儿子的指望高于女儿，而只要经济条件许可，老人居住意愿改变，愿意居住在养老院（老年公寓、敬老院）的比例很高。实际上，居住地点和老人年龄密切相关。当老人相对年轻时，身体比较好，则愿意和儿子、女儿居住，图个热闹；年龄大了、身体差了，则经济条件许可，愿意住养老院，图个清静；也有一些老人愿意自己单独居住。

空巢家庭老人和合居老人劳动就业率或社会兼职率高，而集中居住和独居老人的劳动就业率低。分析进一步表明，70 岁以下、农业户口比例高、社会保障较差的地区老年人就业率高。

第五节　城市、农村居民消费的典型调查

要了解老年消费比例就有必要了解整个生命周期的居民消费情况。为深入了解我国老年人口消费数量和构成，2011 年夏南京师范大学人口研究所组织高年级硕士研究生袁修睿、郑文彧、付卉丽和孙钦艳等，对江苏苏州市，无锡市，山西农村及山东居民进行了为期 30 天的各年龄组人群的消费项目和消费数量的典型调查。

1）**实际一代人和假设一代人。实际一代人**就是实时跟踪某一批指定人群，经常调查其消费、收入情况，这样时间跨度大，人口流动快，跟踪难度大，多数情况下难以操作。取以代替的是**实时跟踪某一特定人群**，例如，调查 20 世纪 50 年代出生人群消费水平的研究，1970 年的调查从 20～25 岁的人中抽取样本，1980 年从 30～35 岁的人中抽取样本，1990 年从 40～45 岁的人中抽取样本，……虽然每个样本都由不同的人组成，但完全可以代表 1950～1955 年出生的一代人的消费水平。同样，因为其跟踪时间跨度大，货币贬值程度难以把握，操作研究难度大，实际调查研究大多采用**假设一代人**，即一次性普查或调查各年龄组人群的消费情况，这是人口学、社会学常用的一种统计分析方法。假设一代人按照某地区平均消费水平进行生活，分析他们的消费构成和消费数量情况。如出生时父母按照 2010 年消费水平进行消费；10 岁、20 岁……父母按照 2011 年的平均消费水平进行消费；其后工作、结婚、生育，按照 2010 年的平均消费水平养育子女、赡养老人，上缴社会保险相关费用，进行消费；60 岁以后退休，享受 2010 年平均情况以下的社会保障，利用社会养老保险或退休金进行消费。这种做法的

主要目的是从中分离出老年人、成人、少儿平均消费水平和消费比例及各种消费项目构成，进一步了解家庭消费构成、促进消费，组织生产。

2）**以生命为周期人们经济的收入和消费。** 人的一生是个人资源不断开发和使用的过程，但是这些资源的开发和使用在生命周期各个阶段的意义有很大差别。如果把一个人的生命周期划分为少儿学习期、成人工作期和老年退休期的话，那么在学习期，个人是由家庭承担所有的开支；在成人工作期则是个人承担所有的开支、上缴社会保险费用，并承担抚育下一代的责任；在退休期则是以个人承担自己及家庭费用为主，享受社会保险相关福利。就老年经济学而言，虽然从表面上看这是在研究老年人的经济特征及其影响，本质上是研究人一生中的经济消费和经济收入平衡问题，即以生命周期为基础的个人经济（包括人力资本投资、社会资本投资、对子女投资）收支与平衡。

家庭内部资源的代际转移主要通过人力资本投资、遗赠、赡养等形式实现，而社会资源的代际转移则主要通过社会保障制度等社会转移支付机制实现。在传统社会中，家庭内部的资源代际流动是资源代际转移的主要形式，这是一种封闭式的代际资源转移模式。在现代经济条件下，以社会保障为基础的开放性的社会资源代际转移已经成为主导模式。因此，在老年和老龄经济学的研究中，社会代际资源转移是一个重要的理论前提。[①]

家庭生育、养育孩子所支出的费用，称为家庭人口投资，与宏观人口投资相对应，它又称为微观人口投资。家庭人口投资是指从母亲怀孕到把婴儿培养成为具有劳动能力正常人的过程中，由家庭所支出的一切费用。家庭人口投资的主要内容是：母亲从怀孕到把孩子养育成人损失的工时折算的费用；孩子抚养过程的衣食住行等生活费用；由家庭支付的各种教育培训费用；由家庭支付所花费的医疗保健等方面的支出费用。[②]

一、苏州老年人消费比例——基于生命周期消费情况的实证分析

生命周期假说把消费与人的终身收入和消费联系起来，具有重要意义和地位。它解释了消费函数，说明了长期消费函数的稳定性及短期内消费波动的原因。长期平均消费倾向是稳定的，边际消费倾向与平均消费倾向大致相等。但在短期中，财产与可支配收入的比率是变化的，主要原因在于资本市场的价格变动。此外，生命周期理论还可以用来分析不同社会政策和不同消费项目对消费总量和老年人消费比例的影响等问题。

①　邬沧萍，姜向群. 2006. 老年学概论. 北京：中国人民大学出版社：98-125.

②　李仲生. 2006. 人口经济学. 北京：清华大学出版社：161-162.

生命周期理论研究的困难：个人收入、消费和储蓄实际和小家庭经济紧密联系在一起，有时是很难分离的，因此计算个人的生命周期有时是十分困难的。另外，人们的收入、消费和储蓄在各年龄段、各时间段可能相差很大，到底代表性有多大未知。于是，我们想到"平均人"的情况，用以分析人们在各时间的收入、消费和储蓄的关系，探索其随年龄分布及变化特点。

1. 研究进展

我国实行计划生育以后，出生减少、独生子女增加，家庭结构变化迅速，孩子成为家庭中的"小太阳"，父母捧着，祖父母哄着，孩子消费也随之增加。同时，社会风化，人口流动迁移加快及受西方养老制度的影响，家庭将老年人的生活推给社会和政府。老年人不会消费、不敢消费、无款消费、无能力消费、被剥夺消费权的现象普遍存在，结果造成老年人消费不振。中国老年人口消费十分复杂，依经济收入水平而异、依身体状态而异、依年龄性别而异、依文化和个人消费习惯而异等。

2. 研究框架设计

这里具体考虑苏州市中产阶层人士，独生子女，23岁大学毕业，28岁结婚，60岁退休，工作37年，寿命为85岁，最后2年为卧床不起。这里仅考虑个人及家庭的中等消费水平消费，不购房不购车（租房租车），包括缴纳和享受的社会保险，而不考虑政府或社会对于家庭或个人的其他投入或补贴等，如交通补贴、对养老院经济补贴、政府购买服务补贴等。

在实地调查中，我们收集了苏州市场上国内国外20个品牌186种不同规格、不同价格的奶粉，苏州196所幼儿园保育教育收费价格，小学初中各种补习班、兴趣班、提高班的学杂费，市区22所四星、三星、两星级及以下高中、民办学校高中学校和9所老年公寓、老年护理院、老年医院、托老所等的情况，**实地走访调查**了大量各年龄组市民，获得了很多第一手资料，整理出各种平均数、中位数等有代表性的数据，并参考和**研读了苏州市市委、市政府相应的政策和文件**，如苏州市物价局公布的《苏州市幼儿园保育教育收费标准》、《苏州市区义务教育阶段公办学校收费项目和标准》、《苏州市区普通高中收费项目和标准》、苏州市老年公寓收费项目和标准、苏州市某区少年宫2010年春季新生班收费项目和标准，苏州社会保障相关文件和最新版《苏州市统计年鉴》等。其中，根据政策，独生子女义务教育阶段学杂费全免，这里未考虑小学和初中阶段学生的学杂费。

3. 实证分析

以**苏州各年龄组平均而言**（图10-1），人一生中消费能力最强的是20～30

岁的年轻人，他们正处恋爱婚姻年龄，才参加工作，消费水平为每年 4 万元左右。第二消费高峰是 80 岁以上高龄老年人，他们或多或少有一些疾病，或者很多人已经卧床不起了，大量的医疗和护理年费用，提高了他们的消费水平。消费水平最低的是新生婴儿和 70～80 岁健康老年人，他们的年消费水平为每年 1 万元及以下。计算表明，2011 年苏州年均人消费为 15 951 万元，而该数据与《苏州市统计年鉴》记载的 2009 年苏州人均消费性支出 16 402 元和可支配收入 26 320 元大致相符①，这说明了我们分析计算的合理性。

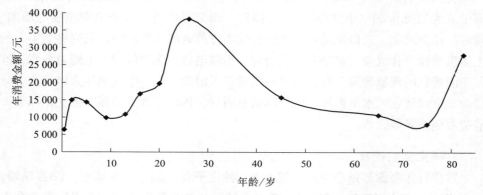

图 10–1　2011 年苏州市中产居民年平均消费水平统计

1）**从各消费项目分析而言**（图 10–2），每个苏州居民的衣食消费最高，超过 60 万元；如果是租房而不购房，住宿消费超过 20 万元；另外，门诊住院和医疗费接近 10 万元，婴儿奶粉、保姆及护理费接近 10 万元，从小到老的各种学杂费和各种补习班、兴趣班、继续教育费用超过 10 万元，终身交通旅游费用接近 10 万元，恋爱、结婚费接近 10 万元。一个居民合计终身消费费用为 137 万元，这里未考虑读研、购房等消费。如果大学生毕业后立刻工作，直到 60 岁退休，平均每年经济收入为 3.7 万元，其中衣食消费占 45.4%，恩格尔系数大致为 38% 左右。

2）**若分少儿、成人和老年人三阶段而言**，0～14 岁少年儿童合计消费 30 万元，年均消费 1.15 万元；15～59 岁成人合计消费 71.4 万元，年均消费 1.87 万元；而 60 岁以上老年人合计消费 35.7 万元，年均消费 1.37 万元。如果所有年龄段平均消费为 1，则少儿、成人和老年人年消费比例为 0.72%、1.17% 和 0.86%。苏州市成人年消费、老人年消费分别比少儿年消费高 64% 和 20%。

2011 年苏州将一个婴儿培养到 18 岁劳动者，家庭为其花费 35 万元（5.6 万美元）。如果上大学则需增加 7.9 万元（1.25 万美元），这是人们不愿生育孩子的

---

① 苏州室统计局.苏州市统计年鉴（2011）.

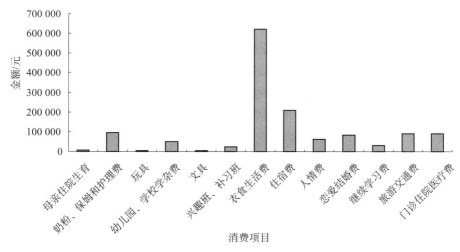

图 10-2　2011 年苏州中产居民消费项目及消费额

主要原因——孩子生育成本上升过快。这个数据和北京市的相关统计一致[①]，北京市培养一个孩子到高中毕业为止需要 35.91 万元，读完大学需要 42.91 万元。

3）**老年人消费数量和比例**，如果按照 2011 年消费水平，60 岁以上老年人在生命余年平均消费额为 35.7 万元，若考虑物价（过去 30 年年均为 4.4%～5.7%）每年上涨 3%、5% 和 8%，则苏州 60 岁以上老年市民的平均养老消费支出为 55.90 万元、75.06 万元和 119.94 万元（表 10-15）。你准备好了吗？如果是未参加社会保险的个体户或外来者，有谁能为他们提供晚年生活保障？这仅是平均情况，如果得重病大病，或长期卧床不起，这些钱显然是不够的。于是全民社会保障的时代来到了，参加社会保障不仅给自己一个保障，同时也是给每个家庭一个保障。一个病人或老人拖垮一个家庭是常见的事。

表 10-15　2011 年苏州居民的消费水平和构成

项目	0～14 岁少年儿童	15～59 岁成人	60 岁以上老年人	合计
总消费 / 元	300 556	714 236	357 000	1 371 792
总消费比例 /%	21.9	52.1	26.0	100
平均年消费 / 元	11 454	18 733	13 731	15 951
年少儿消费 =1	1.00	1.64	1.20	1.39
各龄平均消费 =1	0.72	1.17	0.86	1.00

---

① 中国广播网 . 育儿算出惊心账：北京养大 1 个孩成本超 42 万 . http://edu.ifeng.com/news/ detail_2011_10 /01/9615253_0.shtml [2011-10-01].

二、江苏无锡及山东、山西农村居民消费情况

2006 年 3 月《理财周刊》记者分析[1]，在中国上海、北京等一线城市，作为中产阶级如果考虑购房买车，人的一生要花 1120 万元。其中、购房装修、购车养车费用为 389 万元，老人消费为 96 万元左右。2006 年南方网综合分析，在北京、上海等城市，一生要花费 397 万元。其中购房装修、购车养车费用 95 万元，孝敬父母和自己退休养老费 79 万元。[2] 由此可见，各地区各人之间由于经济收入不一，消费水平相差很大。

生命周期不仅可以给出老年人的消费比例，而且可以给出少年儿童的消费比例，少年儿童的人数比例与人口老龄化密切相关，少年儿童人数的减少也是造成人口相对老化的重要原因。少年儿童消费数量也直接或间接影响老年人口的消费数量和比例。

我们研究了无锡市城市居民，山西省农村、山东省农村居民同期消费项目和消费数量（表 10-16）。对无锡居民的调查表明，即使不购房不买车，又是健康老人，几乎无卧床期，中产阶级的终身消费也达 165.4 万元，其中 60 岁以上老年消费达 45.1 万元，达终身消费的 27.3%。0～14 岁、15～64 岁及 65 岁以上人口年均消费分别为 1.08 万元、2.31 万元和 1.73 万元，无锡市人均年消费为 1.92万元。其中衣食消费占消费总量的 37.9%，恩格尔系数为 30% 左右。2011 年无锡市老年年均消费比少年儿童高 66%，而比平均水平低 10%。若以 37 年工作年限考虑，平均每年收入应该为 4.5 万元，每月 3800 元方可维持消费。

表 10-16　2011 年江苏无锡、山东农村、山西农村居民平均消费水平和消费比例

地区	项目	0～14 岁少年儿童	15～59 岁成人	60 岁以上老年人	合计
无锡市城市	总消费 / 元	175 100	1 038 100	450 800	1 664 000
	总消费比例 /%	10.5	62.4	27.1	100
	年均消费 / 元	11 673	23 069	17 338	19 349
	少儿消费 =1	1.00	1.98	1.49	1.66
	各龄平均消费 =1	0.60	1.19	0.90	1.00
山东农村	总消费 / 元	64 500	436 200	226 500	727 200
	总消费比例 /%	8.9	60.0	31.1	100.0
	年均消费 / 元	4 300	9 693	8 712	8 456
	少儿消费 =1	1	2.25	2.03	1.97
	各龄平均消费 =1	0.51	1.15	1.03	1

[1]　佟琳 . 2006. 你的一生要花多少钱 ? 理财周刊，（3）.

[2]　南方网 . 人一生需要多少钱 . http://www.southcn.com/opinion/wlmy/200606300773.htm [2006-06-30].

续表

地区	项目	0～14 岁少年儿童	15～59 岁成人	60 岁以上老年人	合计
山西农村	总消费 / 元	60 780	384 210	103 600	548 590
	总消费比例 /%	11.1	70.0	18.9	100.0
	年均消费 / 元	4 052	8 538	3 985	6 379
	少儿消费 =1	1.00	2.11	0.98	1.57
	各龄平均消费 =1	0.64	1.34	0.62	1.00

2011 年对山东莒南农村居民的调查表明，在传统观念十分严重的山东，老年人消费比例仍十分高，如果读大学、不购房子和汽车，则一个农村人一生消费达到 72.7 万元，其中 60 岁以上老年人消费占总收入的 31% 以上，而少年儿童的消费比例不足 9%。就每年每人消费而言，老年人口每年消费略多于 8700 元，成年人口消费不足 9700 元，少年儿童年消费为 4300 元。若少年儿童消费为 1，则老年、成人年均消费是 2、2.25；如果各年龄段每年消费为 1，则老年、成人和少年儿童的消费水平分别是 2、1.15 和 0.51。如果以工作 37 年为限，每个人年均收入为 19 700 元，月薪 1650 元以上才能维持消费平衡。而衣食消费占消费总量的 51%，恩格尔系数为 40% 左右。

2011 年对山西曲沃县农村的调查表明，山西农村人的消费十分低，0～14 岁少年儿童、15～59 岁成人和 60 岁以上老年人口终身消费 6.1 万元、38.4 万元和 10.3 万元，合计消费 54.9 万元；即少年儿童、成人和老年人消费比例为 11%、70% 和 19%。2011 年年均消费为 6400 元，其中成人最高为 8538 元，少年儿童其次为 4052 元，而老年人最低不足 4000 元。如果以少年儿童年均消费为 1 计算，则老年、成人为 0.98、2.11，如果以平均消费为 1 计算，则少年儿童，成人、老年人消费分别为 0.64、1.34 和 0.62。如果不购房不买车，故工作 37 年，则年均收入为 1.5 万元才能平衡终身消费。衣食消费占终身消费的 61%，其中恩格尔系数在 45% 左右。

由此可见，居民消费额的绝对值是由各地经济发展状态、收入水平和城市化程度等所决定的，按照 2011 年的水平，如果不购房不买车，个人终身平均消费水平为 55 万～167 万元。长江三角洲地区及城市居民消费高，而内地及农村居民消费低。岁均年消费为 6400～20 000 元。另外，老年消费大致占终身消费的 19%～31%，老年人年均消费数量为 4000～18 000 元，差异很大；老年消费占各年龄组的消费比例各地不一，有养老传统、政府社会消费少的地区，家庭及个人消费比例高。最后，少年儿童消费和老年人消费之比为 1∶1～1∶2，老年人消费比少年儿童消费高 20%～40%；各年龄组消费水平与老年消费之比为 0.6～1.0∶1.0，即老年消费比社会平均消费低 0～40%，平均低 20% 左右。

三、美国居民终身消费情况

1. 美国孩子消费

由美国农业部营养政策和促进中心组织撰写的《家庭养育子女花费》报告，自 1960 年以来每年发布一次，旨在为法庭和政府处理与子女赡养费相关事务提供参考依据[①]。1960 年出生的孩子到 18 岁美国养育费用为 2.5 万美元左右，若按 2008 年美元币值计算，约为 18.35 万美元。2007 年出生的孩子养育费用为 26.9 万美元左右。2009 年 8 月美国农业部认为，一个中等收入家庭把一个出生于 2008 年的美国孩子养到 18 岁，预计需花费 29.15 万美元。住房费用是养育孩子的最大一笔支出，占预计全部花费的 32% 左右。这笔费用按每增加一个孩子需添置一间卧室的支出计算。食品、照顾与教育子女费用各占总花费的 16% 左右。该报告中公布的养育费中，尚不包括母亲妊娠期间的花费和子女 17 岁以后上大学的费用。目前，美国四年制公立大学平均学杂费为每年 6585 美元，食宿费 7748 美元；四年制私立大学平均学杂费每年 2.5 万美元，食宿费 8989 美元。四年公立大学和私立大学，分别要加上 5.73 万美元和 13.6 万美元。换言之，培养一个孩子到大学毕业，美国人需要花费 25 万～43 万美元。而 2009 年美国家庭年收入的中位数为 49 777 美元（美国人口普查局数据），一个四口之家年收入不足 2.2 万美元即算生活在贫困线下。从美国各种族年收入来看，亚裔美国人的家庭年收入最高，其中位数达 65 469 美元，其次为白人家庭，家庭年收入中位数为 54 461 美元，黑人家庭收入最低，年收入中位数为 32 584 美元。以家庭年纯收入 3.5 万元计，大致为 7～12 年的纯收入培养一个孩子。孩子本身就成为一种最奢侈的消费品，生得起养不起。

2. 中国、美国孩子消费的比较

1979 年中国培养一个年满 16 岁的劳动力，在家庭支出方面，城市为 2633 美元，城镇为 2262 美元，农村仅为 701 美元。中国的家庭人力资源投资水平比美国低。1979 年美国培养一个年满 18 岁达到社会平均水平的劳动力需要 57 952 美元，**大致是当年中国水平的 30 倍**。若再供孩子读大学本科四年，美国至少还要支付 26 275 美元，合计为 84 227 美元。[②] 显然，在不同的国家，由于生产力发展水平、经济制度和人口政策的不同，家庭人口投资额以及它在总人口投资中所占的比例是有很大差异的。一般来说，经济发达国家的家庭人口投资数量大，经济落后国家的家庭人口投资数量小。当然，1979 年中国才开始改革开放，无

---

① 中国青年报，2009 年 8 月 7 日。

② 李仲生. 2006. 人口经济学. 北京：清华大学出版社：161-162.

论收入还是消费与美国差异都很大，事隔 32 年，中国和美国在经济方面的差异，已经缩小了很多。但是，子女养育方面的成本是否降低了呢？1979 年按中国银行汇率 1 美元可兑换 1.49 元人民币，1979 年我国城市培养一个 16 岁的孩子仅需 3923 元人民币，仅 32 年就达到 32 万元，涨了 80 倍，每年平均以 14.75% 的速率增长。而按 2010 年出版的《中国统计年鉴》，2009 年我国的城市居民价格指数、商品零售价格指数（1978 年为 100）仅为 558、394，即分别是 1978 年的 5.6 倍和 3.9 倍。这说明不仅是物价上涨的原因，更重要的是"家庭中的小太阳"孩子的消费结构改变了，孩子成为高消费群体了。如果按照当时银行汇率计算，1979 年中国城市 17 岁（上大学）前孩子的养育费用是美国同期的 1/30，2010 年中国孩子的培养费用大致为美国的 1/5。

2006 年英国调查发现，英国人一辈子平均花费 153.74 万英镑（约合 292 万美元）。其中，购买住房、食物和服装等基本生活费占了 3 成，而退休之后花销占总支出的近 1/3。[①]

第六节　结论和讨论

本书的结论是调查了我国东、中、西部地区的江苏、安徽、山东、山西、贵州 5 个省 10 个地市，以 1592 位老年人及其家庭为统计样本分析得出的，所选样本在我国城乡居民中有一定的代表性，因而该结论在全国范围内也有一定的借鉴意义，本章主要结论如下。

1）老年人个人和家庭经济收入的地区差异——东高西低，东部地区老年人收入多元化、贫富两极分化，相对富裕；西部地区老年人对子女的依赖大，绝对贫困比例高。空巢老人个人收入高于孤寡老人，而集中居住的老人则比较低。老年人家庭收入与家庭规模大小有关。老年人家庭经济收入的城乡差异明显，城镇老年人个人收入是农村老年人的 1.5 倍左右，城市老年人家庭经济收入是农村老年人家庭收入的 2.3 倍。按照江苏、贵州、山西和山东等老年人口经济状态的实地调查，农村老年人的收入源于自己劳动的占 20%～40%，经济发达地区所占比例低，高龄老年人收入中源于自己劳动的所占比例低；源于家庭中子女的占 30%～50%，经济发达地区所占比例低，六旬老人所占比例低；源于国家和社会福利的占 30%～50%，经济欠发达地区所占比例低，六旬老人所占比例低；而源

---

① 人一辈子到底要花多少钱. 深圳商报 . 2006-06-19.

于自己年轻时积蓄的已经很少了。即在我国东部经济发达地区，农村老年人口的经济生活以社会保障和社会保险为主，中部地区老年农民以自己劳动为主，西部欠发达地区靠子女经济支持仍占有相当比例。

2）老年人消费支出——空巢老人消费水平高，孤寡老人消费低；东部地区老人收入高消费低，西部地区老年人收入低消费低。老年人消费构成主要集中于饮食衣着、医疗保健、住房水电通信等领域，所占比例分别为62%、12%、11%。空巢老年人消费最高，集中居住老人次之，孤寡老人个人消费最低。东部、中部、西部三个地区老年人家庭的医疗保健比例都超过了10%，西部地区甚至达到了近14%。

3）老年人社会医疗保险比社会养老保险覆盖面更宽一些；中部、东部地区老年人社会医疗保险差异不大，而西部地区社会养老保险覆盖率有待于提高。在各种老年人群体中，孤寡老人社会保险覆盖率较低，空巢老人保险覆盖率较高，集中养老老人居中。西部地区社会医疗保险覆盖率似乎比较高，但实际保险金给付比较低，关键是要发展"内涵"，提高老年人的医疗保险水平（实际给付）和社会养老水平。

4）我国孤寡老人、空巢老人储蓄率偏高，集中养老的老人储蓄率低；我国东部、中部地区老年人储蓄率高于西部地区。虽然老年人储蓄率可达50%左右，但我国西部地区孤寡老人储蓄率仍很低。我国老年居民的储蓄率随着年龄的增加而下降。

应该说明的是，本次调查结果仅是基本和初步的，相对于全国来说，数据有限，对问题的解释不一定全面。原因有多个方面：首先，参加本次调查的老年人数量偏少，被调查老年人往往不当家，难以知晓整个家庭的经济状态，尤其是家庭中的年轻人的收入和支出。其次，个人及家庭经济收入和支出等涉及税收，一直被视为个人和家庭的隐私，难以调查准确；本次调查中也发现，凡是涉及收入的个案，漏报率很高。再次，从方法论的角度而言，城市和农村个人收入和支出来源不同难以进行比较，农村除了收入和支出外，还包括大量的生产资料（种子、化肥、农业机械等）投资；此外，居住形式和家庭构成是不同的，集中居住状态仍可以分集中居住的孤寡老人、空巢老人等。最后，各种城乡老年人家庭之间难以进行比较。

所以，老年人个人及家庭的收入、支出、储蓄率的调查结果和计算仅是初步的，近年来老年人经济收入逐渐提高，但提高幅度不大；老年人消费结构有所改变，消费水平也随之有所提高。

第十一章

主要研究结论

　　本书以实证分析方法为主，使用各年的中外统计年鉴，如《国际统计年鉴》、《中国统计年鉴》、《中国财政统计年鉴》、《中国民政统计年鉴》、《中国劳动统计年鉴》、《德国统计年鉴》、《日本统计年鉴》、《美国统计年鉴》等，同时使用了 2010 年中国第六次人口普查数据、2011 年日本人口普查资料、2010 年美国人口普查资料、2013 年联合国人口司对中国人口的预测资料等，全面客观地分析了人口老龄化对我国经济的影响。

　　本书经过 3 年多的研究，借鉴了发达国家应对人口老龄化的经验，从不同时间老龄化对经济的影响、不同地区老龄化对经济的影响，以及国外发达国家老龄化对经济发展的影响等三个维度来探索老龄化对经济发展的影响，最后进行理性分析和探索，主要研究结论如下。

一、我国人口老龄化发展速度快

　　1982～2010 年我国人口以年均 0.994% 的速度增长，老年人口以年均 3.15% 的速度增长，少年儿童以年均 1.52% 的速度递减。我国不仅有金字塔顶端老龄化，而且底端老龄化严重。即老年人口比例高、少年儿童比例低，也被称为少子老龄化。中国顶端老龄化水平（老年人口比例）处于世界 209 个国家和地区最高的第 70 名，同时少年儿童比例处于世界 209 个国家和地区最低的 42 名，金字塔底端老龄化严重。2010 年，除非洲外世界四大洲都已进入人口老龄化阶段，老龄化是社会发展的必经之路，发达国家无一例外都是老龄化较高的国家。目前，各国出生时预期寿命仍以年均 0.2～0.4 岁的速度提高。1965～2009 年老年人口系数每增加 1 个点，日本、美国人均 GDP 分别增加 1400 美元、5927 美元予以适应。

1）**未来潜在劳动力数量及劳动力年龄构成预测**。2013 年 7 月联合国采用高、中、低不同生育率对我国人口进行了预测。不管哪种方案 2030 年前我国 15～64 岁潜在劳动力都在 10 亿人左右。在中等生育率情况下，2015 年我国人口超过 14 亿人，2030 年达到人口最高峰 14.53 亿人，2050 年、2065 年、2080 年、2100 年我国人口将分别略低于 14 亿人、13 亿人、12 亿人、11 亿人。潜在劳动力由 2030 年的 10 亿人下降到 2070 年的 7 亿人。在高生育率的情况下，潜在劳动力由 2030 年的 10 亿人，下降到 2055～2060 年的 9 亿人，再回到 9.5 亿人；在低生育率的情况下，潜在劳动力将由 2030 年的 10 亿人，下降到 2070 年的 5 亿人左右；在中等生育率的情况下，2030 年我国 15～24 岁青年劳动力少变，基本稳定在 17%～19%；2030～2070 年 25～49 岁中年劳动力稳定在 46%～51%，50 岁以上老年劳动力在 31%～36% 变化。

2）**老年人口数量及老龄化程度预测**。我国 60 岁以上老年人口在 2012～2015 年、2025～2026 年、2035～2040 年分别超过 2 亿人、3 亿人、4 亿人，2055 年达到最高为 4.45 亿人。我国 65 岁以上老年人口，2015 年为 1.32 亿人，2026 年、2038 年将分别超过 2 亿人、3 亿人，2060 年达到最多 3.7 亿人，而后开始下降。我国 60 岁以上老龄化水平从 2015 年、2025 年、2030 年、2045 年分别达到 15%、20%、24%、30%，而后到 2100 年一直稳定在 35%；2015 年、2030 年、2035 年、2050 年、2055 年我国 **65 岁以上老龄化水平**分别为 10%、16%、20%、24% 和 27%，而后到 2100 年一直稳定在 26%～29%。**我国将于 2025 年前 65 岁以上人口比例超过 14%，达到联合国所称的高龄社会；2035 年老年人口比例超过 20%，达到超高龄社会**。我国经济增长最大的阻力很可能出现在 2025～2035 年，届时今日日本、意大利等国的情况可能在我国重演，消费不振、储蓄递减，社会保障成为社会的负担。

若采用我国第六次人口普查资料，按人口年龄移算法（考虑死亡和迁移后）进行预测，结论如下。

1）2010～2040 年，全国 60 岁以上、65 岁以上老年人口年均将增长 573 万人、435 万人。2010 年全国 80 岁以上老年人为 2095 万人，2020 年将比 2010 年增长 50%，达到 3200 万人，2030 年比 2020 年增长 40%，达到 4500 万人，2040 年比 2020 年增长 100%，超过 6400 万人。

2）**生活不能自理的老年人数及比例**。若 2010 年各年龄组生活不能自理人口比例不变，则 2020 年、2030 年、2040 年我国生活上完全不能自理的老年人数量将分别比 2010 年增长 51%、112%、173%。其中，80 岁以上高龄老年人完全不能自理的人数分别由 2010 年的 219 万人增长到 2020 年、2030 年、2040 年的 330 万人、470 万人、670 万人。生活不能自理的老年人中高龄老年人比例越来越高，生活半自理的老年人口将由 2000 年、2010 年的 1800 万人、2500 万人，迅速增加到 2015 年的 3000 万人，2025 年的 4300 万人，2030 年、2035 年的 5200 万人、6000 万人。**2010～2040 年老年生活半自理人数的年增长速度将达到 3.25%，快于老年人口增长速度。而 80 岁以上高龄老年生活半自理人数将由 2010 年的 614 万人增长到 2040 年的 1890 万人，增长 3 倍以上，年均增长率为 3.81%。**

二、人口老龄化对储蓄有弱的负面影响

1978～2009 年我国储蓄年均增长 18%，定期储蓄占储蓄总量的 60%。我国人均GDP（或城镇职工工资）每增加1000元，则人均储蓄存款将增加762元（或614 元）。**在时间序列上**，人均储蓄水平与人口老龄化呈现出高度相关，人均储蓄水平随着人口老龄化的增强而提高；**在空间范围内**，人均储蓄水平与人口老龄化呈现出不相关状态。可以认为，**老龄化对社会储蓄的影响是微弱的负面影响。**当经济快速发展时，随着经济的发展，人口老龄化，社会储蓄增长；当经济发展长期停滞不前时，社会储蓄下降，日本如此，中国台湾地区也是如此。经济增长停滞、人口（劳动力）负增长与超高龄社会相关，同时与经济发展政策密切相关。

1）**经济社会发展对社会储蓄的影响大**。从宏观上分析，年龄不是影响储蓄的直接因素。有助于**增加居民储蓄的因素有**：我国现行的外汇管理政策、货币政策，社会对住房、汽车等高档消费品的需求。社会货币的大量发行，当股票价格下降时导致人们放弃投资，年轻人未来就业不确定，人们经济收入提高，生活质量的改善均有助于增加储蓄。影响**拟制储蓄（增加消费）的因素有**：物价上涨（通货膨胀），房产、遗产税开征，生育子女增加，未来预期收入提高，社会信用程度的提高（现金使用减少），社会养老和医疗保险的实行等。

2）**减少老年人储蓄的因素有**：社会养老保险、社会医疗保险的完善将会减缓老年人财富风险，老年适销（医疗保健仪器及药品、电子宠物玩具、老年食品及服装、老年旅游等）产品的开发和增加，亲朋好友的离世将促进老年消费，物价上升将促进消费，减少储蓄。**增加老年人储蓄的因素有**：政府对于老年设施、老年补贴的增加，将减少老年人消费；子女数量多、文化素质低、子女就业率低、经济状态差，会使老年人减少个人消费，增加储蓄；老年人离退休收入（社会保障费用）增加，老年人身体欠佳、老年人家庭经济状态欠佳，会使老年人减少消费，增加储蓄。

3）社会储蓄和民族"消费和储蓄"习惯有关。东方民族或受儒家影响较大的民族，日常生活难以获得保障，喜欢储蓄；而西方经济的发展比较稳定，通货膨胀严重，为使货币保值升值，国民喜欢提前消费。此外，社会诚信程度高、信用程度高，现金支付比例低，则消费水平高、储蓄水平低；反之亦然。

4）**减少储蓄的措施**。首先，减税鼓励消费，发展商品经济，适当增加妇女生育率，加快城市化或城乡一体化进程，增加人力资源投资。其次，适当调整人民币汇率，原来我国以生产为主，人民币以贬值为主，争取进入国际市场；而现在我国将以消费为主，人民币国际化以后，可能出现升值压力，因此目前就应实行有限度的升值或扩大人民币汇率变化范围，国外的消费也可减少国内的储蓄，减少外币储蓄数量，有利于汇率稳定，带动我国旅游及相关产业的发展。

三、人口老龄化对社会消费结构的影响大

人口老龄化对于消费数量呈现出负面影响，无论理论分析还是实证分析都是如此。但这种影响很弱（年均下降 0.25～1.00 个百分点），在经济快速发展时期常被抑制或掩盖；表现为随着经济的发展、人口老龄化的发展，而消费增长（年上升 7～10 个百分点）。仅当经济发展停滞或呈现出负增长时，人口老龄化对消费数量的负面影响才显示出来。经济发展停滞又与人口负增长、劳动力长期负增长、人口老龄化等密切相关。然而，人口老龄化对社会消费构成的影响很大。

1）2008 年世界各国资料说明，65 岁以上老年人口比例每提高 1 个百分点，该国家或地区人均医疗费用支出平均增加 212 美元，同时医疗支出占 GDP 的比例平均提高 0.36 个百分点。同时，休闲与文化消费费用占居民消费比例下降 0.28 个百分点，通信费用占居民消费比例下降 0.11 个百分点，非酒精饮料占居民消费比例下降 0.62 个百分点。

2）从微观角度而言，随着个体年龄的增长，老年人消费总额下降，老年人外出就餐、交通、服装、娱乐及阅读等消费比例下降；而医疗保健费用、居家饮食及服务类消费比例随着年龄的增长而上升。人口老龄化可能导致以生产音响、赛车、摩托车、卡拉 OK 等面向青少年消费品的企业和经营电影等娱乐服务的行业等陷入经营危机，同时中小学、大专院校生源全线下降。

3）人口老龄化对社会消费结构的影响是：医疗保健类支出在消费支出中的比例、社会保障在政府财政支出中的比例上升。老龄化增加了对于社会服务、医疗保健、家政服务，以及旅游文化娱乐方面的需求，促进了居民交通、通信的消费；同时，降低了居民消费中的食品比例、衣着消费比例。老龄化对消费的间接影响为：具有较高消费能力的老年人可能会移居到周边国家或地区，总体上降低

了国内消费水平。

4）近期，**拉动我国消费增长的主要因素是经济快速发展导致收入增长，而不是人口老龄化**。随着人口老龄化的发展，我国总消费额从 2000 年的 4.3 万亿元上升到 2011 年的 16.5 万亿元（当年值），但消费增长速度下降了。1990～2000 年、2000～2010 年年均消费增长率分别为 16.8% 和 13.0%。**人口老龄化对消费水平的影响相对较小**。

5）2010 年对我国 31 个省（自治区、直辖市）的分析表明，人口老龄化水平每提高 1 个百分点，地区居民消费比例将提高 9.8 个百分点（相关系数为 0.572）。这和老年人口消费低于成人的**论断相悖**，这显示出**经济发展同时导致人口老龄化和社会消费水平提高，人口老龄化并非影响社会消费水平的主要原因**。分析表明，2009 年城乡居民人均可支配收入每增加 1000 元，城乡人均消费将分别增长 599 元、807 元。

四、人口老龄化对社会保障的影响大而直接

老龄化所伴随的社会保障是影响经济社会发展的重要因素。各国社会保障占财政收入的比例差异大，中位数为 16%（2012 年我国社会保障支出占财政收入的 10.74%，或占财政支出的 9.99%）；**老龄化水平每提高 1 个百分点，社会保障资金占财政收入的比例将提高近 2.92 个百分点**。老年人口的增加要求社会保障支出扩大，从而增加国民收入中消费基金的比例，影响国家经济积累规模和投资能力。政府不得不采取货币宽松政策，大量货币的发放造成人民币币值下降，货币流通过剩，银行利率下降；同时，国外热钱涌入，银行汇率下降、人民币被迫升值，外贸出口形势日趋恶化，从而又对企业出口造成了较大的冲击。

各国社会保障和老龄化的关系显示，经济发展快的时候，一切政府债务、社会福利开支等都被掩盖；**而当经济形势恶化时，社会保障的刚性就显示出来了，造成经济持续恶化**。正确的产业发展政策，合适的社会保障制度，增加社会消费等，是经济可持续发展的利器。**1998～2012 年我国 65 岁以上老年人口每增加 1 个百分点（实际每年增加 0.2～0.3 个百分点），我国公共财政中社会保障支出将增加 4392 亿元，公共财政支出将增加 42 860 亿元，我国社会保障占 GDP 的比例将增加 0.432 个百分点，财政支出占 GDP 的比例将增加 3.49 个百分点**。

1）养老保险覆盖面广。至 2011 年年底我国有 1.67 亿（90% 左右）60 岁以上老年人享受了各种社会养老保险。其中 53% 的老年人参加的是新农保，6% 的老年人享受的是城居保，38% 的老年人参加的是企业职业保险，有 3% 的老年人

参加的是事业单位或公务员养老保险。2011 年年底在我国参加**城镇职工社会养老保险的人员**中，企业单位、事业单位（包括公务员）、个体身份和银行系统职工等系统参加社会基本养老保险的人员分别占参保人数的 72.0%、7.2%、20.7% 和 0.08%。2011 年机关、事业单位的制度赡养率分别为 28.4%、33.0%。2011 年年末全国新农保参加人数已经达 32 643.5 万人，其中 27.3% 的老年农民已经领取社会保险金。

2）**我国参保人数和领取养老金人数增长迅速**。1989~2010 年我国城镇**参保人数（含在职和离退休人员）年均递增 7.42%**；而同期参保以后的**离退休城镇职工人数、参保的在职职工年均递增**分别为 9.75%、7.21%。即在职参保人数增长不及离退休人员增长幅度。2002~2011 年我国城镇职工基本养老金收入年均递增 10.04%，同期（官方发布）年通货膨胀率为 2.43%，我国城镇职工基本养老金（支出）年均增长 7.6%。2011 年我国机关事业单位、企业单位离退休人员人均年收入分别为 26 107 元、18 096 元。2011 年我国城镇职工基本养老金总收入、总支出分别是 2002 年的 5.47 倍、4.49 倍，而 2011 年养老金人均年缴费、年支出是 2002 年的 2.82 倍、2.78 倍，离退休人员、养老保险参加人数分别增加了 61.6%、93.7%。即 2002~2011 年我国养老保险金征缴（支出）费用增加，主要是人均保费（征费）增加所致，人员增加为次要。**2009 年年末，我国机关、事业、企业单位离退休职工收入替代率分别为 60.2%、62.7% 和 46.4%。**

3）在社会养老保险中，**公共财政补贴过少，城乡居民养老金过低**。2010 年、2011 年我国社会养老保险中**公共财政补贴**分别为 1954 亿元、2272 亿元，其分别占国家财政中社会保障就业支出项目的 21.4%、20.5%；或占国家（公共）财政支出的 2.2%、2.1%。2010~2011 年我国财政支出增加 22%，国家财政中社会保险就业支出项目增加不足 20%，政府对于养老保险财政支出年增长 16%。事实说明，**政府对于社会保障投入偏少，而公共财政对于养老补助力度落后于财政支出的增长速度**。2012 年城镇基本养老保险和新农保的参保率分别呈上升趋势，其中，城镇企业职工养老金"十一连涨"，城镇职工人均年养老金水平已达 2.09 万元，而新农保为 859.15 元，两者养老金水平相差 24 倍之多。2012 年中国城镇化率达到 52.6%，但户籍人口城镇化率仅为 35.0%，2.17 亿的农民工难以享受到城镇基本社会公共服务。2013 年城乡居民实际养老金月人均为 81 元，是平均企业职工养老保险金的 4.72% 或农村低保金的 40%，尚不足城市低保金的 22%。

4）**现行医疗保障程度与老龄化发展水平不相适应**。这主要是老年人日益增长的医疗服务需求与松散状的医疗保障体系供给的矛盾。医疗质量不高，医闹不断。首先，医疗保障体制不健全，老年人卫生保健服务，如按摩、心理治疗、护理、理疗康复等项目在很多地方基本空缺。其次,计划经济体制下的医疗保障城乡差别、行业差别、身份差别依然存在。越贫困的老年人对于社会医疗保险的依赖性越强,但实际贫困老年人的社会医疗保险待遇低、花费大。再次,在养老保险金不足的情况下,我国社会医疗保险基金盈余逐年增多,一方面我国大量的医疗保险基金沉淀在国库,无法使用;另一方面农村及基层医疗住院报销比例低至30%,很多药品因不在目录上而完全自费,很多疾病让一些老年人倾家荡产、一无所有;也有很多老年人看不起病,大病小治、小病拖着、绝症不治。最后,医疗救助体系不完善,医疗资源流失、使用不当造成浪费严重。民办医院比例低,公办医院之间缺乏应有的竞争和活力。

5)人口老龄化对于社会救助、社会福利支出的影响较直接。2012 年我国公共财政支出中用于社会救助的款项为 2080.7 亿元,比 2011 年增加了 4.4%,占当年公共财政支出的 1.65%。其中,对于城乡居民最低社会保障补助占社会救助财政支出的 65.6%;城乡居民生活救助、医疗救助分别占 12.9%、8.2%。我国各地老年人数量与当地老年低保人口数量成正比,60 岁以上老年人口每增加 100 万人,则低保老人平均增加 10.4 万人。我国老年福利支出年均增长 40.4%,超过同期社会福利年增长速度(28.7%);老年福利占我国社会福利的比例也由 2009 年的 21.6% 增长到 2012 年的 30.6%。但**我国人均老年福利太低**,2011 年、2012 年人均老年社会福利分别为 3.74 元、6.82 元;社会福利占我国财政支出的 4.58‰、7.28‰。

五、影响我国经济发展的可能冲击

老龄化对于经济的影响,类似于温水煮青蛙效应。社会保障、老年人护理、老年人社会消费等对于经济的影响,顺境时无法发现,一旦发现就难以逆转。未来对我国经济的可能冲击如下。

1)流动性过剩。造成流动性过剩的根源在于政府不断推升的贸易顺差和国家外汇政策,出口企业不断把收回的美元兑换给国家,国家就得不断向经济体系投放人民币,导致人民币过量发放和储蓄,这就造成了流动性过剩。[①]

2)大量地方财政赤字。为了拉动就业、改善交通等基本设施,也为了减少流动性过剩,地方政府大量投资于基本设施建设。另外,由于中央政府和地方政府财务分开以后,地方政府事多钱少,各地基本设施建设落后,为了改变这种状态,各地方政府透支了多年的财政大搞基本建设。但地方政府财政来源有限,于是不得不大量卖地。而居民为避免未来的通货膨胀,纷纷购房避险,造成大量空

---

① 流动性 .http://baike.baidu.com/view/194490.htm.

关房，房价泡沫将会破灭。城市化导致乡村人口向城市集聚、小城镇人口向大城市集聚，经济发展不良、就业率低的三线城市、小城镇成为"鬼城"。

3）社会消费不足、产能过剩。人口老龄化减少了社会对食品、衣着、娱乐、电子等消费的需求，同时减少了年轻人的消费冲动；虽然增加了医疗、社会服务、休闲等消费，但综合来说导致社会消费不足，产能过剩，企业开工不足，社会就业困难。为了促进消费、增加就业，政府不得不减税、增加基本建设投入等。同时，为了支持经济发展，增加货物出口外销，我国汇率政策维系着人民币"内贬外升"的态势，货币发放过量，导致通货膨胀；生活费用上升，导致人们生育数量减少，劳动力紧缺，劳动成本上升。

4）老年人对于社会医疗和社会保健方面的需求量大；老年人数量增加，基本收入的差异，导致政府对于社会保障——社会保险和社会福利的增加，使政府财政开支加大；同时，老龄化又导致政府税源减少，公共财政和税务收入下降。另外，为了维持较高的社会保障费用和政府开支，政府对企业、家庭和个人采取加税政策（如房地产税、遗产税、消费税等），于是造成百姓和政府的对立和冲突。青年人出境出国避税，以及企业的"合理"避税，使加工业转移到越南、柬埔寨等欠发达国家，减少了社会消费，促使劳动力外流。同时，企业利润空间下降；人民币升值，导致外贸订单下降，政府税收减少，并导致外贸形势恶化、企业开工不足，加剧了年轻人就业困难。今日美国在大学大量增加博士生、博士后的现象，将在中国重演。他们是高校教师的主要来源，由于岗位有限，他们仅能长期待岗候选。

5）从机制上分析，消费、储蓄和社会保障是密切相关、相互制约的。一般认为消费增加将减少储蓄；同时，消费可在短时间内增加储蓄，大件物品的消费，如住房、汽车、家庭装修、出国留学等，需要大量的货币积累，因此消费对储蓄的影响是双向的。社会保障金的上缴，减少了职工现金收入，从而减少了消费；但是社会保障降低了老年人口晚年生活的风险，可以增加职工的即时消费信心，所以社会保障对消费的影响也是双向的。社会保障对储蓄的影响同样也是双向的，完善的社会保障可以减少人们的储蓄意愿，减少社会储蓄（如发达国家），社会保障本身就是长期储蓄的替代品（替代效应），但是在社会保障不足的情况下，人们会追加储蓄，以自我保障的形式提高晚年生活质量，社会保险金进入金融领域和资本市场，促进资本市场的发展和储蓄大量增加（互补效应）。**社会医疗保险还将延长人们的预期寿命，进而透支社会保险。**

6）从实际情况来分析，1990～2010年我国城镇、乡村居民消费年均增长了12.5%、10.6%[《中国统计年鉴》（2011）]；人均储蓄年均增长了19.7%；而社会保险基金年均增长了25.9%，这三者同时增长的背后是居民收入的大幅度增长，以及我国经济的快速发展，1990～2010年我国城乡居民收入年人均增长13.5%、11.4%。此外，近20年我国居民，特别是城镇居民的**消费收入**比例不断下降，从1990年的85%下降到2000年的80%及2010年的71%；我国**储蓄收入比例**同时不断上升，从1990年的49%上升到2000年的100%及2010年的149%。这说明随着经济的发展，我国居民收入越来越高，消费比例越来越低，储蓄比例越来越高。但我国储蓄受通货膨胀和投资机会的影响更大，在通胀预期的情况下，人们自然会采用各种有效的投资手段，提高自己晚年生活保障程度，因此增加储蓄和房地产快速发展就不难理解了。

这一切都与老龄化有关，但又不是人口老龄化单方面因素所造成的。我国经济形势的发展，需要大量的政策、发展基础、时间和智慧，而经济形势的恶化却十分简单而迅速。**一场疾病（癌症、白血病等绝症）足以毁坏一个家庭，使家庭从富裕到贫困；银行某贷款政策的调整足以毁坏一个企业，使明星企业迅速沦落到破产；国家某经济社会政策（如日本汇率、生育政策、税收政策国际金融风暴等）的调整，就足以改变国民经济正常的运行轨道。**人口老龄化对于储蓄、社会消费和社会保障的影响等，在经济发展快的时候往往较小，常被经济发展成果所掩盖；而当经济发展呈现出零增长或负增长时，社会保障的刚性日益突出，成为经济发展的沉重负担，届时欲罢不能，欲止不休。此时，表面上影响我国经济发展的可能是金融，如股市崩溃、房地产泡沫破碎、本币升值导致出口锐减、银行坏账导致挤兑风险、银行钱荒导致银根紧缩，社会储蓄减少，而其背后却是人口老龄化的阴影。

六、关于未来经济社会发展的六点预测

从过去我国经济社会发展的趋势以及目前老龄化程度高（日本、德国、俄罗斯和美国等）的国家发展情况，可以预测在未来若干年后，我国可能出现如下情况。

1）人口将出现零增长。不管我国生育政策如何调整，生育、生活成本高导致人们生育数量持续下降，生育率继续低迷，很难恢复到更替生育率水平（2.1），估计在2025～2035年我国将出现人口零增长甚至负增长。由此导致大量国外劳动力（如非洲、欧洲、美国、东南亚等）以学习、旅游或工作等方式迁入或流入，中外居民通婚现象将更频繁地出现。

2）人口寿命延长。由于生活质量的改善和医学水平的提高，我国出生预期寿命延长，我国人口预期寿命仍将以平均每年0.15～0.25岁的幅度增长。由于退休年龄的推迟，我国总体劳动力并不缺乏，缺的是年轻劳动力或者高端创新型人才和蓝领服务业人才。而不管任何时间在任何国家创新型人才都是紧缺资源，而

老年服务人员的缺乏是劳动供求市场的失调所致，未来的老年服务价格将有较大幅度的上涨。

3）人口将继续向东部大城市（北京、天津、上海、广东、深圳等）集中。由于东部城市生活水平高、就业高，我国人口仍将集中在东部大城市就业和生活。我国中西部农村及山区将出现无人村，生态恢复的同时将有野兽出没。城市人口结婚率继续下降，晚婚晚育成为主流。由于物质利益的驱使，更多年轻人采取未婚同居而非婚姻的形式。

4）老龄产业的发展。未来老龄化将成为一种常态，在国家政策的支持下，各地养老产业、老年旅游业、老年营养咨询、老年医疗、老年护理康复业、智能养老、健康远程监控、老年服装业、老年婚姻市场、老年就业咨询、老年信息业等将有较大的发展。

5）社会护理保险由小范围试验到大范围实施。政府将从经济发展的重点转移到社会建设为主，投资效率下降。我国 GDP 年增长率将进一步下降，预计2025 年 GDP 增长率将降到 2% 左右甚至更低的水平。同时，居民储蓄降低、社会消费降低。为了减轻老年人的压力，鼓励老年人到国外养老。社会保障费用大幅度增加，导致政府财政赤字增加，遗产税、房产税等新税种将从试点到逐步执行，随着我国货币宽松政策，人民币"内贬外升"状态将有所缓解。

6）大学将成为科学研究的主阵地。除了医科、工科、信息科学等少数学科外，大学毕业生找工作仍然困难，大学不得不大量招收留学生、博士生、博士后，以解决人才就业问题、优秀人才储备问题，以及创新研究问题。中外学术交流将更频繁，交流层次更高。

七、研究建议

几千年以来，人类一直处于不断增长的阶段，我们熟悉了人口增长的种种弊端与优越之处，目前我们面临的是人口零增长和负增长。我们曾向往或追求人口零增长和负增长，但是对于其后果考虑不多，老龄化是个史无前例的社会现象，中国和世界从来都没有发生过，如何适应这种情况下的经济社会状态，人们的经验不足。对于养老保险替代率多少为合适，何时退休为最佳等很多问题要细化研究。既要广泛研究国际资料，研究发达国家人口老龄化对于经济发展的影响，又要考虑国人的接受能力。

本书借助大量人口普查资料、人口登记资料和各种统计年鉴资料，研究人口老龄化对经济发展纵向（随时间变化）影响和横向（随地区变化）影响，再结合理性的社会学分析方法，从多角度讨论和探索老龄化对我国未来经济发展的影响。本书分析认为，稳定发展就是硬道理，以发展解决前进中的矛盾；另外，

2014 年我国经济发展（GDP）年增长速度仍为 7.4%，不仅高于发达国家，同时高于发展中国家。中国经济增长高度依赖于工业、建筑业，依赖于投资和出口加工，而服务业落后。我国的声、光、气、水、土壤等环境污染严重，土地资源、矿产资源和人力资源等不能适应我国经济的高速发展。在 2014 年 2 月举行的"两会"中，人们提出提高人们的生活保障程度，治理环境成为民众最大的呼声，发展是为了什么？经济发展要稳健，以民为本，因此我国经济发展速度的下降是一种必然的发展趋势。若我国 GDP 以每年 0.5 个百分点递减，2024 年前后我国 GDP 增长速度为 2.5%，同时进入人口高龄化社会，2030 年前后我国经济将进入零增长，2035 年前后进入超高龄社会，我国经济可能将进入零增长或负增长。届时一切经济、社会问题都会进一步显露出来。

1. 适当放松国家生育政策，因为超高龄社会都出现了人口负增长

西方学者普遍认为，妇女生育率下降困难，而生育率上升则更困难。面对生活质量的诱惑，物价上升导致孩子养育成本越来越高，人们不愿降低生活质量而多生育孩子。20 世纪 90 年代发达国家就面临大量的年轻人不愿结婚、不愿生育、不愿多生的情况；20 年后中国同样出现了类似的现象，整个世界都出现了这样的苗头。包括非洲在内的世界所有国家和地区，都面临着出生率全面下降、老龄化的时代。2016 年 1 月 1 日开始，中央全面放开"二孩政策"。适度生育可刺激消费、促进劳动力的稳定和发展。

2. 加强社会保障多支柱建设，理顺社会养老保险关系

联合国建议实行社会养老的三支柱、五支柱的体制，以分散风险，减轻国家和社会的负担。为此，应该积极争取来自个人、家庭、社会、企业对社会养老的支持和帮助。我国社会养老保险支柱太少，习惯依靠国家、政府和企业，是否可以考虑建立三支柱社会养老基金？第一支柱是普惠制的政府为劳动者提供的社会保险金，每个城乡老年人（包括公务员）每月为 100 元（属于国家责任，相对固定），以后逐渐提高到最低生活保障水平；第二支柱是企业、职业养老年金，属于社会统筹，累计提高到能覆盖基本生活的水平（当地最低工资水平的 1～2 倍）；第三支柱是个人配套年金和强迫储蓄，属于个人账户，最后累计达到当地最低工资标准的 2~5 倍。其中，企业年金和个人配套年金应税前列支。**这样目前企业及个人出资比例基本不变，个人账户性质及比例仍然不变，但关系理顺了，增长机制建立了，社会养老构成改变了。**

第一支柱——普惠的保险金体现社会公平，城乡一致，体现最低生活保障（管吃饭），退休以后即可以领取。第二支柱——企业、职业养老年金归社会所

有，退休后领取（管基本生活）。第三支柱——个人年金属于个人投资，由基金会管理，属于个人账户，管生活改善，如果个人对未来信心不足，可提前到退休年龄前3～5年支取，取完为止；退休后则主要靠第二、第一支柱维持老年生活。同时，政府应加大对老年社会救助的力度。

3. 尊重本人意愿，适当推迟退休年龄

预期寿命的延长是刚性的，退休年龄延长，则养老金领取时间会适当缩短。政策是刚性的，同时也应有多种选择。各岗位需求不一、各人身体素质不一，人们有权利根据自己的健康状态、工作状态等对退休时间、退休以后的待遇进行适当选择。例如，原来60岁，则可以规定为57～65岁；如改为65岁退休，62～69岁退休都可以。早退休则必须减少退休替代率，若替代率为其本人前3年平均收入的50%，每提前1年退休则减少1%～3%（发达国家标准）。以经济方法（退休替代率）对需求高的岗位，调整退休年龄，任何政策的制定都不能脱离群体利益，不能忽视老年人自身的意愿和自我选择的权利，政府应该提供指导和具体规定，不宜干预过多，不能决定老年人的生活方式，否则就可能是折腾老人、好心做坏事。关于农村老年人城市化问题，老年农民习惯了原来的乡土生活，"上楼集中居住"往往只是政府的"一厢情愿"。因此，既要指导和协商，又要尊重老年人的社会习惯和选择，让利于老年人。注意到蓝领和白领的工作性质差异，推迟退休年龄政策实行以后，白领工作时间延长，导致大学毕业生就业更加困难，因此为了保证大学教学的质和量，很可能和国外高校一样，学生受教育层次明显上移，各学校招收的博士、博士后数量越来越多，学历越来越不值钱，社会则更加重视员工的能力和忠诚程度，尤其是创造力。另外，由于蓝领工作时间短，社会需求量大，蓝领劳动者的工资会越来越高。

4. 加强社会建设和社会管理

老龄化问题本质上是一种社会建设和社会管理问题。老年人的贫困往往是家庭的贫困，老年人所在地区的贫困所造成的。老龄化问题如无障碍实施建设、养老院建设、老年人医疗护理问题等本质上是一种社会问题或社区建设问题，涉及众多体制和机制的调整，如延长退休年龄本身是个系统工程，其涉及众多人群的切身利益——我国的劳动就业政策、养老保障政策、商业保险政策等。我国"4050"人员（指40岁以上女性和50岁以上男性）就业困难是不争的事实，本质上是对于年龄的就业歧视，我国不是完全的聘任制度（若是聘任制，则完成聘任后全部自动解约、重新聘任），而是存在大量的就业歧视——户口歧视、性别歧视、年龄歧视、学历歧视、专业歧视、毕业学校歧视等。各行各业进门困难，一旦进入该职业，就是熬年头，考核不严格而被淘汰的概率小，实际是竞争不

充分。再如，养老院、社区卫生所、老年活动中心的建设等，政府应该负较大的责任。

5. 对社会养老保险支出做精细化预测

随着寿命的延长和社会发展贫富差异越来越大，社会保险不能依靠参加者自身达到平衡，不要说城市居民和农村居民，就是企业职工也很难达到自己社会保险金的平衡。因此，公共财政不仅要有预算，而且应该有预算增长和预警机制。比如，近10年我国各年度分居民、企业单位职工、事业单位职工等进行精细化（政府、企业、个人）社会养老保险收支预测，以做到心中有数。社会保障基金增值困难，应该逐步采取政府监察、市场化管理的原则，提高基金产出率。

6. 加强老年人数据的统计监测

我国的社会调查、统计调查应逐步**考虑将年龄变量引入大件消费**（房产、汽车、出国旅游等）、收入、医疗保健、储蓄等，尽快完成按年龄分类统计，以便监测其变化。社会保险、社会福利、社会救助各种统计指标应该细分，其内涵、外延应表达清楚。我国人口普查基础资料应该删除个人消息以后，向高校和科研部门提供1‰的原始资料，国家花了大量的人力、物力、财力，结果资料严格保密，应用范围极低；各类普查资料同时应满足个性化的科研需求，提供各种不同需求的汇总和处理资料，更好地为经济社会建设服务。

八、体会和感想

人口老龄化对于我国经济的影响是一把"双刃剑"，早期老龄化或初级老龄化有利于经济发展，后期的老龄化不利于经济发展，其阈（临界）值可能在14%～20%。分析认为，人口老龄化对于我国经济有一种持续、稳定、刚性、恶性的影响，可谓是一种"钝刀割肉"，虽不致命，却刀刀见血。

1. 人口老龄化对经济发展的可能影响

无疑，老龄化对经济发展是有影响的。首先，老龄化对各地经济发展的影响程度、影响大小、影响范围等完全不一样。人口老龄化对于经济发展的最大影响是老龄化的**持续性**，无论是中国的人口老龄化还是国际人口老龄化都是方兴未艾，现在的老龄化仅是序幕，今后的影响至少在30年以上。其次，是老龄化影响的**刚性和不可逆性**。老龄化通过社会保障和社会劳动力对经济发展产生不可逆的影响，不因整个国内经济环境的恶化而减弱其影响。再次，是**间接性和叠加性**。老龄化对经济的影响是间接的，通过老年消费减少、社会保障水平提高、储蓄水平的下降，对经济产生间接和叠加的影响，老龄化对于经济发展的影响不是单独的，而是与其他变量有叠加效应。最后，是**多元性**。老龄化对经济的影响是多元的，老龄化影响社会管理、经济发展，社会劳动力、人口国际迁移、经济发展速度。老龄化是人类发展的必然阶段，其对经济发展的影响可以减缓和推迟，但难以避免。快速老龄化往往造成经济社会难以适应，形成的冲击大，如日本和我国台湾地区等；**缓慢老龄化使经济社会不时地发生小摩擦，对经济社会的影响相对较小，如法国和美国等。**

2. 老龄化对经济的影响存在着大量"耦合"效应

　　未来的老龄化影响，不是一个经济学的问题，而是经济与社会、政治等紧密相连、犬牙交错的问题。不同社会制度、不同经济发展政策、不同生育率、不同老龄化发展速度、不同社会保障程度、不同政治体制等因素决定了不同的社会分配，导致老龄化对经济影响的阈值不一，影响大小不一，不能一概而论。人口老龄化对于经济发展存在大量的"耦合"效应，应该研究发达国家应对老龄化的经验和规律。按照日本的情况，先是股市见顶、人口总量静止、房地产泡沫破裂、GDP 总量停滞、本国货币大幅升值、商品出口形势恶化、社会消费和居民储蓄双双下降、社会保障开支升高、老龄化水平持续升高、政府债务急剧上升……其出现的顺序及出现的时间或许无一定的规律，但步步紧扣，发展很快，很难招架。当然，日本有一个"奇异点"——"广场协议"，"广场协议"造成日元突然大幅度升值，导致出口困难，经济发展停滞；但若没有"广场协议"是否也会导致日本经济的停滞？可能仅是出现的时间不同。

　　人口老龄化对经济发展的隐性影响比显性影响大；老龄化对社会的影响比对经济的影响大。首先，老龄化对经济发展的影响不会像预计得那么大，世界各国进入老龄化后，人口和金融高度流通，世界危机逐渐扩散到各国，既成为世界性事件，同时又淡化了危机对当事国的影响。例如，2008 年国际金融危机对美国、日本的影响，远低于 20 世纪 30 年代经济危机对美国甚至整个西方的影响。其次，人们不断积累经验，**方法总比困难多**。尤其是我国有后发优势，使用了大量的专家和群众意见，对于危机的处理及时、全面和力度大；对于公共财政开支的处理理智、迅速、果断等，远超过了西方"民主"国家。拉丁美洲的"中等收入陷阱"教育了很多国家，韩国、新加坡等国家成功避开了"陷阱"，走上了经济发展的新路。老龄化也是如此。再次，影响未来我国经济发展的也仅能是国家经济政策本身，我国金融安全、政府债务、人民币汇率调整、税收递减、房地产税、遗产税开设、人才外流、城市化等，哪个问题的影响力度都超过了老龄化本身。最后，人口老龄化不是孤立的，与经济社会变化是紧密联系和交织在一起的。日本经济的恶化，很多学者认为是 1985 年"广场协议"引起的日元大幅度升值，伴随着日本的人口老龄化；意大利经济的恶化，主要是过度的社会保障体系，再加上国际金融风暴等；而德国抵御老龄化的方法则得益于东西德合并，东德的人力资源和西德的金融资源结合，加上领导人的高度重视和警惕。我国面临着经济结构转型和城市化，包括去库存、淘汰过剩产能，加强社会保障体系，创新不足，高端人才不足，经济自由度萎缩，培植现代服务业和战略新兴产业等。这些将直接影响经济发展速度，而经济发展速度与社会和谐又会影响老年人口社会保障和生活状态。

3. 对未来经济影响最大的乃是经济发展本身的规律

对我国未来经济发展影响最大、最直接的乃是经济发展本身的规律，即经济发展政策（城市化政策、外汇、税收、投资、消费政策），经济发展基础（劳动力、资金供求），经济发展（国际）宏观环境，微观（家庭、个人）环境，人力资源开发程度（劳动力的质量），科技创新程度，市场开放程度，居民消费能力（购买力），社会福利（医疗、住房、养老和教育）实现程度等。**人口老龄化通过社会保障、劳动力供给、社会消费等对经济发展产生潜在、持久和负面的影响。** 未来经济绝不是简单地由人口数量、劳动力数量或老年人口比例多寡所决定的。社会消费不足、投资过剩、房地产泡沫（价格过高）、过低生育率、公共债务过高、居民储蓄过高、股市长期不振、汇市波动过大，这些因素似乎都与老龄化有关，实际上是我国长期经济社会积累沉淀下来的问题，都可能对未来我国经济发展产生深远的影响。经济恶化不可能是由老龄化单一因素引起的，而是一系列经济社会综合变动导致的结果，人口老龄化仅是其中的一个重要环节。**老龄化不是"压垮骆驼的最后一根稻草"，而更像一系列多次对经济"堤坝"反复冲击的"浪潮"。**

4. 人口年龄构成和经济发展之间的关系

1955～1973 年，日本 GDP 持续以 10% 以上的速度增长了 18 年，被称为"战后奇迹"；1973～1990 年，日本经济进入中速（5%～6%）增长期。新加坡、韩国和我国台湾地区也以接近 10% 的年增长率持续发展了 20 多年。然而，我国则以 10% 以上的高速增长了 35 年，这在人类历史上是从来没有过的，被誉为"中国奇迹"。[①] 那么"中国奇迹"和"人口红利"有何关系？如果"中国奇迹"是人口红利所创造的，那么人口红利的消失，必然导致"中国奇迹"的消失。实际上，事情是非常复杂的。"文化大革命"后期我国面临着大量大专院校毕业生，但是城市就业容量有限，大量知识青年不得不上山下乡，接受再教育，大量集中

---

① 曹锦清 . 2014. 问题意识与调查研究社会学评论，（5）：3-9

的年轻人无论在城镇还是在乡村，都未能创造任何经济奇迹。按照邓小平1978年的说法，"国家花了三百个亿，买了三个不满意。知青不满意，家长不满意，农民也不满意"。事实上，过去若干年中国经济持续高速发展，与廉价的劳动力和低成本土地，对污染的漠视，以及国际市场的开发密切相关。2001年中国加入世界贸易组织，国际市场被我们打开了，全国大量承接发达国家不愿生产的电子产品、化工产品和纺织品等，中国成为"制造工厂"；而后为谋求可持续发展，政府利用大量的廉价劳动力投资、搞铁路、公路和基本建设及居民房地产开发。很快发现经济虽然发展了，但人民币超发，环境被污染、人们的慢性疾病增加，劳动力和土地成本上升，于是我国的商品价格优势不在，加工业不得不转移，从交通发达的东部地区转移到我国中西部地区或东南亚国家，我国东部地区进行产业转移和变革，从第二产业转移到第三产业。由此可见，无论是经济发展、"中国奇迹"还是产业转移，都是经济发展的结果，与人口年龄结构有关，但关系不大。

经济社会发展政策、国内外市场需求和经济发展基础（包括劳动力数量、质量、资金、环境等）等要素决定了我国未来城市化、工业化、信息化的发展程度；而城市化、工业化和信息化推动了我国经济发展和医疗卫生技术的进步（图11-1）；经济发展和卫生技术进步促进了居民收入的提高，促进了文化、教育、体育的发展，加快了社区建设，增加了储蓄和投资力度，并且完善了社会保障。这些要素综合促进了人口年龄性别、文化素质结构的调整，促进了人口老龄化的发展；老龄化的发展又影响了居民收入及储蓄和投资，对文化、教育、体育事业，社区建设，社会保障提出了新的要求，同时也影响了经济发展速度，以及城市化、工业化和信息化进程，最后影响了经济发展。

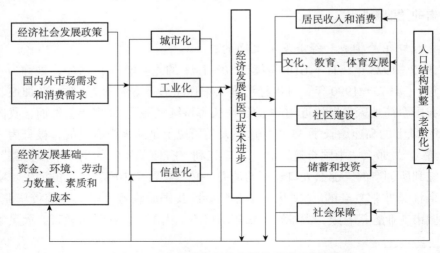

图11-1 老龄化和经济发展关系的示意图

2010 年人口多于 1000 万的 83 个国家和地区经济社会状态

附表　2010 年人口多于 1000 万人的 83 个国家和地区的经济社会状态

地区	2010 年人数 / 百万人	15 岁以下 / %	65 岁以上 / %	2008 年 / PPP$	人口密度 / 每平方公里人数	手机比例 / %	城市卫生 / %	农村卫生 / %	寿命合计 / 岁	男寿命 / 岁	女寿命 / 岁	城市人口 / %
阿尔及利亚	36.0	28	5	7 940	15	93	98	88	72	71	74	63
埃及	80.4	33	4	5 460	80	51	97	92	72	69	75	43
摩洛哥	31.9	29	5	4 330	71	72	83	52	71	69	73	57
苏丹	43.2	41	3	1 930	17	29	55	18	58	57	60	38
突尼斯	10.5	24	7	7 070	64	85	96	64	74	72	76	66
布基纳法索	16.2	46	3	1 160	59	17	33	6	53	51	54	23
科特迪瓦	22.0	40	2	1 580	68	51	36	11	52	51	54	50
加纳	24.0	39	4	1 430	101	50	18	7	60	58	61	48
几内亚	10.8	43	3	1 190	44	39	34	11	57	55	58	28
马里	15.2	48	3	1 090	12	27	45	32	51	50	53	33
尼日尔	15.9	49	2	680	13	13	34	4	48	48	49	20
尼日利亚	158.3	43	3	1 940	171	42	36	28	47	47	48	47
塞内加尔	12.5	44	2	1 760	64	44	69	38	55	54	57	41
埃塞俄比亚	85.0	44	3	870	77	2	29	8	55	54	57	16
肯尼亚	40.0	42	3	1 580	69	42	27	32	57	56	57	18
马达加斯加	20.1	43	3	1 040	34	25	15	10	60	59	62	31

地区	2010年人数/百万人	15岁以下/%	65岁以上/%	2008年/PPP$	人口密度/每平方公里人数	手机比例/%	城市卫生/%	农村卫生/%	寿命合计/岁	男寿命/岁	女寿命/岁	城市人口/%
马拉维	15.4	46	3	830	130	12	51	57	49	48	50	14
莫桑比克	23.4	44	3	770	29	20	38	4	48	47	49	31
卢旺达	10.4	42	2	1 010	395	14	50	55	51	50	53	17
坦桑尼亚	45.0	45	3	1 230	48	31	32	21	55	55	56	25
乌干达	33.8	49	3	1 140	140	27	38	49	52	52	53	13
赞比亚	13.3	46	3	1 230	18	28	59	43	42	41	42	37
津巴布韦	12.6	42	4		32	13	56	37	43	41	44	37
安哥拉	19.0	45	2	5 020	15	38	86	18	47	45	49	57
喀麦隆	20.0	41	4	2 180	42	32	56	35	51	50	52	53
乍得	11.5	46	3	1 160	9	17	23	4	49	47	50	27
民主刚果	67.8	48	3	290	29	14	23	23	48	46	49	33
南非	49.9	31	5	9 780	41	91	84	65	55	54	57	52
加拿大	34.1	17	14	36 220	3	66	100	99	81	78	83	80
美国	309.6	20	13	46 970	32	87	100	99	78	75	80	79
危地马拉	14.4	42	4	4 690	132	109	89	73	70	66	73	47
墨西哥	110.6	29	6	14 270	57	69	90	68	76	74	79	77
古巴	11.2	18	12		101	3	100	81	78	76	80	75
阿根廷	40.5	26	10	14 020	15	117	91	77	75	72	79	91
玻利维亚	10.4	37	4	4 140	9	50	34	9	66	64	68	65
巴西	193.3	27	7	10 070	23	78	87	37	73	69	77	84
智利	17.1	24	8	13 270	23	88	98	83	79	76	82	87
哥伦比亚	45.5	30	7	8 510	40	92	81	55	74	71	78	75
厄瓜多尔	14.2	31	6	7 760	50	86	96	84	75	72	78	65
秘鲁	29.5	31	6	7 980	23	73	81	36	73	71	76	76
委内瑞拉	28.8	30	6	12 830	32	96			74	71	77	88
伊拉克	31.5	41	3		72	58	76	66	67	64	72	67
沙特阿拉伯	29.2	38	2	22 950	14	143	100		76	74	78	81
叙利亚	22.5	36	3	4 350	122	33	96	95	74	72	76	54
土耳其	73.6	26	7	13 770	94	89	97	75	72	69	74	76
也门	23.6	45	3	2 210	45	16	94	33	63	62	64	29
阿富汗	29.1	44	2		45	29	60	30	44	44	44	22
孟加拉国	164.4	32	4	1 440	1 142	28	56	52	66	65	67	25
印度	1 188.8	32	5	2 960	362	29	54	21	64	63	65	29
伊朗	75.1	28	5	10 840	46	59			71	70	73	69
哈萨克斯坦	16.3	24	8	9 690	6	96	97	98	69	63	74	54

续表

地区	2010年人数/百万人	15岁以下/%	65岁以上/%	2008年/PPP$	人口密度/每平方公里人数	手机比例/%	城市卫生/%	农村卫生/%	寿命合计/岁	男寿命/岁	女寿命/岁	城市人口/%
尼泊尔	28.0	37	4	1 120	191	15	51	27	64	64	65	17
巴基斯坦	184.8	38	4	2 700	232	50	72	29	66	66	67	35
斯里兰卡	20.7	26	6	4 480	315	55	88	92	74	72	76	15
乌兹别克斯坦	28.1	33	5	2 660	63	47	100	100	68	65	71	36
柬埔寨	15.1	35	3	1 820	83	29	67	18	61	59	63	20
印度尼西亚	235.5	28	6	3 830	124	62	67	36	71	69	73	43
马来西亚	28.9	32	5	13 740	87	103	96	95	74	72	77	63
缅甸	53.4	27	3	1 290	79	1	86	79	58	56	60	31
菲律宾	94.0	33	4	3 900	313	75	80	69	72	70	74	63
泰国	68.1	22	7	5 990	133	92	95	96	69	66	72	31
越南	88.9	25	8	2 700	268	80	94	67	74	72	76	28
中国	1 338.1	18	8	6 020	140	48	58	52	74	72	76	47
日本	127.4	13	23	35 220	337	87	100	100	83	79	86	86
朝鲜	22.8	22	9		189				63	61	66	60
韩国	48.9	17	11	28 120	491	95	100	100	80	77	83	82
中国台湾	23.2	16	11		644	110			79	75	82	78
英国	62.2	18	16	36 130	256	126	100	100	80	77	82	80
比利时	10.8	17	17	34 760	354	112	100	100	80	77	82	99
法国	63.0	18	17	34 400	114	93	100	100	81	78	85	77
德国	81.6	14	20	35 940	229	128	100	100	80	77	82	73
荷兰	16.6	18	15	41 670	400	125	100	100	80	78	82	66
捷克	10.5	14	15	22 790	133	134	99	97	77	74	80	74
匈牙利	10.0	15	16	17 790	108	122	100	100	74	70	78	67
波兰	38.2	15	13	17 310	122	115	96	80	76	71	80	61
罗马尼亚	21.5	15	15	13 500	90	115	88	54	73	69	76	55
俄国	141.9	15	13	15 630	8	141	93	70	68	62	74	73
乌克兰	45.9	14	16	7 210	76	121	97	90	68	63	74	69
希腊	11.3	14	19	28 470	86	124	99	97	80	77	82	61
意大利	60.5	14	20	30 250	201	152			82	79	84	68
葡萄牙	10.7	15	18	22 080	116	140	100	100	79	75	82	55
西班牙	47.1	15	17	31 130	93	112	100	100	81	78	84	77
澳大利亚	22.4	19	13	34 040	3	105	100	100	81	79	84	82

注：PP$指国际美元，或按实际购买力计算的国际美元。城市卫生、农村卫生是指有下水道的城市人口比例、农村人口比例

资料来源：Population Reference Bureau. 2013. http://www.baidu.com/link?url=qsD-Sr9-vkBn3178D8cjATpm6pk94FghAYo51KZBXYe

附录 2

本次调查的调查问卷

编号：_____

亲爱的老年朋友（仅调查 60 岁以上本地常住老年人，每家限填 1 份）：

大家好！为了反映民生，提高老年人生活质量，为政府提供政策咨询和决策依据，我们奉命调查老年人社会经济基本状况。我们承诺本次调查**对您个人及家庭的隐私及资料严格保密**，您不需填写姓名、电话、住址等个人信息，所得到的数据仅用于统计分析。**请如实、在最符合自己情况的选项上涂黑**，或在横线上填写答案。最后，衷心感谢您的支持，祝您全家幸福！

"老龄化对储蓄、消费和社会保障影响" 项目研究组
2011 年 7 月 2 日

老年人口社会经济生活状况调查表

一、基本状态

1. **性别：**_____
   ①男　②女

2. **您出生于** _____ 年 _____ 月

3. **您的存活子女数：** _____ 男 _____ 女；**在本地生活的子女数：**
   _____ 男 _____ 女

4. 您的文化程度：_____

　　①小学以下　　②小学　　③初中　　④高中 / 中专　　⑤大专及以上

5. 您 60 岁以前的职业：_____

　　①公务员　　②事业单位职工　　③企业单位职工　　④农民工

　　⑤个体　　⑥农民　　⑦无业　　⑧其他（请注明）_____

二、婚姻家庭状态

6. 目前的婚姻状况：_____

　　①已婚（原配偶）　　②再婚　　③离异　　④丧偶　　⑤未婚

7. 您目前居住在 _____

　　①城市　　②集镇　　③农村

8. 您的户口属于 _____

　　①非农业户口　　②农业户口　　③没有户口（口袋户口）

9. 您参加的社会保险有（可多选）_____

　　①社会医疗　　②社会养老　　③商业养老　　④大病社会

　　⑤基础养老　　⑥新农合　　⑦无任何　　⑧其他（请注明）_____

10. 居住方式：_____

　　① 独居（回答第 11 题及以后）

　　② 集中（养老、护理院）居住（回答第 11 题及以后）

　　③ 与爱人单独同住（包括同住养老院）（跳答第 13 题及以后）

　　④ 与儿女同住，全家包括自己，共有 _____ 人，分别是 _____，

　　　　其中 16～59 岁的有 _____ 人（跳答第 13 题及以后）

　　⑤其他（请注明）_____（回答第 11 题及以后）

三、经济收入支出情况

11. 收入（仅无固定或难以计算月收入者，计算去年收入和支出）：您个人上月（去年）退休工资或养老保险 _____ 元，积蓄、利息或房产收益 _____ 元，劳动所得（兼职）_____ 元，子女提供 _____ 元，社会保障（享受救济）_____ 元，其他（如土地征用补偿、商业保险）收入 _____ 元

12. 支出：您个人上月（去年）饮食衣着消费 _____元，医疗保健_____ 元，保姆护理家政服务 _____ 元，旅游文化娱乐_____ 元，补贴（孙）子女_____ 元，住房、水电、通信 _____ 元，其他支出 _____ 元（跳答

第 15 题及以后）

13. 家庭收入（仅无固定收入或难以计算月收入家庭，计算去年收入和支出）：上月（去年）老年人社会保险或退休金收入 _____ 元，年轻人工资和奖金 _____ 元，积蓄利息或房产收益 _____ 元，社会救济（低保）_____ 元，其他（如土地征用补偿）收入 _____ 元

14. 支出：您全家上月（去年）饮食衣着消费 _____ 元，医疗保健 _____ 元，护理家政服务 _____ 元，文化娱乐旅游 _____ 元，住房、水电、通信 _____ 元，其他支出 _____ 元

四、储蓄和社会保障情况

15. 您家的存款具体由 _____ 管理，现金是由 _____ 管理
①自己　　②爱人　　③儿子、儿媳　　④女儿、女婿
⑤保姆　　⑥其他人（请注明）_____
（a）去年政府给您 _____ 次补助，最近一次（折合）现金 _____ 元，去年集体或社区给您 _____ 次补助，最近一次（折合）现金 _____ 元
（b）您年轻时（有无）_____ 参加社会养老保险，_____ 年参加的，最近一年缴费 _____ 元

16. 上个月您个人离开本市（县）探亲、旅游有 _____ 次，大致 _____ 天，个人花费 _____ 元；2010 年您个人离开本市（县）探亲、旅游有 _____ 次，大致 _____ 天，个人花费 _____ 元

17. 若您的房产是租赁的话，建筑面积为 _____ 平方米，每月租金为 _____ 元

18. 若您的房产是购买的话，建筑面积为 _____ 平方米，是 _____ 年购买的

五、身体状态和生活能力

19. 您现在的身体状态属于 _____
①非常好　　②比较好　　③一般　　④不太好（生活难自理）
⑤很不好（卧床不起）

20. 您是否患有以下疾病（可选 3 项）：_____
①冠心病　　②心脏病　　③高血压　　④风湿病　　⑤脑血栓
⑥糖尿病　　⑦其他 _____

21. 上月您看过 _____ 次医生，个人实际花费大约 _____ 元，医药费

用大致报销 _____ %；去年您住过 _____ 天医院，个人实际花费大约 _____ 元，住院费用大致能报销 _____ %

22. 平时在生活上（烧饭、洗衣、洗澡、打扫卫生）主要由谁照料您：_____
    ①自己　　②配偶　　③女儿　　④儿子　　⑤邻居　　⑥朋友
    ⑦社区工作人员　　⑧养老院工作人员　　⑨其他人（请注明）_____

23. 如果与子女不住在一起，您的子女一般 _____ 和您联系（电话、看望）一次
    ①每天　　②2～3 天　　③1 周　　④半个月　　⑤1 个月
    ⑥2～3 个月　　⑦半年及以上

24. 如果与子女不住在一起，您与子女每次打电话，一般聊多长时间：_____
    ①不到 1 分钟　　②1～5 分钟　　③6～10 分钟
    ④11～30 分钟　　⑤31～60 分钟　　⑥1 个小时以上

25. 您每天看电视的时间大约为 _____
    ①半小时以内　　②0.5～1.5 小时　　③1.5～2.5 小时
    ④2.5～4 小时　　⑤4 小时以上

26. 您目前是否仍然劳动或在社会兼职：_____
    ①是　　　　　　②否

27. 您目前居住在 _____ 楼，（有，无）_____ 电梯，愿意（喜欢）居住在 _____ 楼

28. 如果条件许可，您会选择居住在 _____ 养老
    ①自己家　　　　②与儿子同住　　③与女儿同住　　④养（敬）老院
调查对象配合程度：①配合　　②一般　　③不配合
调查结束时间：201　年　月　日　点

后　记

　　"老龄化对储蓄、消费和社会保障的影响研究"项目启动于2010年，该年年初南京师范大学人口研究所申请召开学校学术交流会——"老龄化对社会经济发展的影响问题"，3月获学校批准，5月学校社科处高峰处长向省相关部门推荐，进一步获得江苏省省委宣传部、省社科联等的支持。2010年9月"老龄化对社会经济发展的影响问题"学术交流会如期在南京师范大学进行，北京大学、中国人民大学、华东师范大学的教授等出席了会议。2011年4月，会议交流材料《长寿的代价——老龄化对社会经济的影响研究》在社会科学文献出版社正式出版。同年6月课题"人口老龄化对储蓄、消费和社会保障的影响研究"获得国家社会科学基金项目（项目编号：11BRK007）批准立项。

　　2010年为课题筹备阶段，2011年为实地调查阶段。研究发现，该课题难以用常规社会调查来综合反映老龄化的影响，2012年课题组进行了文献和资料研究，2013年开始撰文分析。2014年一章章、一节节反复进行推敲、斟酌和提炼，从初始假定到科学论证、数据分析，再到理论总结和提高，多少个挑灯夜战，多少次推倒从来。经过连续四年多1500个日日夜夜紧张的分析、研究和编撰工作，几番更新、几番推翻，本书最终于2014年盛夏在南京杀青。"四年磨一剑"，四年的酸甜苦辣历历在目。2014年12月25日，该项目终于通过5位专家的匿名评审，国家社会科学基金管理委员会批准结项，最后评审结论为良好。

　　本书的每一章节都凝聚着大家的心血，而非在下一人之力所成。国家人口计生委宣教司罗迈主任曾帮助我们联系安徽省、贵州省的相关部门进行实地调查。贵州省人口计生委宣教处李梦蓉处长、安徽省人口计生委董亚洁处长出人出车，并亲自安排了具体调查事宜。同时，江苏省老龄办应启龙主任帮助我们联系泗洪、姜堰、金坛市的老龄办等。泗洪县老龄办高勇主任、姜堰市老龄办树寿兵主任、金坛市老龄办及安徽马鞍山市人口计生委对我们的调查给予了大量的具体帮助和协助，在此一并表示感谢。最后，感谢江苏省原副省长、江苏省老年学会王荣炳会长为本书作了序。

　　联合国秘书处经济社会理事部人口司顾大男先生为我们提供了2013年联合国预测资料；美国哈佛大学医学院黄海亮博士提供了大量关于美国、日本的资料；南京邮电大学杨来胜教授提供了第十二章第二节的资料。南京师范大学社会发展学院2009级研究生郑文彧、袁修睿、付卉丽分别参与了无锡、苏州和山西等地的调查工作，南京邮电大学副教授刘敏博士和南京师范大学社会发展学院

2008 级研究生袁修睿、胡晗、孙钦艳等参与了安徽、贵州等地的调查工作；浙江大学何文炯教授、南京大学夏海勇教授对本书进行了认真指导。没有他们的帮助，完成如此庞大的工作几乎是不可能的。

本书的特点之一是实证性，我们收集了中国、美国、日本、德国等大量的老年人经济社会资料，也研究了我国经济社会资料。本书的特点之二是多层次研究，本书分别从国家、省（自治区、直辖市）、（地）市、县（区）四个不同的层次进行考察和分析。本书的特点之三是从经济、文化、社会多角度进行分析，由分到合，由合到分。本书的特点之四是不仅有定性分析，而且有定量分析，从定性到定量，再回到定性分析。本书的特点之五是除了大量政策分析、公开发表统计资料的分析，还组织了大量的实地调查，获得了大量的"第一手"资料。

我们希望本书能够从全新的角度，探讨我国人口老龄化对未来经济收入、消费、储蓄和社会保险的影响，但是我们遇到的困难远远超过了原来的设想。虽然我们做了大量深入的研究和探索，有些章节修改达到 10 次以上，但未来影响我国经济的变化因素过多，再加上研究时间和我们的水平所限，书中不足之处和缺憾在所难免，我们虚心期望读者的批评和指教。本书凝聚着全体工作人员的智慧和心血。我们对所有参与该工作的同仁表示衷心的感谢。

黄润龙

2015 年 4 月 6 日于南京师范大学随园